行政管理学导论

主编　王锐兰

副主编　杨绍陇　庄国波　窦正斌　秦美琴

清华大学出版社
北京交通大学出版社

·北京·

内 容 简 介

本书在介绍公共行政管理学的一般理论、研究领域和研究方法的基础上，对行政管理理论及其实践进行了全面系统的阐述，着重论述了行政管理、行政环境、行政职能、行政权力、行政组织、行政领导、人事行政、行政决策、行政执行、行政监督、财务行政管理、行政机关管理、行政法制、行政效率、政府绩效管理、行政改革与发展等内容。每一章均借鉴了大量资料，配有案例分析，内容丰富，具有现实意义。本书基本涵盖了行政管理学的主要知识领域，反映了行政管理学科的特点，重视学生的能力培养，体现了国内外行政管理研究领域的最新成果。

本书可供行政管理、公共管理、公共事业管理专业的本科生、研究生使用，同时也适用于政府公务员教育培训。

图书在版编目（CIP）数据

行政管理学导论/王锐兰主编. —北京：清华大学出版社；北京交通大学出版社，2009.2（2017.1 重印）

ISBN 978 - 7 - 81123 - 516 - 6

Ⅰ. 行…　Ⅱ. 王…　Ⅲ. 行政管理-管理学　Ⅳ. D035

中国版本图书馆 CIP 数据核字（2009）第 018514 号

责任编辑：杨正泽
出版发行：清 华 大 学 出 版 社　邮编：100084　电话：010 - 62776969　http：//www. tup. com. cn
　　　　　北京交通大学出版社　邮编：100044　电话：010 - 51686414　http：//press. bjtu. edu. cn
印 刷 者：北京交大印刷厂
经　　销：全国新华书店
开　　本：185 ×230　印张：23. 75　字数：532 千字
版　　次：2009 年 2 月第 1 版　2017 年 1 月第 4 次印刷
书　　号：ISBN 978 - 7 - 81123 - 516 - 6/D · 45
印　　数：6 001 ~7 000 册　定价：36. 00 元

本书如有质量问题，请向北京交通大学出版社质监组反映。对您的意见和批评，我们表示欢迎和感谢。
投诉电话：010 - 51686043，51686008；传真：010 - 62225406；E-mail：press@ bjtu. edu. cn。

前 言

行政管理学是一门研究内容相当丰富、研究范围相当广泛的交叉学科、应用性学科。尽管行政管理学在我国发展的历史还不算太长，但关于行政管理学方面的教材可谓林林总总、丰富多彩。本书编者们结合长期的教学实践，并汲取了名家编著的教材之精华。但毕竟每人教学重点和个人偏好各异，难免有“隔靴抓痒”之感。而多年的教学实践，令编者们感悟到行政管理学这门课程入门容易，而达到精通则相当难。因此，东华大学、南京林业大学、南京人口管理干部学院、江苏行政学院、南京航空航天大学等高校专业从事行政管理教学与研究的学者，经过多年的教学实践和不断总结，编写了这本《行政管理学导论》教科书。编著者都是在相关高校从事行政管理学教学工作的一线资深教师，具有丰富的教学经验，了解学生需要学习的内容。

结合行政管理、公共事业管理、人力资源管理等若干相关专业的学习需求，本书以研究生、本科生、专升本、辅修专业等学生读者群为主体，强调理论与实践相结合、历史与前沿相结合、基本知识与拓展知识相结合。作为行政管理等专业的一门基础课和通识课，本书基础性强、通识性强，可适用于许多相关学科专业。

本书从行政管理基础理论入手，围绕历史、环境、主体、过程、发展等方面，展开全面系统的阐述。全书共 16 章，包括绪论、行政环境、行政职能、行政权力、行政组织、行政领导、人事行政、行政决策、行政执行、行政监督、财务行政管理、行政机关管理、行政法制、行政效率、政府绩效管理、行政改革与发展。每一章配合相关案例、思考题，以便形成一个较为完整的逻辑结构和内容框架体系。

本书力求达到如下目的：内容全面深入，兼顾历史、现状与未来，强化实践特色，密切联系国内外行政管理实践；通过系列案例分析，把学生的能力培养贯穿教材始终，为相关专业学生奠定较厚实的理论知识基础；以成熟理论为主，兼顾我国行政管理实践和问题；理论与实践（案例分析）相结合，以实际问题引领学生进行深度思考，强调培养学生的提出问题、分析问题和解决问题能力。

结合编者们的各自学术专长和兴趣所在，本书作如下分工：东华大学王锐兰教授设计整部教材的体系结构，负责全书的修改和统稿，独立撰写第 1、3、4、5 章。南京林业大学杨绍陇副教授协助全书的协调工作，独立撰写第 2、12、13 章。江苏行政学院秦美琴副教授独立撰写第 6、7 章。南京人口管理干部学院庄国波教授独立撰写第 8、14、15 章。南京航空航天大学窦正斌副教授独立撰写第 9、10、11、16 章。

本书的编写参考了大量的国内外教材和学术文献，在此对所有的编著者一并表示衷心的感谢。

北京交通大学出版社对本书的出版给予了高度重视和大力支持，尤其是责任编辑杨正泽先生倾注了大量心血，特此感谢。

由于学识、时间有限，本书挂一漏万之处在所难免。我们恳望得到相关专业教师和学生对本书不足的批评建议，帮助我们今后完善、改进本书的逻辑框架、体例结构和相关内容。

编者

于东华大学

目录

CONTENTS

第 1 章

绪 论

1.1 行政与行政管理

1.1.1 行政概念的界定

"行政"与"行政管理"是行政管理学最基本的概念。研究行政管理学，就理应从其最基本的概念解析开始。行政一词在中国古代就有。我国古代所说的行政，意为处理政事，执行政务。我国古籍很早就出现"行政"一词:《左传》中有"行其政事"、"行其政令"的记载,《纲鉴易知录》也有西周时"召公、周公行政"的记载。在这里，"行政"之意即为管理国家的政务。管理与行政相比较，"管理"的历史更久远，范围更广泛。自有了人类以来就有了管理活动；而"行政"则是阶级与国家产生以后才产生的社会现象。在西方，2000 多年前的古希腊学者亚里士多德就使用过"行政"一词。现代英语中的"行政"(Administration)就源自拉丁文 Administrare，意为"执行事务"。古今中外对"行政"一词的认识基本上是一致的，或者可以说是大同小异的。行政，初始含义指对事务的治理和执行，意即执行政务，也就是政府系统对社会公共事务的管理活动。行政是管理活动的一种，把行政从管理中分解出来具有重大意义。在日常生活中，行政一词有两种理解：一种是把它理解为勤杂事务或对这类事务的管理。洛克、孟德斯鸠等所说的行政指的是政府的权力和行为，另一种是把它理解为权力当局。由于行政所执行的"事务"是极为复杂的，人们就从不同的角度赋予它不同的含义。有的从政治角度来理解，有的则从管理角度来分析；有的持实质意义行政的看法，有的则抱形式意义行政的观点。对上述观点稍加梳理，有助于我们深刻理解"行政"和"行政管理"的确切内涵。

1. **狭义行政说**

也称政治角度上的行政。认为行政是指除国家立法、司法系统以外的行政系统所从事的活动，一般指政府体系中行政机关的事务。从政治意义的角度来理解，行政是一种国家的管理活动。该学说以美国行政学家魏劳毕为代表，其在1927年出版的《公共行政学原理》一书中提出，“行政乃是政府组织中行政机关所管辖的事务”，就是对行政的狭义理解。这是从三权分立的角度来界定行政，认为行政乃是政府体系中行政机关对其职权范围内各种事务的管辖和料理。

2. 广义的行政说

认为行政是指一种与政治相分离的，为了实现国家目的的执行活动。该学说以美国行政学家古德诺为代表，其在《政治与行政》一书中认为行政与政治是分离的，政治是国家意志的表达，行政是国家意志的执行。广义行政的进步意义在于促使行政学从政治学母体中分离出来并逐步形成一门独立的科学，缺陷则是片面地强调政治与行政两者之间的分离。这种观点认为，在一切政治制度中，只有两种基本功能，即国家意志的表达和国家意志的执行。前者体现在立法环节，谓之政治；后者存在于立法活动以外的其他国家活动，谓之行政。这是从政治与行政两分法的角度来界定行政，认为行政是国家意志的执行。

以上对行政的两种理解均有其局限性。“两分说”的缺陷，不仅在于难以划定行政管理学的研究对象（因为司法活动亦被混同于行政），而且混淆了行政的两重属性，即执行统治阶级意志的政治性和进行社会公共事务管理的社会性。毕竟在实质意义上，行政与政治是无法截然分开的。“三分说”的缺陷，则在于它所确定的行政外延过窄。它只适用于三权分立制的国家，而不符合议行合一制国家的情况。实际上，随着现代资本主义的发展，行政日益渗透于立法、司法之中。“三分说”的行政观点也不能很好地揭示三权分立制国家行政活动的全貌。

3. 最广义行政说

管理角度上的行政是对行政最广义的理解，可以简称为“管理说”行政。认为行政是指所有国家机关——包括立法、司法、行政各系统所属部门和所有企事业单位的行政事务的管理与处理。这一观点认为，行政乃是一定的社会组织调动和组织自身资源（人、财、物等）有效地实现组织目标的行为过程。这实际上是把行政同一般管理联系起来，是从管理功能的角度来解释行政。按照这种观点，行政可被划分为两大类：一类是国家基于公共利益而对社会进行的组织和管理，被称为“公共行政”；另一类是一般社会组织对其内部事务的组织与管理，在西方被称为“私人行政”，在我国被称为“一般行政”。行政的“管理说”将行政区分为“公共行政”和“私人行政”（一般行政），其优点是为行政管理学的研究划出了较为明确的界限；缺陷则是在某种程度上混淆了行政活动和其他管理活动的根本区别，抹杀了国家公共行政的特殊本质。该学说以美国学者西蒙等人为代表，其著有《公共行政》。

4. 实质与形式意义上的行政

对于行政概念的解释和行政范围的划定，学术界还采用了“实质意义”与“形式意义”的标准来解释行政。从实质意义上看，不管行政的主体是谁，只要是对国家事务或社会公共事务的管理，就都属于行政活动的范围。这样一来，行政的含义就不局限于国家行政机关的管理活动，立法机关、司法机关、有关的社会团体和组织也从事一定的行政活动。形式意义上的行政则认为，只要是国家行政机关的活动都属于行政。这其实就否定了非行政机关从事行政活动的可能性。应当说，上述两种解释均有其偏颇之处。比较合理的做法是采用实质意义和形式意义相结合的解释标准。根据这种标准，可以将行政概念作如下表述：行政是指国家行政主体依法对国家事务和社会公共事务所进行的组织和管理活动。上述定义包含两层意思：首先，行政是行政主体的活动。所谓行政主体，是指享有国家行政职权，以其自身的名义从事行政管理，并能独立承担由此而产生的法律责任的组织。在我国，它主要是指国家行政机关，此外还包括得到法律法规授权的其他社会组织。由此可见，行政并不限于行政机关，它还包括其他行政主体的管理活动。其次，行政并不是行政主体的所有活动，而是行政主体对国家事务和社会公共事务所实施的管理活动，行政主体的非管理活动（如借用、租赁、买卖等）不属于行政的范围。

5. 马克思主义关于行政概念的理解

在对行政的概念做了上述梳理之后，我们还需要对行政的本质有一个科学的认识。马克思在《评“普鲁士人”和“普鲁士国家和社会改革”》一书中对行政下了一个科学的定义：“行政是国家的组织活动。”这一著名论断不仅揭示了行政的本质，而且还划定了它的活动范围。首先，行政是一种国家活动，而不是一般的社会活动。行政是人类社会发展到一定阶段，随着国家的产生而产生的一种活动。在原始社会，公共事务是由部落成员按照社会习俗、惯例和传统来处理的，整个社会并没有分化出专门的管理机构和管理人员。随着社会生产力的发展，产生了阶级和阶级的对立，也就产生了与人民大众相分离的公共权力。国家产生了，作为国家活动重要组成部分的行政也就同时产生了。将来国家消亡，行政也必将自然消亡。行政作为一种国家活动，它同时还说明，只有国家，只有代表国家的有关国家机关，才有权进行行政活动。其次，行政并不是国家的所有活动，而只是它的组织活动，即对国家事务和社会公共事务所进行的组织与管理工作。国家活动包括政治统治和社会管理两个不可分割的方面。一般来说，国家立法活动表达统治阶级的意志，比较多地体现政治统治的功能。而行政则主要是通过对国家事务的具体组织与管理，来实现统治阶级的意志。对国家事务的组织与管理是行政的主要特点和活动内容。再次，行政的性质由国家性质决定。国家是有阶级性的，行政作为实现国家意志的组织活动，其性质必然由国家的阶级性所决定。国家行政，自产生以来就担负着政治统治和社会管理双重职能，具有阶级性（政治性）和社会性两重属性。“政治统治到处都是以执行某种社会职能为基础，而且政治统治只有在它执行了它的这种社会职能时才能持续下去。”可见，行政与政治是不可截然分开的，只有把行政活动同国家的性质联系起来，我们才能认清行政的本质。

1.1.2 行政管理的定义

“行政”与“行政管理”是行政管理学两个最基本的概念。一般认为二者没有根本区别，可以互换使用。行政管理是行政和管理组成的复合词，是指国家行政机关依法管理国家事务和社会公共事务的组织活动。目前，学术界对二者的细微差别有不同看法。有的认为行政所涉及的层次较高，侧重宏观方面的分析；而行政管理涉及的层次较低，侧重较具体的政府管理活动的分析。还有人认为，行政管理是管理的一个子系统，与其他方面的管理，诸如经济管理、文化管理等，属于相同层次，用行政管理概念较之用行政概念更为贴切和准确。应当说，从本质上看二者并无多大区别，本书将其看作同等范畴的概念。

现代行政管理的含义有两种说法：广义的现代行政管理认为，行政管理是指国家政治目标的执行，包括立法、行政、司法等；狭义的现代行政管理认为，行政管理是指国家行政机关对社会公共事务的管理，又称为公共行政。

我们所说的行政管理，在现代西方国家一般被称为 Public Administration，即公共行政或行政学。它是指社会公共组织对公众事务的组织与管理活动，包括对国有企业、人口、交通、卫生、医疗、保险、环保、教育等方面的管理。根据我国行政管理的实际情况，按照马克思主义对行政本质的认识，我们对行政管理作如下定义：行政管理是国家行政组织依法对国家事务和社会公共事务所进行的组织与管理。在这里，行政管理的主体是国家行政组织（那些得到法律法规授权而从事一定社会公共事务管理工作的社会组织也包括在内）。行政管理的对象是国家事务和社会公共事务；作为国家意志表现形式的法律法规政策，是行政管理所必须遵循的基本规范。行政主体活动的主要方式和目的是依法实施行政管理，提高行政效率，实现国家意志。行政管理的特点包括执行性、政治性、权威性。

1.1.3 我国行政管理的性质和原则

1. 我国行政管理的性质

行政管理是随着国家的产生而产生的。行政管理的性质由国家性质决定，并从根本上体现着国家的性质。我国行政管理的社会主义性质是由中国共产党领导的人民民主专政的社会主义国家性质所决定，是与社会主义公有制为主体、多种所有制经济共同发展的基本经济制度的根本要求相适应的。其具体体现在以下三个方面。

首先，我国行政管理的社会主义性质在行政地位上体现为派生性和执行性。我国实行人民民主专政的社会主义制度，国家的一切权力属于人民。人民通过选举自己的代表组成各级权力机关来行使自己的权力。国家行政机关就是从权力机关那里派生出来的，它所行使的行政权是由权力机关授予的，它所做的工作是一种执行法律并实现法律的活动。行政机关要对权力机关负责并报告工作，同时要接受权力机关的领导和监督。这种议行合一的政治形式决定了我国行政管理的从属地位和执行性，从而保证了国家意志在执行过程中的集中统一。

其次，我国行政管理的社会主义性质在行政目的上体现了为人民服务的宗旨。以社会主义公有制为主体的经济基础，决定了人民群众在根本利益方面的一致性。这种一致性在行政管理中的体现，就是要以实现人民的根本利益为目标，以全心全意为人民服务为根本宗旨。

在我国，人民是国家的主人。行政机关及其工作人员的一切权力都是人民赋予的，他们必须代表人民的意志，为人民的利益而工作。这是我国行政管理区别于一切剥削阶级国家行政管理的根本标志。必须明确，在社会主义中国，一切国家工作人员都是人民的公仆，他们在行政管理过程中，应以社会公共利益和人民利益为出发点和归宿点，不能掺杂个人的任何特殊利益。为人民服务是政府机关及其行政人员的基本行为准则。

再次，我国行政管理的社会主义性质在行政方法上体现为说服教育和强制相结合的特点。任何国家的行政管理都具有一定的强制性，我国行政管理也不例外。从本质上看，国家行政活动的过程同时也是实现人民民主专政的过程，国家行政机关作为人民民主专政的有效工具，它所实施的管理活动是依法行政，这就不可能不带有强制性和权威性。在我国现实生活中，人们还不可能都做到完全自觉地遵守和服从法律和法令。对于违反法律法令的某些行为，还必须采取一定的强制性措施，以便维护正常的社会秩序。

当然，我国行政管理的强制性同剥削阶级国家的强制性相比具有根本区别。除了强制的阶级基础不同以外，具体实施强制的办法亦有所不同。我国行政管理的强制建立在说服教育的基础上，是与思想政治教育工作紧密结合在一起的。总之，说服教育与强制相结合是我国行政管理的基本方法，这与剥削阶级国家的行政管理主要采取强制手段，并辅之以对公众的欺骗愚弄，具有本质的不同。

2. 我国行政管理的原则

四项基本原则是我国的立国之本，也是国家行政管理活动总的指导原则。这里所要分析的行政管理原则，是四项基本原则在国家行政领域的具体化，是行政机关开展管理活动需要遵循的行为准则。概括起来说，我国行政管理的原则主要有如下几点。

(1) 人民管理原则

人民群众参加国家社会事务的管理，是社会主义国家的本质要求。作为国家的主人，人民群众最根本的权利就是参加国家和社会公共事务的管理，决定国家的大政方针。人民群众参加国家管理的方式有多种，归结起来主要有以下方面：通过各级权力机关和人民代表的工作，参与国家管理社会公共事务，决定政府组成人员，监督政府工作；通过社会团体和行政机关经常性的联系渠道，参与到行政管理的过程中；通过各种群众性自治组织和社会中介组织，参与各种社会公共事务的管理活动；通过与政府协商对话和大众传播媒介，对国家事务发表意见，对国家机关及其工作人员的行政管理活动进行舆论监督；公民个人直接向有关的政府部门表达自己的利益要求并对政府管理工作提出意见、建议和批评。

(2) 党的领导原则

坚持中国共产党对国家行政工作的领导，既是社会主义行政管理的一个基本特征，也是行政管理自身的客观要求。党对国家行政管理的领导主要是政治领导，即政治原则、政治方向和重大决策的领导。其实现方式是：制定正确的路线、方针、政策，指导行政管理的方向和任务，对行政机关的执行情况予以监督和检查；向国家行政机关推荐干部，培养和教育干部，从组织上保证党的路线、方针、政策的贯彻和落实；建立、健全党的各级组织，通过发挥党组织的战斗堡垒作用和党员的先锋模范作用来带领群众，实现党的路线、方针、政策，遵纪守法，依法行政。

对于党领导行政管理的原则，需要做全面的理解。它既要坚持党对行政管理的领导，又要保证发挥行政机关的职能作用。党政不分、以党代政，以及党政分离、各行其是，都是不正确的。行政工作中，必须坚持党对行政管理的政治领导。

(3) 民主集中制原则

民主集中制是马克思主义所主张的无产阶级政党和无产阶级政权组织的根本原则，也是我国国家政权的基本组织原则。我国行政管理必须遵循这一原则。主要体现为：在行政机关与权力机关的权力关系上，国家行政机关是国家权力机关的执行机关，由权力机关产生，对它负责，受它监督，并向它报告工作；行政机关依法有权对社会的政治、经济、文化等事务实施统一管理；在中央与地方行政职权的划分上，遵循在中央统一领导下，充分发挥地方主动性、积极性的原则。在坚持下级服从上级、地方服从中央的同时，中央又照顾到地方的不同特点，充分发挥地方的首创精神；地方各级行政机关实行双重领导体制，它们既要向同级人民代表大会负责并报告工作，又要对上级行政机关负责并报告工作；国家行政机关内部贯彻集体领导和首长个人负责制有机结合的原则。有关政策性和原则性的问题及其他重大问题，要由集体讨论决定；在行政管理过程中，必须服从行政主管的领导和指挥。

(4) 依法行政原则

依法行政就是行政机关行使行政权力、管理公共事务必须由法律授权并依据法律规定。法律是行政机关据以活动和人们对其活动进行评判的标准。归结起来说，依法行政的内容大致有下述4个方面：①依法行政要求行政机关行使职权，必须由法律授权。法律授权包含下列内容，一是职权法定，即行政机关的职权必须由法律规定。非经法律授权，不可能具有和行使某项职权。职权法定，越权无效，是依法行政的主要原则之一。二是凡属宪法、法律规定只能由法律规定的事项，或者只能由法律规定，或者必须在法律明确授权的情况下，行政机关才有权在其所制定的行政规范中作出规定。②坚持法律优先的原则。法律优先的意思是说，在已有国家法律规定的情况下，任何其他法律规范，包括行政法规和行政规章，都不得与法律相抵触。凡有抵触，均以法律为准。法律优于任何其他法律性规范文件。③行政机关实施的行政行为必须有法律依据，必须严格遵守法定程序。行政机关行为既包括制定法律规范的抽象行政行为，也包括作出处理决定的具体行政行为。作为行政行为依据的法律，既包括立法机关制定的各种法律，也包括根据法律和经法律授权而制定的法规和规章。④行政职权与行政职责必须统一，这是行政机关行使职权的一个重要原则。职权是宪法、法律赋予行政机关管理社会公共事务的相关权利，必须得到行使，不能放弃。行政职责是行政主体在行使行政职权的过程中必须承担的义务。职责与职权是统一的，是一件事情的两个方面。放弃职权，不依法行使职权，就是不履行义务，就是失职，需要追究法律责任。任何行政主体在行使行政职权的同时，必须同时履行职责。

1.2 行政管理学的基本要义

行政管理学是一门以狭义政府即各级国家行政机关为主要研究对象，涉及领域广泛、内容丰富、综合性和动态性较强的理论与应用相结合的相对独立的学科。但迄今为止，行政管理学在学科的称谓和定义、研究对象和基本范畴等若干基础性问题上，仍未形成一种被普遍接受的观点。因此，首先从最基本的方面对行政管理学进行必要的界定，对于学习这门科学是十分重要的。

1.2.1 行政管理学的定义

行政管理学又称为公共行政学、行政学、公共事务管理学、公务管理学、公共管理学等，其英文名称 Public Administration 或 Administration，均来自拉丁文 Administrate，这些名称本质上并没有多少区别，但从一定意义上说，行政管理学是一门借用的学科，因为行政管理学在研究公共行政现象的过程中，大量应用不同时期多种学科的研究成果。从起源看，一般认为行政管理学脱胎于政治学学科。早期的行政管理学虽然从一开始就强调行政执行的特殊意义，但那时所涉及的主要领域是理论的、哲学的和逻辑思辨的，而不是技术的、过程的和实际运作的，且有关公共行政的诸多问题常常是与政治学学科合并讨论的。因此，早期行政管理学关于公共行政的研究，其政治理论倾向是比较明显的。由于这种历史的渊源，即使到了今天，有关公共行政的若干问题，也仍然是与政治学学科交叉研究的。这种历史的渊源以及行政管理学的国家公共行政的属性，决定了它与政治学学科的必然的、内在的联系，以至于有人认为，从基础学科的角度来划分，行政管理学是政治学的一个分支学科。

一般认为，最早使用“行政学”一词的是德国学者冯·史坦因。他于 1865 年发表了《行政学》一书，但他当时主要是在行政法的意义上使用“行政学”一词的。作为一个行政管理学的概念，“行政学”一词一般认为始见于美国学者威尔逊·伍德罗（Wilson Woodrow）1887 年所著的《行政的研究》一文。该文被认为是行政学的发端。从那时以来，许多研究者从不同的角度给行政学或行政管理学下过许多不同的定义。区别的关键在于对“行政”一词的不同理解，区别的要点则主要集中在两个层面，即“政治”层面和“管理”层面。这两个层面恰好反映了行政管理学发展史上两个不同时期研究的不同侧重点。

持“政治”行政观的人主要是一些早期的行政学者。他们根据三权分立学说、自然法原则和议会至上的原则认为，凡国家立法和司法以外的政务总称行政；政治是国家意志的表现，行政是国家意志的执行；行政是政府行政部门所管辖的事务，或是政府官吏推行政府功能的活动。这种定义方法并没有错，但不够全面。因为，政治与行政无论在法理上或实际过程中都存在很强的内在联系性和功能的交叉性，都不存在截然的职能划分或不可逾越的界限。另外，仅就行政功能而言，政府公共行政管理的有效性在某种意义上更为重要。

持“管理”行政观的人主要是科学管理运动兴起以后的一些行政学者。他们认为，行政是如何使人民对政府的期望取得成功的各种方法；是完成或实现一个权力机关所宣布的政策而采取的一切运作；是一种活动或程序；是通力完成共同目标的团体行动；行政特别注重管理方法、程序的具体操作，是研究政府做些什么和如何做的理论；是经由集体合作实现共同目标的艺术。从这些观点中可以看出，他们将行政理解为一个实际而广泛的运作过程，注重的是行政管理实施过程中的方法及其有效性。这样，行政就被理解成一个包括政府、其他公共权力机关甚至工商社会组织的、有着较为广泛的内涵和外延的概念。但一般来说，行政管理学仍以政府活动及其科学化为主要研究对象，并据此设定研究范畴和研究方法，以区别于工商企业界的管理。

行政管理学是由“行政”、“管理”和“学”所组成的一个复合词组。其中“行政”通常指政府对公共行政过程政务的研判和推行。“管理”通常指政府（行政）运用依法获授的国家公共行政权力，并在法律原则规定的范围内运用行政裁量权，以行政效率和社会效益为基本考量标准，处理公共行政事务的过程和活动。“学”则是与前面两个方面相一致的比较系统化和有着独特领域的理论、方法和知识的体系。

因此，行政管理学就是关于公共行政制度或行政体制及其运行机制的合法性、合理性、有效性、发展性等比较系统的思想、理论、逻辑、知识和方法的体系。在一般情况下，它主要反映政府（国家行政机关）管理国家事务、社会公共事务和自身事务的活动，并通过对这些活动的本质与现象、主体与客体、观念与技术、内容与形式、制度与过程、历史与未来的研究，发掘公共行政管理的规律性，帮助和推动这些活动的科学化、法制化、规范化、合理化、效率化和时代化的进程。值得强调的是，政府公共行政管理在宪法意义上具有明确的公共属性和公共服务的职能，与此相一致，“合法性”和“有效性”构成了政府一切行政思想和行政行为的基本价值标准。

综上所述，行政管理学是指研究和探求国家行政机关依法对国家事务和社会公共事务进行有效管理及其规律的科学。行政管理学的实质是揭示行政管理活动的客观运行规律，但它具有不同于其他学科的研究对象和研究宗旨，是一门独立的指导政府管理的科学。

1.2.2 行政管理学的要素构成

行政管理学是一门以狭义政府即各级国家行政机关为研究对象，研究国家权力机关的执行机关行使国家权力，依法管理国家事务、社会公共事务和机关内部事务的客观规律的科学，简称行政学。它包含如下几个要素。

1. 行政管理的主体

行政管理是国家社会职能的基本的和主要的存在形式和表现形式之一，是一种国家行为。行政管理的主体是国家权力机关的执行机构，即行政机关——国务院和地方各级人民政府。在通常情况下，政府即国家行政机关。从名义享有行政权力和具体行使行政权力的角度分析，行政管理的主体又可以分为 4 种。

（1）政府

政府包括中央政府与地方政府。政府是国家行政权力的象征、承载体和实际行为体。以政府名义发布的行政命令、行政决定、行政政策、行政法规、行政司法、行政裁决、行政惩处、行政检查等，在不违反宪法和有关法律的范围内，都对所规定的适用对象产生效力，并以国家武装力量为后盾强制执行。

（2）政府行政机关

政府机关的行政权力是通过法律规定及法律规定之下的政府内部授权获得的。表现为以机关的名义向社会发布涉及本机关所管辖的行政领域或行政业务的行政规定，这种规定一般受政府的约束。在获得法律和政府充分授权的条件下，行政机关所发布的行政规定的效力，等同于政府。

在程序上，行政机关的规定一般需要经过同级政府或上级政府同类机关的批准或许可。从这个意义上说，行政机关所掌握的行政权力是一种不完整的权力。

另外，在实际过程中，常常出现若干个机关联合发布某一项行政规定的现象，这是由政府内部专业化、部门化分工的权责体制所决定的，但其效力在性质上与一个机关类同，只在程序、程度和适用范围有所差别。

（3）行政首长

各国政府即行政机关通常实行首长负责制。行政首长无论在名义还是在实际执行上都是行政权力的一种主体。在这里，行政首长是指一种非人格化的特定的职位，而不是作为社会存在的自然人。行政首长作为行政权力的主体可分为 3 种。

① 政府首脑。他们根据宪法和有关法律的规定，经过普选或间接选举直接获得权力，他们掌握最高一级政府的行政权力并对法律和选民负责。在法律规定的范围内，经过他们签署，可以发布一系列的行政命令，如宣布处于紧急状态，宣布大赦等。

② 政府首脑以下的高级政务类行政首长。他们也根据宪法和有关法律的规定获得权力，但他们的权力受制于政府首脑的权力，尤其在权力的实际运行方面，必须以政府首脑的权力为转移。得到授权，他们方可代表政府。

③ 政务首长以下的各级常务首长。他们主要负责有效地推动和执行各种既定的政府决策。其权力主要来自政府内部按照逐级授权原则而往下授予的一部分有限的权力。得到授权，他们也可以代表政府。

（4）政府普通公务员

政府普通公务员是国家行政管理的又一种主体。他们人数众多，由法律保障其身份和规定其职责。他们是政府内逐级授权的最后一级，得到特殊授权，他们有时也能代表政府。他们的主要职责是，处理政府的大量日常事务，具体执行和技术操作既定的政府决策或首长决定。但是，由于一般实行长期雇佣制，长期在政府供职，所以，他们对行政的技术程序和技术规范有较多的了解。他们是技术作业层上国家行政管理的主体。按照“管理即决策”的观点，他们以其特有的方式、专长和优势，直接影响到国家行政管理的过程和时效性。通过他们的努力，国家行政管理才能转化为社会过程，产生社会效应。因此，对他们的研究与对常务官员的研究一样，是现代人事行政的一个重要方面。

2. 行政权

行政管理主体必须具有对管理客体的支配权即行政权。行政权源于国家权力，是国家权力结构的组成部分。在我国，行政机关是国家权力机关的执行机关，其行政权力由国家权力机关依法授予。因此，行政管理是以国家权力为根据的，行使国家权力的一种公共管理。

3. 行政管理的客体

行政管理的客体，即国家事务、社会公共事务和行政机关的内部事务。行政管理是一种以全社会为对象的管理活动，这是它区别于其他任何管理的最显著的特点之一。行政管理的范围遍及国家和社会生活的各个方面。行政管理学有着比其他管理学科更广阔的研究领域和更广泛的适用性。政府通过行使公共行政权、实施行政管理，与社会生活中的几乎一切行为主体发生行政法律关系。社会行为主体指具有法人和自然人的资格和地位，且有一定行为能力的公民、公民团体、社会组织。行政管理的客体有六大类。

① 经济性组织。包括制造业、服务业、金融业、科技业和其他一切以赢利为目的的组织。政府与其行政管理关系，主要表现在利率、税收、正当开支、工业卫生、环境保护、人身保障等方面。政府通过制定和执行公共政策影响和督导经济性组织的经营趋向、经营行为、经营方式，对其进行必要的监督和检查，防止非法或不正当经营、生产行为的发生。执照、许可证等申请、登记、备案、审批制度、限期改正、吊销营业执照直到拘捕等惩处制度，是政府对经济性组织实施行政管理的经常性方式。

② 社会性组织。包括教会、社区团体、群众团体等一切以非赢利为目的的组织。

③ 政治性组织。包括政党和一切以政权或政治性权力为目的的组织。

④ 教科文组织。包括学校、科学研究单位和各种文化团体。

⑤ 新闻性组织。包括报社、新闻社、出版社、电台、电视台等一切新闻传播媒介组织。

⑥ 公民。它是政府行政管理的最大量的行为对象。

4. 依法管理

行政管理活动的根本原则是依法管理。行政管理必须是在法律规定的范围内实施管理。任何行政机关和行政人员都不得超越宪法和法律的特权。个人意志代替国家意志或凌驾于法律之上的行为都属于违法行为。

5. 行政管理的主要方式

行政管理的根本目的是实现国富民强，推动社会均衡稳定的发展。为此，就必须正确地制定和有效地实施行政方略，其中，正确地选择管理方式是至关重要的。目前，行政机关在行使权力，依法管理过程中常用的方式主要包括：行政立法、行政司法、行政法规、行政决策、行政决定、行政政策、行政领导、行政指导、行政引导、行政规划、行政计划、行政预算、行政协调、行政沟通、行政平衡、行政干预、行政检查、行政制裁、行政扶助、行政救济、行政服务等。

1.2.3 行政管理学的研究范畴

行政管理学的研究范畴在不同的发展阶段和不同的学派中有不同的认识。欧美一些国家把公共行政和私人行政都视为行政管理学的研究范畴。

怀特（Leonard White）作为行政学科的奠基人，将行政管理学的范畴分为四部分：组织原理，人事行政，财务行政，行政法规。

美国行政学家古利克（Luther Gulick）强调以行政管理职能为行政学的主要研究对象。提出了“POSTCORB”理论：计划（Planning）、组织（Organizing）、人事（Staffing）、指挥（Directing）、协调（Co-ordinating）、报告（Reporting）、预算（Budgeting），以此概括行政管理的七大基本职能。传统行政学把行政管理职能作为行政学思想的基石和基本内容；20 世纪 30 年代以后，行为主义学派、决策学派把行政学的研究重点从管理职能方面转向政府的决策方面，在西蒙的行政学中行政学方法论和决策理论占有重要位置。

我国台湾学者张金鉴提出了“15M”理论：目标（Aim）、计划（Program）、人员（Man）、经费（Money）、物财（Matter）、组织（Form）、方法（Means）、领导（Command）、激励（Prompting）、沟通（Communicate）、士气（Morale）、协调（Harmony）、及时（Betimes）、空间（Room）、改进（Improve），以“15M”来概括行政学的主要内容。

一般来说，行政管理学的基本研究范畴，有以下几个方面：行政原理、行政职能、行政权力（授权）、行政组织、人事行政（公务员制度）、行政领导、行政决策、行政计划、行政程序、行政执行、行政技术、行政行为、行政效率（有效性）、机关管理、公共财政（财务行政）、物财行政、行政责任、行政监督、行政道德、法制（治）行政、行政改革、行政能力、行政发展等内容。

1.2.4 行政管理学的学科特点

行政管理学作为一门系统科学，其特点比较突出，由于行政管理学这门独立学科具有自己的研究对象和研究内容，使得行政管理学具有政治性和社会性相统一、理论性与应用性相统一、综合性与独立性相统一、规范性与适应性相统一等特色，其中最鲜明的特点是它追求行政管理活动的高效率。具体来说，行政管理学的学科特点表现为综合性、实践性、系统性、技术性和发展性 5 个方面。

① 综合性，即行政管理学是交叉的、丰富的、广泛的。

② 实践性，即行政管理学是实际的、应用的、具体的。

③ 系统性，即行政管理学是整体的、有序的、相互关联的。

④ 技术性，即行政管理学是方法的、工具的、手段的。

⑤ 发展性，即行政管理学是动态的、进步的、创新的。

1.2.5 行政管理学与相关学科的关系

行政管理学这门学科是建立在与其他学科的相互联系、相互比较的基础上的。它与相关学科具有密切的关系。

1. 行政管理学与政治学的关系

一般认为，行政管理学源自政治学，其最初的目的是研究如何有效地保卫宪法和执行宪法。所以，从渊源上说，行政管理学是政治学的分支科学。但二者具有比较明显的领域差别。政治学是研究以国家政权为中心的各种政治现象和政治关系及其发展规律的科学，基本范畴有国家的起源、结构、阶级、政党、政府、民主等，是一门理论性很强的基础性学科。行政管理学属于政治学的一个分支。行政管理是国家政治活动的三大组成部分之一，主要研究政府体制和政府行为等行政现象，研究如何制定正确的政府目标和有效地达成这些目标。实务是其基本内容。如果说政治学的研究宏观而且比较抽象的话，行政管理学则较为具体，具有实用性的特点。就二者的相互关系而言，“行政管理学是借政治学指引其努力的方向，政治学则依赖行政管理学充实它的内涵”。

2. 行政管理学与企业管理学的关系

企业管理学是科学管理运动兴起以来的有关企业管理的理论和方法的总称。一般认为，企业管理学起之于行政学后，它主要研究如何管理和改进企业的经营状况，提高生产率和增加利润。但它兴起之后却不断对行政管理学产生重大、直接的影响和推动。应当说，行政管理学借用或吸收了相当多的企业管理学的概念、词汇和方法，同样，企业管理学也从行政管理学中借鉴了大量的思想、理论和方法。因此，可以说，二者在原理上是一致的，在方法论上也是相通的，但在研究对象、目的和范畴等方面却存在明显的差别。行政管理学与企业管理学是在内容上交叉、理论研究和研究方法上相互借鉴、学科发展上相互影响和相互渗透、研究领域上各异的两门学科。

3. 行政管理学与行政法学的关系

行政法学和行政管理学都以政府行政作为其研究对象，行政管理学的产生，就是从研究法律对行政活动的规范开始的。由于行政活动由客观需求所促成的行政裁量日渐增多，行政管理学才逐渐分离独立成一门学科。行政法学有赖于行政管理学不断充实其内容，行政管理学则有赖于行政法学提供维护自身合法权威的规范，进而加强自身的效能。行政管理的实践又丰富了行政法学的内容，并产生了专门适用于行政管理的行政法。因而行政管理学与行政法学的关系是相互渗透和相互促进的关系。二者的不同之处是，行政法学是以行政法律关系为研究对象的学科，其性质和内容是研究和规定公共行政管理的法律规范，行政管理学则研究推行和执行政务及如何使之有效的原理原则和技术方法，尤其注重实际行政过程中的有效性。

4. **行政管理学与社会学的关系**

社会学是研究人类社会各种社会生活现象的学科，是社会科学的基本学科之一。从广义上说，一切社会生活都是它的研究对象，其中包括社会公共管理的概念、方式和手段；社会学以社会和社会问题为研究对象，探讨社会良性运行的规律。行政管理学运用社会学的理论、原则和方法于行政管理之中，充实了行政管理学的内容。社会学的理论、原则依赖于行政管理的实施和验证。行政管理学只有将行政现象置于广大的社会环境中来考察，才能获得比较符合实际的理论和解决办法。从狭义上说，社会学则以公共权力的成立和行使为特定的研究对象，就相互关系而言，社会公共事业的管理是公共行政管理的重要内容，许多重大社会问题只有依靠国家行政机关的法权地位和特有的方式、手段才能解决。所以，行政管理学与社会学是相互促进、相互支持的。

除了以上学科外，行政管理学与经济学、财政学、统计学、心理学、社会心理学、行为科学、运筹学、高等数学、计算机语言学、公共关系学等学科也都有着比较密切的关系。

1.2.6 行政管理学的研究目的和意义

行政管理学的研究目的在于寻找和掌握行政工作的一般规律，获取指导行政工作的原理、原则和系统知识，指导行政管理，使之日趋科学化、法制化、现代化，高效地实现行政目标。具体来说，通过开展行政管理学的研究要达到以下 3 个目标。

① 行政管理科学化：指按照现代行政管理活动的客观规律，采取现代科学的管理方法实施政务，即行政管理中决策、咨询、执行、信息、监督等活动和国家行政机关自身建设中机构设置、人员配备和工作程序等，都要有科学的依据并严格按照规律办事。

② 行政管理法制化：指运用法律规范和其他具有法律性质的各种行政规则来进行行政管理，实现“依法行政”，以维持和保证行政管理的权威性和行政效能。

③ 行政管理现代化：指国家行政机关及其管理活动，在思想观念、组织机构、人员素质、方法手段等方面都达到先进水平，实现现代化。

行政管理的科学化、法制化、现代化三方面是相互依存、相互促进的。

研究行政管理学的根本意义在于把握行政管理规律，科学地发挥行政职能，有效地处理国家政务，提高行政管理效率，促进经济和社会发展，真正实现促进国家发展和造福人民的目标。具体来说表现在以下 4 个方面。

① 学习和研究行政管理学是实现行政管理科学化的需要，只有把握和运用行政管理科学的基本原则，才可能提高效率，实现国家的行政管理目标。

② 学习和研究行政管理学是适应当代科技革命和世界发展趋势的需要，客观形势的发展要求我们必须尽快提高行政管理水平，来推动科技和经济建设迅速发展，使我国跟上时代发展的步伐。

③ 学习和研究行政管理学是当前社会各项改革的需要，行政改革是政治改革的重要内容，政治改革、行政改革又为经济改革和文化改革提供必要的条件。

④ 学习和研究行政管理学是提高国家公务员素质以适应现代化建设的需要。

1.2.7 行政管理学的研究方法

行政管理学经常使用的研究方法为分析法，分析法具有两个方面的特征：其一，行政管理学使用的大多数分析方法是众多社会科学共同使用的方法，例如，逻辑分析的方法，包括归纳和演绎等，社会调查方法，社会统计方法等；其二，在实际的研究过程中，行政管理学使用的分析方法常常是交叉、交替和混合使用的。所以，学习与研究行政管理学最根本的方法是唯物辩证法，以辩证唯物主义和历史唯物主义为指导。在我国无论采取哪种方法研究行政管理，都应以马克思主义的辩证唯物主义和历史唯物主义作指导，从中国国情和中国的行政管理实践出发，研究和探索适合我国国情的行政管理理论和制度。行政管理学常用的分析方法如下。

1. **逻辑分析方法**

又称哲学研究法，主要从哲学的观点出发研究公共行政现象，通过运用理性判断、非理性判断、逻辑推理、因果关系分析等直接与哲学思想相关的分析方法，研究公共行政过程中矛盾的普遍性与特殊性、共性与个性的关系，一般规律与特殊规律的关系，进而形成一定的普遍适用的有关公共行政的理论基础和行为准则。

2. **法规分析方法**

主要从法理、法律、法规的角度来研究政府和政府官员及其行政行为的合法性、规范性、合理性，研究政府行政行为的条件或局限性。

3. **历史分析方法**

历史分析方法又称史学研究法，注重公共行政和行政管理学的起源、发展及演变沿革过程，注重不同时期的不同特点和历史类型，以及历史情形对现实行政的影响和借鉴意义。

4. **实证分析方法**

实证分析方法又称事实研究法、行政调查法，指通过观察、描述事实，进而依据事实得出结论的分析方法，其特点是以实际、具体的行政事项或行政过程为研究对象，本着具体情况具体分析而不拘泥于通则或定律的原则，研究行政问题的症结所在，并制定切合实际、行之有效的对策。

5. **规范分析方法**

规范分析方法又称理论分析方法，主要指通过价值判断做出结论的分析方法，即根据一定的理念、价值标准或行为规范对“是非”做出一定的评价。行政管理学是理论性与实践性统一的科学。在学习和研究行政管理学的过程中，一方面要注重基本理论、基本知识的把握，积极进行理论研究和理论探索；另一方面又要紧密联系中国的实际，必须从中国的具体国情出发，研究中国的实际问题。我们不能闭门造车，不能关起门来“坐而论道”，不能专啃洋书本而“食洋不化”。我们所要研究的问题，应当主要是我国改革和建设中迫切需要回答和解决的问题，做到有的放矢，为实践服务；同时要从理论与实践相结合的角度分析问题，求得解决问题的好办法。只有这样，我们的学习与研究，才能有好的收获和成果，才能有实际意义，我国的行政管理学也才能得到新的发展。

6. **比较分析方法**

比较研究方法就是对不同国家的行政管理制度或其中的某个方面（行政组织、人事行政、管理方法等）进行分析比较，对不同行政制度或行政模式、不同公共政策选择等行政问题的对比分析，研究不同政府间在行政理念、行政思想、行政原则和管理职能、管理体制、管理方式、管理手段等方面的差异，研究实现高效、民主行政的途径和方法，探究异同，权衡利弊，取长补短。这是一种既适用于空间序列，又适用于时间序列的分析方法。采用这种研究方法，可以使我们放开眼界，了解当代世界一些主要国家行政管理的实际情况，从比较和鉴别中更好地把握行政管理规律，积极吸取国外一切有益的东西，建立适合我国国情的最优化的行政管理模式。

7. **系统分析方法**

又称生态研究法或环境研究法，就是运用系统工程的理论和方法来分析研究行政现象和行政过程，把行政的各种构成要素以及管理的各个环节、各个层次，都当做一个互相关联的系统整体进行全面的考察和分析；对行政内部、外部的各种关系进行综合研究和数量分析，以确定目标和实施方案的优化，求得最佳行政效率。其特点是将相关行政活动以及整个行政过程乃至社会环境视为一个有机整体，着重研究各个相关部分的交互影响、双向往来、动态平衡、彼此关系，进而寻求最优化的行政选择。这种研究方法注重系统的整体协调、系统的环境适应性及系统整体功能的最优化，在现代行政管理中具有较高的应用价值。我国行政管理学的研究，也应积极采用这种研究方法。它能帮助我们增强系统整体观念，全面了解和把握行政大系统内外各种因素间相互作用、相互制约的关系，深刻认识我国行政管理所处的社会历史环境，从而使我们的理论研究及其成果具有科学性、可行性。在研究我国政府行政改革问题时，更应注意采用这种研究方法。

8. **生理心理分析方法**

在广泛的意义上可以包括行为研究法或人际关系研究法。主要研究政府官员的生理需要和生理状况与物质欲望满足和物质工作条件之间关系，以便建立二者之间合理的对应关系。

9. **综合研究方法**

行政管理学是一门综合性学科，这就要求对它采用综合研究的方法。这就是说，在对行政管理学的学习和研究中，要综合运用与行政学密切相联系的各种学科理论和知识，探索行政管理活动的一般规律，同时，在行政管理活动中，要将反映社会生活各方面的客观规律（如经济规律、文化发展规律、自然规律等）综合地加以认识和利用，采用综合研究方法，可以拓宽我们的视野和研究思路，从宏观整体和整个社会发展的角度深化行政管理学的研究，深化对行政活动规律的认识，避免片面性、局限性。

10. **资料分析方法**

资料分析方法又称间接研究或图书馆分析法，其研究方式主要是通过查阅现有的法律法规、政策文件、文书档案、书刊论文、研究报告等，寻求对一定行政问题或行政现象的理解之道。

11. **案例分析方法**

又称案例研究法，其特点是将已经发生的真实而典型的行政事件，通过广泛收集各种可能的资料，再以公正的观察者的态度撰写成文，以供分析研究和借鉴。这种研究方法的特点，是对已经发生的真实而典型的行政事件或问题，通过广泛收集各种相关资料并分析整理，按照客观公正、实事求是的原则得出结论，提出意见，以供有关方面分析研究和借鉴之用。此种研究方法的关键，在于资料的全面、真实，能充分反映该行政事件全过程中各个主要因素及其相互关系。运用案例分析方法，不仅有助于我们加深对行政管理理论的理解，而且能提高我们分析和解决实际问题的能力，提高行政管理水平。

12. **模拟分析方法**

其特点是通过使用定量概念和方法，来模拟行政管理中的某些基本因素或条件，从中寻求行政管理合理、高效的模式。

还有利益分析方法，主要研究利益在公共行政管理过程中的特殊作用。常用的其他研究方法还有：理论与实践相结合、调查、个人与集体研讨相结合的方法、法学研究法等。

1.3 行政管理学的历史沿革与发展动向

1.3.1 西方行政管理学产生的时代背景

行政管理学产生于19世纪末20世纪初，是近代社会发展的产物。行政管理是随着国家的出现而产生的一种特殊的管理活动，有了行政管理也就产生了行政管理思想。西方国家从希腊时期的亚里士多德、中世纪时期的马基雅维利到近代的洛克、孟德斯鸠等都给我们留下了丰富的国家治理理论。至于古代中国，政治家、思想家们提出的治国理论更是汗牛充栋。但是，作为一门独立的学科，行政管理学产生比较晚，相对于人类社会悠久的国家管理实践和丰富多彩的行政管理思想而言，这也是一个特殊的现象。行政管理学产生于近代西方国家，并不是偶然的，我们可以从以下几个方面来认识行政管理学产生的时代背景。

1. **资本主义政府职能发展和管理实践的需要**

资本主义建立之初，政府以及政府的行为并未得到人们的重视。人权、自由、平等的主张，最大限度地削弱了公共权力，如霍布斯、洛克等启蒙思想家认为政府是必要的，社会必须在政府管理下达到有序状态，但必须使政府权力受到限制，政府的管制只限于最必需的方面。亚当·斯密（Adam Smith）等人奉行“政府要好，管事要少”的理论，主张国家采取自由放任的政策，把政府定位于“守夜人”的角色。在19世纪中期以前的资本主义政府的职能主要是政治统治职能，基本放弃了社会管理服务的职责。正如英国学者约翰·格林伍德所形容的“十九世纪中叶时，政府的视野是有限的，主要的兴趣在于外事活动和维持治安”。

美国学者 W. 威尔逊在 1887 年发表的“行政的研究”一文中指出，“没有任何一种政府职能而今不是变得复杂起来，尽管其当初曾经一度是很简单的”。“政府的职能在逐日变得更加复杂和艰难，他们并且在数量上也同样在大大增加，行政管理当局在把它的手伸向每一处地方以执行新的任务”。美国联邦政府成立时只有财政部、陆军部和国务院，而在 1900 年前后陆续出现了农业部、商务部、劳工部和内政部等经济与社会事务管理部门；联邦政府官员在 1801 年时只有 2 100 多人，1871 年约为 5.4 万人，到 1914 年则增加到 48.3 万人左右；在 1866 年到 1914 年间，美国联邦政府行政管理费用支出约从 4 100 万美元增长为 1.7 亿美元。

政府一天天庞大起来，行政管理的触角伸向社会的各个角落。政府的地位和作用越来越受到人们的关注，而原有的行政管理方法不再适应时代的要求，迫切需要一门科学理论来指导国家行政管理活动。正如威尔逊当时所讲的，“我们已经面临着需要进行更加仔细的行政调整和需要更加丰富的行政知识的时刻”。“这就是应该有一门行政管理科学，为什么会有这样一门科学的理由”。

2. 政治思想家的理论推动

最早提出“行政学”一词的是德国学者史坦因。他在 1856 年著《行政学》一书，此书是从行政法角度对行政进行研究，还没有把行政管理学视为一门独立的学科。随后，一些政治学者的理论对行政学的产生起了重要的推动作用，比较有代表性的当属威尔逊、古德诺等。

1887 年，美国学者 W. 威尔逊在《政治学季刊》上发表“行政的研究”一文，主张建立行政科学，以作为政府管理方式变革的理论指导，“力求使政府不走弯路，使政府的事务减少一些不成体统的样子，加强和纯洁政府的组织机构，并使各种职责都获得尽责的美名。”此文影响巨大，威尔逊因此被誉为行政学的创始人。

1900 年，美国学者古德诺（Frank J. Goodnow）出版了名著《政治与行政》，对行政学脱离政治学的囹圄成为一门独立的学科产生了巨大推动作用。政治学自亚里士多德创建以来，行政活动与立法、司法活动就构成政治学体系的主要内容。古德诺抛弃了政治学长期坚持的三分法，提出了“政治与行政”两分法的观点，他认为政治是民意的体现，亦是政策的制定，而行政管理是民意的执行，亦是政策的执行。在此基础上，他通过对行政与政治、政党、法律的相互关系，行政与立法、司法的相互关系，中央与地方的关系，行政体制与功能的关系等重大理论问题的考察和分析，阐述了他的行政管理思想。古德诺的观点对于行政管理学从政治学中分离出来具有非常重要的贡献。

3. 相对独立的行政机构和国家官吏的职业化

资本主义国家管理制度与以往社会制度有着重大不同，它是建立在宪政基础上的分权管理。执掌国家行政管理权力的行政机关独立于立法机关和司法机关，行政活动无疑是指除了立法、司法以外的行政部门的工作，这就为行政管理研究提供了清晰而明确的对象。资本主义社会早期的政府规模较小，如英国中央政府早期只有海军部、陆军部、空军部、财政部、外交部、内政部和联邦关系部等，主要体现政府的政治性职能。1900 年前后，一些经济和社会事务管理机构陆续出现，如美国设立了农业部、商务部、劳工部、内政部等，政府的社会作用凸现，国家行政机构及其影响作用不仅越来越引起公众的关注，也被更多的学者们所重视。

西方国家的吏治改革同样对行政的研究提供了条件。1688 年英国资产阶级革命胜利后，确立了资产阶级君主立宪制政体，议会成为最高权力机关，其后通过一系列法令，最终取消了封建社会中长期由国王任命官员的“恩赐官职制”，重要官员的任免权逐渐掌握在议会手中。1700 年通过《吏治澄清法》规定，“凡接受皇家薪俸及年金的官吏，除各部大臣及国务大臣外，均不得为议会下院议员”。自此，英国官吏队伍中开始有了“政务官”和“事务官”的分野。1805 年，英国财政部首先设立了一个常务次官，主持日常工作，不与内阁共进退。1830 年至 1833 年，英国各部陆续设立常务次官，政府官员正式分为政务官和事务官两类，为后来的文官制度的产生奠定了基础。1855 年英国政府颁布《关于录用工国政府文官的枢密院令》，1870 年又颁布了第二个枢密院令，英国成为世界上第一个实行文官制度的国家。美国在 19 世纪末也掀起了文官改革运动，1877 年纽约成立了第一个文官改革协会，1881 年成立文官改革同盟，1883 年美国国会通过了《彭德尔顿法》(即《文官法》)。通过这场改革运动，废除了政党分肥制，实行功绩制，建立起美国的文官制度。英国、美国为代表的文官制度改革运动，实质是政府管理体制的改革，围绕这场改革的争论和研究直接推动了公共行政的研究。

4. 科学管理理论的出现

科学管理运动发生于企业管理中，泰罗、法约尔等人是科学管理的代表。科学管理对公共行政学的产生和形成有着重大影响，它的许多原理、原则被初创时期的行政学所借用或移植。

弗雷德里克·W·泰罗 (Frederick W. Taylor) 是美国一位工厂管理专家，是科学管理的代表，被誉为“科学管理之父”。1911 年出版的《科学管理原理》一书，系统阐述了泰罗的科学管理的理论和原则。泰罗认为，科学管理的目的是提高生产效率；要提高效率必须用科学管理取代传统的经验管理；要实现这种取代，需要在劳资双方进行一场“精神革命”。科学管理的原则是：进行动作研究，制订科学的操作方法；科学地挑选工人及对工人进行教育培训；与工人密切配合；责任均分。泰罗提出了科学管理的制度和方法，主要有：计划职能与执行职能分开；实行“职能工长制”；实行“例外原理”；实行“差别计件工资制”。

法国人亨利·法约尔 (Henri Fayol) 是科学管理的另一位重要代表人物。法约尔区分了企业中经营活动和管理活动的不同，认为企业经营包括技术活动、商业活动、财政活动、安全活动、会计活动和管理活动，其中，管理活动包含计划、组织、指挥、协调、控制五种职能。他提出并论证了管理的 14 条原则：劳动分工；权力和责任；纪律；命令统一；指挥统一；个人利益服从整体利益；报酬；集权；等级链（权力线）；秩序；公平；人员稳定；创造精神；集体精神。法约尔提出了著名的“跳板原理”（法约尔桥），一个问题的解决若涉及组织中的两个部门，则先由两个部门自行协商解决，只有在解决不了的情况下才向上级报告，由上级解决。这一原理旨在保持命令统一的前提下，迅速而及时地解决和处理一般事务，使组织的最高管理层得以从繁杂的事务中解脱出来，专注于组织的重大问题。此外，法约尔还提出要重视管理教育和人员培训。

古利克和厄威克把古典管理学派提出的理论归纳为六个原理：通过管理来协调的组织结构是合理和有效管理的关键，组织图是监督和控制整个程序的基本工具，人员应当适应结构；组织建设应依据四个标准，即组织的目标、任用的程序、处理的人事、工作的地方，尽可能的实行分工和专业化；命令统一至关重要，多头指挥会产生混乱和冲突；权责要通过层级授予下级，权责要相符；较小的管理幅度；系统的计划是组织必须具备的一个功能。

在这样的时代背景下，行政学诞生了。1926 年，美国学者 L. D. 怀特撰写的《行政学导论》出版，这是美国第一本行政学教科书，该书的内容涉及组织原理、人事行政、财务行政和行政法规。次年，美国行政学者 W. F. 魏劳毕（W. F. Willoughby）出版了《行政学原理》一书，比较系统地阐述了行政管理学的理论体系。这两本大学教科书的出版就标志了一门新学科——行政学的产生。

1.3.2 西方行政管理学的历史沿革

1. 古典管理时期的行政管理学

古典管理是指 19 世纪末至 20 世纪 30 年代的管理理论。这一时期也正是行政管理学的创建时期。影响古典管理思想的主要代表人物，除了前面提到的威尔逊、古德诺、泰罗、法约尔、怀特、魏劳毕等，还有韦伯等人。

M. 韦伯（Max Weber）是德国著名的社会学家、经济学家，被誉为“社会学之父”。韦伯对行政管理理论的贡献在于他所提出的官僚制（科层制），其理论集中表现在 1922 年出版的《社会组织与经济组织》一书中。韦伯所说的官僚制是指一种层次分明、结构严密、权责明确的等级制组织模式。他认为，官僚制是一种理想的组织模式，是一种效率最高的组织形式，“精确性、工作的速度、任务的明确性、严格的上下级关系、人员摩擦的控制，以及在物质和人员方面的成本的减少，这一切在严格的官僚制机构中将达到最佳的状态”。任何一种组织都是以某种形式的权力为基础的，没有权力指导组织就不能实现目标，权力能消除混乱，带来秩序。韦伯提出了被社会可以接受的三种权力形式，即传统的权力、个人超凡魅力的权力、合理合法的权力。他认为，合理合法的权力才是官僚集权组织的理想组织，主要内容包括：①实现分工，明确规定每一个成员的权力和责任，并且使这些权力和责任作为正式职责而合法化。②各种公职或职位按权力等级组织起来，形成一个等级链。③依据通过正式考试或者训练和教育获得的技术资格来挑选组织中所有的成员。④所有担任公职的人员都是任命的，而不是选举的（在某种情况下整个组织的负责人除外，例如，选举产生的公共关系负责人)。⑤行政管理人员领取固定的薪金，他们是专职的公职人员。⑥行政管理人员完全和生产资料或管理资料的所有权分开。⑦任职者不能滥用其官员职位。⑧以书面形式规定行政法令、决定和条例。⑨行政管理人员要遵守有关他的官方职责的严格规则、纪律和制约。韦伯看到了以传统为基础的社会的瓦解，认识到德国工业化的快速进程受到了强大的容克政权的限制，抨击了旧传统和在经济中使用政治控制，提出并倡导采用官僚制管理（以知识和技术力量来进行管理）。韦伯的理论同泰罗、古德诺、威尔逊、法约尔等人的思想一样，集中代表了这一时期的行政观点。

古典管理时期的行政管理学理论和研究主要反映在以下几个方面：①主张政治与行政分开。政治与行政的两分法是传统行政学研究的主要范式，其成功地使行政摆脱了政治的束缚，又在积极汲取工商企业管理理论的同时独立于其他领域（如企业管理）以外。随之产生的一个重要问题就是采取价值与事实的两分法，价值与事实的两分法固然加强了政治与行政的两分法，但却使得这一时期的行政理论所做的考察集中于事实与科学，而把行政价值的考察，把公共政策的制定与相关事务的研究留给了政治学家。②行政管理学的原则。研究并提出用以指导行政活动的行政管理原则是这一时期行政管理学者的努力和贡献，重视行政理论研究是这一时期行政学研究的另一个范式。这一范式成功地构架了行政学体系，但是，研究视野的狭窄和方法的单一模式化，使得这些被视为正统思想的原理成为僵死的科学原则，给后来的学者树立了易打击的靶子。③效率和经济是这一时期研究的主题。古典管理时期行政学已经建立起较为完整的理论体系，其内容涉及行政管理的体制、组织、人事、财务、法规等方面。受传统管理理论的局限性影响，这一时期的行政学研究追求机械的行政效率，强调严格的等级制度和非人格化的管理、静态的组织结构和固定的运作程序、以工作为中心的管理方式，提出行政管理原则并推崇原则永恒的指导意义。古利克曾指出：“效率在行政价值尺度上是第一号公理，可能是行政管理学赖以建立的基本价值。”

2. 新古典管理时期的行政管理学

新古典管理是指20世纪30年代至50年代末的管理理论。20世纪30年代，传统行政管理学受到了挑战，这种挑战首先来自于梅奥进行的“霍桑实验”。

E. 梅奥（George Elton Myao）是哈佛大学的心理学、病理学教授，他在1930年前后主持了著名的霍桑工厂实验。这次在芝加哥西方电器公司霍桑（Hawthorne）工厂所进行的研究，本是为了研究和检验古典管理理论的，但实验结果却推翻了原有的传统假设，掀开了管理的新篇章。霍桑实验的研究成果集中表现在梅奥的《工业管理中的人的问题》(1932年）一书中。梅奥指出，工人是“社会人”而不是“经济人”；士气是工人积极性的决定因素，金钱和福利不是唯一的激励因素，存在着社会的心理方面的激励因素；除了正式组织之外，非正式组织有非常重要的作用；新型的领导风格不是以工作任务为中心，而是以人为中心，管理者要具有对员工进行咨询、引导和信息交流的人际关系技巧。

梅奥的观点奠定了行为科学的理论基础，极大地拓展了管理研究的视野，把研究者的注意力由组织和任务转移到人身上，使人们认识到单靠技术方面的技能不能处理管理中遇到的各种行为和问题。

C.I. 巴纳德提出了协作体系理论和权威接受理论。巴纳德认为，组织是一个由人群互动关系形成的“协作系统”，是建立在协作的共同意愿和目标基础上的，而不是由权力构成的静态系统。主管人员在组织中是最重要的因素，主管人员的主要职责是：建立与维持意见沟通系统；增进组织人力的运用；制订组织的宗旨和目标。巴纳德认为，主管人员对下属只凭发布命令的权威是不够的，因为权威或命令依赖于所属成员是否接受。主管人员对于不接受权威的人员可给予制裁，但并不保证下属就会接受命令，欲使下属成员完全接受命令，应具备 4 个条件：个人能够了解所传达的命令；他们认为命令同组织的目标是一致的；他们认为命令不违背他们的利益；他们在身体上和精神上有能力执行命令。巴纳德的思想集中于他在 1938 年出版的著作《经理人员的职能》。巴纳德是一位博学的经理人员，他从自己的经验和社会学理论中汲取材料，建立了人群协作体系理论，试图把经常发生冲突的组织目标和努力的经济需求同个人的目标和满足的需求结合起来。他的有关权威的理论、对有道德的领导的号召、在正式组织和非正式组织中对普遍要素的确定，对行政管理思想的发展具有重大贡献。

行为科学理论主要还有 A. H. 马斯洛的“人类需要层次理论”，F. 赫兹伯格的“保健—激励”双因素理论，V. H. 弗鲁姆的“期望概率模式理论”，D. 麦格雷戈的“X 理论—Y 理论”，K. 勒温的“团体动力学理论”，等等。

行为科学理论研究主要集中在 4 个领域：①有关人的需要、动机和激励的问题；②有关“人性”假设的问题；③非正式组织的问题；④领导方式的问题。

受到这一时期行为科学理论的影响，公共行政的研究也发生了改变。赫伯特·A. 西蒙 1947 年出版的《行政行为》是行政学历史上的里程碑。他对传统行政管理学强调行政原则、格言的研究方式进行了猛烈抨击。西蒙提倡在行政研究中运用科学方法，即在政策制定中运用实证方法，而政策制定是行政管理学的精髓所在。就科学探索而言，西蒙认为事实与价值能够区分开，而且提出了“有限理性”的观点。

罗伯特·A·达尔于 1947 年在《公共行政学评论》上发表“公共行政科学：三个问题”一文，是这一时期的经典论著之一。在论文中，达尔集中探讨了如何建立公共行政管理学的问题。他指出了古利克、厄威克等人试图寻找公共行政学普遍原则的局限性，分析了创建公共行政管理学的三个困难，着重强调了研究人的行为和社会环境对发展行政学的重要性。

1948 年，D. 瓦尔多发表《行政国家论》，从研究美国行政管理入手，认为现代国家的功能不再是消极的人权保护和维护自由，国家行政要致力于为人民造福，国家的行政管理行为要符合人民的意志和需要。在该书中，瓦尔多讨论了优良生活的特征、政策制定中采用什么标准、谁来统治、政府如何组织及权力的划分和集权与分权等问题。瓦尔多关心民主的价值、公共行政的哲学问题以及公共行政取得的进展。瓦尔多被认为是公共行政学的史学家、哲学家，自 1948 年出版《行政国家论》以后的几十年里，陆续有多部论著问世，对现代公共行政理论发展做出了重要贡献。瓦尔多在 1955 年发表的《公共行政学研究》一书中赋予

“公共行政”以新的含义。他认为，公共行政学的定义多年来一直众说纷纭，难以形成一致的意见，学者们纠缠于行政管理是科学还是艺术的争辩之中。瓦尔多主张公共行政管理问题研究的中心要素是人本身，“行政管理是具有高度理性的人类合作行为”。

查尔斯·E·林德布洛姆在1959年《公共行政评论》上发表“渐进决策科学”一文，该文对政府决策过程的理性模式作了深刻分析，是对西蒙决策理论的重要发展。林德布洛姆否认了大多数政府决策是基于完整信息所做的理性决策模型。相反，他认为整个政策制定过程是为了响应短期政治条件而做了系列渐进式决策。他的核心思想是：政策制定不取决于政策制定者的意愿，而是决定于具体的事件和环境。林德布洛姆认为：行政决策实际上包含了5个特征：行政决策是渐进的，且通过小的步骤逐步去实现目标；行政决策不能在既定时间内考虑到所有方案及其后果；行政决策是连续不断的一次制订和修订的过程；选择方案的标准是“满足”而不是“最佳”；最后的决策是折中的。

新古典管理时期的行政管理学研究对传统行政管理学理论作了修正，使行政管理学研究达到了一个新的高度。这一时期的公共行政管理研究具有如下特点：①行政管理学研究向政治回归。新政与第二次世界大战对公共行政管理的理论与实践均产生了非常重大的影响。人们几乎很难再将企业中价值中立的原则运用于政府管理。尽管改革先驱做了种种努力，政府毕竟不是企业，也不是价值中立部门。行政管理学研究范式由政治与行政的严分法转向公共行政向政治的回归。E. P. 荷林在《公共行政与公共利益》（1937年）一书中较早提出了行政责任问题。荷林分析了政府职能增加带来的问题及行政自主权的影响。他认为，政府官员应该在宪法的原则下提供附加的规则与章程，“行政官员肩负着调整集体利益差异的重任，并使作出的经济与社会妥协能够通过法律程序而有效地运行”。官员的责任是从道义上定义公共利益。②研究方法转向实证方法。关于行政价值的研究、关于政府公共政策制定过程的研究、关于政府膨胀以及政府预算的研究等，不再受什么原则局限，而是基于国家政府管理的实际进行大胆探索。传统管理理论所推崇的“效率准则”遭到质疑和批判。瓦尔多认为，20世纪30年代所提出的行政原理和规律来自于经验、常识结论和信息汇编，没有不可改变的行政管理原则，而且经济和效率的价值也像用来决定它们的方法一样狭窄。瓦尔多指出，公共行政管理学的建立应当基于：认识到人类行为的复杂性；处理行政场景中的价值规范问题；考虑到公共行政与其社会背景的关系。达尔则认为，如果公共行政管理学的研究不是采用比较研究的方法，则公共行政管理科学必然是空洞的。

3. 系统理论时期的行政管理学

20世纪60年代是科学技术大发展的时代，以原子能技术、空间技术、电子计算机技术的利用和发展为主要标志的第三次科技革命，尤其是系统论、信息论、控制论的应用和发展，极大地促进了管理的科学化和现代化。这一时期是管理学的繁荣时期，标志这种繁荣的是管理理论的多元化，即管理理论的发展、创新、分化、综合并存。美国学者H. 孔茨首先注意到这种现象，他在1961年发表的“管理理论的热带丛林”一文中，认为较大的学派有六个，即管理过程学派、经验主义学派、组织行为学派、社会系统学派、决策理论学派、数量学派等。关于“管理理论的热带丛林”，曾引发了一场著名的论战，孔茨等人曾试图建立一门统一的管理科学，以解决学派林立的状况，但是，学派的分化却有增无减。正如丹尼尔·雷恩在《管理思想的演变》一书中所指出的，“提出来的有关摆脱灌木丛的方法，常常只不过是导致更多的雨水而使叶子长得更加茂盛。丛林还没有通过，砍刀已有些钝了，而统一理论的希望仍只是一只人们追求的圣杯”。到 1980 年孔茨发表《再论管理理论的热带丛林》时，认为重要的学派已增加到 11 个。在这一时期，特别是 60 年代，系统方法及系统管理理论对公共行政学有着重大影响。

系统管理理论的代表是卡斯特和罗森茨威克，他们的代表作是《系统理论与管理》、《组织与管理：系统与权变的方法》。系统管理学派继承了贝塔朗菲对事物进行系统分析的思想及其研究成果，把系统理论和方法引入管理领域。系统是指由相互依赖和相互作用的部分或要素构成的具有一定功能的有机整体。系统管理理论的主要观点是：①管理是一个由子系统相互作用组成的系统，组织是一个由物质的、人力的、信息的各种资源相互作用的综合体。卡斯特和罗森茨威克认为，构成组织系统的次级系统有五个，即结构次级系统、技术次级系统、社会心理次级系统、目标与价值次级系统、管理次级系统。②组织是开放的系统，组织与外部环境有着密切的关系。虽然组织与外界环境之间具有界限，但是这种界限是可以渗透的。组织功能的发挥要通过与环境的交互作用得到实现，这种交互作用表现为“输入—转换—输出—反馈”，组织自社会中输入它所需要的，排除它所不需要的，对输入要素经过消化、加工、转换后，又输出于社会，再通过社会回馈于组织系统，以保持组织与社会的平衡。

20 世纪 60 年代初，行政主体与行政环境的相互作用关系引起学者们的注意，应用生态学理论研究行政行为和行政现象，行政学界兴起了一门新学科——行政生态学。最早用生态学观点解析行政现象的是美国学者 J. W. 高斯（J. W. Gause），他在 1936 年发表“美国社会与公共行政”的专论，1947 年又发表“政府生态学”，提出了行政管理与行政环境的关系问题，认为政府组织与行政行为必须考虑生态环境的因素，强调外部环境因素对行政管理的重要性。行政生态学的代表人物是 F. W. 里格斯（Fred W. Riggs），他认为行政生态学要探讨的是各个国家的具体国情如何影响并塑造该国的行政，公共行政又是如何影响国家社会的变迁和发展的。里格斯于 1961 年出版了《公共行政生态学》一书，从经济、社会、沟通网络、符号系统、政治架构等 5 个行政环境因素对公共行政的影响进行分析，提出了三种行政形态，即农业社会的融合形行政模式、工业社会的衍射形行政模式和过渡时期的棱柱形行政模式。

权变理论是在系统理论和生态理论的影响下形成的。权变就是随机应变，是指解决问题的方法要因问题及情况的不同而有差别。权变理论学派的基本思想是：管理中并不存在所谓最佳的方法，相反，管理者必须明确每一情境中的各种变数，了解这些变数之间的关系及其相互作用，把握原因与结果的复杂关系，从而针对各种不同情况而灵活变通。管理学的任务就是归纳出管理中的情境由哪些因素组成，它们有多少种存在状态，以及有多少种解决方法。权变理论对管理中的变化因素的考察主要集中于六个方面：组织的规模；组织中人员的相互关系和影响程度；组织成员的技巧、能力、志向、兴趣以及个人性格；目标的一致性；

决策层次的高低；组织目标的实现程度等。权变理论学派的代表人物有英国的伍德沃德、美国的菲德勒等人。

这一时期的公共行政管理研究的主要成果还有如下内容。

公共选择学派的兴起。公共选择学派由经济学家创立，它的诞生可以追溯到 K. J. 阿诺 1951 年发表的《社会选择与个人价值》。公共选择理论研究的内容与公共行政学、公共政策和政治学重叠。从这个意义上说，公共行政学愿将公共选择学派囊括入自己的“势力”范围。G. 塔罗克和 J. 布坎南于 1965 年成立了公共选择学会。他们认为公共选择理论是用经济学的研究方法去研究习惯上由政治理论家研究的问题。

经验主义的发展。经验主义以向西方企业大经理提供企业的成功经验和科学方法为目标，其代表人物是美国当代最著名的管理大师 P. 德鲁克。德鲁克撰写了许多著作，广泛地论述了工业社会的本质、企业管理的基本任务和实践经验、目标管理的哲学、创业精神和创新管理等，为当代管理理论注入了新鲜血液，让人耳目一新。其主要著作有《管理实践》（1954 年）、《有效的管理者》（1966 年）、《管理：目标、责任、实践》（1974 年）、《管理学导论》（1977 年）、《动乱时代的管理》（1980 年）等。德鲁克不仅对企业管理多有创见，而且对公共服务机构的管理也有独到的见解。他认为，公共服务机构在当前社会中占有重要地位，是现代社会的真正发展部门。但是，除个别例外，它们的工作绩效和工作质量并不好，原因不在于它们没有像企业那样管理，不在于目标不明确，也不在于缺乏更好的人才，而在于它们是靠预算取得拨款的。公共服务部门的问题是单纯地追求预算而不考虑如何提高效率和改进工作。企业的绩效可以用利润来衡量，而公共服务机构不能追求利润，其绩效不能用利润来衡量，也不能以取得多少预算和人员来衡量。公共服务机构的主要目的是服务，应强调它工作的效果和效益。德鲁克认为搞好服务机构的工作不能靠“伟大人物”，而需要的是良好的制度。

公共政策分析的产生。20 世纪 70 年代伊始，美国政府推行的“大社会项目”受到人们的怀疑，因为这些项目实施的结果远不如预期的那样理想。一些社会项目受到批判，项目评估领域受到重视。E. 萨齐曼于 1967 年发表“评估研究”，主张评估应成为一个研究领域，对评估的研究应该是总体性的，因而超脱具体的不同分支领域的运用。随后，评估政府政策的著作陆续发表。

系统理论时期的行政管理学处于困惑之中。原因在于，这一时期的管理学理论进入了多元化时代（管理的热带丛林）；行政的实践彷徨于自由主义与干预主义之间。系统理论时期的行政学具有以下特点：研究内容的多元化；行政管理的研究由静态转向动态；重视行政环境对行政管理的影响；对行政价值的认识摇摆于效率与公正之间。

4. 新公共行政的兴起

20 世纪六七十年代的严峻现实对公共行政管理学及政府管理提出了挑战。D. 瓦尔多注意到公共行政管理学处于一个“革命的时代”，于是在 1968 年召集了一个青年学者的会议。会议的成果集中反映在 F. 马诺力主编的《迈向新公共行政：密诺布鲁克观点》（1971 年）、瓦尔多著《处于动荡时期的公共行政学》以及 G. 弗雷德里克森的《新公共行政学》(1980年)。密诺布鲁克会议的中心主题是：公共行政管理学学者如何将道德价值观念注入行政过程；如何能有效地执行政策；政府组织机构与其服务对象的恰当关系是什么。弗雷德里克森认为，新公共行政学将社会公平注入传统的经济与效率目标。社会公平强调政府服务的公平、对市民需要的负责任而不是对公共机构的负责任以及公共项目经理应当对决策和项目执行负责任。新公共行政管理的主题是市民参与政策制定、邻居控制、分权与民主工作环境，关键词是授权、促进与适应。由 33 位代表参会的 1968 年密诺布鲁克会议是美国公共行政学历史上的重要里程碑。尽管新公共行政管理所倡导的价值观念（社会公平、代表制、响应性、参与和社会责任）在行政管理的实践中难以完全付诸实施，然而，愈来愈多的有识之士开始关注公共行政职业教育的相关性及对组织成员、顾客和社会需求的培训。

20 世纪 70 年代末开始，各国政府兴起了政府改革运动或公共行政思潮，历史进入了新公共管理时期。引发这场改革的主要原因是多方面的，首要的是经济衰退导致的公共财政收入减少和福利国家的福利支出过大，使各国陷入财政紧张的危机之中。面对财政困难，各国政府设法节约行政开支，并进行行政管理与组织的内在变革，整个西方进入了“行政改革的时代”。这一场改革运动波及美国、英国、荷兰、丹麦、加拿大、澳大利亚、新西兰、希腊、西班牙、意大利、德国、法国等国家。这场行政管理改革运动先是在英国展开，如行政契约理论及其实践、英国的社会承诺制、美国的重塑政府运动、新公共服务理论等。行政管理改革与发展是近年来的主旋律，未来仍将面临政府管理实践的不断挑战。行政管理学是多种理论相互融合、共同推动的结果，反映着不同范式间的融合互补、不同理论间的兼收并蓄。行政管理学学者们通过行政实践和理论探索不断迈向时代需要的行政发展领域，从而使该学科充满了生机与活力。

1.3.3 行政管理学在中国的发展

中国是具有悠久历史的文明古国，在漫长的历史长河中，为人类留下了丰富的行政管理遗产。中国古代社会建立了自成一体的严密的行政体制，形成了一整套官吏制度，提出了丰富的管理思想，对于封建社会的发展起到了重要作用，也对近代西方国家文官制度的产生和行政管理学的形成有着重大影响作用。但是，在近代行政管理学产生以后，行政管理学在中国的研究和发展经过了曲折的历程。

1. 行政管理学的引进与研究

我国是世界文明古国，在漫长的封建社会中形成了一套等级森严、管理严密的封建行政管理体系和管理思想。如实行大一统的国家行政组织体制；实行封建雇佣官僚制度；在中央集权制内部实行严格的等级制度；制定严格的行政管理法规，如我国最早的成文法典《周礼》、《秦律》、《唐六典》、《元典章》、《明清会典》等；建立严格的监察和官吏管理制度，包括官吏的选拔和任用、考核和奖惩、致仕（退休）制度等。隋唐时期，开始实行“一切程文为去留”的科举制，即以参加正规考试的成绩作为选拔官吏的依据，形成一整套程序化的、完备的选官制度，在中国延续了 1 000 多年，直到清末才终结。我国封建社会的行政制度和方法对其他国家的行政管理产生过重大影响，至今仍让国外学者推崇备至。

早在 1896 年，我国著名学者、推动行政改革的维新派主要领导人之一的梁启超在《论译书》中提倡“我国公卿要学习行政学”。孙中山先生借鉴并发展国外的行政管理学理论，提出了立法、司法、行政、考试、监察五权分立的思想，组建了我国现代史上的第一个资产阶级政府。19 世纪末和 20 世纪初，中国江南制造局已翻译出版美国的《行政要术》、《行政纲目》和日本的《行政学总论》、《行政法撮要》等著作，使西方行政管理学在我国传播。20 世纪 30 年代开始，我国学者撰写的行政学专著陆续问世。1935 年由商务印书馆出版的张金鉴教授所著《行政管理理论与实践》，被称为我国最早的行政学专著，被列为大学丛书，代表一时行政学研究的最高成就。1944 年张金鉴、唐振楚等人成立行政学会，并出版《行政学季刊》。与此同时，行政管理学被列为政治学的必修课程，开始步入高等院校的殿堂。有的学校还招收行政学的硕士研究生，并有一定数量的留学生出国深造。不仅如此，行政管理学还引起了国民政府的高度重视。1934 年，当时的国民政府也曾成立了行政效率研究会，发行《行政效率》半月刊，后更名为行政效率促进委员会和《行政研究》月刊，直属行政院领导。这一时期的著作中虽然也有某些中国情况的反映，但主要内容体系和形式，基本上没有超出西方行政学的框框，但作为对西方行政学在中国进行比较系统的介绍和传播还是起了一定的作用。

这一时期，在行政管理科学理论和思想方面作出突出贡献并对中国行政理论发展和行政管理实践具有持久指导作用的，是中国共产党领导的苏维埃政权建设。苏维埃政权建设提出的原则主要有：人民当家做主，行政人员是人民的公仆；行政机关贯彻精简和廉价的原则；贯彻任人唯贤、德才兼备的用人标准；实行人民群众与专门机关相结合的监督制度；实行中央和地方政府适当分权的原则；重视调查研究。

2. 行政管理学的重建与发展

中华人民共和国成立后，一个崭新的社会制度和新生的国家政权为行政学的研究和发展提供了现实基础和良好条件。但是，由于“左”的思想影响及其他因素的干扰，我国行政学的教育和研究一度中断了相当长的时间。1952 年我国进行高等教育院系调整，行政管理学同政治学、社会学等学科被取消了，行政管理学的学术研究也停顿下来。

十一届三中全会后，我党通过拨乱反正，为我国社会科学的繁荣和发展创造了充足的条件。从 1982 年起我国行政改革中所暴露出来的缺乏系统的科学行政管理理论的缺陷，则对恢复和发展行政管理学提出了现实要求，受到了党和国家领导的高度重视。

1984 年 8 月，在中央领导的亲切关怀下，国务院办公厅、劳动人事部在吉林联合召开行政管理学研讨会，发表了《行政管理学研讨会纪要》。9 月，国务院办公厅正式发文筹备建立中国行政管理学会，并号召省、市、自治区政府高度重视行政管理学的研究，于是在全国范围内掀起了学习和研究行政管理学的热潮。1987 年，党的十三大正式提出在我国推行公务员制度，极大地推动了行政学的发展。1988 年 10 月正式建立了中国行政管理学会。迄今为止，已有数十所大学开设了行政管理学专业，行政管理学甚至被视为我国党政干部的必修课，同年开创了全国性的行政管理学专业刊物《中国行政管理》。1989 年 7 月和 9 月，我国先后被国际行政学会第 21 届大会和亚太地区行政学会员国会议接受为会员国，标志着我国行政管理科学的国际学术交流进入了一个新阶段。1993 年 10 月 1 日，国家公务员制度在全国正式推行。1989 年 7 月，在国际行政学会第 21 届大会上我国正式成为会员国，12 月，又成为亚太地区行政学会会员国，标志着我国行政管理学国际学术交流进入一个新的阶段。此后，各省、自治区和直辖市也相继成立了行政学院和行政管理学会。1995 年，国家行政学院在北京成立，主要培训各级政府司局级以上官员，行政管理学开始纳入国家行政建设的轨道。

我国行政管理学在恢复和发展的进程中，一批行政学论著相继问世，引进和翻译了一批西方学者的行政学教材和著作。许多研究者在从事理论研究的同时，不仅大量引经据典，注重理论联系实际，结合我国特定的行政现象提出了颇有见解和切实可行的观点，并能针对我国行政改革中的重大问题进行深入的探讨，行政学在我国社会科学领域中将显示出强大的生命力。这些都对我国行政管理学的建设起到了积极的推动作用。

思考题

1. 试述行政管理学的研究对象。
2. 试述行政管理学的研究目的。
3. 试述行政管理学的研究范畴。
4. 简述行政管理学的学科特点。
5. 简述行政管理学与相关学科的关系。
6. 简述行政管理学的研究方法。
7. 简述我国行政管理学研究与发展现状。

案例 1："阿波罗"号登月的启示

1969 年 7 月 16 日，美国佛罗里达州东海岸卡纳维拉尔角的肯尼迪宇航中心发射场上气氛异常紧张。一枚 36 层楼高的巨型火箭庄严地耸立云天，阿姆斯特朗、奥尔德林、柯林斯等 3 名宇航员早已在火箭顶部的"阿波罗"号飞船的指令舱内落座，正焦急地等待着那开始人类第一次登月飞行时刻的到来。

一切准备就绪，电子计算机发出"点火"信号，"土星—V"第一级火箭的五台发动机发出隆隆的轰响，喷吐出了巨大的火焰，3 000 多吨重的庞然大物腾空而起，大约 10 秒之后，5 公里外看台上的人们感到有强烈的震波。12 分钟之后，第三级火箭把飞船送入地球轨道。当飞船在地球轨道上运行时，经过对飞船作了检查和调整之后，第三级火箭重新启动，将飞船加速到第二宇宙速度，于“阿波罗”逸出地球轨道，奔向月球。

1969年7月21日，格林尼治时间3时51分，“阿波罗”号飞抵月球，指令长阿姆斯特朗小心地爬出舱门，先在5米高的小平台上停了几分钟，然后他伸出左脚，慢慢地走下扶梯。4时零7分，他用左脚疑虑地、小心翼翼地触及月面，接着，他又挪动右脚，终于站到了月球之上，他是有幸登上月球的第一个人类。

“阿波罗”登月计划是美国总统肯尼迪于1961年提出的。他请他的科学顾问就这样一项计划的可行性提供咨询。经过详细地调查研究之后，从设计、制造、发射到回收等阶段，在工程技术上是没有问题的，都是已有的科学技术所能达到的，但是问题可能出在管理上。

事实上，这种担心不是没有道理的。为实施这项人类史上空前宏大的计划，须动员2万多家工厂，120所大学参加，参与此项计划的人数多达400万，要生产300多万个零部件，共耗资250亿美元。该计划的每一个主要步骤都得经过周密的计算，而每一个主要步骤又都需要次级计划和第三级计划的支持和配合。显然，这些人力、物力、财力都需要周密地组织与协调，为按部就班地顺利完成设计、制造、发射、回收等各个程序，必须进行精确无误的控制。如果有某一个环节出现一个哪怕极微小的差错，都可能给整个计划带来无可挽回的后果，所有这一切，都需要有一个统一的机构进行强有力的领导。

然而，无论人们是怎样地担心可能出现的可怕后果，计划终究是实现了——月球上有了人类的足迹。

讨论：

(1) 从技术实力来看，“阿波罗”计划所需要的一切零部件，日本均能创造，那么为什么日本人没有把人推上月球呢?

(2) 从“阿波罗”登月飞行计划的实现中你受到哪些启示?

第2章

行政环境

2.1 行政环境概述

2.1.1 行政环境的含义

“环境”是指某一主体周围的情况和条件。环境总是相对于某一中心事物而言的，它因中心事物的不同而不同，随中心事物的变化而变化。围绕中心事物的外部空间、条件和状况，构成中心事物的环境。

行政环境则是相对于行政组织系统这一主体而言的，是直接或间接地作用或影响行政组织系统的外部要素的总和，具体而言，行政环境是指直接或间接地作用或影响行政管理主体及其活动过程、活动方式的外部要素的总和。这些外部要素，既有物质的，也有精神的；既有自然的，也有社会的；既有国内的，也有国外的；既有有形的，也有无形的，等等。它们共同构成行政管理的外部要素，影响和制约着行政管理的思想观念、方式方法等，并不断地处于发展变化的动态过程之中。

2.1.2 行政环境的理论渊源

行政环境概念的提出是源于生态学的影响。生态学是研究各种生物之间及与环境之间相互关系的一门科学。生态学认为任何一种生物都不是独立的，在某些方面，它必须依赖其他生物与非生物环境才能生存。生态学研究的主要目标就是有效地管理世界上的生物与非生物环境。

行政环境是行政生态学的重要理论范畴。生态学形成于19世纪末和20世纪初。20世纪50年代后，由于人口剧增、环境污染、食物短缺、能源紧张和资源破坏等环境危机的加深，唤起人们对生态环境问题的普遍关注和高度重视。拯救环境的强烈呼声促进生态学的大发展。行政生态学正是在这种背景下兴起和发展的。

1748年，法国启蒙思想家、法学家孟德斯鸠在其《论法的精神》一书中最早提出行政环境问题。1936年，美国哈佛大学教授高斯（John W. Gause）发表了《美国社会与公共行政》，提出了行政环境与行政管理之间的关系问题。1945年他在赛拉马大学作系列讲演，详尽而精辟地阐述了如何运用生态学的方法研究行政管理。1947年又发表了《政府生态学》，首先以生态学方法来研究公共行政现象，强调生态环境的各种因素是解释和了解行政行为的唯一途径。1957年，美国哈佛大学教授里格斯（Fred W. Riggs）发表了“比较公共行政模式”一文，1961年又在补充和修正的基础上，写成《公共行政生态学》一书。里格斯将行政模式分为以下三种形态。他的基本观点是：要了解一个社会的行政行为，必须跳出行政本身的范围，将行政与其有关的背景联系起来。从这一观点出发，他把行政现象和行政行为与行政的社会背景、文化背景、意识形态背景等联系起来，采用“结构功能分析法”和物理学光谱分析上的概念，从社会经济结构出发，将行政管理区分为三种模式。

农业社会的行政形态（administrative model in agrarian），亦称融合形（fused model）。其特点是社会结构混沌未分，没有明确、细致的社会分工。行政行为与立法、司法、战争、经济等社会行为是混杂在一起的，更谈不上有专业化的行政机构，因而行政效率极为低下。融合形（fused model）行政模式的特征：①经济基础是农业生产力，土地的分配和管理是政府重要事务。②官僚的职位重于行政政策，政治与经济不分，权力来源于君主，行政官吏在政治和经济上自成特殊的阶级。行政风范带有浓重的亲族主义色彩；流行世卿世禄的行政制度；政治与行政合一，行政官吏在政治和经济上自成特殊的阶级。③政府与民众较少沟通。④行政活动以地域或土地为基础，行政的主要问题是维持行政的统一和一致。

过渡时期的行政形态（transitional administrative model），亦称棱柱形（prismatic model）。特点是：既保持着传统农业社会的一些特征，又具有现代工业社会的一些因素，社会行政的功能呈半分化状态，新旧混杂，机构重叠，整个行政机构重视形式而轻视实效。它是农业社会向工业社会过渡时期的一种行政生态。棱柱形行政模式的特征是：①传统结构与现代结构重叠出现，同时具有农业社会和工业社会行政形态的一些特征。②政府的制度、法规不能实际起到约束和规范作用，传统社会的行政特性仍具有很大影响力。③传统结构与现代结构重叠存在，同时呈现异质的行政制度和行政行为。

工业社会的行政形态（administrative model in industry），亦称衍射形（diffracted model）。特点为：分工明确、细致，政府职能明确，各司其职，互不混杂，社会和行政高度专业化，讲求行政效率与科学性。衍射形行政模式的特征：①经济基础是美国式的自由经济或前苏联式的管制经济。②民众有影响政府决策的渠道，政府与民众关系密切。③行政风范体现平等主义、成就导向和对事不对人的原则，沟通渠道比较发达。④社会高度专业化，行政主要是谋求专业化基础上的统一和协调。

里格斯的论著确立了行政生态学的基本思想和研究框架，开创了行政管理学研究的新途径。此后，行政环境的研究受到行政学界和行政活动家越来越广泛的关注。里格斯的《公共行政生态学》，被认为是行政生态学的代表作。

2.1.3 行政环境的特征

(1) 广泛性

行政环境是行政组织系统得以存在和发展的外部要素的总和，因此，凡是作用于行政组织系统的外部条件和要素，都属于行政环境的范畴。从地形分布、山川河流，到气候特征、自然资源；从人口数量、民族状况，到阶级状况、历史传统；从文化教育、科学技术，到社会制度、经济状况，乃至人际关系、道德水准等，无一例外。

(2) 复杂性

行政环境是一个复杂的开放系统，它对行政管理的影响与作用不仅是广泛的，更重要的是在此基础上体现出来的复杂性。各种要素本身，以及这些要素之间构成纵横交织的关系，可见行政环境是极其复杂的。

(3) 差异性

构成行政环境的综合要素，对行政主体来说没有一个是完全相同的。各个地区的自然环境千差万别，有的是山区，有的是平原，有的是丘陵；有的降雨量多，空气湿润，有的长年无雨，空气干燥。各个地区的经济状况、物质条件、风土人情及文化传统也不尽相同。国与国之间、民族与民族之间、沿海与内陆地区之间、东部与西部地区之间的行政环境都存在着各种差异。各种不同管理体制、管理模式的形成和发展，正是这种差异性的具体体现。

(4) 变化性

世界上没有一成不变的东西，任何事物都是处于不断变化之中的，行政环境更是如此。行政环境的变化，直接或间接地影响着行政系统各个要素的变化与变革。

(5) 互动性

行政环境各要素通过一定的方式、途径作用于行政管理；行政组织通过各种行政管理方式、途径反作用于外部环境因素，从而改造着客观世界。这就使行政环境与行政管理呈互动性。

2.1.4 行政环境的分类

对行政环境可以从不同角度、不同层次，按不同标准进行分类。

按影响范围大小，可分为行政大环境和行政小环境。行政大环境指在广大的范围内影响和制约行政系统整体运行状况的各种因素的总和。如一个国家的基本国情、行政管理所处的时代背景等等。行政大环境一般具有较高的相对稳定性和较长的时间持续性。行政小环境是指在较小的范围对行政系统某一具体的行政现象、行政行为或某一层次的行政组织发生影响和作用的因素总和。如行政机关的办公地点、单位风气等等。当然，在很多情况下，行政大环境和行政小环境的区分只具有相对的意义，因为小环境也可以发展或转变为大环境。

按环境因素构成系统可分为行政内部环境和行政外部环境。行政内部环境主要指行政组织系统内部影响和制约行政运行的各种因素的总和。如机构设置、职位分配、行政人员素质、人际关系状况、具体工作环境等等。行政外部环境主要指行政组织系统外部的相关因素的总和，即行政系统以外的一定的自然环境和人文环境，包括行政机关所处的自然地理环境、政治制度、社会形态、历史传统、文化背景、民族关系、经济发展水平等等。当然，行政内部环境和行政外部环境不是彼此孤立的，而是紧密联系、相互影响的。从某种意义上说，这种区分只具有认识论意义。

按环境的内容和性质可分为行政自然环境和行政社会环境。行政自然环境主要指环绕着行政系统并对其运行发生影响的各种自然条件和物质能量的总和。如空气、江河、森林、草原、土壤、岩石、气候、各种生物等。它是行政系统赖以存在和发展的最基本的物质条件，是行政的活动空间和物质基础。行政社会环境是指行政系统之外的，与自然环境相对应的，能够影响行政运行的一切社会因素的总和，它一般包括政治的、经济的、法律的和社会的关系，包括习惯、体制、制度、风尚和道德等观念，也包括社会舆论、宗教、习俗、文学、艺术、科学、哲学等意识形态形式。尽管社会环境的内容广泛而复杂，但基本可以分为三种类型：政治环境、经济环境和文化环境。一般说来，与行政自然环境相比较，行政社会环境对行政系统的影响和作用更为直接和明显，其影响和制约的程度也更大。

从地域宽广幅度上分，可分为国际环境和国内环境。国际环境，是指直接或间接影响和作用于行政管理的一个国家，同世界各国家、各地区之间的政治、军事、经济、文化、自然地理等方面的关系，国与国之间的相互关系以及国际组织的关系等外部条件，也可称为国际大环境。在国际环境中，对一个国家行政管理影响最大的因素，主要是国际政治局势的稳定程度、国际经济与科技发展状况、其他国家行政组织及活动状况和国际政治文化发展趋势等。国内环境，是指直接或间接影响和作用于行政管理的本国内部的社会经济、政治、文化、人口、民族和自然条件等各种客观环境因素之和，也可称为国内大环境。

从影响作用上分，可分为积极的行政环境和消极的行政环境。积极的行政环境，又可称有利的行政环境，也称良性行政环境，是指对行政管理活动直接或间接产生有利的影响和作用的客观因素，可以是国内的社会人文因素或自然因素，也可以是国际的社会人文因素或自然因素。消极的行政环境，又可称不利的行政环境，也称恶性行政环境，是指对行政管理活动直接或间接产生不利的、消极的影响和作用的客观因素，可以是国内或国际的，也可以是自然或社会人文因素。

从社会环境层次上划分，可分为一般社会环境、特定社会环境。一般社会环境是指对一切社会组织产生作用的各种因素，主要有：政治、法律、经济、科技、教育、文化、自然资源、社会等。它决定着行政组织功能、结构和运行。特定社会环境是指对行政组织有直接影响的工作环境，它是一般社会环境因素的具体体现。

行政环境类型的划分，是为了分析、研究的需要。事实上，各种类型的行政环境之间是交互作用，互相影响和渗透的，是难以截然分开的。

2.2 行政管理与行政环境的辩证关系

行政管理和行政环境是一个不可分割的统一整体，行政管理与行政环境二者相互作用、相互影响，是辩证统一的关系。行政环境是行政管理赖以产生和发展的基本条件。它决定、影响或制约行政管理目标的制定、机构设置、机制运行和活动方式的选择等。可以说有什么样的行政环境，就必须有或必定有什么样的行政管理。但行政管理在适应行政环境的同时又能动地利用和改造行政环境，而不是完全的消极被动。

2.2.1 行政环境决定和制约行政管理

历史唯物主义者认为，经济基础决定上层建筑。行政管理系统是上层建筑的重要组成部分，它建立在一定的经济基础之上，并与上层建筑的其他部分密切相关。行政管理的根本性质、基本原则和职能内容，实际上是由行政环境决定的，行政职能、行政体制、行政方式、行政决策、财政管理、人事制度等都要受到行政环境的制约。具体要求如下。

1. 行政管理要适应行政环境的性质

适应行政环境的性质首先就是要适应这一国家的政治和社会制度，建立与之相适应的行政管理体制和管理思想。奴隶制社会是建立在奴隶主完全占有奴隶和生产资料的经济基础之上的一种剥削制度，与之相适应的国家行政管理，则是奴隶主残酷镇压奴隶、维护奴隶主利益的专制独裁行政。封建制是建立在地主占有土地，残酷剥削农民的经济基础和严格等级特权之上的社会制度，其行政管理就是地主阶级镇压、剥削农民的等级特权行政。资本主义是建立在资本家占有生产资料、工人靠出卖劳动力为生的经济基础之上的社会制度，其行政管理就是资产阶级统治广大劳动人民的金钱特权行政。社会主义是建立在生产资料公有制和人民享有广泛民主权利基础之上的新型社会制度，其行政管理就必然是人民当家做主并参加管理的民主行政。可以说，行政管理是适应一个国家及其不同历史时期行政环境性质的产物。

2. 行政管理要适应行政环境的现状

行政环境包括政治、经济、文化、教育、社会、自然资源、技术手段等各种要素。这些要素在不同的国家和地区，其发展水平存在着很大的差异。行政管理本身没有严格的好与坏的区分，唯有适应其现状才是最理想的。这是行政生态平衡的基本要求之一。如果政府行政管理不能适应这一时期、这一国家和地区行政环境的要求，或者与其格格不入，则必定导致失败。美国的行政体制、行政哲学是由其现有的政治制度和文化传统决定的，其先进的现代化管理手段，是由其发达的生产力和丰厚的物质基础决定的，这些都与他们的行政生态环境状况相一致。如果把它移植到其他一些生产力落后和文化传统迥异的国家显然是不适合的。

3. 行政管理要适应行政环境的发展方向

行政环境不是一成不变的，而是始终处于不断变化的动态过程之中。行政管理对其适应的过程实质上又是不断变化的过程。因为，适应和平衡往往只是相对的、暂时的。平衡预示着新的不平衡、不适应，不平衡、不适应又预示着新的平衡、适应。行政管理正是在对行政环境不断变化的认识、把握和调整中做到平衡和适应的。我国从计划经济转为社会主义市场经济，行政职能和管理方式要及时地进行调整和改革。社会变迁会影响到社会的各个角落和各个方面，它会迫使行政管理作出一系列变革。因此，行政管理要有对行政环境进行科学预测的能力，要能在此基础上确立远期战略和近期规划，使政府成为前瞻性政府，而不是“头痛医头、脚痛医脚”的“近视”政府。

2.2.2 行政管理对行政环境具有能动作用

行政环境决定和制约行政管理，行政管理必须适应行政环境。但这绝不意味着行政管理就消极地适应环境，甘做行政环境的奴隶，而是可以有组织地控制、利用和改造行政环境。正如恩格斯所指出的那样，“如果政治权力在经济上是无能为力的，那么我们又为什么要为无产阶级的政治专政而斗争呢”？这对于我们理解行政管理对行政环境的利用和改造作用同样具有启发作用。

首先，行政管理利用行政环境所提供的政治、经济、文化、技术、心理等条件，对所面临的问题，制定相应的决策、制度和办法，并迅速有效地加以实施。这是沿着行政环境同一方向所发挥的积极作用。行政管理主体，面对行政系统外部各种有利或不利的环境要素，能够进行及时正确的价值权衡，充分利用现有的政治条件、物质条件和精神文化条件，选择正确的行政目标，制定科学的决策方案，采取切实有效的措施，实施各项行政规划和行政战略，并以此达到改善行政环境的目的。例如，一个时期的社会治安问题突出，犯罪活动猖獗，人民群众的生命财产受到威胁，面对问题突出的治安环境，行政主体完全有条件、有能力利用人民群众的心理支持和国家的人力、物力、财力以及强有力的专政武器，打击犯罪分子的嚣张气焰，恢复并维护社会的长治久安，改善行政环境。这是其他社会组织所没有也不可能有的巨大能量和巨大作用。

其次，行政管理可以通过对行政环境的再认识、再思考、再总结，主动自觉地纠正不符合行政环境要求的管理行为、管理法规和管理方式。由于信息条件、认识能力、思想觉悟、思维模式等不利因素的限制，行政管理主体所制定的政策、措施以及选择的行政目标，往往不可避免地会产生一些失误。对此，行政管理主体可通过行政环境不断提供的积极因素，审时度势，不断地修正偏差，使之不断完善，更好地适应生态环境之要求。新中国成立以来，由于我们对国情认识的错误出现了工作指导上的偏差和失误。党的十一届三中全会以后，随着人们对国情认识的日益深化，党和政府按照行政环境的要求，通过自身力量纠正了过去的失误。这是行政主体对行政环境能动作用的突出体现。

再次，行政管理对行政环境的能动作用，还表现在消极的方面，即沿着行政环境的相反方向，起阻碍和破坏作用。恩格斯曾经指出，国家权力“可以阻碍经济发展沿着某些方向走，而推动它沿着另一种方向走”，“政治权力能给经济发展造成巨大的损害，并能引起大量的人力和物力的浪费”。这里恩格斯不是专就行政权力和行政环境而讲的，但行政权力是政治权力的重要组成部分，其道理是相通的。我们实行社会主义市场经济，要求政府必须下放、分离资源配置权，遏制利用政治权力谋取经济利益的行政行为。如果一部分既得利益者不按照这一环境要求逐步实现自我革命，而是变本加厉地控制某些不应有的权力，进行寻租活动，那么，以权谋私、权钱交易、贪污腐化之风就会日益盛行，经济发展就会受到极大的损害，行政生态环境就会日趋恶化。

2.2.3 行政管理与行政环境诸因素之间的互动关系

1. 政治环境与行政管理

政治环境是对一个国家的政治制度、政党制度、阶级状况、法律制度等各种要素的统称。政治环境对行政管理有着决定性的影响。政治制度决定行政制度；政党制度决定执政党在行政管理中的地位和执政方式，影响着行政组织的稳定性和完善程度；国体直接决定着行政组织的基本性质；政体规定了行政组织的具体形式和地位；阶级状况决定行政职能重心与非重心；法律制度完善与否决定着行政管理的法治程度，以及立法、执法、守法的状态好坏等。政治体制决定行政体制，决定政治与行政的关系，决定权力的制衡关系，决定行政权力的划分与运行方式。专制制度、民主制度、政党制度对公共行政作用巨大，法律制度完善、人治还是法治影响也巨大。政治生活的民主、平等程度制约着行政组织决策与执行的民主化、科学化程度；政治形势的稳定程度影响行政组织的运行状态；法律制度规定与保障着行政组织在整个国家机构系统中的地位；法律的完善化、科学化程度制约着行政组织运转的协调、规范水平。行政管理通过推行政务，管理社会公共事务，以维持政治制度和阶级统治。

美国及其他一些西方资本主义国家，实行的均是两党制或多党制。党派之间的长期斗争，使得政府机关在历次政党更迭时都要发生周期性的政治动荡。为此，他们纷纷建立了事务官与政务官相分离的现代人事行政制度。我国实行的是中国共产党领导的多党合作制，中国共产党是执政党，不存在轮流执政，更无周期性政治动荡。因此，公务员不仅不需要远离政治，而且要在政治上和党中央保持一致。当然，行政管理系统并非消极地接受政治环境的制约。它也同时依靠行政活动的推行来维护政治环境的稳定。

2. 经济环境与行政管理

经济环境对行政管理有决定性的影响。经济环境是指作用于行政系统的物质技术和经济制度，由社会生产力和生产关系构成。包括社会生产力的性质和发展水平，生产资料的所有制形式、性质和成熟程度。其中后者对行政系统的影响最大，关系最直接、最密切。无论什么性质的国家，其行政体制、目标、行为、方法手段都要受到经济环境的制约。经济环境的决定作用是最根本的、首要的，行政管理不可能超越经济环境所提供的条件和要求。社会经济基础决定上层建筑，决定行政管理的性质和原则。行政管理不能也不可能超出经济环境所提供的条件去运行、发展和变革。行政管理对经济环境具有反作用，一方面可以促进生产力的发展，最大限度地促进和引导国民财富的积累和增长；另一方面，对经济环境具有消极作用，行政的过多干预，会导致社会财富使用上的低效和分配上的流失。

3. **文化环境与行政管理**

文化环境是指作用于行政系统的历史背景、价值观念、行为规范、社会心理、科学技术、人伦关系等各种要素的总和。文化环境因素具有整合为一、连绵不断、变迁积累、渗透于社会各个领域等特点，对行政系统的影响具有持久性和广泛性。它为行政管理提供智力支持、文化条件和精神动力，是影响行政管理的重要因素之一。现在人们越来越发现，文化环境中所存在的自治主义、集权主义、个人主义、平均主义和宿命论等文化偏见，对行政体制、行政行为有很大影响。在英国，20 世纪 50 年代由工党执政，推行“集权主义加工会的平均主义”；70 年代保守党执政，平均主义的生活方式遭到遏制和打击，“集权主义加社会的个人主义”成为管理的主要模式。这些实质上都是文化偏见驱使的结果。

4. **自然环境与行政管理**

自然环境主要是指作用于行政管理的、一个国家的地理位置、自然条件和自然资源等因素，如河流山川、地形地貌、资源分布等。自然环境是人类生存的摇篮，对行政目标的制定与选择具有决定性影响。对林区政府选择林业生产、草原牧民选择牧业为主导产业的现象，我们丝毫不会感到奇怪，因为这反映了自然环境对他们的影响和制约。行政管理适应自然环境的要求，就会促进经济和社会的发展，否则，作出诸如填海造田、毁草垦地的荒唐事来，就会遭受自然环境的惩罚。当然，行政管理也可以对自然环境有很大的作为，如研制发展新能源、治理沙漠、生物防治、废物利用、防治工业污染以及减震抗灾、保护生态环境等，都是行政管理能动作用的体现。

5. **国际环境与行政管理**

国际环境是指一个国家与世界各国家、地区之间的政治、经济、文化、自然地理等方面的关系，以及其他国与国之间的关系。它包括国际社会环境和国际自然环境两大方面，其中对行政管理影响最深、最直接的是国际社会环境。当今世界，社会生产日益国际化，任何一个国家已不可能与世隔绝、孤立存在。电子计算机的联网使得地球变得像个小村落；国际投资使得资本的国际化特征日益突出；国际贸易的发展，使得各国人民之间的往来不断增多，了解不断加深。这些都对各国的行政管理体制、思想、方法产生深远而重要的影响，并为改造行政环境、发挥积极作用提供了重要依据。同样，封闭或者紧张、对立以至相互冲突的国际环境，也会影响和限制某一国家的行政管理，为其设置陷阱或者障碍。

2.3 我国现阶段行政环境的特点与行政管理面临的挑战

2.3.1 我国现阶段行政环境的特点

1. **和平与发展为主题的国际环境**

当今世界，和平与发展仍是我们时代的主题，也是现代国际环境的基本趋势和主要特点，构成我国现阶段的国际行政环境。所谓和平，是指世界相对和平，局部战争虽然不断，但无世界大战；所谓发展，是指经济发展和社会进步成为世界各国的主流，社会制度的变革退居次要位置。在这种总的国际环境条件下，世界政治、经济和文化也分别呈现出自己的特点。

（1）政治多极化

自20世纪两大阵营对峙格局瓦解以来，世界政治多极格局便开始逐步显现。格局是现实力量的配置和组合，世界政治格局是以综合国力对比为基础的。而当今世界，格局更多是大国之间现实力量的综合对比与配置组合。从现实来看，国际力量对比关系已由原来两个超级大国对峙的格局转变为一超多强：美、俄、中、日、欧盟五大力量之间的关系发生了实质性的变化，美国与日欧关系已从20世纪五六十年代的主从关系转变成平等竞争的伙伴关系，美国支配世界事务的能力大大下降；大国关系成熟化，随着多极格局的形成，大国之间的利害关系相互交错、相互渗透，矛盾和摩擦失控的危险性减弱。同时，世界政治中心由单一的欧洲中心转向欧亚两大中心并立，亚太地区在世界事务中的地位明显上升。全球性的两种社会制度对立转变为多样性的政治制度并存发展，美国等西方国家的强权政治受到了越来越多的抑制。国际竞争由单纯的军事领域的竞争转向以经济、科教为主的综合国力的竞争。

（2）经济全球化

经济全球化又叫世界经济国际化，是指世界各国经济在生产、分配、交换和消费环节的全球趋同化趋势。经济全球化的特征：①贸易自由化。国际贸易障碍逐步消除，贸易自由化程度提高，国际贸易量迅速增长。国际贸易手段、商品标准及合同样式逐步统一和规范。WTO多边贸易体制框架使得世界贸易进一步规范化。②生产全球化。跨国公司日益成为世界经济活动的主宰力量，其商品生产环节分布于不同国家，并因此使相关各国间的经济关联程度提高。③资本流动国际化。跨国公司的发展、各国对外资管制的放松以及由投资基金和养老保险基金高速成长导致的国际游资的形成，使得资本流动性进一步加大。④金融活动全球化。20世纪70年代以来，以美国为首，各国相继放松金融管制，推进金融自由化，放松了外资金融机构进入和退出本国金融市场的限制，拆除了不同金融业务的隔离墙，加快了金融业的整合。自由宽松的法律与政策环境，加上计算机、通信和网络技术的广泛应用促进了金融市场的全球化，从而形成了时间上相互接续、价格上相互联动的统一国际金融大市场。⑤市场经济体制全球化。当今世界除个别国家外，都在为建立和完善市场经济体制而努力，这为经济全球化提供了统一的经济体制基础。

（3）文化多元化

文化多元化主要是从文化的来源和性质来说的。从世界文化发展态势来看，自从资本主义和工业文明诞生以来，在西方文化的冲击下，民族文化相对封闭、互相隔离的格局虽在一定程度上被打破，但并未因全球化的挑战而形成一个一体化的世界文化体系，相比之下，世界文化多元化趋势更加突出。原因在于，在西方文明中心论面前，其他各个文明都面临着边缘化的危险，甚至面临着被西方文明所覆盖、彻底丧失自身文化个性而淹没在西方文化席卷世界的洪流里面的危险。在西方强大的文化工业和现代传媒帝国的冲击面前，各个文明都在强化自身个性，突出自身特点，保护和发扬民族文化的独特优势，抵抗西方文化的全面同化，谋求自存自强，为在未来的世界文化格局中占有一席之地争取有利地位。民族文化的危机意识和自觉意识在加强。

针对此种发展趋势，在国际上也产生不同的观点，其中在西方最具代表性的观点是亨廷顿的“文明冲突论”。根据这一理论，由于文明对每个国家的发展和国与国之间的关系产生重要作用，因此，世界各大文明将会发生碰撞、摩擦，甚至发生冲突。

但进入 21 世纪后，世界格局发生了变化，西方为推行其民主作出的努力遭到了失败，最主要原因是西式民主不适应其他国家的发展。此外，世界各国的学者们都认为，只有建立文化多元化的新秩序，世界才能得到和平与发展。如果实现文化全球化，就体现不出文化的多样性和各国文化的特色，这将使人类文明面临许多问题。2001 年 11 月联合国教科文组织大会第三十一届会议通过了《世界文化多元化宣言》，是主张世界文化多元化最典型的例证。事实上，当今世界多元文化的并存共融已经成为必然的趋势。在日益走向多样化的当今社会中，必须确保属于多元的、不同的和发展的文化特性的个人和群体的和睦关系和共处。

2. 社会主义初级阶段的基本国情

我国处于社会主义初级阶段的基本国情，是我们制定路线、方针、政策的正确依据。社会主义初级阶段的行政社会环境，意味着我国是社会主义性质的社会；我国的社会主义还处于初级阶段，带有明显的旧社会的痕迹；生产力还不发达，社会主义的经济基础和上层建筑中很多方向还属于起始性质，还不很成熟，从社会的经济基础到上层建筑都有一部分不是社会主义性质的东西。我国社会主义初级阶段的行政社会环境具体表现如下。

（1）社会主义初级阶段理论的提出，使中国国情有了明晰、科学的定位

这一理论既规定了中国的社会主义社会性质，又反映了脱胎于半殖民地半封建社会、生产力落后和商品经济不发达的社会状态。这对于明确行政管理工作重心，制定科学的行政管理目标体系，形成与现代管理相适应的价值观念、行为模式和管理手段具有指导意义。

（2）政治稳定、民族团结的政治环境

在中国共产党领导与多党合作的政治框架之下，社会主义民主政治不断发展，同时保持了政治稳定。我国政治稳定表现为国家权力平衡运行，政治生活和政治主体行为规范有序，政治关系相对稳定，国家的政治活动从总体上看处于相对稳定的发展过程和状态之下。高度集中的管理体制逐步打破，中央与地方、上级与下级的权力关系日趋合理。立法体制逐步完善，法律、法规和规章遍及社会生活的各个领域，无法可依的时代基本成为历史，政策的连续性、稳定性不断增强。民族团结不断巩固，民族关系日益融洽。但也存在不利的因素，如人民群众日益增长的物质文化生活需要与落后的社会生产力之间的矛盾难以在短期内解决；由不平衡的利益需求而导致的地区之间、集团之间、人与人之间的矛盾与摩擦有增无减；社会风气有待扭转，有法不依、执法不严、违法不究的现象还大量存在，等等。这无疑构成了当前我国政治环境的消极因素。

(3) 经济发展和社会繁荣的社会经济环境

通过经济体制改革，我国实行了以社会主义公有制为主体、多种所有制经济成分共同发展的所有制结构，实行了以按劳分配为主体、多种分配方式并存的分配制度，确立了社会主义市场经济体制，划清了政府与市场在资源配置上的不同功能和相互关系，经济管理体制改革取得了突破性进展，确立了分税制的财政体制。国民经济市场化、社会化范围不断扩大。城乡人民生活水平不断提高，各项社会事业全面发展，综合国力不断增强。但社会生产力水平仍然很低，国民经济结构不合理，地区和部门之间发展不平衡，人口结构、产业结构、消费结构、技术结构等内部及相互之间的比例不合理，东部和中西部地区经济发展差距不断拉大，产权关系不明晰、政企不分和政经一体的现象仍然存在等。解决好这些矛盾和问题，是我国政府今后一个时期紧迫而又重要的任务。

(4) 传统与现代相融合的文化环境

当代中国的文化环境由三种基本要素构成：一是传统文化的遗存；二是西方文化的渗入；三是马列主义、毛泽东思想和邓小平理论为指导的社会主义的新文化。其中，以马列主义、毛泽东思想和邓小平理论所构成的政治意识形态是中国的主体文化。这种文化环境，对中国行政管理体制的建立与变革，人事行政制度的发展与完善，政策的制定与执行都有着决定性的影响。

这种社会主义初级阶段的行政社会环境，要求我国行政管理要从中国实际出发，坚持对外开放，吸取国外行政管理的先进经验，实施有中国特色的行政管理；要坚定地把组织和领导经济建设作为行政管理最重要的职能；要根据各地区、各方面的不同情况和条件，实施行政管理；要充分认识我国现代化建设的艰巨性和长期性，从国力出发，量力而行，循序渐进，积极奋斗；要以马列主义、毛泽东思想和邓小平理论为指导，努力建设社会主义精神文明；要坚持行政改革，在改革中不断提高行政效率，实现行政职能。

2.3.2 我国行政管理面临的主要挑战

1. 社会转型对行政管理的挑战

当代中国社会的转型是从20世纪70年代末开始的，其基本特点是文明转型与体制转型同时并进，这也是当代中国社会发展的基本特点。我国行政管理必须适应这一基本特点，做出正确的战略选择，保证中国社会转型的顺利推进。

当代中国社会的转型，给行政管理同时提出了两个突出的目标。从本质上看，中国社会今天的转型，是在工业化还远没有完全实现的历史前提下，超越阶段，合二为一地走向现代化的社会。这一历史条件规定了中国社会在当代的发展必然包含着完成工业化和实现现代化的双重目标，规定了中国社会的转型必然同时推进两种类型的转型，即文明转型与体制转型。就文明转型来说，就是要使中国社会彻底完成从农业社会向工业社会的文明转型。而体制转型，则是要实现从传统的计划经济体制向社会主义市场经济体制的转换。

一个走向现代化的社会，必须在正确处理传统与现代、外来文化与本土文化的结合中找到一条正确的发展道路，构造一种新型的文化，形成一种引导一个民族顺利走向未来的文明形式。同时，社会体制的转型，在突出解决经济体制转轨的过程中，必然要在政治、文化、社会生活等各方面调整体制模式和形成有效率的机制。

从当前来看，无论是文明转型中的工业化、城市化问题，还是体制转型中经济体制的转轨问题，集中表现为当代中国社会发展和经济增长中的效率问题。而解决效率问题，又无法脱离整个社会结构的创新和文明构型的制约。中国现代化目前仍处在起步阶段，不可避免地要面对各种各样的问题和困难的挑战。

2. **经济全球化对行政管理的挑战**

社会环境是一国行政系统赖以生存和发展的前提和基础，是行政管理的出发点和归属，社会环境中的经济环境还对行政系统起着决定作用。显而易见，由市场化推动的经济全球化浪潮引起的行政环境的深刻变迁，必将对民族国家的行政管理产生广泛而深刻、持久而复杂的影响。

(1) 政府职能不仅是内涵的扩大而且需要力度的加强

全球经济的市场经济化和市场经济的全球化使市场失灵出现了新的内容——世界市场失灵，这意味着政府职能必须有相应的新的发展：首先，民族国家政府不仅要治理本国范围内的市场失灵，而且还要治理世界市场失灵；其次，对发展中国家的政府来讲，不仅要致力于克服市场失灵，而且还需要积极地推行发展行政，实施赶超战略，对本国经济发挥积极的导向职能、驱动职能；再次，对发展中国家的政府而言，不仅要克服一般的市场失灵，而且要通过“政府替代”克服“市场缺损”。经济全球化浪潮中的政府必须通过强制性的行政、法律手段，替代一部分尚不发育的、残缺的或运行失效的市场机制，通过制度创新和制度供给迅速地发育和扩张市场，推动经济增长和工业化。

(2) 政府必须强化维护本国“经济安全”的职责

世界经济的相互依存是和谐与冲突的统一。事实上，全球化进程伴生了许许多多危及民族国家经济安全的因素：经济封锁与禁运、经济制裁、经济渗透、经济间谍战、贸易战、关税战、附有条件的经济援助、运用“金钱政治”影响他国政策之制定等。各国都试图通过增强自身实力而增加他国对自己的依赖性，从而最大限度地减少成本支出。因此，在现代国际关系中，虽然合作不仅是可能的，并且合作空间不能说小，但国家的生存和安全始终是第一位的。

(3) 政府必须强化维护本国社会政治稳定的职能

在相对封闭的社会经济中，一国的政治、经济的稳定主要受国内因素的影响。经济全球化使得维护本国经济、政治稳定的情况变得复杂化。如 20 世纪 90 年代末，曾经发生的跨国投机活动促成了东南亚金融风暴：货币贬值一落千丈，政府倒台，社会动荡……美国次贷危机导致的金融海啸的影响还正在全球蔓延。这种现实及其可能性不仅对发展中国家，甚至是发达国家维护国家政治、经济稳定的能力都提出了巨大的挑战。在经济全球化条件下，如何强化政府维持本国稳定的职能是摆在各国政府面前的一道难题。

3. 信息技术时代对行政管理的挑战

信息技术由以微电子技术为基础的电子计算机技术与光纤通信技术结合而成，以信息技术为基础的现代科学革命在20世纪70年代以后进入了全面发展的新阶段，80年代信息技术产品已广泛渗入国民经济和人类社会生活各个领域。信息技术时代的到来，对行政管理来说，既是机遇，又是挑战。

(1) 信息技术时代要求逐步改变政府的组织结构与行为模式

在信息技术时代，一方面公民要求得到高质量、多样化、快速高效的公共服务；另一方面，信息技术与生产能力的发展也导致了社会公共事务的极度复杂化和快速变化。旧的行政机构与行为方式变得陈腐、落后，必须向更富灵活性与参与性的方向改变。如：改革层级制组织，围绕某一具体任务组成跨部门、跨系统的协作性组织；用竞争型的合同制管理来部分代替官僚制管理；用绩效预算体制代替传统的预算体制，提高公共项目的质量；适当引入项目主办制，提高决策执行的效率；政府向中介机构、向社区、向公民、向下一级政府单位下放权力等。

(2) 信息技术时代要求政府改变对公务员的管理办法

信息技术时代的公务员不再仅仅是办事员，还是运用知识与技术进行创造性工作的行为主体；不仅仅是被政治家控制的对象，还应该是赋予较大自由裁量权，根据公民变化的需要而相机抉择的企业家。要适应信息技术时代的要求，引入灵活的公务员管理机制，引入企业家的理念和办事方式，提倡公务员为公共利益而放手工作。

(3) 信息技术时代要求政府弱化某些职能而强化另一些职能

信息技术时代，好的想法与技术发明是经济发展的推动力量，知识的传播、变化和提炼成为经济增长的关键。适应信息技术时代的要求，政府职能应以推动知识创新为价值导向，以政府科学技术及教育职能为中心来进行有机配置。信息技术的日趋成熟也加速了知识经济时代的到来。知识经济以知识和信息的生产、分配、传播和使用为基础，以创造性的人力资源为依托，以高科技产业和职业为支柱，是一种新的经济形态。知识经济在客观上要求政府突出其科技教育职能，为整个国家和知识创新提供一个直接的推动力量与宽松环境。

(4) 信息技术的发展与成熟提高了政府管理的技术含量

现代信息技术为政府改善管理水平提供了可能。电子警察、政府上网、网络通信、网上办文、办公自动化等，大大提高了行政管理的效率，也改善了政府的形象，信息技术也使政府压平层级与放松规制成为可能。

总之，新的信息技术环境既向政府提出了改革其政府管理模式的要求，又为改革政府管理模式提供了先进的物质条件。

4. 全球自然环境危机对行政管理的挑战

地球生态环境的恶化已经引起了国际社会的广泛关注，环境危机成为全球性问题。环境危机主要表现为：①土壤严重退化。据联合国环境规划署报告，全球69%的农田退化（包括土壤侵蚀、盐碱化、酸化及物理和生物性变劣），相当于地球陆地面积的1/4。②水资源危机。目前世界上有80个国家（约20多亿人口）正面临淡水资源不足，其中26个国家的3亿多人生活在缺水状态中。更为严重的是，水源污染日趋严重。现在发展中国家约有10亿人喝不到清洁水，17亿人没有充足的卫生设备。③能源消耗增长迅速。随着一部分发展中国家的经济增长，世界能源消费的形势发生了变化：发达国家的比重逐渐下降，而亚洲等发展中国家的比重大幅上升。国际能源机构预计，今后15年内由于发展中国家大力发展钢铁、化工以及火力发电等高能耗工业，其能源消耗将超过发达国家。④温室效应加剧。全球温度升高，可能导致海平面升高、大片陆地被淹没、土地干旱和荒漠化、疾病蔓延、生物物种减少等严重问题。一般认为，温室效应是造成全球变暖的主要原因。⑤森林面积锐减。森林是陆地生态系统的主体，有保持水土、防风固沙、调节气候、改善生态环境的功能和效益。其中，热带森林又占有极为重要的位置。然而，人类无节制的采伐，以及经常不断的森林火灾，导致森林面积骤减。全世界热带森林正以每分钟29公顷、每年约1 540万公顷的速度消失。⑥人口压力巨大。世界大约80%的人口居住在发展中国家，而有74个发展中国家正面临着在今后30年里人口翻一番的局面。联合国估计，到2025年世界人口将达到85亿。研究表明，以撒哈拉以南国家为代表的大量发展中国家的人口已经或即将超出环境承载能力。人口压力是生态环境恶化的重要因素之一。人口增长会增加对商品和服务的需求，也对自然资源形成更大的压力。更多的人口还将产生更多的废弃物，使生活环境更加恶化，传染病更易流行。尤其在城市地区，人口高速增长使城市的承受能力（如提供住房、医院和其他基础设施的能力）不堪重负。人口增长和城市扩展加重了地球的环境污染。

中国改革开放30年来的经济快速增长取得巨大成就，但是在经济增长的同时，对生态环境也造成了巨大的破坏。统计显示，我国1/3的国土已经被酸雨污染，主要水系的2/5成为劣五类水，3亿多农村人口喝不到安全的水，4亿多城市居民呼吸着严重污染的空气，1 500万人因此得上支气管炎和呼吸道癌症。有人计算，2003年我国环境污染造成的经济损失，占当年GDP的15%，如果当年经济增长率为8%，扣除环境污染造成的损失，实际增长为负。2002年时有专家计算了我国这些年环境污染的损失，得出的结论是，如果要把这些年的环境污染得到治理，需要20个2002年度的财政收入。世界银行2001年发展报告列举了世界上污染最严重的20个城市，其中中国占16个。可怕的是已造成的许多环境灾害是无法挽回的。除此之外，森林、土壤、湖泊、物种、气候造成的影响更是难以估算。

我国是一个人口大国，面对日益恶化的国际国内自然环境的危机以及庞大人口的生存压力，国家行政管理在应对全球经济形势和解决国内问题上所面临的挑战是不言而喻的。

思考题

1. 行政环境及其主要构成要素有哪些？
2. 行政环境与行政管理之间具有怎样的辩证关系？
3. 现阶段我国行政环境具有哪些特点？
4. 现阶段我国行政管理面临怎样的环境挑战？

案例2：我国退耕还林政策实施成效显著

生态环境是人类赖以生存的基本条件，是社会经济发展的物质基础。我国生态状况不容乐观。据统计，全国水土流失面积已达356万平方公里，占国土面积的36.9%，全国现有荒漠化土地267.4万平方公里、沙化土地总面积174.31万平方公里，分别占国土总面积的27.9%和18.2%，并以年均1.04万平方公里和3 436平方公里的速度扩展。严重的水土流失和土地沙化，致使我国洪涝、干旱、沙尘暴等自然灾害频频发生，人民群众的生产生活受到严重影响，国家的生态安全受到威胁。1998年特大洪水、2000年春遭受的严重旱灾、2002年3月影响严重的沙尘暴天气，给人民敲响了警钟。人们认识到要实现社会经济的可持续发展，必须保持良好的生态环境。

在1998年洪灾后，国务院提出了"退耕还林（草）、封山绿化、以粮代赈、个体承包"的政策措施，1999年8月，发出了《关于保护森林资源、制止毁林开垦和乱占林地的通知》，要求立即停止一切毁林开垦行为，大力植树造林。与之相呼应，1999年10月退耕还林工程率先在四川、陕西、甘肃开展；2000年3月，退耕还林试点工作在17个省（区、市）正式启动；2002年在全国25个省（区、市）全面铺开。自1999年试点以来，国务院先后4次出台退耕还林政策和法规。一是2000年9月10日出台了《国务院关于进一步做好退耕还林还草试点工作的若干意见》；二是2002年4月11日出台了《国务院关于进一步完善退耕还林政策措施的若干意见》；三是2002年12月14日颁布了《退耕还林条例》；四是2007年8月9日出台了《国务院关于完善退耕还林政策的通知》。退耕还林补助政策中，最受广大农民关注的是资金和粮食的补助政策。这项政策的核心内容是：国家无偿向退耕户提供粮食、现金补助。粮食和现金补助标准为：长江流域及南方地区，每亩退耕地每年补助粮食（原粮）150公斤；黄河流域及北方地区，每亩退耕地每年补助粮食（原粮）100公斤。

退耕还林是党中央、国务院站在中华民族生存和发展的全局高度作出的重大战略决策，是迄今为止我国政策性最强、投资最大、涉及面最广、群众参与程度最高的一项生态建设工程。涉及全国25个省（区、市）和新疆生产建设兵团的2 279个县，3 200多万农户、1.24亿农民。

为巩固退耕还林成果，解决退耕农户生活困难和长远生计问题，2007年8月9日新出台的《国务院关于完善退耕还林政策的通知》，对退耕还林政策做了最新的完善，主要内容就是在原先的补助政策到期后，继续对退耕农户给予适当补助。具体政策内容有两条，其中一条就是继续对退耕农户直接补助。原先的退耕还林粮食和生活费补助期满后，中央财政安排资金，继续对退耕农户给予适当的现金补助，解决退耕农户当前生活困难。

9 年来，退耕还林工程总体进展顺利、成效显著，主要表现在以下几个方面。

一是推进了生态建设。退耕还林实行钱粮直补到户、检查验收到户、林权落实到户等政策，极大地调动了广大农民造林护林的积极性，保证了造林任务完成、造林质量合格。到 2006 年底，已累计完成退耕还林任务 3.64 亿亩，其中退耕地还林 1.39 亿亩，荒山荒地造林 2.05 亿亩，封山育林 2 000 万亩。据国家有关部门核查，退耕还林的面积核实率、造林合格率都在 90%以上。

二是改善了生态环境。退耕还林遵循生态优先、突出重点、注重实效的原则，主要安排在水土流失、土地沙化严重地区，安排在 15 度以上坡耕地尤其是 25 度以上陡坡耕地。8 年间，工程区森林覆盖率平均提高 2 个多百分点。

三是增加了农民收入。退耕还林钱粮补助发到千家万户，直接实现了农民增收。中央财政已累计投入资金 1 300 多亿元，退耕农民平均每户获得补助 3 500 元，成为农民收入的重要组成部分。据统计，这些补助总体上约占退耕农民人均纯收入的 10%，西部地区高于 20%，宁夏、云南一些县达到 45%以上。

四是促进了农村结构调整。实施退耕还林工程后，退耕农民更多地从事林业、副业和多种经营生产。一些地方大力发展畜牧、林果、花草、中药材和观光旅游等产业，推动了农业产业化经营，促进了地方经济发展。通过退耕还林还草，实行树上山、粮下川、羊进圈。同时，退耕还林还改变了农民传统生产生活方式，增强了全社会生态保护意识。

（部分摘自 2007 年 10 月 10 日国家林业局退耕还林专题新闻发布会上国家林业局副局长李育材的发言，http://www.gov.cn/wszb/zhibo161/）

讨论：

(1) 我国退耕还林的政策是在何种行政环境条件下制定的？

(2) 如何理解我国退耕还林政策及其实践中所蕴涵的行政管理与行政环境关系？

第3章 行政职能

行政职能，从狭义的角度理解，即政府职能，指政府在社会政治经济发展中所扮演的角色、所履行的职责和所起的作用，也即政府“管什么，怎样管”，它反映着政府活动的基本方向，是行政组织设置的依据。不同的国家或地区，以及同一国家在不同的历史时期，其行政职能的表现和作用方式是不完全相同的。环境和条件发生了变化，行政职能也要相应地作出调整。

3.1 行政职能概述

3.1.1 行政职能的概念和类型

1. 行政职能的概念

职能又称功能、职责。就国家现象而言，职能是一个与公共权力、公共责任紧密相关的概念。职能问题的核心价值点，在于回答一定的公共主体“应该做什么”的问题。在扩展的意义上，职能问题还与履行职能的方式、能力、时效性等问题直接相关。

行政职能又称公共行政职能，行政功能，在某些条件下亦称政府职能。行政职能是狭义的政府即国家行政机关承担的国家职能，是指政府为实现国家利益和满足社会发展的需要而负有的职责和功用。简言之，即政府担负的职责和应起的作用。行政职能反映政府活动的实质及行政活动的内容与方向。

行政职能与国家职能的区别。就国家职能而言，行政职能是立法职能、司法职能的对称，是国家公共职能中的一种。国家职能在本质上是一个阶级统治另一个阶级的暴力工具，它由一些特殊的机关组成。在现代国家中，这些特殊的权力机关主要包括国家立法机关、司法机关、行政机关、军事机关等。因此，国家职能首先是维护与其统治相关的政治制度和社会制度，这类性质的职能都属于政治职能的范畴。广义上说，国家的另一性质的职能从主要是对社会事务和公共事务的管理，属于社会职能的范畴。国家的公共行政职能主要就是国家行政机关承担的职能。在静态的意义上，行政职能指宪法和法律对国家行政机关功能与任务的界定和赋予；在动态的意义上，行政职能指政府依据宪法和法律赋予的责任、权利和义务，通过行政行为管理国家事务和社会公共事务的活动，因而会随着国家职能的变化而相应发生变化。在实际的过程中，静态意义上的行政职能与动态意义上的行政职能由于复杂的原因有时是不相吻合的。

行政职能与政府职能的区别。政府是与国家立法机关、司法机关相区别的国家行政机关，是最主要的行政组织或公共行政组织。政府职能并不完全等同于公共行政职能。一方面，公共行政职能并不是完全由政府履行的；另一方面，政府是构成国家政权的实体，它还具有重要的政治职能，甚至在某些情况下，还具有一定程度的立法职能和司法职能。人们通常把公共行政职能等同于政府职能，实际上，公共行政职能并不等同于政府职能，政府不是执行公共行政职能的唯一组织，政府职能也不限于公共行政职能。

行政职能是复杂的，考察行政职能可以有许多角度。

首先，行政职能与国家产生、行政目的相联系。行政职能是国家职能的一部分，因此，行政职能缘起于早期人类建立国家的政治契约。作为国家行政权力主体之一的职能，行政职能从一开始就是与人们对国家的定义紧密联系在一起的，就是人们对国家职能设定的一部分。因此，考察行政职能不能离开对国家作用的考察。而行政目的表现为政府行政目标与政府行政动机的统一。行政目的在价值形态上表示政府存在的必要性。行政目的引导行政职能，即为了实现行政目的而相应设定行政职能。

其次，行政职能与公共政策、制度创新相联系。公共政策是政府履行其职能的主要形式，公共政策的有效性构成了政府履行行政职能的现实基础。因此，为了履行行政职能而必须正确地制定和有效地执行公共政策。

行政职能与制度创新相联系。人类长盛不衰、经久不息地追逐利益、追逐成就、追逐兴趣的本性和愿望，是人类不断发展进步的主观动力，而随着物质生产规模的不断扩大和物质生产内涵的不断变换、升华，人们的价值理念和现实观念事实上也在不断地发生变化，其中包括关于政府公共行政原理的再认识，从而促使人们不断进行行政改革以调整或改变公共行政关系，进而不断实现政府制度的创新，并通过政府制度的不断创新，不断引导、诱发、推动一定的新的制度安排，最终形成良性的互动关系，不断实现社会整体发展进步。在此意义上，行政改革是政府制度创新的基本形式之一，而转变、修正、调整政府职能，增强政府公共政策和行政管理的有效性，是行政改革最经常的诉求对象。

2. **行政职能的扩展**

在现代国家中，政府的行政功能较之传统行政得到了大大的扩展。由于享有立法创议权，且获得了广泛的委托权，国家行政机关事实上已经涉足相当多的立法功能、司法功能和检察功能，即行政立法和行政司法。

政府行政职能的扩展是一种世界现象，也是一种历史的必然。它一方面反映了当今世界各国对发展问题的重视和关切，另一方面反映了人们对国家职能和传统法制原理的再认识，同时反映了当今世界的时代特征。从发展趋势上说，当代社会有三个较为突出的特征：首先，发展变化的节奏明显加快，发展变化的内容趋向多元化、丰富化、复杂化；其次，诸种“新”的事物层出不穷，譬如新思想、新观念、新学科、新技术、新行业、新文化、新财富、新需求等并带来了一系列的新问题；再次，竞争日趋激烈，并使各类主体之间的社会关系进一步趋向错综复杂。

在这种历史条件下，“法律有限、人事无穷”现象明显增多，并造成和激化了传统国家组织体制、领导制度、管理方式与现实需要之间的矛盾。这就需要一种能够对现实变化及时做出反应并有效解决问题，对未来需要做出前瞻性判断并提前进行战略性规划的力量。在传统的国家公共权力主体的体系中，这种力量就是政府（行政）。这是因为，在传统的国家公共权力主体的体系中，唯有国家行政机关决策权力集中，并集合了管理现代社会所必需的各类专业人才。从这个意义上说，狭义政府即国家行政机关被推向国家公共权力的主导地位是合乎逻辑的。以“三权分立”与制衡体制较为分明的美国为例：美国1996年通过的《单项法案条款否决权利法案》规定，总统有权对国会通过的预算案等法案中的某项条款进行否决，实际上将美国分配预算开支的一部分权力历史性地转移到了总统手里，实现了120年来美国历届总统的夙愿，从而再次提升了美国总统的地位，扩大了其行政权力，并因此为进一步锻造和展示政府的公共行政能力提供了更大的空间。

3.1.2 行政职能的类型

200多年前，市场经济之父亚当·斯密在其经典名著《国民财富的性质和原因研究》中，主张经济自由是天赋的自由权，有悖于经济自由的任何约束都应予以废除。因此，在他看来，市场经济中政府应尽三种职能：一是“保护本国社会的安全，使之不受其他独立社会的暴行与侵略。而此种义务的完成，又只有借助于兵力”。二是“尽可能保护社会上各个人，使不受社会上任何其他人的侵害或压迫，这就是说，要设立严正的司法”。三是“建立并维持某些公共机关和公共工程”。在这里，政府基本上是一个“守夜人”的角色。然而，经典理论与现实之间毕竟存在着很大的差异。

按照布坎南的理论，政府的职能可分为三个层次：“第一，执行现行法律的那些行动。这是‘最低限度国家’和‘守夜人国家’，这里的任务是裁判员的任务，指定他来执行规则，督促比赛的进行。第二，包括现行法律范围内的集体行动的那些活动。……这套活动包括提供资金，供给和提供‘公众所需的商品和服务’。个人和私人团体在现行法律范围内的活动可能不足以充分供应那些商品和服务。第三，包括改变法律本身和现行成套法律规定的那些活动。……用体育比赛作比喻，这里所说的活动是指改变过去和现在实行的比赛规则的那些活动”。

按照我国台湾地区张金鉴教授的观点，在一般的意义上，行政职能大体可以分为维持、保卫、扶助、管制、服务、发展六个范畴。①维持（maintenance）职能，即维护国家法典和制度的职能。主要通过制定得到社会公众较为普遍认同的国家典章法令，建立、确定和巩固国家的政治意识形态，国家的基本社会制度，国家的主要价值规范，国家的法统。维护职能实质上是政府的制度职能，维持国家统一、民族团结、社会和谐而实现基本社会制度的稳定，是政府维护职能的基本目标。维护宪法和国家政治制度是政府维护职能的核心问题。倡导和培植国民的主导价值观，亦属于政府维护职能的范畴。②保卫（protection）职能，即保卫国家和民族独立，保卫公民生命、财产和公民权利，维持社会秩序的职能。保卫职能在国家间关系问题上主要表现为通过国防、外交、对外政策，保卫国家主权，并最大限度地实现国家利益；对内则主要表现为：保卫公民的宪法权利，包括财产拥有权、言论自由权、劳动权、种族和性别等平等权、被保护权等等；维持社会秩序，表现为通过运用国家强制力量如警察、军队、监狱等，使法律得到遵从。诸如知识产权保护、商标权益保护、消费者合法权益等等，都属于政府保卫职能的范畴。③扶助（assistance）职能，即扶助各界公民、公民团体、工商组织均衡发展，扶助弱者生存的职能。扶助各界公民、公民团体、工商组织均衡发展，主要是政府确定价值取向和价值标准，进而通过广泛的产业政策、关贸政策、税收政策、信贷政策等政策规制和政策倾斜，帮助各界顺利发展的职能。扶助弱者生存主要是政府保障和救济职能，包括由政府组织或监管的退休金、健康保险、失业救济、老弱病残者救济等等。政府关于扶助职能的理解，履行扶助职能的意愿、能力和实际状况，直接关系社会的公平和稳定。需要指出的是，在一定的条件下，政府可以通过加大公共投资、扩展政府产业、提供政府担保、实施政府收购等方式，直接“推动”或“促动”经济振兴、经济增长、经济发展。“罗斯福新政”、“东亚模式”等都是成功的范例。④管制（regulation）职能，即管制社会行为主体与国家公共权力主体的社会行为的职能。其主旨集中在两个方面：依法控制、限定和约束社会行为主体与国家公共权力主体的行为，使其不会、不能因自身的利益而非法或不当地侵扰国家、社会、他人、其他行为主体的权利。侵扰者由政府实施惩罚。诸如“近亲不得结婚”、“严重传染病隔离”等法律规定都属于政府履行社会管制职能的范畴。为实现国家利益、社会利益、多数人的利益、长远利益，依法控制、限定和约束社会行为主体与国家公共权力主体的行为。诸如外汇管制、尾气排放标准管制等，都是政府履行经济和环境保护管制职能的表现形式。⑤服务（direct service）职能，即通过兴办各类公共事业，直接造福于国民的职能。政府服务是典型的公共服务。公共服务取之于国民的税赋，用之于国民的福祉。公共设施、公共卫生、公共交通、公共通信、公共咨询、公共信息、公共教育等政府投资兴办及监管的事业，都属于政府公共服务的范畴，公园、公立图书馆、公立学校、政府公共信息网页等则是典型的政府公共服务的方式。提供更为广泛、更为快捷、更为有效、更为公平的公共服务，是现代国家政府普遍面临的世纪性挑战。⑥发展（development）职能，即运用各种可能的方式启发、诱导创新的意愿和积极性，促动、推进发展和进步的行为的职能。创新与发展是当代社会的主旋律。由数千年的农业文明、数百年的工业文明到现今的知识（信息）文明，人类社会进步的节律已由算术级数转变为几何级数，发展的性质、内涵和能力较之农业文明和工业文明已经不可同日而语。在信息化社会的时代已经到来，知识经济的时代已经到来，经济全球化的时代已经到来的历史背景下，政府发展职能的重要性正在日益凸显。这就要求政府通过积极而有效的公共政策的导引，推动社会的全面进步。科学技术的不断创新、综合国力的不断增强、国民生活质量的不断提高，是政府发展职能的价值内涵，也是政府发展职能的价值评判标准。

从所反映的国家的阶级本质的不同，不同历史类型的国家，其政府职能也是不同的。依此，行政职能划分为奴隶制国家的行政职能、封建制国家的行政职能、资本主义国家的行政职能、社会主义国家的行政职能，这也是个历史的变迁过程。

从行政管理所具有的政治性和社会性两重属性来看，行政职能可划分为政治统治职能和社会管理职能。两者相互统一，互为前提，不可偏废。失去了政治统治职能，统治阶级的地位和利益就不能维持；同样，离开了履行社会职能，政府也就不能统治下去，即使最不人道的政府，也会承担一定的社会责任。正如恩格斯所说，“政治统治到处都是以执行某种社会职能为基础，而且政治统治只有在它执行了它的这种社会职能时才能执行下去”。

从表现出来的性质来看，行政职能分为政治性职能、管理性职能和服务性职能。随着我国建立社会主义市场机制的逐步完善，由政府提供的咨询服务、信息服务、生活卫生服务、保障保险服务等服务性职能正在日益加强。

从政府运作的过程和履行职能的方式来看，行政职能分为计划职能、组织职能、指挥职能、协调职能、监督职能等。这些职能构成行政管理周而复始的循环过程，它们不仅存在于不同类型的国家，而且作用于行政管理的不同层次和不同领域。

从政府发挥作用的领域来看，行政职能分为政治职能、经济职能、文化职能、社会职能。这四个方面集中了政府在全部国家社会生活中所起的整体作用，又称为政府的基本职能。

政治职能也称阶级统治职能，是指政府所承担的维护和实现阶级统治、保卫国家和社会安全的职能，是政府最重要的职能之一。具体指如下职能：一是阶级专政职能。任何掌握统治权的阶级为了维护他们的政治统治和阶级利益，总要对敌对势力行使专政的职能，即镇压职能。这种职能依国内外阶级斗争形势而定，有时强化，有时弱化，但绝不会放弃。二是军事保卫职能。即保卫国家的独立和主权，保卫公民的合法权益和生命安全，对外维护世界和平，反对霸权主义等，为本国经济建设和各项事业的发展创造良好的外部环境。三是社会治安职能。即制裁危害社会治安、扰乱社会秩序的各种违法行为，坚决打击和惩办各种犯罪分子，为社会主义经济建设和其他各项事业的发展创造良好的外部环境。四是民主职能。加强政府的民主职能，有利于增强人民对社会的责任感，提高人民的社会主义建设的积极性和创造性，并且能与其他政府职能相配合，产生整体效应。

经济职能是指政府所承担的组织和管理社会经济建设的职能，是政府最重要的职能，体现着上层建筑决定于并服从于经济基础的特性。我国政府经济职能主要是统筹规划、掌握政策、信息引导、组织协调、提供服务和检查监督。政府的经济职能是通过政府的一些经济管理部门，如经济计划部门、农业工业部门、铁路交通部门、工商贸部门等的组织管理活动来实现的。

文化职能是指政府指导和管理文化事业的职能。它是国家行政管理最古老、最重要的职能之一，并且在不同时代、不同国家有着不同的内容和方式。我国现阶段的文化事业包括教育、科学、文学艺术、新闻出版、广播影视、卫生、体育、文物、图书馆、博物馆等。我国政府的文化职能主要有：制定科学文化教育发展的总体战略、规划和计划；制定和颁布重大的科学文化教育的政策和法规；组织力量对重大的科技项目进行协调攻关；指导、监督、协调科研部门和教学单位有效地贯彻国家科学文化教育发展规划；有领导、有秩序地逐步开展科技、文化教育的改革；发展科技教育文化队伍，对其部门的领导人员进行考核、任命和监督。政府的文化职能，一般是通过文化行政管理机构，在中央层次如教育部、文化部、卫生部、广播电影电视及体育运动管理部门等的组织管理活动来实现的。

社会职能是指政府所承担的社会服务和社会保障职能。它是行政管理中内容最为广泛、丰富的一项基本职能，凡致力于改善、保障人民物质文化生活，体现人道主义思想的各类事项，都属于社会职能的范围。但按马克思主义的观点，凡国家行政机关对公共事务的管理职能都称为社会职能，它包括经济职能、文化职能、社会服务和保障职能。我们这里讨论的是政府在经济、文化活动之外的社会服务和保障职能。我国政府的社会职能主要有：制定各种社会福利的法律、制度、法规、条例，建立一套完整的社会福利和社会保障体系；建立健全合理的社会福利管理制度，加强对社会福利的指导、规划和协调；筹集社会保险专项基金；创办各种社会福利事业，解决涉及人民群众的福利问题；大力保护和合理利用各种自然资源，努力开展对环境污染的综合治理，加强对生态环境的保护。政府的社会职能，一般是通过建立专门机构，在我国如民政部门、城乡建设、环境保护部门等，对社会福利、社会救济、社会保险事业实施管理来实现的。

3.1.3 行政职能的作用

行政职能是国家职能的具体执行和体现，它反映了国家的性质和政府活动的方向，是政府开展行政管理活动的依据和前提，行政管理各个环节和层面的活动，都可以说是行政职能的运用和展开。行政职能在行政管理中的地位至高无上。

行政职能是决定政府角色的大问题，事关国家的兴衰成败。在一个国家或民族的经济和社会发展中，政府究竟应该扮演什么角色，是个大是大非的问题，决不能等闲视之。第二次世界大战以来，国际社会正反两方面的经验教训告诉我们，哪个国家在这个问题上处理得好，哪个国家就能够很好地促进经济的发展，就能迅速地走向繁荣富强；反之，则国势日颓，甚至引发内乱，动摇政治稳定。因此，我们要十分重视政府的职能问题。

行政职能是行政组织建设的依据、前提和基础。行政机关的设立是以行政职能为依据的，有什么样的职能就需要设置什么样的组织机构。职能决定着机构的规模、层次和数量。职能变了，机构也应随之调整或改革。

行政职能决定着行政管理的内容和方式。政府的各项活动应该是在行政职能规定的范围内进行，不能超越这个范围，管理的内容不同，其管理方式也应有所不同。

行政职能的实现是衡量行政管理效率和效能的重要标准。评价行政效率和效能高低的标准很多，但最重要的标准就是看政府是否有效地履行了各项行政职能。

行政职能的界定是正确处理党政关系、政企关系、政社关系的前提，是我国当前行政改革得以成功的重要条件。

3.2 行政职能的演变及定位

3.2.1 行政职能的演变

1. 奴隶社会的行政职能

奴隶主占有奴隶的全部劳动成果，为了维护奴隶主阶级的统治，政府通过强化政治职能，采用残酷的暴力统治形式来维持奴隶主阶级政权的生存和发展，表现出强烈的阶级专政职能或政治统治职能。奴隶社会由于生产力水平低，经济职能十分微弱，社会公共事务比较简单，其社会管理职能也显得甚少。

2. 封建社会的行政职能

地主通过占有土地来剥削农民，农民有了一定的人身自由，从事分散的、个体的小规模的生产劳动，建立在这种自给自足自然经济基础上的封建国家实行高度集权的皇帝个人专制。因此，阶级统治职能仍是封建国家政府的首要职能，封建制国家经济职能稍有增加。这时期国家为巩固封建主的统治、增加国家税收，往往由国家出面管理一些有利于经济发展的事务。如组织修建道路桥梁、实行专营买卖等。由于封建社会生产力有了较大程度发展，物质财富增加，政府的社会管理职能有所加强，如农田水利建设、赋税的征收、文化教育的举办、驿站的建立和货币流通等成为政府的基本职能。

有些学者称上述两种职能为前资本主义时期的行政职能。其特点是：政治统治职能的极端强化；社会管理职能的相对微弱。

3. 自由资本主义时期的行政职能

商品经济代替了自然经济，资产阶级要求国家保护他们的“私有财产神圣不可侵犯”。一方面，资产阶级政府以保障资产阶级的自由、平等、民主权利为目的，通过政治统治职能对新生的资产阶级政权的巩固和发展起着“守夜人”的作用。另一方面，奉行“政府要好，管事要少”的信条，反对政府对经济的干预，主张依靠市场（“无形的手”）来调节和引导社会经济及其他各方面事业的发展。

4. 垄断资本主义时期的行政职能

随着自由资本主义向帝国主义的过渡，生产规模扩大，资本垄断程度提高，劳资矛盾尖锐，经济危机频繁，为了维护资产阶级的统治，资本主义国家充分地运用和强化了政府的政治统治职能，专政镇压职能大大加强，民主职能有所削弱，主张政府干预经济的凯恩斯主义应运而生。传统的“守夜人”政府面对这场大危机束手无策、一筹莫展，显现出了相当的软弱性。随着以凯恩斯主义经济理论为基础的、以国家干预为核心的罗斯福“新政”的推行，危机得到了有效的控制，并逐步走出了困境。以罗斯福为首的新政派相信，大萧条不仅是经济衰退的结果，而且是政治崩溃的结果。因此，必须大大扩展联邦政府的权力，加强国家的作用。美国罗斯福的“新政”就是通过加强政府对银行、金融货币、信用的控制，加强对农产品生产和销售实行补贴的方法，帮助度过严重的经济危机。这时期行政职能的重点由政治职能转向经济职能和社会职能。罗斯福明确提出：政府必须“像一支训练有素、忠贞不渝、愿为公共纪律的利益而作出牺牲的军队一样”行动。为了保证“行动”的有效性，罗斯福“使现代总统职位恢复了生气”，大大强化了政府的职能。

在经济领域，依靠“无形的手”来调节社会经济发展的做法已远远不够了。这时期生产资料和社会财富集中到了少数垄断组织手中，垄断代替了自由竞争。垄断资本和国家政权紧密结合，政府的经济职能和社会职能均扩大和加强了。如政府通过行政手段和法律手段来保证市场秩序的维持，通过预算和高额税收，发行公债等办法承担起某种社会公共事务，在收入再分配领域内采取一系列福利措施等。

5. 当代资本主义社会的行政职能

一方面，政府经济职能和暴力职能相对减弱，而保持社会稳定的调节职能趋于加强。如政府通过与各种利益集团、各种社会力量之间的妥协来达到平衡，通过吸收工人和人民群众参与管理等。另一方面，当代资本主义国家政府承担了更多的经济职能，并以此作为行政职能的重点。这时期，政府奉行“尽可能——市场，必要时——国家”的原则，在充分发挥“无形的手”调节社会经济发展的前提下，也强调利用“有形的手”（政府）来弥补市场机制的不足，为资本主义社会经济生活的运行创造条件和提供相对稳定的社会环境。同时，政府的社会服务职能也在逐步地扩大。对于诸如就业、住宅、交通、人口控制、环境保护、生态平衡等系列新的社会问题以及一些投资大、成效慢，私人垄断组织无力承担或不愿承担的社会公共事务等，政府不得不加以研究解决，以维护社会经济的发展和政治的稳定。

对此，19 世纪 80 年代德国著名经济学家阿道夫·瓦格纳（Adolf Wagner）归纳出著名的瓦格纳法则（Wagner's Law）。瓦格纳是在对许多国家公共支出资料进行实证分析基础上得出瓦格纳法则的。瓦格纳提出，当国民收入增长时，财政支出会以更大比例增长。随着人均收入水平的提高，政府支出占 GNP 的比重将会提高，这就是财政支出的相对增长。这个思想被后人归纳为瓦格纳法则。瓦格纳是在对欧洲国家和美国、日本等国的资料进行分析后得出这个结论的，他认为这种财政支出增长的趋势可以从两个方面加以解释。他把导致政府支出增长的因素归结为政治因素、经济因素。随着经济的工业化，市场中的当事人之间关系也愈加复杂，由此引起对商业法律和契约的需要，要求建立司法组织，这样就需要增加政府公共支出，此为政治因素。经济因素是指工业发展带来人口居住密集化，由此将产生外部拥挤性等问题，需要增加公共部门进行管理。此外，教育、文化、保健、福利等支出的增长会以超过 GDP 上升的比率而增长。瓦格纳的公共支出理论为许多国家的经济发展资料所证实。

6. **社会主义社会的职能**

社会主义社会一方面保留人民民主专政的职能；另一方面国家行政管理的重心转移到经济服务上来，大力发展生产力，加强政府的经济职能和社会职能。

以上分析看出政府职能的发展轨迹，即政府由军事转向政治、由政治转向经济、由经济转向社会，这就是政府转变的方向。此外，从政府机构改革的实践发展来看，行政职能转变是我国政府机构改革成败的关键。政府机构和人员编制由政府职能所决定，只有在职能分解的基础上，顺应政府职能转变的要求，才能真正搞好机构改革，建立起充满活力的高效的行政管理体系。

3.2.2 关于行政职能的讨论

政府到底应该管什么，不应该管什么，讨论集中在国家与社会的关系、政府与市场的关系、公平与效率的关系三个相互联系的问题上。就争论的一般情形而言，国家与社会、政府与市场、公平与效率的关系问题并不存在孰要孰不要的问题，而是孰先孰后、孰轻孰重的问题，即时序和侧重点的问题，而时序和侧重点的选择既直接反映政府的价值偏好，又直接反映不同政治主体和公众的价值偏好，因而实际上涉及一个孰重孰轻的问题。

1. **国家与社会的关系**

这种关系涉及政府的政治职能。权威与民主的关系问题是国家与社会关系的核心问题。事实是，从资产阶级成功地取得国家政权以来，政府的公共权力一直在加强，政府的公共职能始终在增加，政府的影响力在不断扩展。不论是什么原因所致，政府的公共权威一直在上升通道中运行是一种不争的客观事实，以至于成为名副其实的“大政府”，成为公共选择学派布坎南（James Mgill Buchanan）称之为自行其是的“巨物”。政府从来没有像现在这样广泛而深刻地影响人们的生活。其可以从两个方面来看。

一是精英政治盛行。精英政治是西方政治学的一个概念。它的积极意义在于，由于人类社会发展的局限性，社会的极少数卓越分子及其组合的集团，承担了领导社会前进的责任，并因此实际享有和运用广泛的国家权力；其消极意义是指，社会的极少数人及其组合的集团，实际控制甚至垄断了国家权力，国民实际政治权利因此受到限制、侵害甚至被剥夺。精英政治现象之所以为人们所关注，是因为迄今为止，在可以观察到的任何政治制度下，总是少数人统治多数人。对政治精英们来说，国民政治参与并不是一种正当的、必不可少的民主政治生活的理念，更不是一种基本的价值观，至多只是一种手段，一种使政治精英的统治得以延续的政治策略。

二是公共支出增长。德国经济学家瓦格纳在考察了几个国家的公共支出的情况后预言：随着工业化社会的到来，公共部门在经济活动中的数量和所占比例具有一种内在的扩大趋势，公共支出因此将不断膨胀。这一预言在一百多年来许多国家的实践中一再得到验证。公共产品社会需求的不断提高，构成了公共支出不断膨胀的原始动力，而公共资本存量与私人资本存量之间的函数关系，则构成了公共支出日益扩大的客观要求。

人民的政治权利——政治支配权、政治决定权、政治表决权等，应当怎样得到保护、得到体现？20 世纪 60—70 年代以罗尔斯（John Rawls）为代表的一批人从社会政治哲学和伦理道德出发，严肃而系统地再次提出了社会正义问题，认为正义的对象是用于分配公民的基本权利和义务、划分社会利益和社会负担的制度结构，正义应当成为评价社会制度的首要道德标准和基本价值尺度。以布坎南、哈耶克（Friedrich Hayek）、弗里德曼为代表的一批人则试图跨越技术经济理论的沼泽，用传统政治经济学的眼光透析市场经济与政治体制的关系，进而重新确定自由的价值。以弗雷德里克森为代表的新公共行政学派，则强调为了实现社会公平坚持和强化政府的公共性质，主张通过行政组织重构实现政府的公共目的。以布坎南、弗里德里希、哈耶克（Friedrich Hayek）、米尔顿·弗里德曼（Milton Friedman）为代表的一批人则试图跨越技术经济理论的沼泽，用传统政治经济学的眼光透析市场经济与政治体制的关系，进而重新确定自由的价值。以乔治·弗雷德里克森（George Frederickson）为代表的新公共行政学派，则强调为了实现社会公平坚持和强化政府的公共性质，主张通过行政组织重构实现政府的公共目的。

由于人类代议制民主发展阶段的特征，围绕着公共权威与民主的价值首要性问题，关于国家与社会的关系的争论还将继续下去。

2. **政府与市场关系**

这种关系主要涉及政府的经济职能。通常人们使用“市场缺陷”、“市场失灵”（market failures）与“政府失灵”（government failures）来概括凯恩斯经济理论之后关于政府与市场关系争论过程中几乎是截然相反的价值取向：所谓市场缺陷，西方经济学教科书没有给出一个明确的定义，但正如萨缪尔森指出的，现实生活中还存在着这样一种现象，“即使在市场体系完美地起作用时，它仍然可能导致一个有缺陷的后果”；这种内在于市场机制的缺陷包括社会分配不公、经济周期波动、宏观经济失衡、企业逐利行为所导致的行为短期化等，大量的缺陷反映在宏观经济领域。因此，由市场缺陷带来的后果主要地应由中央政府通过短期的宏观经济政策、收入分配政策以及中长期的产业政策和区域布局政策加以调整，在这里，地方政府主要负责中央宏观政策的具体贯彻与实施。市场失灵源于西方经济学，是在垄断、外部性、公共产品、信息不对称等场合或领域，市场机制丧失了有效配置资源的功能，主要是指市场机制在实现资源配置方面存在许多的局限性或缺陷性，因而不能达到帕累托最优，不能实现预期社会经济目标。萨缪尔森在《经济学》教科书中把它定义为“在一个价格体系中阻碍资源有效配置的不完全性”，“在完全竞争和不存在市场失灵的条件下，市场将利用其可利用的资源尽可能地生产出有用的物品和劳务。但是，在存在垄断、污染或相似的市场失灵的地方，‘看不见的手’显著效率特征可能遭受破坏”。所谓“政府失灵”，是主张实行政府的政策干预措施不能实现预期的调节市场的作用，在某些条件下甚至导致比“市场失灵”更坏的结果。市场失灵是主张实行政府干预的强有力的理由，政府失灵是主张实行更为彻底的市场经济的基本依据。

关于政府经济职能的主张早在 500 年前资本主义生产关系萌芽时期的重商主义经济学就

已开始。18世纪后半期，随着工业革命的发生，商业资本转向了工业资本，资本诉求随之由主张国家干预转向主张自由资本主义。反映这种历史性的新的诉求，斯密于1776年发表了产生深远影响的《国富论》，全面阐述了自由主义经济学的原理。斯密以理性“经济人”假定为理论基础，提出“自私的动机、私有的企业、竞争的市场”是自由经济制度的三要素，认为不断增加国民财富的最佳途径就是给予经济活动完全的自由，由一只“看不见的手”支配市场，概括地说，政府职能规范的基本价值标准，就在于成为一个好的“守夜人”。在此意义上，管得最少的政府是个好的政府。作为主流经济学理论，斯密的自由资本主义的经济理论支配了欧美国家一百多年，直至20世纪30年代席卷整个资本主义世界的经济大危机为止。

20世纪30年代的经济大危机引发了西方经济学说史上的“凯恩斯革命”，以斯密经济理论为基础的传统的、新古典的经济学说因此让位于以约翰·梅纳德·凯恩斯（John Maynard Keynes）经济为核心的国家干预经济理论。凯恩斯经济理论影响了一代经济学家，成为那个时期西方国家政府基本公共政策选择的理论基础，以至于20世纪30—70年代被称为“凯恩斯时代”，凯恩斯也因此被称为“战后繁荣之父”。凯恩斯经济理论之后，出现了以汉森、萨缪尔森、希克斯等人为代表的新古典综合学派，后又称后凯恩斯主流经济学。他们试图消弭宏观经济学与微观经济学的“巨大裂缝”，途径是实现凯恩斯总量经济范畴与新古典微观经济范畴的综合，静态经济分析与动态经济分析的综合，即实现所谓“新古典综合”，或“混合经济”，从而建立一种新的经济理论体系。20世纪60年代中期以前，新古典综合经济理论一直广泛流行于西方各国，被奉为西方国家的正统经济学，并成为国家干预经济的主导经济理论。

进入20世纪70年代以后，西方国家先后出现了新的经济危机，并且通货膨胀与经济停滞同时出现，形成了所谓“滞胀”现象。与此同时，国家财政赤字愈来愈大，而社会失业人口却愈来愈多。凯恩斯主义因此在政策实践中面临一种难以解脱的两难选择境地，人们不能不承认凯恩斯主义失灵，出现了对凯恩斯主义的否定。从弗里德曼针对凯恩斯经济理论提出现代货币评论理论开始，一大批学者从不同的角度提出了许多的理论主张，这些理论统称为新自由主义经济理论，成为这一时期的主流经济理论，成为政府制定经济政策的理论依据。

进入20世纪80年代以后，西方国家再次普遍出现失业率猛增且居高不下、国内生产总值下降、经济增长停滞、政府财政状况恶化等一系列的问题。失业与停滞问题依旧存在并有所严重化，这就不能不引起人们对新自由主义经济学理论的怀疑。

正是这样的历史条件下，新凯恩斯主义或新凯恩斯主义经济学应运而生，出现了凯恩斯主义的某种“复兴”，国家干预论东山再起，并成为克林顿政府经济政策的理论基础。

从以上可见，与政府职能问题相联系，关于“看得见的手”与“看不见的手”的争论还将继续下去。但经过大的历史反复，问题将不会集中在是否需要市场或是需要政府干预，而会集中在如何实现对资源的基础配置与政府对市场的合理干预之间的平衡方面。

“市场失灵”的主要问题在于：个人的价值观和自由与社会公理和原则存在矛盾；完全

竞争假定现实经济运行中由于存在独占、寡头垄断、垄断竞争、自然垄断、过度竞争等问题从来就没有得到充分满足，因此会损害社会效率；一般竞争均衡不适用某些领域，尤其涉及规模效率速增的经济活动；帕累托最优由于完全市场假定不成立而不能实现；信息存在不完备性或非相关性；由于存在不完全均衡，因此资源不能得到充分利用；外部效应导致市场在配置社会资源时产生偏离；市场不会自动供给公共产品。

3. **公平与效率的关系**

这种关系主要涉及政府的社会职能。这种关系也可以理解为是个人利益与公共利益，经济增长与大众福利，政府的经济职能与社会职能的关系。关于效率和公平的解释是多种多样的。一般而论，所谓公平，通常是指社会成员机会或收入的均等化，以及社会权力的平等化。效率则是指资源的合理、有效的配置，在同一时间内投入的最小化与产出的最大化是效率的恒定标准。按照经济学家格列高里·曼昆（Gregory Mankiw）的解释，效率是社会能从其稀缺资源中得到最多东西的特性，平等则是经济成果在社会成员中公平分配的特性。“效率是指社会能从其稀缺资源中得到最多东西。平等是指这些资源的成果公平地分配给社会成员。换句话说，效率是指经济蛋糕的大小问题，而平等是指如何分割这块蛋糕的问题。在设计政府政策的时候，这两个目标往往是不一致的。”

公平与效率的问题与国家发展战略的选择相联系，不只是现代经济问题的焦点之一，更是人类社会政治和道德问题的轴心。因此直接与广泛和深层次的人类价值判断问题相联系，进而与政府的职能及宏观公共政策选择相联系，成为每一个国家的政府过去、现在和将来都不可能回避的问题。公平与效率作为两种价值取向存在一种此消彼长的替代关系，在同一时间和空间可以有主次之分，却很难做到并行不悖。这样，作为一种宏观公共政策选择，政府事实上必须取舍维护社会公平抑或提高效率，作为政府基本的价值取向和政策标准。

公平通常是指社会成员机会或收入的均等化，以及社会权力的平等化。效率指资源的合理、有效的配置，在同一时间内投入的最小化与产出的最大化是效率的恒定标准。经济学家曼昆认为，公平是经济成果在社会成员中公平分配的特性，把这些资源的成果公平地分配给社会成员。效率是社会能从其稀缺资源中得到最多东西的特性。

效率的概念从理论上看，行政管理活动的直接和最终社会效果之间的关系是复杂的。第一，行政活动的最终社会效果较其直接产出而言具有明显的时间上的滞后性。这往往迫使人们在其社会效益还未充分展示的情况下，对某一行政活动做即时的或定期的评估，并在此基础上推行行政改革。第二，对许多行政机构而言，其行政活动是直接的，而最终社会效果只能间接地反映出来。比如，一个职能部门内的办公机构、内部管理机构（如人事和保卫）及后勤服务机构等等。由于这些机构并不直接面向社会，其行政活动很难与社会效果直接联系起来。第三，国家行政管理是一项庞大的社会工程，某一行政目标的实现有赖于整个行政系统，或者至少一个子系统的整体努力，而一个子系统行政活动的社会效果，又是它的各个“细胞”（即子系统内各个具体的行政单位）的综合反映。在行政管理实践中，部分行政组织提高了并不一定带来社会效益的整体改善。同样，社会效益的整体改善并不意味着各个行政组织都提高了产出，这也就是说，产出具有局部性，是各个行政“细胞”的功效的展示；社会效益具有整体性，是一个行政子系统工效的整体展示。显然，产出和效益之间具有明显的差别。从实践上看，行政效率的狭义界定更有利于管理操作。由于行政活动的最终社会效果与其直接产出相比具有滞后性、间接性和整体性，效率和效益测定必然存在理论框架、运用范围、分析模型、应用技术与方法上的差别。把效率和效益在概念上区别开来，也就承认了这些差别，有利于操作中因事制宜，灵活运用。如果把行政效率界定为“包括了社会效益”，且“主要体现在社会效益之上”的一个特定概念，那就混淆了上述差别，客观上要求把效率和效益的测定合二为一，一步到位。在目前的技术水平下，这显然不切实际。此外，从广义上解释效率的概念，即一个综合的效率指数难以反映行政绩效各个方面（经济、效率、效益）的具体情况，也就难以提出具有针对性的改进措施。

公平与效率的问题与国家发展战略的选择相联系，不只是现代经济问题的焦点之一，更是人类社会政治和道德问题的轴心。公平与效率作为两种价值取向存在一种此长彼消的替代关系，在同一时间和空间可以有主次之分，却很难做到并行不悖。这样，作为一种宏观公共政策选择，事实上政府必须取舍维护社会公平抑或提高效率，来作为政府基本的价值取向和政策标准。

关于公平与效率的问题，目前主要有三种典型的观点：效率优先论；公平优先论；效率与公平平衡论。效率与公平平衡论是当代世界多数国家政府宏观公共政策的价值选择。

3.3 行政职能的转变及其趋向

3.3.1 行政职能的转变与发展趋势

行政职能是政府在一定历史时期内根据社会经济发展的需要而负有的职责，因此行政职能不是一成不变的，它会随着政治、经济、社会、文化、科学技术的发展而发展，根据不同时期形势和任务的变化而变化。历史唯物主义认为，行政职能作为一种上层建筑，在经济基础发生重大变化的情况下，必然会随之变化。凡是在方向和形式上适应经济基础的行政职能，就能存在和巩固下去，凡是在方向和形式上不适应经济基础的，就会与经济基础发生矛盾，并迟早会发生变革。从历史发展的总体情况来看，随着社会的进步和生产力水平的提高，不论是内容上，还是结构上，抑或是工作重心方面，行政职能的发展都将是不可阻挡的。行政职能的转变作为行政职能发展的必然趋势和普遍规律，是社会进步的必然要求。

1. 行政职能的内容日趋丰富和多样化

从传统社会到现代社会，行政职能的内容日趋丰富和多样化。政府的基本生产活动和公共事务主要靠生产力发展和社会经济生活的内在运行机制和活力来维持、延续，在生产力进步的带动下，人类社会经济生活的内在运行机制也必将发生深刻的变化，而社会经济生活的内在运行机制又成为制约政府活动的决定性因素。人类社会从传统到现代的演变，是一个不断挑战自我的过程。从茹毛饮血到刀耕火种，从农业社会到工业社会，人类活动的领域和范围获得了极大的扩展。在人们的基本生存问题得到初步解决之后，人类社会的存在形态越来越多姿多彩，社会经济生活的内在运行机制也实现了从传统的简单、单一化的形态向现代的复杂、多元化的形态的转变，这种转变成为促使政府行政管理活动的内容和手段日益丰富和多样化的内在动力。

现代社会是一个多元主义的社会，政府的行政管理活动不论是从广度还是从深度上来说，都是传统社会的政府管理活动难以比拟的。从内容上来说，行政的政治职能逐渐弱化，而行政的经济职能、文化职能、社会职能日益强化，现代政府正在逐步摆脱以政治职能为主其他职能为辅的传统形态，而代之以多种职能并重的现代形态，特别是在社会经济发展成为人类社会第一选择的情况下，经济、文化和社会职能在整个行政职能体系中地位的提升已成为不争的事实。尤其是第二次世界大战之后，随着现代科学技术和社会生产力的迅速发展，不论是资本主义国家，还是社会主义国家，普遍采取各种措施来干预社会经济事务，行政的经济、文化、社会职能不断扩张，政府在社会保障、环境保护、信息服务、商业服务、教育、文化、科研、娱乐、医疗保健、公共交通、道路、通信、邮政、能源等方面，都大大拓展了其服务的范围和内容。就某一项具体的行政职能来说，其内容和实现的途径也表现出日益多样化的特征。以行政的社会职能为例，传统行政的社会职能重点是以维护社会的稳定为主要内容，主要通过政治和法律的手段来实现治理社会的目标；而现代行政的社会职能则是以推进社会的有序发展为首要目标，借助于政治、经济、法律和文化等多种手段来实现维持社会平衡与进步的目标。从行政职能发展的总体趋势来看，与人类社会生活领域的不断扩展相适应，行政职能内容和手段的不断丰富和多样化将带动政府行政管理活动的变革，对行政组织体系和治理方式都将提出新的要求。

2. 行政职能日益分化和专业化

随着现代社会生活日益复杂化，行政职能也日益分化和专业化。从初级到高级、从简单到复杂是人类社会发展的基本规律，每一次社会大分工都成为推动人类社会向更高阶段发展的助推器，经济领域的变化总是成为其他领域变迁的先兆，社会分工不仅带动了人类社会生产方式的转变，同时也影响着生活方式的巨大变革。现代社会生活复杂化的过程是伴随着人类生产部门的分化和专业化程度的提高而出现的，行政职能的分化和专业化是政府为适应新的社会外部环境变化所作出的积极反应。

行政职能的分化主要体现为两个层次：一是横向的分化，也就是行政不同职能之间的分化，传统行政的各种职能由于人类社会领域的简单和初级而相对比较单一化，现代行政的各种职能却日益多元化；二是纵向的分化，也就是行政职能在层级上的分化，与传统的行政职能相比，现代行政的各种职能将更多地借助于在纵向上的处于多个层次的行政主体的协调与配合来完成，那种仅仅依靠单级行政组织来实现全部管理目标的做法正在快速退出历史舞台。以社会分工和科学技术的日新月异为特征的现代社会使得专业化成为政府行政管理活动的主要价值取向，行政职能的实现越来越依赖于专业化知识和受过专业化训练的专门人才。

专业化手段和专门知识的应用，不仅提高了行政管理活动的效率，同时也提高了行政管理活动的科技含量，为行政职能提供了更加多样的实现渠道。行政职能的专业化并非完全排斥公众的参与，而是借助于专业化水平的提升，提高行政管理活动的整体质量，为更好地履行管理社会公共事务的职责服务。

3. **行政职能的重心逐渐由阶级统治性职能过渡到社会管理性职能**

由于统治阶级的意志和利益已可以直接通过履行大量的社会性职能来实现，因此，现代政府行政职能的重心逐渐由阶级统治性职能过渡到社会管理性职能。

政府行政职能的首要任务是维护统治阶级的统治，并为统治阶级的利益服务，不论是资本主义国家还是社会主义国家，概莫能外。在阶级斗争和阶级矛盾不断激化的特殊时期，发挥阶级统治性职能更成为政府行政职能的重心，依靠国家强制力的作用以实现统治阶级的意志和利益是阶级统治性职能的基本特征。伴随着统治阶级统治地位的逐步稳固和社会经济的发展，社会各阶级和阶层有可能通过增加可供分配的社会资源的总量，来共同增加各方所得的分配数额，进而达到某种政治妥协，使阶级对立和对抗的程度有所缓和。尤其是在自身的统治地位稳固后，统治阶级在国家法律的框架范围内采取和平的方式解决对立双方的矛盾，从而使原先那种作为阶级镇压工具的政府形象得以改变，弱化了政府行政的政治职能，而注重于社会管理性职能的发挥。对于社会主义国家来说，在生产资料所有制的社会主义改造完成以后，由于剥削阶级已经消灭，政府的阶级统治性职能只是用来对付极少数敌视社会主义制度的敌对分子防范可能的外敌入侵，而对物质生活和精神生活的追求所导致的社会矛盾为人民内部矛盾，更多的是要借助于社会管理职能来解决。政府实现统治阶级意志和利益的手段和途径很多，阶级统治性职能只是最原始和最具暴力性的一种形式，人类社会文明程度的不断提高为统治阶级意志利益的实现方式提供了更多的选择，人类生活领域的不断扩展也使寻找新的利益实现方式成为可能。现代社会的发展正在把人们的注意力越来越多地吸引到社会和经济生活的领域，统治阶级意志和利益的表现形式也日益多元化，涉及的领域也越来越广，仅仅依靠政府行政的阶级统治性职能并不能够最充分地实现统治阶级的意志和利益。社会性职能为实现统治阶级的意志和利益创造了更为有效的途径，统治阶级借助于政府对社会公共事务的管理实现自己的意志和利益，通过政策、法规和法令的形式加以制度化，成为社会公众普遍接受的行为规范，经过教育、灌输等社会化手段和过程获得社会公众的认同和支持，并进而确立和巩固统治的合法性基础，将会越来越多地成为统治阶级实现其阶级意志和利益的最优选择。但政府行政职能的重心从阶级统治性职能向社会管理性职能的过渡需要一定的过程，而这个过程在很大程度上又取决于政府行政组织变革和行政职能体系转变的进程。

3.3.2 我国行政职能的转变

行政职能的转变是指政府的行为方向和基本任务的转变，它包含以下几层意思：第一，行政职能的转变主要是行政的经济、文化、社会职能的转变；第二，行政职能的转变是行政职能结构的重心从一个职能转向另一个职能的过程，此时其他职能并不消失；第三，行政职能转变是行政职能内涵由简单转向复杂的过程；第四，行政职能转变是行政职能行使方式由政治性、行政性、直接性向经济性、法律性、间接性转变的过程；第五，行政职能转变是行政管理权限由“无限政府”向“有限政府”的转变过程；第六，行政职能的转变过程是行政能力提高的过程。总之，行政职能的转变过程是一个综合的、连续的、动态的过程。

1. 我国行政职能转变的依据

行政职能是历史发展的产物，同时也受到社会生产力发展水平的制约。我国以往的行政职能建立在经验管理的基础之上，缺乏必要的科学性，这是与传统的行政组织体系分不开的。而我国历次政府机构改革的难点也就在于政府行政职能界定的不确定性和模糊性。行政职能的转变就是要明确政府行政管理的界限，真正使政府成为一个负责任的政府，该管的管，不该管的不管，科学合理地划分政府的责权范围，并以此为基础建立科学规范的行政组织体系，推动我国政府机构改革稳步前进。因此，推动我国行政职能的结构性转变就成为在社会主义初级阶段建立和完善社会主义市场经济体制的客观要求。

我国行政职能的结构性转变有着广泛的社会基础，它是以现阶段社会、经济、政治发展的客观现实为依据的。

(1) 社会主要矛盾的转变使得国家和政府的工作重心发生了转移

虽然仍然存在着敌对势力，但现阶段我国社会的主要矛盾已经不再是敌对阶级之间的矛盾，更主要的是广大人民群众日益增长的对物质生活和精神生活的需求与供给之间的矛盾。国家和政府的工作重心已不再是“以阶级斗争为纲”，而是逐步转移到“以经济建设为中心”上来，把推动国民经济快速稳健的发展和维护社会稳定作为工作的重点。尽管在经济发展和社会进步的过程中社会内部还会存在着局部的冲突和矛盾，但和平与发展已成为当今社会的主流，国家经济实力的提高已成为世界各国共同追求的目标，我国把经济建设放在政府工作的首要位置正是适应历史潮流的明智选择。但经济发展离不开社会的稳定和健康运转，政府通过社会职能建立和健全社会保障机制，维护人民群众的基本生活需要，培育公民的自我管理和自我约束能力，以维护社会的正常秩序便成为充分发挥经济职能的重要保障。与此相适应，行政职能体系的外部结构也必将伴随着政府经济职能、文化职能、社会职能的全面提升做出重大的调整。

(2) 从计划经济体制向社会主义市场经济体制转变的要求

从计划经济体制向社会主义市场经济体制的转变不仅仅是一种经济体制的变革，更重要的是一种社会制度的变迁。市场经济体制是一种生活方式，它的内涵远比商品和交换丰富得多，它使平等、公正、公开的交易原则深深植根于社会肌体，不仅改变着个人的行为方式，也改变着政府行政组织的行为方式。从计划经济体制向社会主义市场经济体制的转变，也是一个“公共领域的结构转型”过程，即“作为公共领域的基础，国家和社会的彻底分离，首先是指社会再生产和政治权力分离开来……它冲破了等级统治的桎梏，要求建立公共权力机关的管理方式”。我国原有的计划经济体制以命令和指挥为特征，政府过多地干预经济生活和社会生活，甚至将个人生活也纳入政府管理的范围，而市场经济更多地强调自主选择和利益共享，给个人以充分的生存空间。社会主义市场经济体制的初步确立使“小政府，大社会”的政府治理模式成为可能，政府的主要功能将越来越多地集中于对经济生活的宏观调控及对市场外部环境的塑造，从而将部分职能从行政职能体系中剥离出来，交给社会来履行，真正将企业交还给市场，深化行政职能体系内结构的变革，轻装简从，集中精力解决那些市场和企业不愿意或不能解决的问题。

（3）推进社会主义民主建设，实现行政管理民主化、法制化和现代化的需要

实现社会主义民主，是我国政治发展的终极目标，而政治的民主化又离不开政府行政管理的民主化、法制化和现代化。随着我国经济实力的提升，人民群众文化素质和生活水平的不断提高，公民参与公共事务的热情日益高涨，参政议政的意识日益强烈，要求对政府的行政管理过程享有充分的知情权，更迫切地希望能够参与政府的管理活动。而行政管理的现代化又总是与行政管理的民主化相提并论的，行政管理的民主化诉求就是要变以往垄断式的管理模式为参与式的管理模式，这就涉及政府工作作风的转变和适当的简政放权，做到公正、公开和透明，重新界定行政职能的范围和界限，认真听取广大人民群众的意见和建议，勇于接受社会公众的监督和评议，鼓励和吸收社会公众参与对社会公共事务的管理工作。“依法治国”对政府行政管理提出的要求是“依法行政”，这也是行政管理现代化的必然要求，行政管理的法制化不仅要求行政主体严格按照国家法律规范行事，还要求对行政职能进行明确的划分，分清不同的责、权、利，强化行政职能的法定程序，提高政府工作人员的法律意识，推动行政管理的良性发展。

2. 我国行政职能转变的目标

我国行政职能转变的目标是：按照社会主义市场经济体制的要求，转变行政职能，实现政企分开，把行政职能切实转变到宏观调控、社会管理和公共服务方面来，把企业生产经营管理的权力切实交还给企业；调整行政组织结构，强化宏观经济调控部门，调整和减少专业经济部门，适当调整社会服务部门，加强执法监督部门，培养和发展社会中介组织；按照权责一致的原则，调整行政部门的职责权限，明确划分行政部门之间的职能分工，相同或相近的职能交由同一部门承担，克服多头管理、政出多门的弊端；按照依法治国、依法行政的要求，加强行政职能体系的法制建设，实现行政职能运行的法制化。

3. 我国行政职能转变的内容

行政职能的转变是关系到我国行政机构改革成败的核心问题。必须进一步解放思想，彻底摆脱传统计划经济的羁绊，切实把政府职能转变到经济调节、市场监管、社会管理和公共服务上来。继续理顺政府部门职能分工，防止有些事情互相推诿和无人负责。认真贯彻依法治国方略，坚持依法行政，从严治政。进一步改革和减少行政审批，必须审批的也要规范操作，简化程序，公开透明，明确责任。加快政府管理信息化建设，推广电子政务，提高工作效率和监管有效性。具体来说，我国政府行政职能转变的主要内容如下。

(1) 根据市场经济发展的要求，进一步明确政府职能定位

市场经济是一种自由竞争经济，在新旧体制转轨的过程中，习惯于计划经济管理模式的政府在履行其职能方面经常出现“政府缺位”、“政府错位”甚至是“政府失位”的现象，这是与不能对政府职能给以明确的定位分不开的。政府职能的范围是以政治领域和社会领域的划分，即“公域”和“私域”的划分为前提的，这就要求我国政府改变以往那种无所不包、无所不能的传统工作模式，从全能政府向有限政府转变，由无限政府权力向有限政府权力转变。首先，政府经济管理职能必须变直接微观管理为间接的宏观经济调控，建立新型的政府和企业关系，在清晰界定产权的基础上，实现国有企业投资主体的多元化；其次，加强市场监管，使政府从对市场的直接干预者转变为市场规则的制定者以及规则执行的监督者，从侧重市场准入转向全面规范市场主体、维护正常的生产秩序，推进垄断行业改革，打破行业垄断，确立竞争机制；第三，加强政府的社会管理职能，处理好政府与社会之间的关系，在培育社会中介组织的同时，坚决做到政府部门与各种社会中介组织的彻底脱钩；第四，强化政府的公共服务职能，弱化权力意识，强化服务意识，加大基础设施建设的投入，为企业发展创造良好的外部环境。

(2) 按照权责一致的原则，继续理顺政府部门内部的职能分工

理顺政府部门间的职能分工是实现行政职能转变的基础，也是避免职能交叉重叠和互相推诿、无人负责的有效途径。按照廉洁、勤政、务实、高效的方针，进一步精简机构，从横向上理顺部门之间的关系，明确分工，在纵向上调整好职能关系，切实解决权力下放的问题。在部门明确分工的基础上，明确人员岗位职责分工，防止多头行政和各自为政的现象。同时，必须加强行政机关组织法的建设，促进政府部门职能的法定化。建立相应的责任追究制度，明确各部门的职责分工，使其各司其职、各负其责，加强人大对行政机关行使职责和职权的分工。落实宪法、组织法、立法法中关于行政机关权限划分的规定，力求使不同级政府及其部门之间权限界定清楚，分工明确。

(3) 坚决依法行政，从严治政

党的十五大明确提出了“依法治国，建设社会主义法治国家”的基本方略，而依法行政是依法治国的重要组成部分和关键所在，是实现行政职能转变的中心环节，也是发展社会主义市场经济的内在要求。大力提高行政立法的质量是依法行政的基础，为此，必须建立健全立法权限制度、立法程序制度、立法监督制度，做到科学立法、民主立法。公正执法和从严治政是依法行政的关键，其实质是依法治官、依法治权，要不断提高行政执法队伍的整体素质，加强教育和培训，提高政府工作人员的法律素养、强化法制观念，建设一支高素质的行政执法队伍。制定并实施严格的责任追究制度是依法行政和从严治政的有力保障，加强对行政权力的制约和监督，健全和完善内外部的监督机制，提高监督的效能，促进行政执法责任制的落实，加大立法和司法机关对行政立法和执法过程的监督力度，完善行政机关内部的级别监督和审计、财政等专项监督，并充分调动公民、社会团体和新闻媒体监督行政机关的积极性，使政府行政过程真正走上法制化的轨道。

(4) 改革和简化行政审批制度

行政审批是政府实施管理的一种手段，在我国计划经济时期曾经发挥过重要的作用。但是随着改革的不断深入和市场经济体制的初步确立，带有强烈集权色彩的行政审批制度已经越来越不适应我国社会经济的发展，改革行政审批制度已势在必行。改革和简化行政审批制度是适应社会主义市场经济发展的必然要求，是进一步转变政府职能的突破口和紧迫任务，也是加强廉政建设和反腐败斗争的一项根本性措施。改革和简化行政审批制度首先要进一步减少行政审批项目，保留必需的审批项目并规范审批的内容，抓好审批项目的审核。其次，科学界定行政审批权的法律依据，建立健全科学的审批程序，规范操作，简化程序，使审批程序制度化、法定化，并在此基础上实现公开审批。此外，必须明确责任，建立相应的行政审批责任制度和监督制度，对于违法审批、越权审批等都要追究相应的法律责任，在必不可少的行政审批项目中，加强监督检查，建立与社会主义市场经济体制相适应的结构合理、管理科学、程序严密、制约有效的行政审批制度。

(5) 加快政府管理的信息化建设

信息技术的飞速发展对政府行政职能的履行提出了新的要求，我国也在政府信息化方面进行了不懈的努力，并取得了重要的进展。据统计，截至 2003 年 5 月全国已经有 2 200 多个政府部门建立了自己的网站，开始推行电子政务。但由于我国的电子政务起步较晚，政府信息化基础薄弱，政府信息资源开发利用的相关技术能力不足，网络等基础设施还比较落后，从而影响了政府与社会公众之间的互动效果。以网络为基础的电子政务不仅提高了政府管理的科技含量，也改变了传统的政府行为模式，网络以其无缝隙状态加速了各种信息的流动，带动了政府管理方式和工作方式的变革，有助于提高政府公共服务的质量和效率，促进政府与社会的良性互动，进而提高行政管理的效能。

4. **我国行政职能转变的途径**

从历史和现实出发，在维护社会稳定的前提下，我国行政职能的转变应该走由点到面、由表及里的渐进式改革道路。

继续发展和完善社会主义市场经济体制。经济基础决定和制约着政治上层建筑，作为上层建筑重要组成部分的行政职能体系也必将受到经济因素的制约。社会主义市场经济体制的初步确立，为我国政府行政职能的转变创造了有利的条件，也促使行政职能体系发生了深刻的变化。但同样由于我国市场经济体制还不够发达和健全，还难以为转变行政职能提供充足的物质和精神条件，从而限制了行政职能转变的进程。发展和完善社会主义市场经济体制，就是要充分发挥市场机制在资源配置过程中的主导地位，逐步实现部分政府职能的剥离，减轻政府行政组织的负担，为行政职能的转变创造有利的外部条件。

完善行政法制建设，切实依法行政。首先，应该提高立法质量。这是依法行政的前提和基础。避免行政立法因部门利益而存在内容上的某些不应有的冲突，建立和健全立法权限制度、立法程序制度、立法监督制度，真正做到科学立法、民主立法，逐步健全和完善行政法制体系。其次，加强公正执法，从严治政。这是依法行政的关键。依法行政的关键在于依法治官、依法治权。为提高行政执法效能，改善行政执法条件，理应提高行政执法者的法治观念。第三，制定并严格实施执法责任追究制度。除运用法规形式，明确规定政府职能权限，还应完善行政监督体系，激活现有的监督机制，使政府机关及其公务员的行政行为受到严厉、严格、有效的监督制约，促使政府职能合法到位。

加大政府职能定位。政企分开是实现行政职能转变的根本途径。政企不分，成为长期阻碍我国行政职能转变的“瓶颈”，不仅严重制约着国有企业的生存和发展，同时也成为我国行政机构臃肿、管理权限混乱等弊病的症结之所在。政企分开首先要实现国有企业的产权变革，建立现代企业制度，使国有企业真正成为“独立经营、自负盈亏、自我发展、自我约束”的经济实体。其次要建立和健全国有经济的进退机制，通过培育市场竞争机制，制定和完善竞争规则，建立科学的管制体系，解决企业运行机制与外部环境之间的相容性问题。

理顺政府与诸多社会组织的关系，加快政府职能的转化和分化。根据 WTO 规则和我国市场经济发展需要，及时完成政府职能的转化和分化，切实纠正政府职能“越位”、“错位”、“缺位”问题。政府职能转化包括：摒弃微观经济管理和强化宏观监控，同时明确各级政府及同级不同部门之间的职责关系，解决条块分割，实现政府职能整体协调发展。政府职能分化，则是从政府与市场及与社会组织的伙伴关系出发，在坚持公平和效率的前提下，尽可能地将政府原先承担的技术性、服务性、协调性的职能向市场及社会中介组织分权，使政府只管好公共事务的有限领域。正确处理政企、政事、政社等诸多组织的关系，才有可能各司其职，各负其责，充分发挥社会各种组织的机制与活力，提高行政效率，降低行政成本。

强化政府的市场监管职能。这是市场经济公平、竞争、健康运行的重要保证。强化市场监管职能，完善相关法规，充分运用经济、法律及行政手段，规范市场行为，维护市场秩序，严厉惩治不法行为，处理好国际市场与国内市场的关系，既遵循世贸组织规则，又合理保护国内市场健康运行。

完善社会保障制度。这是转变政府职能，维护社会稳定的基本保证。面对我国城市社会保障制度尚不完善，广大农村的社会保障制度尚未建立的现实，应成为我国在基本解决了农民温饱问题之后引起政府高度重视的严峻课题。只有建立和完善社会保障制度，增强改革的承受能力，避免社会震荡，为政府职能转变和职能的充分发挥创造一个稳定的社会环境。

正视并解决政府“非中立化”的问题。市场经济发达的国家，政府中立地为市场经济主体提供平等竞争的环境，其自身并不参与市场主体间的竞争。然而，在此问题上，我国政府目前程度不等地存在诸多缺陷：有的政府机关同时又是行业主管部门，与被管理行业之间有千丝万缕的利益联系；有的甚至既是政府机关，又是市场主体，一套班子，两块牌子；处于政府“羽翼”下的行业垄断地位，一旦与市场其他主体发生经济纠纷时，很难得到政府有关部门公平、公正对待；有的政府机关对不同所有制形式的企业采取不同的政策措施，明显有违市场主体平等原则和一视同仁；有的政府把招商引资与政绩挂钩，只重视吸引外国、外地资本，漠视国内、本地资本，“内外有别”，不一视同仁，严重地损害了本地投资者的利益；有的政府搞地方保护主义，人为地分割市场，阻碍市场经济发展。因此，解决政府“非中立化”问题，除完善政策法规，确立市场经济主体同等的“国民待遇”外，切实树立“公共政府”形象，服务于全体国民。同时，深化政治、经济体制改革，切实解决政企分开，切断政府机关与被管理行业及地域间的利益联系，使政府切实履行市场经济发展的“公正、公平、公开”机制，真正成为面向社会的服务型“中立化”的“公共政府”。

建立低运行成本廉洁高效的政府。政府职能的发挥必然涉及服务效率问题。政府运作成本的高低不仅关系到自身信誉，而且对整个社会产生至关重要的影响。进一步转变政府职能，调整职能定位，规范机构设置，精简政府机构，撤并党委和政府职能相同或相近的工作部门，简化行政程序，规范公务员行为，实行公示制度，增强行政透明度，健全激励机制，加快电子政务建设，优化行政流程，实现政府工作模式、工作方法及工作手段的创新，真正成为低运行成本，廉洁高效能的政府。

提高公务员素质，切实改进作风，诚信于民。政府机关及其公务员是政府职能的载体和执行者，政府职能转变是通过政府机关及其公务员行政行为体现的，切实履行《国家公务员暂行条例》，提高公务员队伍综合素质，强化法制和行政道德意识，规范行政行为，忠于职守，有效惩治和纠正违法、违纪、失职、失范、失德行为，转变工作作风，以保证政府诚信于社会公众，才能保证政府职能转变切实到位。

培育社会公众的自我管理意识。行政职能的转变离不开社会公众的支持，而社会公众自我管理意识的增强又成为转变行政职能必不可少的外部条件。人民生活水平和社会文明程度的不断提高，为社会公众实现自我管理提供了充分的物质条件和实现手段，而政府的正确引导又成为社会公众真正实现“自治”必不可少的条件。社会公众自我管理意识的培育离不开组织上与制度上的支持和保障，通过积极推进社区居民自治，实现基层村民自治和居民自治，保护自治组织的合法权益，充分发挥人民群众自我管理和自我约束的主动性和积极性，使社会公众真正成为社会公共生活的主人。另外，大力发展社会中介组织，切实发挥社会中介组织在社会公共管理中的作用，是培育社会公众的自我管理意识和推动行政职能转变的有益尝试。

思考题

1. 行政的基本职能、运行职能是什么？
2. 什么是瓦格纳法则？有无普遍意义？
3. 简述行政职能的演变与发展趋势。
4. 当代西方发达国家的政府职能是什么？
5. 简述我国公共行政职能转变的内容与途径。

案例3：××市“馒头办”的破产

××市人喜欢吃馒头，所以馒头业比较发达。为了规范市场，加强馒头市场管理，1998

年，××市政府成立了六个馒头管理办公室（市政府一个，各区政府五个）。对所有加工经营馒头的集体和个人，一律采取许可证审批制度，每个许可证要缴纳 1 100 元的办证费。并下文规定：不办许可证擅自加工经营的单位和个人，可罚款 3 000～20 000 元。并规定加工者每天必须在“馒头办”指定的面粉经营部门购买不少于 60 袋面粉（面粉经营部门每袋面粉给“馒头办”提成 0.5 元）。因接到举报，发现一家馒头加工点没办许可证，擅自加工馒头。市“馒头办”和一区“馒头办”不约而同前来查处，双方数十人均身着制服，佩戴执法证及胸章，狭路相逢于非法馒头加工点。为了谁具有处罚权问题发生争吵并轻微动手，引来无数围观群众和三家媒体介入。激烈争吵也无济于事，双方将官司打到省政府。省领导果断撤销了这一权力机构——政府馒头办。2001 年 4 月 4 日，××市政府正式宣布：撤销市、区两级馒头生产销售管理办公室，由工商、卫生、质量监督等职能部门依法对馒头生产和销售管理工作进行管理；市“馒头办”未经物价部门批准擅自收取的每户企业 1 000 元的公告宣传费，如数退还企业。

讨论：

(1) 谁给“馒头办”罚款的权力？“馒头办”有存在的必要吗？

(2) 馒头厂家办证件为何要交那么多钱？

(3) 政府各部门职能究竟如何界定？

第4章 行政权力

行政管理的生命线就是权力。行政权力是一切行政现象的基础。一切行政活动都是通过行政权力的运行来实现的。行政权力是国家政权的组成部分，由国家宪法和法律赋予的国家行政机关执行法律规范，实施行政管理活动的权力。行政权是一种职权，是由最高权力所委任、所体现或由法律制裁所支持的权力。宪法赋予行政机关极其广泛的权力范围，几乎涉及社会的各个角落。社会复杂性为行政权力创造了广阔空间，事实上行政权力是国家权力中最为活跃的权力。

4.1 行政权力概述

人们对于行政权力的探讨由来已久。它作为一种权力现象，既有一般权力的共同特征，又有着不同于其他权力的特殊内容、结构功能和发展规律。

4.1.1 行政权力的含义

1. 权力的含义

权力是支配人与人之间关系的一种特殊力量，运用政治权力可以发动战争，运用行政权力可以有效地动员自然资源和社会资源等。关于“权力”的概念古已有之。在我国，权力是由“权”演化而来的。“权”古时候为测定物体重量的器具，实为秤锤。“权”强调的是衡量选择之意；二是制约别人的能力。如先秦时期法学家慎到在其所著的《威德》篇中就说：“故贤人而屈于不肖者，则权轻位卑也；不肖而能服于贤者，则权重位尊也。”这里的着重点在“力”，强调的是权力大小、轻重之意，这已经具有现代意义权力的含义了。现代汉语所说的权力，意指掌握某种权柄后所产生的力量。

权力有两个概念形态。一是法律规范上的概念形态，作为法律概念，权力是被宪法条文界定了的，其“不过是法律秩序的效力和实效”。包括立法、执法、司法等具体的权力形态。法律规范上的权力概念是具体的、有形的、实在的。二是理论上的概念形态，作为理论概念，权力不可以从法律上寻找答案，其具有“权势和威力”等属性。理论上的权力概念是抽象的、无形的、非实在的。权力是一个多视角、多内涵的术语，其难以有普遍接受的确切概念，也许由于此缘故，许多工具书，包括法学的专业性工具书都在回避权力的概念。要认识行政权的本质属性，需尽可能地从法律规范和抽象理论两个方面的结合上对权力概念加以认识。首先，权力反映某种资格，或决定问题的资格，或提出要求的资格。以此延伸，权力必须具有主观上的承受因素，这一承受因素就是权力的主体问题。其次，权力具有对应性，即发生在两个主体以上，一方主体将自己的意志强加给了另一方主体。

在西方，英语中的社会科学讲的“权力”与物理学中的“力量”是一个词，即 Power，直接来自法语的Pouvoir，它是由拉丁语的Potentia 演化而来的，意为“能力”。这正是法语Pouvoir 的词源。因此，西方的“权力”一词的基本含义是“能力”。从近代以来，政治思想家给“权力”一词下了许多定义，不同的人从不同的角度做出了不同的解释。但尽管众说纷纭，概括起来，有以下几种基本观点。

(1) 能力论

认为“权力”是指一个行为者（个人或机构）影响其他行为者（个人或机构）的态度和行为的能力。多数思想家持此观点。如马克斯·韦伯说过：“我理解的权力，是一个或若干人在社会活动中即使遇到参与该活动的其他人的抵制，仍能有机会实现他们自己的意愿。”罗素在其《权力论》中，将权力定义为有意努力的产物。把权力当成行为活动的结果，是一种可以通过努力行动而获得的效果。托马斯·戴伊也说：“权力是担任某种职务的人在决定时所具有的能力或潜能。而这种决定却能影响这种社会制度中的其他一些人。”我国的革命先行者孙中山也说：“有管理众人之事的力量，便是政权。”

(2) 关系论

认为“权力”是一个人或许多人的行为使他人或其他许多人的行为发生改变的一种关系。持此种观点自如托马斯·霍布斯在《利维坦》一书中就认为：权力即一种主动出击的行动者和被动随对象之间的因果关系。行动者的权力和有效的动因是一回事。罗伯特·达文也认为：“权力是行动者之间的一种关系，通过这种关系，其中某人带动别人采取行动，没有这种关系，他们就不会这样做。”以上两种观点虽着眼点不同，但都从不同的角度揭示了“权力”的特性，而且，其共同点是：都把权力看成是一种力量，依靠这种力量可以造成某种特定的局面或结果，即使他人的行为符合自己的目的性。这就在一定程度上揭示了权力的本质。

综合上述观点，我们可以给权力下如下的定义：权力是一种社会关系，它存在于人与人的相互关系中。权力是具有一定资格的人（权力主体），为了自己的目的，通过一定的方式，制约或支配他人（权力客体）行为的能力。权力本质上是特定的力量制约关系，体现的是权力拥有者和权力客体两个意志主体不平等的关系。权力是一定的社会组织中被少部分人控制掌握以支配他人及财、物的力量。权力关系反映了人们之间的社会关系。在人类社会生活当中，凡是有组织的地方都存在权力现象。一般说来，权力是根据行使者的目的去影响他人行为的能力，其内容包括主体、客体、目的、作用和结果等方面。人们依据不同的标准，将权力作了多种不同的划分。如果就其性质而言，权力可以划分为政治权力、经济权力、社会权力等等。

2. 行政权力的含义

行政权力属于政治权力中的一种。政治权力就是某一政治主体依靠一定的政治强制力，为达到某种目标而在实际政治过程中体现出来的对于政治客体的制约能力，凭借这种制约能力，政治主体拥有对于社会价值的支配手段。在这里，政治主体主要指政府、政党和其他社会政治集团、社会政治人物等。社会价值是指具有某种社会效用的东西。它既包括像财富、人力资源、自然资源等经济方面的东西，也包括诸如地位、机会、知识、荣誉等非经济方面的东西，还包括政治权力本身。行政权力作为政治权力的一种，它是国家行政机关依靠特定的强制手段，为有效执行国家意志而依据宪法原则对全社会进行管理的一种能力。行政权力的这一定义，包括以下 5 个方面的主要内容。

(1) 行政权力的主体必须是国家行政机关及其工作人员

通常，人们对于行政权力主体的理解不尽一致，有狭义、较狭义、广义之分。狭义的理解认为，行政权力的主体就是狭义的政府，亦即国家行政机关。较狭义的理解认为，除国家行政机关之外，立法和司法机关或者其中的某些机构都可作为行政权力的主体，原因在于立法和司法机关当中都有执行性的行政事务存在，也就是说，行政主体应该是广义的政府。广义的理解认为，行政权力普遍存在各种公共组织当中，因而行政主体也就等于是公共管理主体。照此说法，不仅政府，就连非政府组织、政党和各种社会团体也都可以成为行政权力的主体。我们认为，行政权力主体应该是国家机关中的一种，即专司行政管理职能的行政机关。至于其他国家机关、非政府组织和其他各种社会组织，它们为开展其业务活动，也具有负责组织管理工作的机构。对于这类机构，我们称之为“准行政主体”。“准行政主体”所拥有的管理权力尽管和行政权力有诸多相似之处，但不具备行政权力的全部功能和特征，故只能把这些权力叫做“准行政权力”，或曰“行政性权力”。现代治理理论从管理的公共性特征角度，把行政主体和准行政主体都归为公共管理主体的范畴。

(2) 行政权力的根本目标是通过执行国家的法律和政策有效地实现国家意志

国家意志集中体现国家利益。不管国家利益是代表全社会，还是代表某些强势集团，抑或代表某种社会阶级，从形式上看它都以公共利益的面目出现。公共利益既不简单等于某种社会集团或党派利益，也绝不是各种不同社会利益的简单相加，而是体现为在国家意志形成过程中各种政治势力意志的合力状态。在现代社会中，公共权力通过一定的宪政制度安排而体现为国家权力，公共利益则通过一定的宪法原则而体现为国家意志。公共利益和公共权力都是某种特定的力量均衡结构。在实际的政治力量对比中，强势集团往往占据优势地位，所以从本质上讲，国家意志主要代表的是社会强势集团或阶级的利益。尽管如此，又由于行政权力的“公共性”是其在全社会获得合法性的基础，国家利益也不得不以公共利益的面貌出现。是故，执行国家意志并实现社会的公共利益，属于行政权力的内在要求。作为力量对比的均衡结构，公共利益不可避免地会带有时间和空间方面的相对性，公共权力自然也会受到时空结构的限制，超越时空就有可能失效。因而，行政权力在实现国家意志的过程中还必须体现出时空范围内的有效性。卓有成效是每一个国家行政机关所必须追求的，如果说实现以公共利益为核心的国家意志是行政权力根本目标的话，那么效率问题就是一切行政权力的直接目的。

(3) 行政权力的作用方式主要是强制性地推行政令

行政权力要有效地执行国家意志，其所推行的政策、法律、法令等都应当是行政客体所能够顺利接受，并且是必须接受的。为此，行政权力就不仅需要合法性的基础，它同时也离不开必要的强制手段。恩格斯在论及权威的作用时就曾经认为，一方面是一定的权威，不管它是怎样形成的，另一方面是一定的服从，二者都必不可少。不管社会组织的条件如何，组织管理中权力运行的“首要条件也是要有一个能处理一切所管辖问题的起支配作用的意志”。马克斯·韦伯更是明确提出，持续的行政管理不仅需要行政客体对于行政权力及其权力主体合法性的承认，而且，需要物质报偿和社会荣誉两种显示个人利益的手段，需要“那些必要时要应用有形的暴力所需要的履行职责的手段：人的行政管理班子和物的行政管理手段”。当然，行政权力作用方式中并不排除非强制的手段。即便如此，强制力也是作为行政管理的一种基本依靠力量而经常存在的。至少，行政管理的持续和有效实施总是以暴力的威慑作用为后盾。从行政法意义上讲，行政主体所拥有的权力在起作用过程中转化为具体的行政职权。行政职权的内容主要包括行政立法权、行政命令权、行政决定权、行政检查监督权、行政制裁权、行政强制执行权、行政裁判权等。这些内容无一不带有强制性色彩。

(4) 行政权力的客体包括所有的居民及其所组成的各种社会组织和集团

众所周知，国家权力具有普遍性。国家权力的普遍性主要是通过行政权力对全社会的普遍作用而体现出来的。作为国家权力的重要组成部分，行政权力不像政府之外的其他组织权力那样囿于一定的范围，这就决定了行政权力客体的普遍性。对于其他准行政权力来说，其客体都或多或少有一定的局限性，或者是局限于某个单独国家机关的某些情况，或者是限于社会上某一个单独的组织、团体及其成员。行政权力的限度只是在于，它在规范和调控社会公共事务的同时，一般不涉足具体社会组织的内部事务和社会成员的私人事务。这是行政权力功能性质的限度，而非其客体范围的限度。对于行政主体而言，它在管理整个社会的过程中，依据社会事务的性质而确定自己的权力限度。对于行政客体而言，它既接受行政权力对于其所涉及的公共事务的管理，同时本身又存在自主性领域。

(5) 行政权力的性质是一种由社会上少数人行使的管理权力

在人类历史上，从传统农业时代到近代工业时代，再从工业时代到当今的信息时代，行政权力的实施都是由少数人推行的。这种现象实际上是社会分工的结果，即权力所有者和行使权力的管理者之间的分工。相对于执行者而言，权力所有者是一个多数人的集合。在政治社会中，权力所有者表现为社会中强势集团的整体，而权力的执行者则由占社会少数的管理者来担当。行政权力的这种性质在现代社会表现得尤为明显，这和当今社会权力来源的重大变化有关。就一般意义而言，权力的来源主要有三：人格、财产和组织。在当代，“权力愈来愈少地产生于财产，正如权力愈来愈少地产生于人格一样，其首要原因是组织的兴起。确实，在政府中，源于组织的权力已大范围地超过了源于财产和人格的权力”。由于组织技术上的需要，组织管理需要由特定管理知识的职业管理者来承担，这就决定了行政权力主体更加明显的少数人特征。多数人的参与只能让少数管理者行使权力的方式有所改变，但改变不了少数人管理的本质。

3. 关于行政权力的来源和种类

(1) 古代：行政权力来源于“天”、“上帝”和“神”

在中国古代，人们认为权力来源于“天”和“天子”。西方中世纪的观点也与此相类似。上帝将权力赋予教会（而不是君主），君主非经教会同意不能取得权力，教会和教皇是上帝在尘世中的代表，有权监督君主。亚当的权力是上帝授予的，君主权力是从亚当那里世袭来的。

权力是法律的根据，法律是权力作用的结果，权力则来源于上帝和神，因此是不受法律约束的，但君主可以用法律来统治百姓，法律充当了统治工具。当时也有权力要受法律约束的观念，但还不是法制观念。权力受法律约束是以法律不妨碍权力的行使为前提的。三国时期，曹操倡导守法，曾下令马踏青苗者死，但自己的马闯入麦田践踏青苗无数，只以“割发代首”象征性地接受处罚，并未做到“罪责相符”，君主的逾矩并不成为限制权力的屏障。

(2) 近代：行政权力来源于人民或国家

资产阶级启蒙思想家们提出了两种观点：一是权力来源于人民；二是权力来源于国家。通过暴力革命取得政权的国家，如法国和美国，认为权力来源于人民；在通过维新改良取得政权的国家，如日本和德国，则认为权力来源于国家。

此后，“人民”和“国家”的含义发生了一定的变化。一方面，“人民”被无限的抽象化，它不再是具体的一群人，而是一个抽象的集合概念，有人称之为集体的“神”。任何人、任何集团在为自己的利益处理公共事务时往往都冠之以代表人民处事之名，行一己之利之事。另一方面，“国家”被具体化、人格化、生命化，被拟制为“人”，其代表有“天皇”、“元首”等。

(3) 现代：行政权力来源于法律

现代资产阶级强调的是所有权力都来源于法律，但立法权、行政权、司法权三权来源于法律的表现却并不相同：立法权、司法权来源于宪法，行政权总体上也来源于宪法，但具体的行政权力并非直接来源于宪法，而是来源于一般法律（议会机关制定的法律）。这样又带出了两个结论：第一，权力要对法律负责，政府是有权力的政府，也是要负责任的政府，总之，权力是谁给的，就要对谁负责。行政权的运用，行政行为的实施就必须服从法律，受法律的约束。第二，行政权不仅要对宪法负责，还要对制定法律的议会负责，行政权同时要受立法权（议会）和司法权的监控。

(4) 现代宪政理论：国家的权力来自于人民的让渡

人民通过国家权力机关行使管理国家和社会的权利，通过国家权力机关的立法行为设定行政权。在我国，《中华人民共和国宪法》中规定了最高国家行政机关——国务院的职权以及地方各级人民政府的职权。同时，国务院组织法和地方各级人民政府组织法，也对国务院及地方政府的行政职权做了概括性的规定。另外，我国专门的法律、地方性法规中，根据行政管理的需要，按管理事项的重要程度、级别、地域等标准，对某类行政机关或社会组织设定某项专业职权。可见，我国行政权力的来源大体通过三种渠道：宪法设定；行政组织法设定；专门的法律、法规设定。

(5) 国家权力结构学说

在国家权力结构中，行政权力主要包括以下 4 种：①立法参与权。指政府参与立法过程的相关权力。在我国，政府拥有提出法律草案的权力。②委任立法权。指立法机关制定一些法律原则，委托行政机关制定具体条文的法律制度。③行政管理权。主要指制定和执行政策权，掌管军队和外交权，编制国家预算、决算权，管理行政机构内部各种重要事务的权力。④司法行政权。指政府依据法律所拥有的司法行政方面的权力，如决定赦免，对行政活动中有争议的问题进行调解、复议和仲裁等。

4.1.2 关于行政权力的主要学说

自从国家产生之日起，行政权力就成为国家治理社会乃至国家政权体系本身运作所不可或缺的重要权力手段。随之，人们对于行政权力的认识与研究也便开始展开，并随着历史的发展而不断深入。

1. 早期分权学说

人们对于行政权力的认识最早发端于分权学说。一般认为是亚里士多德（Aristotle）开了分权学说的先河。他在《政治学》一书中将国家权力分为三种机能：议事、执行和审判。古罗马的波利比阿（Polybius）在描绘古罗马体制特征时，又孕育了元老院、执政官和平民大会之间相互制约的思想萌芽。虽然古代的三种权力与近代以来的三权分立内容有许多不同，当时执政官的执行权力与现代行政权力也不能等量齐观，但是无疑的，早期分权学说所描述的执行权力属于行政权力的重要组成部分。

2. 三权分立学说

近代意义上的分权学说是从洛克（John Locke）开始的。他认为，国家有三种权力，即立法权、行政权和对外权。在这里，洛克实际上是把行政权力划分为两部分，对外权很大程度上属于行政权的一种。而集分权学说之大成、明确划分国家权力的是查理·孟德斯鸠（Charles Montesquieu）。他把国家权力划分为三种：立法权代表国家的一般意志，行政权主要执行国家意志，司法权则主要在于保护民众的利益。三权分立学说是适应资产阶级反对封建君主绝对专制权力的需要而产生的。

随着反封建任务的完成，其自身的不完善性也日益暴露出来。尽管如此，三权分立学说在当时的意义及其对于后世的重大影响仍是不容忽视的。现代政治学进一步发展了以三权分立为代表的分权学说，通过研究分权之后出现的权力不平衡现象，强调了分权基础上权力制衡的重要意义，人们对于行政权力的认识也日趋深化。美国早期的建国者汉密尔顿（Alexander Hamilton）与杰弗逊（Thomas Jefferson）等人就行政权力的争论，就是在三权分立框架内进行的。

现代政治学进一步发展了以“三权分立”为代表的分权学说，通过研究分权之后出现的权力不平衡现象，强调了分权基础上权力制衡的重要意义，人们对于行政权力的认识也日趋深化。战后初期美国著名行政学家保罗·阿普尔比（Paul Appelby）就是这方面的著名代表人物。

3. 政治与行政二分法

一般认为，近代德国学者乔汉·布隆赤里（Johann Bluntschli）较早提出了将政治与行政分开的思想。行政学创始人伍德罗·威尔逊及社会组织理论之父马克斯·韦伯都对此做了进一步的继承与发展。美国政治学家古德诺全面阐明了“政治与行政二分法”的理论。古德诺认为，国家只有政治与行政两种权力。其中，“政治与政策或国家意志的表达相关，行政则与这些政策的执行相关”。这种区分是与资本主义民主制度的要求分不开的。二分法与三权分立相对应，它把行政权力作为一个独立的领域来看待，促成了行政科学的诞生，从而为对行政权力的专门研究奠定了基础。然而，进一步的研究表明，政治与行政二分法对于权力所进行的分割过于简单化，在解释复杂多变的权力运行时显得力不从心。因此，它先是遭到管理决策学派的反对，后来又遭到新公共行政学派的反对。但是，管理决策学派和新公共行政学派对于政治权力和行政权力之间的关系，并未能给出令人满意的解释。经过长期的探索，20 世纪末期出现的新管理主义又在政治与行政二分法的基础上，对于政治权力与行政权力之间的交互作用进行了专门研究，提出了国家治理权力问题，在一定程度上克服了政治与行政二分法的局限性。这也可以说是对政治与行政二分法的新发展。

4. 五权宪法学说

五权宪法是孙中山先生在借鉴西方三权分立学说的基础上，结合中国的政治传统所创立的一种学说。五权宪法将国家权力分作立法权、司法权、行政权、监察权和考试权五种。这是孙中山在总结西方历史并看到了三权分立的弊端之后，为克服行政权力膨胀趋势而提出的设想。五权当中的考试权就是指国家录用公务人员时要通过考试选贤任能，监察权也就是要对行政官员进行监督。可见，在三权基础上所增加的考试权和监察权，实际上是从三权之中的行政权里分离出来的两大权力。五权宪法学说表明，孙中山对于行政权力的复杂特征已经有所察觉。

5. 议行合一学说

议行合一理论既不同于三权分立学说，又不同于政治与行政二分法的学说，这是马克思主义的观点，认为行政权力与立法权力是统一的。法国巴黎公社首创了议行合一的先例。公社兼有立法和行政两种权力，并统一行使这两种权力。马克思对这种形式给予了充分肯定，后来列宁又对此进行了进一步阐述。随着社会主义理论与实践的发展，议行合一理论日臻完善，其形式也渐趋多样化。在议行合一的权力结构当中，民主集中制原则成为权力运行的基本原则。后世的社会主义国家比之巴黎公社虽然有所改变，分别设立行使立法权力的代表机关、行使行政权力的执行机关和行使司法权力的司法机关，但执行机关由代表机关产生，对代表机关负责，向代表机关报告工作，并接受代表机关的制约与监督。这从原则上讲仍属于议行合一。可见，议行合一在当代并非是议行不分，而是在现代社会权力的所有者与执行者分离条件下解决二者关系，保证权力执行者切实执行权力所有者意志的重要理论。从理论上讲，议行合一不仅可以克服行政权力失控的现象，而且更能够体现民主原则。它把政治上的民主与行政上的权力集中统一特性有机地结合在一起。

社会主义国家大都实行“议行合一”的政权体制，但不同的国家其权力配置的特点各不相同。我国国家机关是由国家权力机关及其决定产生的国家行政机关、司法机关和军事机关共同组成。

上述种种学说，从不同的侧面对于行政权力作了一定程度的分析，并在一定程度上揭示了行政权力的本质和运行规律。然而，面对复杂的行政现象，这些学说对有些问题还不能做出令人满意的解释，需要对行政权力做进一步的研究。

4.1.3 行政权力的结构

行政权力的结构建立在行政管理活动中权力分工的基础之上，它指的是行政权力整体性的关系状态和有序性的活动过程，既包括行政管理中权力安排的静态结构，也包括行政管理中权力运行的动态活动过程。

1. 行政权力的静态结构

行政权力的静态结构是指行政权力与其行使主体结合之后所形成的一种网络架构。它表现为行政权力关系及其制度安排的总格局，是行政管理活动赖以展开的基本框架。构成行政权力静态结构的首先是纵向的层级结构。行政权力的层级结构简称层级制，它与行政组织体系的金字塔结构相一致，表明行政权力主体在垂直方向上的差异，是组织直线权力的体现。马克斯·韦伯将这种结构称为科层制或官僚制。构成行政权力静态结构还应当包括横向的部门结构。但是，行政权力的这种横向结构往往被人们忽略。必须看到，除去垂直方向上的差异外，行政权力尚包括水平方向的差异，这主要来自行政管理活动所需要的专业化分工，表现为功能、资源、技术、信息等方面的差别。横向结构属于组织职能权力关系和参谋权力关系的结构，此类权力关系同直线权力关系相比，不能不说是有限的。一方面，此类权力是由直线权力分割的结果，另一方面，它们若无限扩张，便可能削弱直线权力。所以，横向权力关系在行政权力结构中的定位非常重要。

2. 行政权力的动态结构

广义而言，行政权力是一种政治权力。因而，它和政治权力一样，其动态结构也是由权力作用的方向、方式、轨道、层次、时间和结果等要素结合在一起所构成的权力运行模式。虽则行政权力的这种模式离不开静态结构的框架，但它所构成的动态结构却更能够体现行政权力的实际内容。

行政权力是一种矢量，其作用方向和轨道具有明显的指向。在行政权力运行过程中，它的作用呈现出自上而下的方向，其轨道呈伞状放射。这种结构恰恰与行政权力金字塔式的组织结构相一致。之所以如此，是因为行政权力的发生机制和国家意志的形成相关。统治集团的意志通过社会意志的形式集中到一个最高点，行政权力才开始发挥作用。也正因为如此，行政权力的势能很高，作用范围很广。为了政令统一，为了使国家政策得以普遍地有效贯彻，行政权力必然表现为一种自上而下的方向，并作用于放射状的层级轨道当中。

行政权力的运行呈现明显的层次性，其中间过程存在许多中介。行政权力运行的这种层次性通过行政组织的层级结构体现出来。国家行政体系从中央到地方再到基层按照严密的层次进行划分即是如此。行政权力的层次性使得行政管理的主体和客体之间不能简单发生直接作用，而是要经过若干中介的传递过程。因此，在行政权力的实际运行过程中，其“衰减”或“折射”就不可避免。在行政管理实践中，要解决好管理层次问题，就必须把握上述因素的变化。与行政权力衰减问题相关，尚存在一个层级化地补充行政权力的问题，这就是政治权力对于行政权力的逐级授权。因而，处理好代议立法权与行政权力的关系，也是行政权力运行层级结构的重要内容。

时间在行政权力动态结构中是一个必不可少的因素，此乃行政权力的动态结构和静态结构之间的最大区别。行政权力的运行必须在有效时间内起到应有的作用，否则将失去其活动的意义。所以，行政效率问题就成为行政权力运行的基本原则和直接目的。行政效率与行政权力作用的方向以及行政权力的层次性等因素都有着直接的关系。行政权力方向的偏差或层次过繁都会影响到行政权力运行的时间，进而影响到行政效率的高低。行政权力动态结构当中的层次因素和时间因素之间存在着某种冲突。法约尔所提出的“跳板原则”就是针对这一问题的方案。

行政权力动态结构中还应该包括权力作用的结果，这是反映行政权力结构效应的因素。行政权力作用的结果主要体现为行政权力客体服从于主体的状况，亦即社会成员及其所赖以存在的组织对于政府的服从情况。结果的如何反映行政权力强度的大小及其运行状况，也是检验行政权力之目的和公众需要之间距离的重要标尺。在实际的行政管理过程中，行政权力作用的结果表现为政府绩效，对行政权力作用结果的测量演变为专门的绩效评估技术。

4.1.4 行政权力的特征及其与其他权力的关系

1. 行政权力的特性

行政权力具有一般国家权力所表现出的合法性、强制性和普遍性等特点，它又不同于一般国家权力，有着自己的特性。主要表现在如下几个方面。

(1) 公共性

作为一种国家权力，行政权力本来就属于公共权力，公共性自然是其主要特征。它的运作集中体现为公共管理和公共服务等活动，其目的在于提供公共物品、维护公共利益。但因为集体物品的非排他性，行政权力的公共性又引发一系列问题。我们认为，公共利益乃公众利益制度化的表现，是一种动态平衡结构。而作为公共权力之一的行政权力，就是公共利益制度化的重要手段。至于行政权力采取什么样的制度化机制才能体现公共利益，则又是一个众说纷纭的问题，或曰通过市场式的廉洁高效机制来实现，或曰通过政治性的公众参与机制来实现，或曰通过应变式的惠民机制来实现，或曰通过解制式的政府活力机制来实现。实际上，这些模式都是在不同时期或不同领域行政权力组织机制和运行机制的不同表现，并不存在非此即彼的选择。各种模式都是围绕行政权力的公共性而产生的制度化机制。

（2）手段性

行政权力本身不是目的，而是实现目的的手段。行政权力要实现的目的并非产生于行政系统本身，而是来自于行政权力之外。从法理上讲，行政权力属于派生性的权力，是经公民政治授权或经立法权力委任之后产生的，它必须执行赋予它权力的公民或国家立法机关的意志。所以，威尔逊在其行政学的开山之作《行政学之研究》当中就曾揭示道：行政管理就是“政府的执行、政府的操作”。毫无疑问，行政权力也具有决策功能，但这种决策功能不同于立法决策权或政治决策权。从整个国家权力的运行过程来看，行政权力是在立法权力的输出功能之后起作用的，行政决策属于国家权力输出过程中的决策。如果说输入过程是国家目的的形成过程，那么，输出的过程乃是通过一定的手段实现该目的的过程。行政权力所充当的正是这种手段。它与政治权力相比，不能不说更加带有策略性和手段性。

（3）自主性

行政权力的自主性首先是其相对独立的特性，也就是说，行政权力与其他国家权力和社会组织、公民个人的权利不同。这些不同主要表现在两个方面：即相对于社会权力的独立性和相对于统治权力的独立性。行政权力相对于社会权力的自主性源自于其公共性。行政权力所代表的利益，是独立于社会上各种单个的或集体形式存在的特殊利益之外的，公共政策应该免受个别势力的直接干预。行政权力相对于统治权力的自主性，主要指它在执行管理国家事务和社会公共事务的功能时，必须保持社会公平，而不能偏向于某个强势集团。作为执行国家法律的权力，它必须坚持非人格化的原则。否则，社会分利集团将会导致大量排他性政策的出现，违背政府提供公共物品的原则。而且，如果分利集团的增多“加剧了利益分配斗争、增加了法律的繁文缛节、强化了政治统治、激化了讨价还价、造成了协议的复杂性”，这将大大降低社会活动的效率和经济生产率。行政权力自主性还表现在行政权力行使过程中的自由裁量性质。对于相当一部分需由行政主体自己决定是否采取行动和如何采取行动的职权，法律只规定原则，行政主体可在法律范围内以合法手段自由行使之。自由裁量权的不当使用，也可能会损害公民权利和其他公共利益，这些都属于非常态的行政权力自主性。行政权力的自主性也只能具有相对意义。

（4）一元性

行政权力的一元性表现在三个方面：其一，在一个国家内，拥有和行使行政权力的组织系统只能是一个，否则，如果存在其他主体的干扰，行政权力的强度、轨道和效能都将受到影响，这最终还会影响到行政权力目标的实现。其二，在一个国家的行政系统内部，只能存在一个权力中心。政出多门必然带来行政客体的无所适从。由于行政权力作用方向和方式的特殊性，集中和统一就成为行政权力的固有特点。所以，首长负责制是一般行政管理机关的领导原则。其三，行政权力的一元性还表现在行政权力主体与客体之间的不可逆性，亦即行政权力运行的单向性。行政权力作为国家权力的输出端，其运行是从较高势能点出发的自上而下的线性运动过程，其原因在于行政权力要执行的是已经集中了的国家意志。

(5) 时效性

如果说立法权力重在公正表达公共利益，司法权力重在明了、界定公共利益的话，那么行政权力则主要是要有效地执行国家意志，以迅速实现公共利益。所以，时间就成为行政权力结构中重要的坐标，效率也成为行政权力所追求的直接目的。注重时效是行政权力明显的特征之一。当然，从时间角度看，时效还有短期、中期和长期之不同。所以，注重时效并不一定意味着单纯追求时间距离的长短。否则，行政权力的运作就会出现短期行为，不利于行政管理长远目的的达成。这也就是说，效率和效能是两个互相关联的概念，效能更加偏重于行政权力运行的结果和长期效应。时效的概念应该包括效能在内。时效性还涉及效率和民主的关系问题。需要指出的是，不能将效率和民主两个概念进行简单对立，也应该看到效率的追求和民主的发展之间并行不悖的关系。这里所涉及的其实是人类政治社会长期存在的公平与效率之间的二律背反问题。这种二律背反在当代社会通过权力分工得到了一定程度的统一。立法权力和司法权力是达成社会民主与公正的必要途径，行政权力是实现效率的必备手段。可见，民主与立法权力密切相关，公平和司法权力密不可分，效率与行政权力紧密相连。一个国家的制度结构在保证行政权力时效性的同时，对于民主和公正的制度安排也不可偏废。行政权力与立法权力、司法权力之间在权力分工基础上的有机关系，正是现代社会实现民主与效率相结合、公平与效率相结合的必由之路。

(6) 膨胀性

行政权力还有一个很重要的特性，即自我膨胀特性。这种特性表现为两种情况：一种是行政权力的自然增长，由行政权力的结构功能正向发展所决定，属正常状态；另一种是行政权力的恶性膨胀，就如帕金森定律和彼得金字塔原理所揭示的那样，属异常现象。行政权力的自我膨胀源于行政权力的自身结构、行政权力的性质以及行政权力客体的状况。行政权力的运行是自上而下的放射结构，且每经过一层中介，其放射都要扩大一定的范围；而由于自主性的逻辑，各级权力的行使者又常常产生扩大权力的本能冲动，这就使行政权力具有一种无限延伸的能力；随着社会的发展，行政权力作用的对象也必然日益增加，行政权力也就随之扩大，这样又自然会带来行政权力结构的变化，形成连锁反应。如此三种因素相互作用，行政权力的膨胀就成为不可避免的事情，对行政权力的制约和以精简为主要内容的行政改革也就成为政治学和行政学永恒的主题之一。

2. 行政权力和其他政治权力的关系

(1) 行政权力和立法权力

行政权力和立法权力同属国家权力，但二者之间是有区别的：从权力的性质和作用结果看，立法权力是各种社会权力集中的直接体现，其方向和轨道是多数人向少数人的集中，在整个国家权力回路中是输入的过程和阶段；行政权力则是由少数人向多数人的扩散，在整个国家权力回路中是输出阶段。从权力的功能看，立法权力的功能在于制定国家的法律和政策，其作用在于根据社会发展的情势和规律，概括出社会活动和各种集体行动的准则与规则；行政权力则是要执行国家法律，推行政府政策，其作用在于将立法权力确定的制度规则和一般准则再具体应用于行政权力客体，即行政管理的对象。从权力的价值原则看，立法权力追求民主，行政权力追求效率。

(2) 行政权力和司法权力

二者也同属于国家权力，所不同的是：权力运行方向不同。行政权力运行的方向是自上而下的，司法权力的行使则带有某种平行性，它可以视作国家权力运行过程当中的平衡调节器。主体在权力体系中的独立性不同。行政权力的下级主体受上级的指挥与控制，司法权力的各级主体则独立行使审判权。权力的作用和功能不同。行政权力是要积极地去实现国家意志，而司法权力主要在于消极地保障国家意志的实现不受干扰。行政权力的作用一般是主动的，而司法权力的作用一般是被动的。从权力的价值原则看，司法权力追求公正，行政权力追求效率。

(3) 行政权力和政党权力

如果说行政权力与立法权力和司法权力的区别是国家权力内部区别的话，那么其与政党权力的区别则属于国家权力与其他政治权力之间的关系问题。行政权力和政党权力的区别在不同社会制度下的表现是不同的。在现代民主政治条件下，行政权力和政党权力之间的区别是相当明显的：权力的目的不尽相同。行政权力的目的在于执行国家意志，实现社会公共利益或保证社会利益的实现，此乃所谓普遍主义的价值取向。政党权力的目的则是执行本党集体的意志，其所要实现的目的只能代表社会当中部分人的利益，即所谓特殊主义的价值取向。权力结构不同。一般说来，行政权力是国家权力运行回路的一部分，但政党权力却自成回路，本身就有一套完整的权力输入和输出系统。权力的合理合法程度不同。行政权力作为国家权力的重要组成部分，它具有自然的合法性基础，其对于国家意志的执行，在社会看来是天然的、合理的而且正当的。政党权力属于一种集团性权力，它没有必然的合法性，需由法律专门规定，其在社会当中的合理性和正当性也是有限的。权力客体不同。行政权力的客体是整个社会，而政党权力的客体只限于党内。权力手段不同。行政权力拥有暴力威慑的后盾，且主要通过法律手段行使权力，而政党则依靠意识形态等符号力量，主要通过纪律手段行使权力。

4.2 行政权力分配

行政权力的层次性和行政权力目的的可分性，决定了行政权力需要划分为若干系统和层次，并在此基础上进行分工，这就必然带来行政权力的分配问题。行政权力的分配是行政组织的内部分工问题，而行政机构的设置就是行政权力分配的外在表现。

行政权力结构的层次性和行政权力目的的可分性，决定了行政权力不可能铁板一块地进行活动。它需要划分为若干系统和层次，并在此基础上进行分工，这就必然带来行政权力的分配问题。实际上，行政权力分配乃是行政组织内部的结构分化和功能分割问题，而行政机构的设置和职能配置就是行政权力分配的外在表现形式。

4.2.1 行政权力分配的方式与途径

1. 行政权力的分配方式

(1) 结构性分配

这是根据行政权力的层次性而对其所做的纵向垂直性分割。此种分配所形成的结果是行政组织的结构权力。结构权力使行政主体呈现出层级性的差别。结构性权力的大小应该与其所在权力层次的高低成正比，层次越高，权力也就越大。在结构性分配过程中，影响行政权力层级性的最直接最主要因素就是其权力幅度的大小。因此，处理好管理层次与管理幅度之间的关系，就成为行政机构设置的基本问题。

(2) 功能性分配

这是根据行政权力所承担的任务及其客体的状况而对它进行的横向水平分割。此种分配所形成的结果是行政组织的功能性权力。功能性权力使行政主体呈现出职能上的差别。功能性权力的大小往往同功能本身的重要程度成正比，功能越重要，权力也就越大。行政权力的功能性分配在具体行政组织当中，就表现为行政机构设置中部门与部门之间的关系安排。

结构性划分与功能性分割是行政权力分配的两种基本方式。这两种分配方式使行政权力主体在每一个层次、每一个部分都拥有相应的权力。作为行政权力总体运行过程的行政管理活动，就是在这些分配基础上实现的。

2. 行政权力分配的途径

(1) 行政授权

行政权力的分配主要是通过逐级授权的途径实现的。所谓行政授权，就是较高层次的行政主体授予下级行政主体以一定的责任与管理权限，使下级行政主体在上级的监控下获得某种自主行使的权力。这种授权是按照行政权力的层级性逐级实现的，上级行政主体通过法律或条例，将行政权力按照层级原则授予下级，逐级类推，然后由各级领导负责完成相应的任务。行政授权不仅仅是行政权力结构性分配的主要途径，而且在行政权力的功能性分配中也是常见的基本途径，其用途很广，形式多样。

(2) 权力下放

行政权力分配的另一种途径是权力下放。这是现代社会许多国家为实现治理活动的因地制宜或因事制宜，而对行政权力进行的一种分配。权力下放与逐级授权不同。行政权力一旦下放后，上级行政主体只做一般原则上的指导与检查，不过多干涉下级行政权力的具体行使。比较而言，逐级授权只是为了执行任务的方便而采取的一种措施，它一般不影响上级行政主体原本拥有的行政权力。权力下放不像逐级行政授权那样，可以经常性、普遍性地运用。它只存在于一定条件下行政权力的结构性分配当中。

（3）权力外放

行政权力分配的再一种途径就是权力“外放”。所谓“外放”，是针对权力下放而言的。与权力下放旨在解决行政主体内部相互之间的权力关系不同，权力外放主要在于解决行政权力主体和社会权力主体之间的关系，实际上也就是行政组织与社会经济组织之间功能的重新划分。由于行政权力外放涉及政府与社会的关系，触及国家治理过程中带有根本性的问题，所以它只有在国家行政权力体制进行根本调整时才大量出现。世界上曾经出现的关于“大政府”、“小政府”的讨论，中国行政改革中的政府职能转变，都涉及这种权力分配途径。

（4）地方自治

行政权力分配还有一种常见的途径即地方自治。这是中央和地方之间行政权力分配的特殊形式。这种特殊的权力分配途径在不同国家有着不同的情况。在单一制国家中，地方自治权力往往是由中央政府规定的，这种自治权力与中央政府的权力相一致。为了提高行政效率，或由于某种政治原因，地方自治权力的大小可能会因国家政策不同而有所增减。此其一。其二，在复合制国家当中，尤其像美国、瑞士等联邦制国家，其地方行政机构的自治权力往往是地方所固有，待中央政府成立之后通过相互约定而保留下来的。在相互约定的情况下，地方自治主体所拥有的行政权力是中央政府所不能随意侵犯的。

3. 行政权力的再分配

行政权力的分配不可能是一劳永逸的事情。因为社会变化不断带来行政权力客体的变化，人们的认识也在不断地深化和提高，行政权力自身也有一个逐渐发展的过程，所以，行政权力分配还涉及一个不断的再分配问题。

行政权力的再分配一般有两种情况：一种是外源型行政权力再分配，即随着整个社会利益的调整和政治权力的再分配而进行的行政权力再分配。由于社会政治经济状况发生了重大变化，社会利益结构的重新组合引起经济体制的变革，或引起政治体制的变革，或者是引起政治体制、经济体制同时发生变革。在这种情况下，行政权力由于受到来自行政体系外部的巨大压力，需要进行变革性调整。此乃行政管理体制的全面改革。另一种是内源型再分配，即在既定的政治、经济体制之内，由于行政体系内部的权力主体或对象发生了局部变化，行政权力需要做小幅度调整，在计划、组织、人事和服务的产出等方面发生相应变化。这种情况称作行政改组，主要表现为机构的改变、撤销、合并甚至扩大等，且属于行政组织内部经常发生的保持平衡的行为。行政改组的主要原因可以概括为六个大的方面：机构所在的地区扩大，人口增加或者接受服务的人数增加；由于面临新问题，机构的职责有了改变；某项政府计划的宗旨有了改变；新技术、新设备和先进知识的影响；人员资格有了改变（通常指提高）；由于上级有所行动，常使下属单位发生改变。

可见，行政权力再分配并不总是带来体制的根本变革。与行政权力再分配的两种情况相适应，作为其外在表现形式的行政改革表现为两种情况：一是作为外源型行政权力再分配表现形式的突破性改革，即新旧行政体制的交替；二是作为内源型行政权力再分配表现形式的经常性改革，即行政体系通常所进行的小幅度的个别调整。两种形式的行政改革，都推动了行政权力的不断发展。

4. **行政权力的人格化**

行政权力主体包括人的因素，行政权力的客体也包括人的因素，行政权力的运行只有靠人才能实现。这一方面要有行使权力、发号施令的人，另一方面也要有服从命令、听从指挥的人。因此，在行政权力分配过程中，权力与人的结合就成为关键的一环。这种结合过程便是行政权力人格化的过程，行政权力人格化的过程通过人事行政过程而得以实现。无论是结构性行政权力，抑或是功能性行政权力，都包含着一系列的职位，这些职位都是需要人来承担的，行政权力的分配最终也是将权力授予特定的人。只有在人发挥了作用之后，行政机构才具有活的动力，整个行政权力主体也才能运转起来。

但是，从本质上讲，行政权力分配的对象是特定的行政职位，而不是具体的人。人只有在取得了一定的职位之后，才拥有行政权力。这种与职位相联系的权力就是职权。虽然整体的行政权力属于公共权力，但当其分解为具体的职权之后，它就与占据一定职位的人的利益产生了相关性。这样，如果没有对于拥有自己利益、占据相应职位的人的约束，滥用职权的现象就不可避免会出现。所以，马克斯·韦伯在论述行政权力时特别强调非人格化的意义。他认为，行政管理必须采取合理的形式主义，用义务的压力取代感情的支配，用人人平等的观念取代因人而异的做法，用非个人制度的规则取代个人号令，以对法和制度规范的服从取代对个人命令的服从。行政权力非人格化的根本在于制度化。“行政管理就是在法律规则限制之内，并且根据一些得到团体制度许可的，甚至没有违忤团体制度的、可以普遍标明的原则，合理地维护团体制度所规定的利益”。当然，由于韦伯过分强调义务的压力和团体的利益，其非人格化论断也遭致许多攻击。实际上，人们对于韦伯的批评在很大程度上反映的是行政权力人格化与非人格化之间内在的张力。如果我们充分考虑权利义务之间应有的对应关系，将个人的情感和利益也纳入权利义务关系当中，韦伯所谓非人格化的制度安排也未尝不是有效的解决方案。

鉴于人格化与非人格化之间的冲突，在行政权力分配过程中必须认真处理好权力、机构、职位和个人之间的关系，建立合理界定权利义务关系的制度化机制。

4.2.2 行政权力分配的原则

在行政管理实践中，确保行政权力的合理分配，是各级行政主体有效行使行政权力的基本前提和重要步骤。为此，行政权力分配必须遵循相应的分配原则。

1. **程序必须合法**

合法性是行政权力的重要特征，也是其运行的根本保证。行政权力分配首先必须严格按照合理合法的规则进行。只有程序合法，行政权力才能保证有明确的法律依据，也才能获得行政客体乃至全社会的认可与接受，从而也才能具有足够的权威。行政权力的合理合法性要求：第一，上级行政主体在分配权力的过程中要本着合理的行政目的，依照明确的法律法规来进行分配，不得随心所欲；第二，应兼顾层次性与功能差异两种因素，适当进行权力分配，过大或者过小都是不可取的；第三，行政权力分配不能以人为基础，必须以事实为准绳，从而保证权力的稳定性。

2. **职权必须分明**

在行政权力分配过程中，每一个层次、每一个部门的权力都必须做出明确无误的规定。权限划分既要考虑到行政主体内部上级的权力控制能力和下级的权力承受能力，又要考虑到行政客体的范围等问题。行政权力分配的对象既不能有职无权，也不能权大于职。职位与权力要保持切实的统一，否则，就会引起行政组织内部的矛盾，甚至会发生权力争夺现象，导致某种无序化状态，影响行政管理活动的正常进行。

3. **权责必须一致**

比职权更本质的东西是职责，也就是与职权相应的责任和义务。权力与责任、义务是不能分离的。行政权力来自于公民及国家政治机关的授权，也来自于上级行政机关的授权。因此，要对其授权的主体负责，行政权力所要负起的责任既包括政治层面的责任，也包括管理层面的责任。每一级的行政权力主体既要对公民、宪法及国家政治权力负有相应的政治责任和义务，又要对它的上级机关、行政法规和行政制度负有相应的责任。权责分离的现象，无论有权无责抑或有责无权，都是在行政权力分配过程中应该防止的。不仅如此，权力的大小也必须同责任的大小相一致。权大于责会导致权力滥用，责大于权会导致工作无法开展。所以，在行政权力的分配过程中，还应该把握权力与责任的匹配。行政责任一般是通过法律后果表现出来的，权责一致是实现法治行政、建立法治国家的重要步骤。

4. **权利必须明确**

行政权力主体完成职责的过程就是承担义务的过程。没有无权利的义务，也没有无义务的权利。因此，权利和利益问题在行政权力分配过程中也是一个不容忽视的因素。行政权力分配必须考虑每一个行政主体在恪尽职责后应得的利益和应该享受的权利。满足了这些要求，行政权力的行使才能获得现实的动力。需要指出的是，和权利与利益直接相关的应该是行政责任，而不能简单根据权力的大小来进行分配。否则行政权力分配过程本身会成为官本位滋生的土壤。

5. **内容必须全面**

在行政权力分配过程中，各级行政主体都应获得与其权力层次及功能相一致的全面的职权。权力主体在人权、财权和物权各方面应该齐备，缺一不可。行政主体既要有权指挥一定数量的下级人员，又要有权调配和使用一定数量的物资或一定数额的资金。同时，各级行政权力主体在如上所述的职位、权力、责任和权利、利益等方面，也必须实现完整的结合。唯有在分配时保证内容的全面，行政权力才能成为完整统一的体系而发挥作用。

4.2.3 行政权力分配过程中的相关问题

1. **行政权力分配与政治授权的关系**

行政权力是一种执行性的权力，它来自于人民及其代议机关，这便是政治授权问题。政治授权也有层次之分。譬如在中国，全国人民代表大会与中央行政机关之间、地方各级人民代表大会与地方各级行政机关之间，都存在政治授权关系。这种授权与行政权力分配过程中的行政授权是不同的。行政权力分配是行政权力体系内部不同层次主体之间的权力分配，而政治授权则是行政权力的外部来源。不同层次的政治授权可以看成是对行政权力在多级分配过程当中能量消耗的补充。政治授权和行政授权之间的区别，实际上是立法权力与行政权力之间的关系问题。

2. **集权与分权之间的关系**

与行政权力的两种分配方式相适应，行政权力分配当中的集权与分权关系也包括两种情况。一种是结构性权力的集中与分散问题，即国家行政机关内部中央与地方、上级政府与下级政府之间的关系。另一种情况是功能性权力的集中与分散问题，即在行政职能和任务方面权力主体对于客体之间的关系。前者乃“集”与“分”的关系，后者乃“收”与“放”的关系。无论是集分关系，还是收放关系，都必须使权力在集中与分散之间保持一个恰当的度。行政权力过于分散会使行政工作迟滞不前乃至宏观失控，行政权力过于集中又有出现专制甚至是独裁的可能。随着社会公共事务的逐渐增多，行政客体日益庞大，行政环境更加复杂多变，上级行政机关又无力事事过问，适当地分散权力给下级主体或客体也是大势所趋。

原有的过分集权体制和合理分权体制如图 4－1 所示。

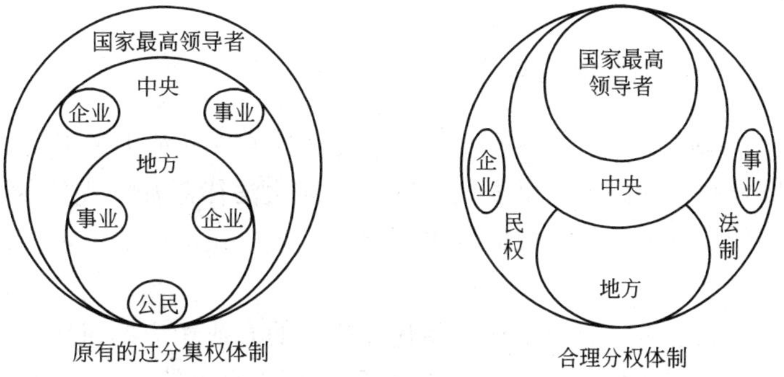

图 4－1　原有的过分集权体制和合理分权体制

3. **权利与义务之间的关系**

在行政权力分配过程中，还有一个现象值得注意，那就是行政主体因为特殊需要，具有某些不受一般行政法规约束的权力，这些权力美国行政法将其称为行政特权，而法国习惯上称其为“公务优先权”，我国也有人把它叫做行政优先权。行政特权实际上是一些法定的特殊权力，它主要有 4 种情况：①某些行政主体为保卫国家利益、维持公共秩序，有权在特殊情况下采取必要的措施，包括一些同保护人身自由、集会和言论自由等公民权利相冲突的紧急状态。②某些涉及国家安全、对外关系等方面的行政决定或行政措施的审查权，往往由专门的国家机关去执行。③某些担任特殊公职的行政人员，如在行政机构中执行监督、审查或准司法职责的行政人员，享有某种保护其工作进行的行政豁免权。④行政主体还拥有获得社会协助权及其他的非常情况下的自由裁量权等。行政特权是一种很特殊的权力。它的授予，固然能满足工作的某种需要，但处理不好又可能导致非法侵害公民的正当权利。对于牺牲相应权利的公民而言，他们需要行政主体尽到特殊的义务来交换。行政主体与客体之间这种特殊的权利义务关系也仍然是一种对应关系。行政主体不能只享有特殊权利而不履行特殊义务。从法理上讲，"行政权一旦形成，便与公民权利结成一种既互相依存，又相互对立的关系。在行政主体与相对方形成的关系中，一方权力（权利）的实现，要求另一方履行相应的义务。每一方既是权利主体又是义务主体，双方的权利义务在总体上应是平衡的。"因此，行政特权的授予必须谨慎，既要有特殊的需要作为前提，又要有特殊的责任义务作为基础，执行时也要有一定的制约机制，而且还必须符合宪法的规定。在行政权力分配过程中，绝不因为行政特权而导致行政机关或行政人员不受任何法律约束的"特权"现象，导致只拥有行政特权而不尽特殊义务和责任的"特殊公民"。

4.3 行政授权

行政授权作为行政权力分配的主要形式，它不仅存在于行政权力的纵向分配当中，而且也存在于行政权力的横向分配当中。因此，行政授权是经常发生，而且使用范围也非常之广。对它进行专门研究是非常必要的。

4.3.1 行政授权的性质和特点

"权力有政权与职权之分"。政权和主权概念相关，它在法律上是无限的、不可转让和不可分割的。而"职权则是最高权力所委任、所体现或由法律制裁所支持的权力"，其在法律上是有限的、可委任和可划分的。我们这里所讲的行政授权，便是从职权意义上而言的。

1. 行政授权的含义

就授权的一般意义来讲，它是把权力委托给相应的人或相应的机构代为执行，"就是分配他人具体任务及完成这些任务的权力，同时双方对如何评估任务结果的方法达成一致意见"。任何一个组织当其达到一定的规模或实行职能分工之后，就必然要发生授权行为。从现在的观点看，授权的意义在于，它能加速决策过程并缩短反应时间，能激发下属的主动性、积极性、创造性和责任感、成就感，能简化管理过程并节约管理成本。这些优越性使得授权成为当代管理中权力分配和运行的重要机制之一。

行政授权乃是授权的一种形式，指行政组织内部上级机关把某些权力授予下级行政机关或职能机构，以便下级能够在上级的监督下自主地行动和处理行政事务。行政授权缘于两个主要的因素：其一是处理复杂公共事务的需要，其二是由完成行政任务所引起的建立行政组织的需要。行政系统通过建立组织来引进人才，分担各种行政任务。这些是行政系统之所以要建立科学授权体制的基本原因。

从形式上看，行政授权总是以行政任务为基础的。它通过工作任务指派的方式表现出来。但是，上级在向下级交派任务的同时，必须给予下级相应的权力。否则，下级行政机关的工作是无法展开的。而下级一旦得到了权力，就需要负有一定的责任才不至于滥用权力。因此，行政授权由三个基本的要素构成：指派工作任务；授予行政权力；承担工作责任。

从内容上看，行政授权包括两个层面：其一是决策权力的授予，即上级把一部分问题的决策权授予下级行政机关或职能机构；其二是执行权力的授予，即上级行政机关允许下级在一定范围内自主决定完成工作任务的步骤和方法。至于行政授权在具体实施过程中应在哪个层次上进行，这需要根据行政任务而定。

2. **行政授权的特点**

就其性质而论，行政授权是上级行政主体将其部分权力分配给下级行政主体的一种管理行为。这一行为有三个主要特征：第一，行政授权在本质上是行政组织内部权力分配的特定方式。它通过上下级行政主体间在不同层次上的授权与被授权，进而形成一种新的动态权力配置体系，来不断适应公共事务和行政工作经常性的发展变化。第二，行政授权实际上是行政领导活动过程的一部分。任何授权活动都必定是发生在上下级之间的事情，一般都是上级领导对于其部属或下级的一种管理行为，其核心内容是上级领导给下属分派任务。从一定意义上说，行政授权也可以看作是领导方法或者领导艺术问题。第三，行政授权也是一种权责高度统一的管理行为。在行政授权中，上级指派任务也就是将一定的职权和责任同时交给下级，下级在行使权力的同时，也担负有相应的责任。这样，就导致一个权责体系的产生。一言以蔽之，“良好的行政授权需要在分派工作任务时尽量使权威与责任也获得等量的分配”。

以上三个方面的特征，使得行政授权在整个行政权力的分配中呈现出明显特点，并将行政授权与行政委托、行政代理、行政助理及一般的组织分工区别开来。

① 行政授权与行政委托不同。行政委托指的是行政主体将其职权的一部分，依法委托给其他组织或个人来行使的法律行为。其中作为委托对象的组织和个人，既可以是行政权力主体，也可以是其他社会组织或法定个人，且委托事务比较具体。而行政授权的对象一般在行政权力体系内部，授予的任务也不像委托的事务那么具体。

② 行政授权与行政代理不同。行政代理指的是代理人依法代替某一行政人员执行其任务，并要自负其责。而行政授权则是被授权者负责行使其法定的职权，并非代替他人。

③ 行政授权与行政助理不同。行政助理是由人来帮助负责者去处理行政事务，接受别人帮助的行政人员仍然负有其全部责任，而助理别人的人自己没有多少责任。在行政授权中，被授权者则负有相当的责任。

④ 行政授权与行政分工不同。行政分工是指不同的行政机关或行政工作人员各负其责，

彼此之间未必有上下级隶属关系；而行政授权则包含上下级之间必须具有的监控与报告关系。

4.3.2 行政授权方式

行政授权方式非常复杂。人们所站的角度不同，对于行政授权方式的认识也各有所异。根据不同的标准，可以对其进行分类认识。

1. 根据行政授权内容的重要性程度划分

根据行政授权内容的重要性程度，可将行政授权划分为充分授权、不充分授权、制约授权和弹性授权等方式。

① 充分授权，也叫一般授权，是指上级行政主体在下达任务时，允许下属自己决定行动方案，并能进行创造性工作。以这种方式进行授权并非上级向下级指派特定的行政事务，而是上级行政主体向下级发布一般工作指示。大多数的行政授权都属于这一类。充分授权具体又可以分为三种情况：一是柔性授权，即上级领导者对工作不做具体安排，仅指示出一个大纲或轮廓，下属可以随机应变、因地或因事制宜地处理工作，有比较大的自由。这种情况要求有精明能干的下属。二是模糊授权，即授权者一般不明确地讲明工作的事项与范围，只指示所要达到的任务和目标，被授权者自己去选择完成任务的具体途径。该形式一般适用于任务艰巨、需要调动下属积极性的情况。三是惰性授权，即上级领导者把自己不愿意处理的纷乱繁琐事务交给下属处理，其中也可能包括领导者本身也弄不清怎样处理的事务。此种形式需要授权者对下属有充分的了解，并且下属有较强的独立工作能力。

② 不充分授权，也叫特定授权，或称刚性授权，是指上级领导对于下属的工作范围、内容、应达成的绩效目标和完成工作的具体途径都有详细规定，下级行政主体必须严格执行这些规定。这种授权事关重大，涉及一些重要的事务和问题。上级行政领导不能不负起主要责任，下级行政主体被授予的权力是有限的。在刚性授权过程中，被授权者的职务、责任和权力等均有明确的指定。

③ 制约授权，又叫复合授权，这是把某项任务的职权分解授给两个或多个子系统，使子系统之间产生互相制约的作用，以免出现疏漏。制约授权所适用的情况主要是：工作难度较大、技术性较强且容易出现疏漏，故而不宜进行充分授权；上级领导者管理幅度大、任务重，无足够的精力实施不充分授权；或者领导者本人专业知识有限，而无法实施刚性授权。需要指出的是，采取复合授权方式，授权者离不开助理的协商和帮助。

④ 弹性授权，亦称动态授权，是指在完成同一项任务的不同阶段采用不同的授权方式。这种授权适用的情况是：任务复杂，上级对下属的能力和水平无充分把握，环境和条件处于多变状态。

可以看出，这 4 类授权方式当中，前两个类型是基本的授权方式，后两个类型是前两种基本方式的复杂综合，其适用的场合比较少，且运用起来难度较大，授权者必须谨慎使用。

2. 根据利用的授权媒介不同划分

根据利用的授权媒介不同，行政授权又可以划分为书面授权和口头授权。

① 书面授权。上级行政主体以文字形式对下属工作的职责范围、目标任务、组织情况、等级规范、分层负责办法、处理规程等都有明确规定的授权形式。不管所使用的介质如何，这里所谓文字形式包括工作说明书、组织手册、职级规范、办法条例、事务规章、工作分配表、上级对下级的工作训令与指令等等。

② 口头授权。上级行政领导对下属用口头语言所做的工作交代，或者是上下级之间根据会议所产生的工作分配。随着多媒体介质的增多，直接面对面的口头授权开始变得越来越少。需要注意的是，对于责任重大的事情，不宜采用此种方式。否则，将可能导致权责不清、互相扯皮、玩忽职守等后果。

3. **根据授权的合法、规范和程序化程度划分**

根据授权的合法、规范和程序化程度，行政授权可划分为正式授权和非正式授权。

① 正式授权是指行政主体依据法律规定并按照法定程序所进行的授权活动，换言之，即下属行政人员根据其合法地位获得相应职权的过程。这是通常情况下普遍采用的授权方式，其规范性和程序性都比较高，但相对古板。

② 非正式授权是指无法律特别规定或组织体系之外的非程序性授权。非正式授权一般都是在如下情况中采用的，即在工作过程中，下属工作人员厌恶正式程序，或不愿遵守规定的程序，甚至抵制正式的授权。非正式授权主要使用于非正式组织大量存在的行政权力体系当中，其规范性和程序性较低，却相对灵活。虽不属于普遍现象，但非正式授权却是行政授权中所不可或缺的形式之一。

4.3.3 行政授权过程

1. **行政授权的条件**

行政授权意义非常重大，事关管理成败。一方面，进行授权既可以减少上级权力主体的负担，使之有时间处理重大问题，又可以提高下属的能力，充分发挥其专长，还可以对下级管理主体有巨大的激励和推动作用。显然，忽略授权必将影响到管理事业的成败。另一方面，说授权意义重大，并不意味着在任何情况下都可以进行授权。须知授权是需要一定条件的，在条件不具备情况下进行授权也可能出现问题。行政授权的条件有如下几个方面。

(1) 行政授权需要良好的组织和人事基础

行政管理的目标已经确立，方向正确，任务明确。行政工作的预期成果标准已经普遍制定，并且这些标准都是公平合理、切实可行的。行政组织机构已经建立，组织结构系统完善，要素完整，功能健全。这也就是说，“一个实现授权的组织需要明确的目标和坚强的领导”。行政首长认为组织内部的人事安排大致已经确定，不再担心部属的过分变动，而且被授权的下属具有相应的权力能力和工作技能。“授权意味着信任”。这就要求行政组织各个层次的人员尤其是主管与部署之间彼此都能互相信任，组织内部气氛和谐。授权者充分信任部署，也是人本主义在以任务为中心的授权过程中的体现。授权也需要相应组织文化的支持，要求行政组织文化与工作环境良好，工作人员心情舒畅，忠于职守。

(2) 行政授权还必须把握适当的时机

当行政首长工作负担过重，而且下属在工作中随时都要请示领导，让领导决定时，就必须进行授权。当行政组织的指挥系统中有人因工作或其他任务暂时离开，或者遇到高层职位缺位，组织又感到没有适当人员接替时，必须进行适当授权。当行政机关力求开创新局面，重视解决新问题，行政首长必须集中精力专注于开拓创新和重大的组织工作目标时，需要进行适当授权。当有关工作人员并不在一处工作时，因为空间上的差别，容易造成不同的想法、不同的意见和不同的解决问题方式，这也需要有适当的授权。

(3) 行政授权必须考虑工作需要

行政授权必须考虑一定的限度，这是行政授权的限制条件。通常，那些重复性、例行性、繁琐性的工作，还有那些过于专业化的工作或者行政首长不擅长的工作，都可以作为授权的工作内容。但是，行政授权不能将属于上级主管职责范围内的事务作为具体内容给予下级，这要视上级主管手中职权直接的控制幅度而定。一般而言，不应该授权的内容主要涉及：授权本身的安排和处理，成果和绩效的评估，纪律处分和态度劝告，制定政策和总计划，机密任务和自己所接受的特派任务，危机问题的解决方案，复杂敏感的特殊任务。对于什么任务应该授权，什么任务不应该授权，著名管理学家泰罗所提出的“例外原则”，可以看作是界定授权工作界限的原则。所谓例外原则，指的是上级管理者把一般的日常例行性事务交给下属处理，而自己保留对诸如重大政策决定和重要人事任免等例外事项的决定权。这样，能够保证上级管理者有时间和精力去考虑大政方针并研究重要的人事和财政等问题。

2. 行政授权的程序

明确了行政授权所需要的条件之后，随之而来的便是怎样进行授权的问题，亦即行政授权的程序和步骤。具体如下。

(1) 确定授权的工作内容

根据行政管理的目标和任务，行政领导必须先确定自己工作的内容与范围，而后对这些工作进行分析比较，确定哪些事务是自己应该做的，哪些事务是应交由下属或下级行政机关去处理的。

(2) 选择授权的对象

确定行政授权的内容后，上级要根据指派给下级工作的性质、工作量的大小、事务的重要性与复杂性程度，选定授权的对象。为充分发挥行政授权的功能，上级应该根据授权内容选择最适当的下属。

(3) 规定授权工作应该达到的目标、成果以及完成工作的权限和应负的责任

授权工作的数量、质量、时限、权力范围和奖惩的规定等，都必须做到明白无误。因而，在授权工作中采用目标管理，不失为行之有效的方法。

(4) 正式授予权力

正式授予权力是授权者与被授权者之间的契约或承诺的达成。授权者可以采取开会任命方式，也可以采取下发文件、任命书或聘任书等方式进行授权。被授权者可以口头表示接受，也可以通过立军令状或签订合同等形式加以接受。

(5) 检查评估授权成效

行政授权需要规定检查授权成效的办法，最好是避免对过程的不断干预，而采用绩效控制的方法。譬如，规定下属定期填报表格、提出书面报告，规定主要负责人定期作述职报告，保证上下级之间沟通渠道畅通。

3. 行政授权过程中授受关系的处理

为达到有效授权的目的，在具体的行政授权过程中，行政授权主体还必须发挥能动作用，主动克服各方面的干扰，消除行政授权所可能遇到的障碍。

① 行政授权主体要克服心理方面的障碍。行政授权主体主要的心理障碍有：自负心理，主管有高度的优越感，过于自信，认为自己比下属高明，不愿授权。恐惧心理，主管不信任下属，怕下属没有能力或不负责任，不敢放手让下属去做事情，唯恐闹出乱子，贻误工作。猜疑心理，对于有潜力的下属，上级主管害怕其做出成绩，威胁自己的地位。帕金森定律中的妒贤嫉能症，揭示的就是这种现象。权力独占欲，主管有强烈的控制欲望，喜欢大权独揽，从而获得心理上的满足，故不愿分散手中的权力，以免削减自己的权势。

② 行政授权主体要克服能力方面的障碍。这种障碍存在的一般情况是，行政授权主体控制能力不够，缺乏行政授权所需要的应变能力，以致当下级在行使权力过程中遇到困难和挫折时无可奈何。另一种情况是，授权主体根本就不具备相应的领导能力，不善于运用指导、督查与考核等方法。

③ 行政授权还要克服来自授权客体方面的障碍。行政授权的关键在于授权客体能够接受权力。但是，就客体而言，障碍也是很多的。这主要表现为眼高手低，或能力有限等，从而无法接受权力。如果上级授权者事先不考虑这种情况而授予下属权力，就有可能导致逆向授权现象的发生。所谓逆向授权，就是下属将本应自己解决的问题上交，使上级授权主体反又成为授权的客体，成为下属的牺牲品。这属于行政授权的负面效应，是行政授权必须加以克服的。

④ 行政授权也要克服来自组织方面的障碍。因为授权的基本条件之一就是要有良好的组织基础，所以这一点是不容忽视的。如果行政组织的机构不健全，组织的制度规则不完善，权责划分不清，沟通线路不畅，这都将影响到行政授权过程中的授受关系，必须引起足够重视。

⑤ 行政授权还必须克服来自环境方面的障碍。环境的变化经常影响到行政管理活动，行政授权活动自然也毫无例外。行政授权中的授受关系在原有的情况下可能畅通无阻，而换了另一种环境就可能是寸步难行。一旦权力授出，当因为环境变化而导致信息、资源、时空

等因素发生了重大改变，而这些改变又都是授权主体乃至授权客体在授受关系发生之前所预料不及的，被授权者就很难圆满完成任务。

4.4 行政权力行使

国家行政管理的目的与使命只有通过行政权力的运行才能实现。行政权力运行的过程就是行政主体分配和行使权力的过程，就是行政权力主体对客体施加影响、并使客体按照主体意愿采取行动的过程。

4.4.1 行政权力行使的基础、手段

1. 行政权力行使的基础

行政权力行使的目的在于让行政客体服从行政主体。这种服从是与行政权力的基础分不开的。行政主体拥有了相应的资源，操控了相应的事物，便具备了支配客体的资本。也就是说，行政主体获得了相应的权力基础，也就拥有了使行政客体服从的手段。由于权力基础的多样性，行政主体行使权力从而对客体施加影响的手段也是多种多样的。按照相应的基础来划分，行政权力大致可以概括为以下几种情况。

(1) 结构性权力

结构性权力即组织权力，其基础是行政组织的层级结构和组织分工，以及由此所带来的地位差异。一般而言，“权力来自一个人在分工中和在机构的联络系统中所处的地位”。行政组织在社会学意义上称作科层制，其结构常被人们比作金字塔，这些都是就其层级性而言的。科层组织结构具有强有力的内部约束机制，它通过层级制度安排，使每一级行政主体都拥有相应的权力，每一个组织成员都有其适当的地位。层级越高，地位越重要，权力也就越大。与此同时，与科层结构相一致的组织目标结构，也构成强大的功能权力体系，把权力运行和组织目标的实现紧密联系起来，把权力责任、资源控制和利益的实现紧密联系起来。根据权力运行的双峰对称原理，“组织只有赢得内部对其目标的服从时才能赢得外部的服从。其外在权力的大小和可靠性取决于内部服从的程度”。行政客体对于结构性权力的服从源于行政组织自上而下的层级约束力。

(2) 制度性权力

这种权力的基础是行政组织结构所赖以运行的制度规则、制度安排，也包括一些程序性规范和行为准则。需要清楚的是，结构和制度是两个不同的概念。早在20世纪50年代，西蒙就明确区分了团体（group）、组织（organization）和制度（institution）之间的含义。20世纪末期，新制度主义又着力区分了组织与制度两个不同的概念。行政主体通过集体行动的规章制度，可以迫使客体按照主体的意愿去行动。法律和伦理是制度性权力的两种基本形态，二者的有机结合构成合法合理的权力。合法合理权力是现代行政管理的基础。既合法又

合理的权力在社会看来才是具有正当性的权力，行政客体对于制度权力的服从是和这种正当性分不开的。

（3）报酬性权力

报酬性权力起源于交换的不平衡性，此种权力的基础是行政主体对于资源的控制，而这些资源又正是客体所希望得到的东西。如果主客体双方实力相当，彼此存在相等的依赖或影响，那就说明主体缺乏权力基础。在大多数情况下，资源匮乏是行政管理中不可避免的问题，于是便产生了相互依赖关系，产生了权力与服从的关系。行政主体一旦控制了资源本身或控制了取得资源的途径，它就拥有了相应的权力，创造了相应的权力格局。行政客体对于报酬性权力的服从是一种不对称的依赖或某种摆脱依赖的愿望，因为他们希望得到相应的资源，就不得不依赖于某种既定的资源分配格局。

（4）强制性权力

强制性权力的基础是行政组织所拥有的威胁和惩罚手段。恩格斯说过，“文明国家的一个最微不足道的警察，都拥有比氏族社会的全部机构加在一起还要大的权威”。这一方面说明了法律的意义，另一方面说明了强制性权力的威力。行政主体可以依赖权力集中的势能，利用物理的力量进行制裁或威胁，强迫行政客体服从就范。这种权力最原始的形式就是体罚、鞭笞等手段的运用。现代社会则以科层的强制势能为主，暴力通常只是一种后盾，而法律则是必要的依据。强制性权力离不开对于人身自由或公民权利的限制，因而在现代文明国家中，其使用自然也离不开一定的限度，必须依法进行。行政客体对于强制性权力的服从是因为他们惧怕惩罚，惧怕失去自由与权利。

（5）象征性权力

从一定意义上讲，“组织权力是由组织符号体系的结构所构成并得以再现的”。在行政管理过程中，象征性的符号资源可以成为行政权力的基础。构成这种基础的资源包括风俗、伦理、舆论、宗教及意识形态等文化精神方面的因素，也包括语言、仪式和氛围等行动方面的象征性因素，还包括徽标、建筑物、设施设备等物质方面的象征性因素。象征性权力是行政权力最原始而又常新的基础性资源，人们对于这种权力的服从主要是由于对象征性符号的精神敬畏。

（6）知识性权力

知识性权力来源于专业、技术和信息等知识性资源，集中体现为专家所拥有的知识技能和信息处理能力，故也有人称之为专家权力或信息权力。专家所掌握的关于人、事件或其他有助于预测未来行为方向的信息资源，以及作为专家对这些信息处理结果的知识，是行政权力的重要基础。能够带来权力的知识不仅包括有关工作程序本身的技术知识，而且也包括对组织社会系统理解的知识。“如果我们把知识看作权力，那么对可交易信息的不同拥有就给予利用障碍阻止其扩散的人以可观的利益”，而且，“对信息的拥有造成了等级性的交易结构”。就此意义而言，现代行政管理的重要特征在于，知识就是力量，信息就是权力。人们的服从来自于对专家知识水平的认可和信息资源的依赖。

(7) 关系性权力

关系性权力的基础是与行政主体相关的人际关系、社会网络、非正式组织等，这种资源是行政权力运行的重要社会资本。有人说，权力是由一个人在交流与社会网络中的地位决定的。由于关系可以创造机会，增加施展权力的余地，现代思想家米歇尔·福柯（Michel Foucault）干脆把权力视作复杂的、不断变化的关系域，每个人都是其中的一个元素。在这里，人际关系处理技巧和行政客体的情感支持是关系性权力的基础。行政客体对于关系性权力的服从是基于一种非正式约束。

(8) 人格性权力

行政活动是通过人的行为体现出来的。人格性的行政权力取决于具有充任行政主体资格的个人。他们的才能、品德、智慧，处事风格、技巧、作风等，甚至体格特征，都可以构成一种影响力使客体服从。榜样的力量可以看作是这种权力。即所谓“其身正，不令而行”。人格性权力集中体现为个人魅力。魅力一词原本来自神学，其意义是具有与生俱来的优雅风度。但人格性权力又不局限于个人魅力，它同时也包括与个人特质相契合的情势。人们对于人格性权力的服从来自于特定情势下对作为行政主体的人的尊敬与爱戴。

2. 行政权力行使的手段

构成行政权力基础的各个方面是权力运行的重要资源。有了这些资源，行政权力的行使就拥有了各种相应的手段。但是，仅有这些资源，行政权力还不足以自动运行。需要构成行政权力资源的要素采取一定的组合方式，在行政主体意志的推动下，行政权力手段才能活动起来。

(1) 权力压力

在行政权力行使过程中，行政主体会运用强制性权力基础，通过物理学、生物学和心理学等方面的力量，以威胁、限制和恫吓等形式，让行政客体在物理、生理和心理上不可或缺的需要遭到破坏，或处于危险境地，而行政客体要保证其自愿选择和行为的能力，又离不开这些需要。这样，当行政客体不得不满足的需要到了被剥夺的危险境地时，权力的压力就开始起作用。一般情况下，将施加压力的方式用于阻止人们的行为或行为倾向，比用来迫使人们按照给定方式行动更为有效。因为有压力就有反作用力，所以，在行政管理过程中采用这种权力方式需要谨慎从事。又因为这种权力手段会伤及公民权利，故压力的使用必须严格限定在法律允许的范围之内。

(2) 权力控制

权力控制是行政主体通过结构权力和制度权力资源，以行政法规、命令、指示、规定、章程、要求等形式，按照行政组织的层级结构明示，要求权力客体依主体的愿望行事。行政主体在使用这种权力手段时的假定是，人的行为程序原则上是可以编制的，可以通过外部影响保证行为的方向。当行政主体的愿望引起客体的行为和倾向改变时，就说明行政主体控制了行政客体。控制手段多用于让行政客体按照主体给定方式行动的情况下，是行政权力运行过程中所普遍采用的方式。在行政主体采用控制手段持续存在的状态下，久而久之，行政客体受控的行为方式就会变成自动的行为方式，故权力控制手段较适合程序性的事务管理。

（3）权力操纵

权力操纵是指行政主体通过限制信息供应、进行信息误导或蒙蔽性宣传等手段，隐瞒或部分隐瞒事实真相及行动目的，从而影响权力客体，并使权力客体采取行动以满足权力主体的意愿。“当掌权者对权力对象隐瞒他的意图，即他希望产生的预期效果时，就是企图操纵他们”。因而，权力操纵的重要特征就在于其“隐秘性”。它主要通过心理活动施加影响，“不仅促使受影响的人做别人想叫他做的事情，而且迫使他自愿做这件事情”。当然，操纵也可能通过物质利益的诱惑来完成。不管采取何种手段，在目的上的隐秘性是操纵的关键之所在。一旦“隐秘性”不复存在，“自愿”即告消失。由于权力操纵在伦理上的问题，这种方式不可避免会引起怀疑和不信任。即便是善意的操纵，即便是综合运用权力行使的其他手段，就其广延性、综合性及强度而言，操纵的效果都是有限的。滥用操纵手段必然带来行政权力的危机。

（4）权力诱导

如果行政主体提出呼吁或劝告，并提供相应的理由和诱因，行政客体根据自己的价值观和目标，经过自主思考或独立估量之后，接受行政主体的意见并将其作为自己行动的依据，那么，这种权力运作就是成功的诱导方式。诱导自然离不开物质利益的诱因，但物质诱因的使用重在奖励而非剥夺。虽然诱导方式也和操纵方式一样运用知识性权力资源，但它是在理性说服的条件下发生的，靠的是循循善诱和谆谆教导。因而，诱导方式在伦理上被认为是一种良好手段，其应用范围比其他权力手段要广泛得多。但因受到价值判断的影响，这种权力行使方式和行政权力本身的正当性密切相关。如果行政权力的合理性与合法性丧失或部分丧失，权力诱导手段就开始失去效力。和其他权力手段相比，权力压力带来的服从是被迫的，而权力控制带来的服从尽管自动，权力操纵带来的服从虽然自愿，但都不像权力诱导方式那样，其所带来的服从是自觉的。

4.4.2 行政权力的行使轨迹描述

行政权力作为一种抽象的物质力量，在其行使过程中虽然不能像流星划过天空一样让人们直观地看到其行使轨迹，但在其实施对行政客体管理的过程中，总有自身的运动特点和具体表现，按照不同的标准，会形成不同的行使轨迹。

1. 行政权力的合理行使

这是指行政权力在行政主体的掌握下完全沿着法定轨道的合理行使，这种行使是按照国家宪法、法律和法规的规定运行，符合社会发展的方向，能发挥行政权力体系的整体功能，达到推动社会发展、维护社会安定、增进公共福利的目标。因此，这种行使轨迹是绝大多数国家人民希望的行政权力模式。我国是一个社会主义国家，又是一个人民民主专政的国家，因此，从理论上来说，通过行政权力的合理行使把党和国家的路线、方针、政策贯彻落实下去，以体现全体人民的意志和共同利益，推动社会主义现代化建设事业的顺利实现，这应是我国行政权力运行的基本方向和主要轨迹。在现阶段，由于受到各种主客观条件的限制，完全实现行政权力的合理行使只能是一种理想，但这并不妨碍我们在一定范围内实现行政权力沿法定轨道的有序执行，从而最大限度地实现行政权力的合理行使。

2. 行政权力的部分越轨行使

这是指行政权力在实际行使中，由于局部脱离法定轨道而产生的一系列越轨行为，如侵权、越权、渎职、官僚主义等。现阶段我国行政权力的部分越轨行使主要表现在以下几个方面。

(1) 行政权力行使中的弱化现象

在我国一些基层行政部门中，虽然各级行政权力主体掌握有一定的行政权力，但他们却在实际工作中不能靠自己的能力去驾驭行政权力，而往往受制于地方的复杂环境，使行政权力在现实中被架空，这不仅使行政权力不能沿法定轨道正常行使，反而削弱了行政权力的权威，造成当地社会秩序的混乱，降低了政府在人民群众中的威信，情况不容忽视。

(2) 行政权力行使中的扩张现象

由于行政权力具有极大的扩张性和侵略性，一部分行政主体超越权力界限行使权力，有时可能会出现忽视立法权威、轻视司法独立、藐视公民权利的情况，突破权力界限，混淆权力的关系，排斥民主、公正和自由。尤其是在社会主义市场经济体制下，违背市场规律对市场进行过多的行政干预，利用行政权力来阻碍生产要素在不同产业之间的自由流动、自由竞争，从而攫取不正当的利益。这种“权力寻租活动”必然会破坏社会主义市场经济的公平竞争原则，对社会主义市场经济的建设与发展极为不利。

(3) 行政权力行使中的官僚主义现象

主要表现为一部分行政人员办事拖拉，行动迟缓，工作效率低下，不能充分发挥管理职能；一部分行政人员欺上瞒下，大搞地方保护主义和部门主义，妨碍了党和国家方针、政策的贯彻落实；还有一部分行政人员高高在上，脱离实际，好大喜功，大搞“面子”工程，不能为民办实事，等等。

3. 行政权力的完全越轨行使

这是指行政权力在实际行使中，局部范围发生与权力本质相背离的现象，如滥用权力、以权谋私等。这种行使方式会导致社会秩序的紊乱与动荡，是我们应力戒的运行方式。从现实看主要表现在以下两个方面。

① 行政权力的完全“人格化”现象。一部分行政权力主体把自己手中的行政权力视为私有财产，将其完全“人格化”，导致了人格权威大于机构权威和法律权威，具体表现为在政府管理中，“公仆变皇帝”，行政权力主体往往以言代法，并左右着政府的法令和政策，下

级通常把上级的言论指示当作行动的依据，搞“一言堂”等。

② 行政权力行使中的异化现象。行政权力一旦超越法定界限行使，就会成为健康社会的异己力量，成为滋生腐败的温床。以权谋私的行为就是行政权力异化的重要表现。应当承认，我国的国家权力属于人民所有，是为绝大多数人谋利益的，国家权力的这种本质决定了我国的行政权力运行基本上不会出现完全脱轨行使的异化现象，但局部范围内和某种程度上的行政权力异化现象却是不可回避的。行政权力作为一把双刃剑，它既可以给人民带来福祉，也可以成为掌权者谋取私利的工具，所以重视权力的作用，预防权力腐败是我国政府当前中心工作的内容。因为腐败不能创造任何社会财富，而是不公正不公平不公开不合法地转移社会财富，造成更大范围的社会分配不公。

4.4.3 影响行政权力行使程度的因素

1. 行政权力目的与手段的合理性与正当性

行政权力在行使过程中所凭借的资源、选择的方式及其与行政目的之间的关系，行政客体对于行政权力目的的认同等，都属于这方面的影响因素。目的之合理性与正当性直接影响到行政权力自身的权威性。行政权力的目的直接体现为政策目标，这是与国家目标相关的，其合理性与正当性也就反映了国家权威的合法性。拥有合法性的国家权威往往体现了能够为社会公众所接受的价值体系。合法性的政策目标是行政客体之所以服从的前提。行政权力目的的合理性与正当性也会影响到行政手段的正确与否。而不同的行政手段，又能产生不同的行政管理效果。当然，在某些情况下，正确的目的也可能产生某种不正确的手段。但是，从整体上讲，保证行政权力目的与手段的合理与统一，是实现有效政府的首要前提。

2. 行政权力的强度

强度的大小取决于行政权力的结构，更取决于行政权力的基础。行政权力的结构无论是静态方面还是动态方面，一般是相对稳定的，只有在改革调整时期才发生明显变化，影响到行政权力强度。而行政权力的基础则经常以变量的形式出现。如前所述的行政权力的各种基础，基本上可以概括为两个大的主要方面，其一是分配的基础，其二是个人的基础。所谓分配基础，是指与职位相关的行政权力。它是通过行政权力分配而来的，在行政权力行使过程中体现为职务权威和法的权威。这种基础虽然与行政权力结构相关，也具有相应的稳定性，但因为行政权力人格化与非人格化的张力集中体现于此，所以其变动性也相当突出。加之，不同层次上及不同功能方面的职位权力，其权威的大小也是不一样的，因而在行使过程中的作用也各不相同。所谓个人基础，是指作为行政权力主体的个人自身可能带来的某种权力，包括品质、经验、知识、专长等方面的影响力。个人权力在行使过程中体现为人格权威和技术权威。这种权威的大小是因人而异的，所以，用人是行政权力行使过程中非常重要的环节。个人权力在行政权力行使过程中的作用不容忽视。在现实中，经常出现一种现象，因其在位人员不同，相同职位权力的行使程度也会有所不同，原因就在于此。

3. 行政客体的潜在能力

作为行政客体的个人，其财富的多寡、教育水平的高低、文化知识的多少和技术能力的强弱，都在很大程度上影响到行政客体的认知与行为能力，影响到客体对于政府政策与法令的认同与反应程度。就作为行政客体的社会集团与社会组织来说，它们潜在能力的最佳组合与整体效应，对其每一个成员能力的发挥都有很大的影响。

4. 行政权力作用的范围

范围的大小需要视权力强度、权力基础、权力手段、社会发展水平等情况而定。超越行政权力的能力发展，无视行政客体的认同，而一味追求过大、过宽的管理范围，行政权力在行使过程中就有可能发生衰减或衰变，影响行政权力的最终实现。所以，不论“最小的政府就是最好的政府”这一命题是否正确，我们至少可以认为，大政府未必就是好政府。

5. 行政环境问题

无论是政治环境、社会环境、文化环境和国际环境等外部环境，抑或行政文化、行政氛围等内部环境，都对行政权力的行使起着一定的制约作用。其中，一个国家的政治遗产和经济发展阶段是影响行政权力行使程度的重要因素。

4.4.4 建立完善合理的行政权力行使机制

国家行政管理的目的和使命只有通过行政权力的运行才能实现。所谓行政权力行使就是指实体性行政权力通过行政主体作用于行政客体，以实现管理国家和社会事务的过程。

孟德斯鸠明确指出，“一切有权力的人都容易滥用权力，这是万古不变的一条经验。有权力的人们使用权力一直到遇有界限的地方才休止。”因此，对于行政权力的制约应该是与行政权力同生并存的，必须建立完善合理的制约机制，以求最大限度地防止和克服行政权力行使中的越轨行使现象。

1. 建立健全行政权力行使主体的进入机制

行政主体是行政权力运行的重要构成要素，所以要实现行政权力运行的科学化，首先要完善行政权力主体的进入机制。我国自从1993年实行国家公务员制度以来，公务员的选拔任命方式产生了重大转变，除原来的任命、调任、转任方式外，增加了公开考录、竞争上岗等方式，这为优化行政主体的素质奠定了良好的基础。2005年4月27日，十届全国人大常委会第15次会议通过的《中华人民共和国公务员法》，将于2006年1月1日起实施，它的出台对进一步提高公务员的素质将会起到较大的作用。

2. 建立健全行政权力载体的配置机制

由于行政权力首先表现为一定的职位，有了职位才能拥有相应的权力，所以行政机关的设置在一定程度上决定着行政权力能否合理运行。行政机构如果配置不合理，必然会导致机构膨胀，从而就会导致权责不清、效率低下等问题，因此，要完善行政机构的配置机制，制定和完善行政机构设置法、行政编制法和公务员法等法律法规，遵循精简、统一、高效的原则设置各级行政机关，并对现有的行政机构进行改革，为行政权力的正确运行奠定基础。

3. 建立健全行政权力的获得机制

要做到依法取得行政权力，规范行政权力的界限。我国的宪法和法律对权力的来源和权力主体的掌权方式都有明确的规定，行政权力也必须依法取得，建立在合法性的基础上。全国人民代表大会是我国的最高权力机关，它制定的宪法和法律是产生行政权力的依据，没有法律依据的行政权力属于无效权力。规范行政权力的界限是指用法律来界定与行政权力相关的各种权力的边界，在横向方面，法律要严格规定行政权力的权力范围、权力结构及行政权力机关的法定构成要件；在纵向方面，要用法律合理划分中央与地方两级行政权力的职能边界，既要防止地方行政权力的膨胀，出现地方保护主义和分散主义倾向，保证中央的行政权威，又要赋予地方一定的自主权，以充分发挥地方的积极性、主动性和创造性，实现中央政府与地方政府权力的合理配置。

4. 建立健全行政权力行使的程序机制

行政权力运行的程序机制是指对行政权力主体实施行政权力的方式、步骤、时限等的规定。具体表现为必须遵循以下三个原则：一是平等原则，即公民、法人与行政机关在行政过程中法律地位应当平等，应当建立听证、协商、沟通等保证公民平等参与行政行为的各项制度，并制定统一的行政程序法典。二是公开原则，即增加行政行为的公开性和透明度。要制定《公职人员财产申报法》、《政务公开法》、《政府信息公开法》、《舆论监督法》、《公务员公开选拔和任职公示条例》等法律法规，建立政务公开制度，实施阳光行政。三是公正原则，公正原则既是正当程序原则的出发点，又是其最终归宿。

5. 建立健全行政权力行使的责任机制

行政责任是行政权力的共生物，只有承担了一定的行政责任，才能享有相应的行政权力。我国要健全合理的行政权力行使机制，就必须建立社会主义的新型责任政府。一是要建立政府首长和组成人员在重大违法失职、滥用职权等情形下引咎辞职的政治责任制度。二是要健全国家公务员因个人违法渎职、滥用职权、贪污腐败必须受到行政处分的行政责任制度。三是要健全行政机关因违法失职、滥用职权、从事特定的行为损害公民、法人合法权益而引起行政行为被撤销、变更、责令重作、损害赔偿或补偿的法律责任制度，以及在此过程中国家公务员因故意或重大过失造成违法侵害发生而导致的国家赔偿责任和个人应承担的刑事责任追究制度。四是要建立行政机关和国家公务员因轻微违法失职或官僚主义等而向公民、法人赔礼道歉的道义责任制度。

6. 建立健全行政权力行使的监督机制

一是要建立包括内部监督和外部监督在内的全方位的监督体系，实现他律和自律的有效结合；二是要力争实现监督的最优化。我国目前的监督体系已比较健全，一个重要的问题就是如何使监督行为更加有效，实现监督的最优化。因此，要实现行政监督的外在化，真正的监督都必须是外在的、单向的，监督者只能对被监督者行使监督权，但被监督者不能反过来再对监督者行使监督权；要实现监督机关的独立化和专职化，尤其是行政内部监督机关，除了行使监督权以外，不能行使其他权力，否则就限制监督权的行使；要实现监督与制裁的有效结合。只有监督，没有制裁，当事人被发现违规甚至违法而不受到惩罚，这和没有监督一样。所以，只有以严格制裁为后盾，监督才能起到真正的作用。

思考题

1. 试述行政权力的内涵。
2. 试述行政权力人格化和非人格化之间的张力。
3. 试比较现代行政权力与传统行政权力。

案例4：日本钉子户拖延东京成田机场建设十余年

最牛的“钉子户”或许在日本。因为居民不肯搬迁，日本东京成田国际机场1号跑道拖延十几年才完成，2号跑道无法修到规定长度屡发起降险情，3号跑道至今还在图纸上不能动工。成田机场位于东京东北的成田市三里镇，是日本最重要的国际机场。成田机场的建设从一开始就不是一帆风顺。20世纪60年代初，日本政府决定建造一个代替羽田机场的国际机场，最初选在现在机场地址以南4公里一个叫富里的地方，但是富里地区当地农民发起了激烈的反对建机场运动，政府只好作罢。1966年6月，当时的佐藤荣作内阁决定把宫内厅下属的皇室牧场所在地的千叶三里冢芝崎地区作为机场候选地。但原有的皇室牧场只占机场用地不到一半的面积，需另征大量土地，当时的政府做了件傻事，在7月4日内阁会议上拍板之时，却没有与当地农民进行沟通。7月20日，三里冢农民闻风而动，成立了“三里冢芝山联合机场反对同盟”（简称反对同盟），漫漫长途的斗争从此开始。起初，那只是纯粹的农民保卫自己家园的运动。很多业主发起了“一坪地主运动”，将自家的土地以一坪（约3.3平方米）为单位出售，以大量增加土地拥有者，提高政府谈判的难度，他们“以没有抵抗的抵抗战术保卫土地”，无论政府如何规劝，我自岿然不动。甚至组成少年行动队、青年行动队乃至妇女行动队开展斗争。从1967年开始，“农民运动”的性质有了一些变化，当时的新左翼各派开始加入三里冢斗争，运动也得到日本社会党、日本共产党的支持，这使得三里冢斗争的内涵愈加丰富，形势愈加复杂。起初当地农民与新左翼政治家配合，但反对同盟内部后来又意见不一，分成了“小川派”、“热田派”、“北原派”等开展活动。

政府对“钉子户”们一向采取非妥协的姿态，1971年政府凭借《土地征用法》，采用强制手段征得足够土地。2月22日，政府开始第一次强制征地行动，反对同盟成员与警察发生冲突。9月16日，在第二次强制征地行动中，双方在东峰十字街展开“战斗”，其中3名警察死亡，双方各有多人受伤，政府不得不把原先建设三个机场跑道的计划缩减为一个，凭借《土地征用法》，采用强制手段才征得1号跑道及机场配套设施所需土地。此次事件中，三里冢机场反对同盟的青年行动队员55人被起诉，经过十多年的审判，3人判无罪，其余52人虽判有罪，但是缓期执行。

1973年建成了1号跑道和机场配套设施。剩下的“钉子户”在自己的土地上建起很高的铁塔，妨碍飞机起降，当局只好继续谈判同时施压。

1977年5月6日，“钉子户”们在自己的土地上建起的铁塔被政府行政执行人员推倒，并在5月8日引发农民与警察机动队之间的冲突，一名叫东山薰的农民声援者无辜死亡。成田机场原定于1978年4月启用。此前的3月26日，一支“农民敢死队”占领了机场的管制塔，破坏了各种设备，还有大量新左派分子加入行动，而警察甚至拔枪乱射，酿成“成田机场管制塔占领事件”。两个月后的5月20日，成田机场正式启用，反对同盟还发起了“百日战斗宣言”运动，继续进行一些机场破坏活动。后来，碍于政府的强硬态度，以及机场建设是既成事实等原因，当地一些农民做出了让步，陆续迁出。三里冢斗争暂告一段落。但还是有一部分人坚持下来，成为坚挺的“钉子户”，不屈不挠地阻止机场扩建计划。

成田机场1978年3月30日终于启用。在整个斗争期间，居民和警察都有伤亡。鲜血让当局更加谨慎，政府承诺不再强行动用《土地征用法》，而2号跑道也就一直未能动工。

1985年10月20日，因反对机场二期工程，当天反对同盟的“北原组”在三里冢第一公园主持召开集会，约有3 900人参加集会，他们用翻斗车把大量石头、铁管、火焰瓶等搬进现场。而警方则派出了四个机动队和机场警备队从四面包围了集会场所，此外还有警视厅航空队派出直升机在上空盘桓。冲突终于发生，恶斗持续了两个小时。有59名警察受伤，3台装甲车被严重毁坏。反对同盟241人被逮捕。这是成田机场启用以来最大规模的冲突。

1999年，迫于2002世界杯在日本举办的压力，当局必须修建2号跑道，于是放弃谈不下来的地皮，避开“钉子户”地皮，转而向北修建跑道，并于2002年完工。但这条原定2 500米的跑道也就只能修到2 018米，一些大型客机无法起降。

日本早在1951年就通过了《土地征用法》，授权日本政府在修筑公共设施时向社会征用土地。日本政府恃有《土地征用法》的授权，便采用强制手段征得足够土地，建成了一条跑道和机场配套设施。从1978—2004年间，日本全国共发生过900多起针对政府的“游击事件”，其中500多起与成田机场有关。20世纪90年代以后，政府采纳学者的建议，不再强行动用《土地征用法》。成田“钉子户”们的长期斗争，使得日本的《土地征用法》没有用武之地。

2005年1月11日，当局和2号跑道南端的7户人家重新开始谈判，希望能买到他们的地以便把跑道延长到足够的长度。居民拒绝做出妥协。4月30日，日本国土交通大臣日北侧一雄宣布，“如果居民还是不同意收购土地，我们就向北侧延长，今后不再进行用地谈判”。日本媒体一时笑谈“北侧说跑道向北侧延长”。7月15日当局最终决定放弃谈判，跑道向北延伸。预计2010年可以完成。

2006年11月24日，在日本内阁经济财政会议上，首相安倍晋三表示希望机场可以24

小时运作，夜间也能起降。很快就有媒体评论说，这将进一步打击成田机场的地位（东京有成田、羽田两个机场）。成田机场是无法提供夜间起降服务的，因为根据和机场内几户居民的协议，夜间禁止起降，以免影响到这几个“钉子户”的休息。这几户人家就住在机场里面，他们已经与政府和机场斗争了40年。

成田“钉子户”对日本来说是极为惨痛的教训，可以说，“钉子户”、政府，没有实现双赢。1966年日本政府给成田机场的建设预算为1 350亿日元，后来实际上花费了十倍于那个数目。后来日本规划机场大多往海边发展。多年斗争中13人为之丧命。在日本国内，对于这几个“钉子户”的看法也存在很大争议，在日本一个网站的调查中，有过半网友支持当局通过法律手段解决问题。有网友评论说，在日本这样一个看重集体利益的国家，一方面注重私产保护，一方面很多人也认为在公众利益面前个人作出一定牺牲是应该的。成田机场“钉子户”和政府的数十年较量也折射了战后日本高度经济成长期政治、经济、社会发展变化的过程。坚持抗争四十余年而且还在继续的日本“钉子户”也成了各国的研究课题，如德国政府在建机场前，就以成田机场为鉴，事前在充分得到当地人同意的情况下才敢动工。

讨论：

(1) 从日本成田机场建设过程，分析日本政府是如何行使行政权力的？其行使过程遇到哪些障碍？

(2)“钉子户”们有没有错误？如何评价“钉子户”们的行为？

(3) 建设成田机场过程中，政府行使行政权力应该受到哪些约束？

第5章

行政组织

行政组织是国家行政职能的承担者，是运用行政权力依法实施行政管理的主体，行政活动归根结底是一种社会组织活动。行政组织的结构形态和运行机制是否合理与高效，是影响行政效率高低的最主要因素。

5.1 行政组织概述

5.1.1 行政组织的含义

“组织”一词，在我国原始的含义是指将丝麻等纺织原料制成布帛，也就是组合纺织的意思。在英语中，“组织”一词来源于器官，是指自成系统的具有特定功能的细胞结构。后来，“组织”的意义被引申到人类社会，组织这个词被用来表示一切由相互依赖和相互作用的各个部分所构成的，具有一定功能的整体。组织是人类社会普遍存在的现象，以各种关系构成的大众群体都可以称为组织，如氏族、部落，后来的国家、政党、军队，以及社会上的各种社团、企业、学校、医院等，可以说，组织是人类社会最基本的形式。“组织”是指人们围绕一定目标联合起来进行有序活动的群体。从语义学上来看，“组织”是一个历史悠久的词汇，在西方起源于医学的“器官”一词，在我国则起源于农耕生活。现代汉语中的“组织”一词可以作为名词或动词使用。在现代社会，作为一个科学概念，行政组织是行政管理活动的主体，即国家为推行政务，依照宪法和有关法律规定的程序组建的行政机构体系。简言之，“行政组织”是指国家为推行政务依法组建的行政机构体系。

1. 行政组织

所谓行政组织，是一种特定的社会组织，它通常是指为行使国家权力，管理公共事务，通过权责分配、层次结构、人员安排所构成的国家行政机关的完整体系。

(1) 行政组织有广义和狭义之分

广义的行政组织指一切具备计划、组织、协调和控制等行政功能的组织，它既包括国家行政部门的组织，也包括国家立法、司法等部门内履行行政职能的组织，还包括企事业单位、群众团体内部的相应机构。狭义的行政组织是指为执行国家政务所结成的有系统的组织机构，简单地说，就是指政府机构。本章对“行政组织”概念的讨论，主要是指“国家行政组织”（即国家行政机关）而言的。

（2）行政组织有动态和静态之分

虽然行政组织是由人和机构组合而成的有机整体，但却经常处在动态管理过程之中，所以，对“行政组织”概念，同样可以进行静态结构描述和动态过程分析。动态的行政组织是指行政机关执行政务的各种组织活动和运行过程。静态的行政组织是指国家为执行政务而依法组建的行政机关体系。人们在使用“行政组织”概念时，通常只作名词理解，如果用来描述动态过程时，通常要在“行政组织”后加上“行为”、“活动”或“过程”。

（3）行政组织阶级属性与社会属性之分

从阶级属性上说，行政组织是指在国家政治生活中占主导地位的阶级推行本阶级意志的组织工具；从社会属性上说，则是国家为实现社会目的而通过一定的法律程序所建立和规定的，有着一定行政目标、人员设置、权责分配、结构形态、财物所有的行政机关体系，其组织行为受国家强制力的保障。

2. **行政组织的比较释义**

为了辨析行政组织的含义，进一步界定行政组织的概念，有必要把与行政组织雷同和间或使用的概念作出区别。

（1）行政机关

国家行政组织是狭义政府的同义语。政府是一个大的组织系统；行政机关则只是政府大系统的一个次级系统。换言之，国家行政组织是综合的、整体的、享有完全行政权的法律和行为的主体，行政机关则是单一的、部分的、享有有限行政权的法律和行为的主体。在统属关系上，行政机关必须服从政府，部门首长必须服从政府首脑。行政机关的有机配合，构成整体的行政组织。

（2）行政机构

行政机构常与行政机关混用，事实上，二者也确实不存在根本的区别。从管理的角度看，行政机构常偏重于编制的、预算的、组织结构的含义，行政机关常偏重于主体的、职权的、法规的含义。行政机关恒定是行政机构，行政机构则不一定是行政机关。在正式的法律用语中，关于国家行政权力主体，通常称行政机关或行政组织，很少使用行政机构的称谓。

（3）官署

在行政学的意思上，官署主要指具有决定权并对外代表国家意志的事权机关，因而官署是行政机关之一种。在我国历史上，官署亦称官府、官衙，主要是民间对政府或政府机关的一种称呼。这种称呼常常表现出一种不满和失望的情绪。

正确理解“行政组织”概念，需要把握以下几点：①行政组织是行政权力的物化，是中央和地方各级政府行政管理活动的主体。我国的行政组织包括中央人民政府和地方各级人民政府，其主要任务是组织中央和地方各级政府的行政管理活动，管理国家和社会公共事务。②国家行政组织是依照法定程序组建和变更的。现代法治行政的基本标志之一，就是政府组织的依法设置、依法组建、依法变更和依法废止。这些法律在我国主要包括宪法、组织法、公务员法、编制法和其他相关法规。③行政组织是各类行政机关的有机组合，是由人员、职位、单位、部门等复合而成的有机整体。行政组织的生命力取决于行政组织的结构、功能、内部运行机制以及其行政组织与行政环境的相互作用机制。④设置、组建和变更行政组织的目的在于有效地推行政务，即有效地管理国家和社会公共事务。就是说，国家与社会公共事务的“质”和“量”的变化，以及与其相关的行政效率和效能决定了行政组织的设置、组建和变更，决定了行政组织的规模、结构和功能。

5.1.2 行政组织的特征

1. 行政组织的一般特征

行政组织除具有其他社会组织的一般特征以外，还具有自身的一些显著特征。

(1) 政治性

行政组织作为国家机构的重要组成部分，体现了国家的意志，并代表国家行使行政权力，保证反映国家性质的宪法和法律得到全部、正确的实施，是履行国家政治职能的重要主体。因而行政组织具有鲜明的政治性。

(2) 社会性

行政组织是专门管理社会公共事务和为社会提供服务的组织，是为国家和全体公民办事的机构，它要为一定社会公众的利益提供条件和保障。在当代社会中，各国行政组织的服务作用日益增强。行政组织的这种管理性、服务性的特点充分反映了它的社会性特征。

(3) 权威性

行政组织代表国家行使权力和执行公务，其行为建立在宪法、法律的基础之上，因而具有权威性，它的一切合法活动都受到国家强制力的保障。行政组织的权威性主要表现为依法制定的行政措施、行政法规、行政决定和命令等对各社会行为主体具有普遍约束力，适用者必须将其作为合法的规定加以接受。否则，就要负相应的法律责任，或者由行政机关对之进行处罚，或者采取强制措施，以保证具有强制力的行政行为的实现。

(4) 系统性

行政组织是为了实现统一的行政目的并依法建立起来的，与其他社会组织相比，行政组织更富于系统性。任何行政组织都是由不同层次、不同业务部门所组成的具有严密体系的有机整体，国家行政组织更是一个大的系统。

(5) 法制性

法制性的基本含义是“依法行政”。行政组织是依据宪法和法律建立的，其组织宗旨、人员编制、机构设置、行为规范、运作方式、财政预算等都由宪法和法律规定。行政组织必须按照宪法和法律要求，实施行政行为或行政管理，无论是自身管理还是社会公共管理，都必须接受其他的国家权力主体和社会的法制化监督，超越权限的行为，将受到追究和制裁。

（6）动态性

为适应社会历史的进步，行政组织处于不停发展变化中，变革和重组是组织的本质要求。行政组织是在与社会交互作用的动态平衡的过程中，相互促进、共同发展的。

2. 行政组织的比较特征

行政组织与政党组织和国家组织相比，具有派生性、执行性、垂直性和强制性特点。

① 行政组织与政党组织相比，具有国家强制性特点。二者具有各自不同的职能，政党是一种社会政治组织，不属于国家组织的范畴，不具备国家强制力，具有社会政治组织特有的性质和职能。中国共产党是我国的执政党，“党的领导”就是中国共产党通过政治的、思想的和组织的途径，执掌国家行政权力，对国家机关实行有效的领导。但并不意味着由党组织直接行使行政组织的职权；任何“党政不分”、“以党代政”的现象，都不符合国家法律规范和公共管理原则，都是现代法治国家或法治行政所不允许的。理顺党政关系就是从法律和制度上理顺政治与行政的关系，保证执政党组织和行政组织在宪法和法律规定的范围内，各司其职、各负其责，从各自的职能范围出发，行使各自的权限，履行各自的责任，实现其政治与社会职能。

② 行政组织与国家权力机关相比，具有不同的职能和“派生性”、“执行性”、“垂直性”特点。我国宪法第 2 条规定：“中华人民共和国的一切权力属于人民，人民行使权力的机关是全国人民代表大会和地方各级人民代表大会。”第 57 条规定：“中华人民共和国全国人民代表大会是最高国家权力机关。”第 3 条规定：“国家行政机关、审判机关、检察机关都由人民代表大会产生，对它负责，受它监督。”第 85 条规定：“中华人民共和国国务院，即中央人民政府，是最高国家权力机关的执行机关，是最高国家行政机关。”第 105 条规定：“地方各级人民政府是地方各级国家权力机关的执行机关，是地方各级国家行政机关。”国务院依照全国人民代表大会制定的宪法和法律，执行全国人民代表大会的决议和命令，统一领导全国地方各级国家行政机关的工作，管理国家和社会公共事务。由此可见，我国行政组织在其产生上具有派生性，在运行机制上则具有执行性、垂直性特点。

③ 行政组织与司法机关相比，主要是性质和职能上的差异，在上级对下级的“领导”关系上，也具有各自不同的特点。在我国，司法机关包括人民法院和人民检察院。宪法第 126、131 条规定，人民法院和人民检察院依照法律规定独立行使审判权，不受行政机关、社会团体和个人的干涉。第 127 条规定：“最高人民法院监督地方各级人民法院和专门人民法院的审判工作，上级人民法院监督下级人民法院的审判工作。”各级法院之间，不存在垂直的领导与被领导关系；同时，第 128 条规定：“最高人民法院对全国人民代表大会和全国人民代表大会常务委员会负责。地方各级人民法院对产生它的国家权力机关负责。”而第 129 条规定：“人民检察院是国家的法律监督机关。”第 132 条规定：“最高人民检察院领导地方各级人民检察院和专门人民检察院的工作，上级人民检察院领导下级人民检察院的工作。”但是，最高人民检察院对地方各级人民检察院、上级检察院对下级人民检察院的“领

导”，主要是一种“业务”性质的领导，而国务院对地方各级人民政府的“统一领导”，主要是一种“行政”性质的领导。

5.1.3 行政组织的基本要素

行政组织是一个由若干要素组成的有机整体。行政组织的基本要素概括起来主要集中在以下8个方面。

1. **组织目标**

行政组织要有明确的行政目标，组织目标是行政组织存在的基础，是行政组织的第一要素。组织目标是一个由总目标、分目标与具体的工作目标组成的目标网络，决定了行政组织体系的层级划分、部门配置及岗位设置，也决定了行政组织活动的方向、范围和内容。总目标确定后，将其按层级进行分解，依次确定所属各组织的分目标。行政组织的目标是依法、有效地管理国家事务、社会公共事务和行政组织内部事务。

2. **职能范围**

职能范围是围绕组织目标，对行政组织所要完成的工作任务、职责及其作用的总体规定，它确定了行政组织行使职权的活动和作用范围，是决定赋予行政组织何种权力、如何设置机构、如何进行管理的主要因素和依据。行政组织实行职位分类，包括合理确定职级、职等、职系等，明确每个公务人员的职责。

3. **人员构成**

人员是行政组织的主体，组织不是物质关系的体现，而是人际关系的体现。行政人员的专业、知识、能力等素质决定着组织目标的实现程度，直接影响到行政组织的效能，决定着行政组织活动的效率。现代管理强调以人为本，强调调动人员积极性和挖掘人力资源潜力，人员的选拔、录用和管理成为行政组织自身建设的首要内容。

4. **权责体系**

行政组织是一个纵横交织的权责体系。行政组织确定权责，明确组织间的隶属关系和平行关系，以及行政组织的权责划分。行政组织之所以能够顺利开展工作，原因之一就在于组织内的各机构、各人员都依法享有并行使相应的行政权力，依法承担并履行相应的行政责任，滥用权力、逃避责任的机构和人员将依法受到惩治。行政组织通过明确权力与责任，严格规定了上下级之间的领导与服从关系、平级之间的协作配合关系，保障行政组织各组成部分的有序运行。正是因为权责关系的存在和相互作用，才促使行政组织上下一致，前后协调，共同承担，完成目标的任务。

5. **机构设置**

机构是行政组织的实体，是行使行政权力的载体，依据法律设置机构是行政组织构成的基础。根据组织目标、职能范围，在行政组织内部进行职能配置和职能分工，组成具有行政权力的一系列行政机构。行政机构设置是行政组织的核心，是决定行政效率的关键。

6. **财物因素**

财物是行政组织的物质条件。财物是指行政经费、办公场所、办公设备、物资、用品等进行行政管理活动必需的物质条件。没有这些物质条件，组织就无法实施行政管理。因此，财物也是行政组织必不可少的一大要素。

7. **运行机制**

行政组织是规模庞大、层次繁多、人员众多、对象复杂的组织。行政组织的运行是一个动态过程。为实现组织目标，需要通过计划、执行、组织、协调、监督、反馈等环节把行政各要素有机地联系到一起，保证组织行为的有效性，所以，建立开放、灵活、高效的运行机制十分必要。

8. **法规制度**

有效的行政组织，依法行政是基本的要素，法规制度健全与否是行政组织健全与否的主要标志之一。行政组织的规章制度是指以规范性的书面文件等形式对行政组织的构建、组织目标、职能、任务、内部分工、权责关系、活动方式、运行程序等进行严格规定，保证了行政组织的整体性、连续性及其成员的组织性和纪律性。规章制度对行政组织成员具有普遍的约束力，这是正式组织与非正式组织最明显的区别。

5.1.4 行政组织的设立依据

行政组织是一种法定的组织形态，因此其设立必须有法律的依据，经过法定的程序，得到法律的认可，才能获得和行使合法的权力。行政组织产生与成立的依据主要在以下 3 个方面。

1. **依据宪法**

在现代社会中，各国宪法通常都有关于国家行政组织即政府的原则规定。这些规定除明确政府的基本职权和宗旨外，通常还有法律适用行政组织自身的原则规定。因此，宪法是行政组织产生与成立的基础。

2. **依据法律**

现代国家一般都有关于国家行政组织的专项法律，其中以国家行政组织法最为常见。行政组织法是关于行政组织的职能和权限、设置权和编制权、公务员录用权和管理权的法律制度，可以分为行政组织（行政机关和非政府公共组织）和公务员两大部分。法律有关行政组织的规定大致又可以分为两类情况：一类是明定设置；另一类则由政府行使倡议权，再由法律加以确认。行政组织法的表现形式：一是规定行政组织基本制度和基本职权的行政组织基本法；二是规定具体行政机关组织事项和具体职权的单行法。

3. **依据行政裁量权**

即由政府根据需要，自行裁定设置与否。具体又可以分成两种情况：一是法律特别授权政府组建某些组织；二是政府根据法定职权自行建立某些机构。但在多数情况下，行政裁量只适用于某些委员会、临时机构或过渡性行政单位。

5.1.5 行政组织的效力（合法性）与规程

效力是指行政组织产生与成立的合法性。行政组织行使职权要具有效力，就必须经由法定权力主体的批准或决定。能够使行政组织产生与成立并发生效力的法定权力主体有：

1. **立法机关**

立法机关在不同的国家称谓不一，如议会、国会或人民代表大会。立法机关又称民意机关，是经过全民直接或间接选举产生的国家权力机关。在多数情况下，未经立法机关的审议批准，行政组织不发生法律效力，不得行使公共权力。在现代民主宪政国家中，立法机关通常执掌立法权，并对重要国事活动进行监督，其中包括设置行政组织的活动。在多数情况下，未经立法机关的审议批准，行政组织不发生法律效力，因而不得行使公共权力。

2. **内阁**

在实行内阁制的国家里，内阁对议会负政治责任，除宪法和法律有特别限制外，一般行政组织均由内阁依据行政裁量权自行设定，而不需经过立法机关决定。德国、英国、新西兰等都属于这种情况。

3. **立法机关与内阁**

即折中制或混合制，由立法机关与政府共同决定行政组织产生与成立的效力。折中制通常的做法表现为：立法机关享有名义上的批准权，也可以规定原则标准，除少数特别例项外，一般通过授权由政府自行裁定设置与否；政府则通过授权实际行使批准权，以法律的名义裁并、变更、设置和组建行政组织。折中制反映了公共行政管理的复杂化和政府职能的扩展。

行政组织产生与成立的法定程序（即规程）：由政府或立法机关提起倡议案，说明设置特定行政组织机关的法律依据和现实原因；由立法机关或政府领导机关审议其合法性和合理性；由立法机关或政府领导机关决定设置与否；由批准机关以法定方式向社会公布其产生与成立，并赋予其相应的公共权力。设置行政机构，要严格依法进行，通过对政府职能的界定、分解，权责的划分、配置，构建具体的行政组织。设置行政机构，必须符合政府的职能需要，也必须适应社会经济、政治和文化发展的需要。

5.1.6 行政组织的类型

对行政组织进行分类的意义，在于了解和掌握各种类型的行政机关在行政管理中各自不同的结构和功能。

1. **行政组织的宏观分类**

根据政治体制、行政体制、行政职能和行政管辖范围，可从宏观上对行政组织进行分类。

在联邦制条件下，可以把行政组织划分为联邦政府行政机关、中间（州或加盟共和国等）政府行政机关和地方政府行政机关三类。

在单一制条件下，可以把行政组织划分为中央国家行政机关和地方国家行政机关两类。我国是单一制国家，中央国家行政机关是国务院，即中央人民政府；地方国家行政机关包括省级人民政府、市级人民政府、县级人民政府和乡镇级人民政府，即地方各级人民政府。

2. 行政组织的微观分类

在一级政府内部，根据行政工作的性质、内容和作用，可以对行政组织进行微观分类。在中央和地方各级政府组织中，作为一级政府机关，主要是由领导机关（或首脑机关）、职能机关（或部门机关）、辅助机关（含办公机关、办事机关和服务机关等）、咨询机关和派出机关等构成。

（1）领导机关

各级政府是指中央和地方各级人民政府的行政首脑机关，是进行行政管理的决策核心。领导机关是行政组织的中枢，是决定政府效能的关键。领导机关的职能是对所管辖区域内的重大行政问题进行集中领导和决策，并督导决策的实施。例如各级政府行政首长及其合议制决策机构。根据传统政治学方法论，领导机关是各级政府组织系统的“发动装置”——领导与决策的核心，具有统筹全局，运筹决策，协调、控制与监督的功能。在领导机关设置及其改革问题上，传统的机械论观点偏重于领导机关的结构、职数和制度分析，忽视了领导机关的功能、能力、绩效和机制分析，尤其是对个体领导者和集体领导者的素质、行为及其环境因素缺乏系统的科学的研究。结果使领导机关的改革往往流于形式化，使一时改革的成果很快就被“人治”等因素所蚕食。

（2）职能机关

指各级政府中负责组织和管理某一专门行政事务方面的执行机关，是领导机关的部门机关。大部分行政机关都是职能机关。职能机关在领导机关领导下进行工作，贯彻领导机关的决定和指示，对上接受行政首长的指挥监督，对下行使行政管理职能，指导下级相应行政部门或某些社会公益性组织。在我国，国务院所属各部、委、办及直属总局，地方政府所属各厅、局、处、科，均属职能机关。例如中央政府各部委、省级政府的各厅局等。此外还包括权限与部门机关大致相当，但规模小于部门机关的直接直属机关和间接直属机关。与部门机关相比，直属机关和领导机关的关系略有不同，而且专业性较强。在行政管理实践中，职能机关发挥着承上启下的作用，对上服从和接受上级领导机关的指挥和领导；对下进行工作指导和业务监督。职能部门是我国行政管理的中枢，虽然表面上我国实行的是中央集权制行政体制，但在实际运行中，行政实权主要掌握在部门机关中，它们有时会遵循部门利益原则和本位主义原则，在行政管理过程中出现中层梗塞、互相扯皮、信息传递失真、“部门行政”和“本位主义”等问题。我国政府行政机构建设大致经历了四个时期，机构设置比较完备，有自身鲜明的特点：我国行政组织实行中央集权的单一领导体系，全国行政机构上下对口；实行“条块结合”的双层领导体制；机构设置分工过细，部门较多；过去行政组织机构处在“精简—膨胀—再精简—再膨胀”的不断变动状态。

(3) 幕僚机关

亦称辅助机关。是指中央和地方各级政府内部为行政组织提供辅助性工作服务的机构。通常指协助行政首长或专业职能机关实现行政目标，在机关内部承担辅助性工作任务的综合性办事机构。包括政务性、事务性、专业性和综合性的辅助机关。例如各级政府内设的调研机构、机关事务管理机构、人事机构和办公、办事机构，等等。各级政府的办公厅是典型的幕僚机关。幕僚机关没有特定的专业性，不能离开行政首长而独立存在，其活动直接听从行政首长的指挥和要求，对各专业行政职能部门没有直接指挥和监督的权力。其主要功能是保证行政组织系统灵活高效地运作。辅助机关是为政府自身服务的机关，是两次世界大战以来流行于世界各地的“大政府”管理模式的产物，并随着大政府的成长不断膨胀壮大。进入20世纪80年代以后，“大政府”管理模式使各国行政管理陷入了不同程度的危机，各国相继导入了“小政府”管理模式，而辅助机关转化为社会中介机构，同时机关事务日益社会化。

(4) 监督机关

监督机关指对各种行政机关及其管理活动进行监督检查的执法性机关。如监察机关、审计机关等。它是建立健全行政组织制衡机制的重要组成部分，是促使行政机关及其工作人员依法行政、忠于职守的重要保障。

(5) 咨询参谋机关

咨询参谋机关是指为政府出谋划策，提供政策方案、政策规划的机构。通常由具有权威的专家学者和富有实际经验的政府官员组成，专门为政府出谋划策、提供论证和政策方案的行政机构。咨询机关具有业务独立的地位，现代行政对咨询参谋机关的作用越来越重视。咨询机关一般有两种形式：一是行政组织内部常设的政策规划组织，例如咨询委员会、研究中心、发展中心等；二是与政府组织保持密切联系的社会智囊机构。咨询机关设置与发展基于现代行政决策过程中“谋”与“断”的分离，其主要功能是协助领导机关进行系统的决策科学研究，以保证行政决策的科学性、可行性和有效性。在现代行政管理中，由于行政事务的复杂化，咨询机关的作用越来越大，犹如政府的“内脑”和“外脑”，是政府决策科学化的前提和保证。在行政机构改革过程中，咨询机关只能加强，不能有任何忽视和削弱。

(6) 派出机关

派出机关是由有权地方人民政府在一定行政区域内设立，代表设立机关管理该行政区域内各项事务的行政机构，是一级政府根据政务管理需要，按管辖地区授权委派的代表机关。派出机关不构成一级政府行政机关，其权力是委派机关的延伸。派出机关的主要职能是承上启下实行管理，督促检查辖区行政机关贯彻执行行政上级的决议和指示情况，并完成委派机关交予的其他事项。派出机构有三类：一是省、自治区人民政府设立的派出机关（行政公署）。设立的主要条件是“在必要的时候”和“经国务院批准”；二是县、自治县的人民政府设立的区公所，设立的主要条件是“在必要的时候”和“经省、自治区、直辖市的人民政府批准”；三是市辖区、不设区的市人民政府设立的街道办事处，设立的主要条件是“经上一级人民政府批准”。

派出机构是由地方人民政府的权力职能部门在一定行政区域内设立，代表该设立机构管理该行政区域内某一方面行政事务的行政机构。派出机构主要根据部门行政法的规定设立并赋予行政职权。部门行政法根据有关行政领域的具体情况对派出机构的设置和职权作出规定。派出机构在日常生活中则很多，例如派出所、工商所、税务所等。

派出机关和派出机构的最大区别在于，派出机关是独立的行政主体，能够独立承担责任，而派出机构则不是独立的行政主体，不能以自己的名义行使权力，除非它有法律法规的明确授权。

5.2 行政组织的结构与体制

5.2.1 行政组织的结构

行政组织的结构是指行政组织的各组成要素之间的相互联系方式或互动关系模式。科学合理的组织结构，能保证行政组织内的各个构成要素包括人力、物力、财力等有一个最佳的使用效率。行政组织的基本结构有纵向结构和横向结构两个方面。行政组织的上下层级之间，存在着领导和被领导的关系，这种排列方式称为行政组织的纵向结构；行政组织的同一层级之中的各部门之间，是相互协调与合作的平等关系，这种组合方式称为行政组织的横向结构。

1. 行政组织的纵向结构

所谓行政组织的纵向结构就是指各级政府上下级之间，每级政府的各组成部门之间的领导与被领导、命令与服从关系的组合方式。它主要涉及的问题有两个，即管理层次与管理幅度之间的关系。管理层次和管理幅度是影响行政组织结构形态的两个决定性因素。所谓管理幅度，是指一个层级的行政机构或一位行政首长直接控制的下级机构或人员的数目。每一个行政首长的管理幅度必须适当，管理幅度过大，行政首长就很难面面俱到，结果往往浮于表面，难以深刻地了解具体问题；管理幅度过小，行政首长就会对下属控制过严，直接影响到下属的工作积极性。所谓管理层次是指行政组织纵向结构的层级。行政部门的管理层次和管理幅度在一个特定的组织内成反比关系，即就一个特定的行政组织而言，行政层次越多，每一行政机构的管理幅度就越小；反之，行政层次越少，每一行政机构的管理幅度就越大。行政层次多，幅度小，行政组织就呈尖型结构；行政层次少，幅度大，行政组织就呈扁型结构。尖型结构是一种集权的结构，有利于强有力的行政控制，但不利于发挥下级的主动性和创造性；扁型结构是一种分权的结构，有利于调动下级的积极性和创造性，但可能导致软弱的行政控制。在实际行政活动中，一个行政组织的结构往往不是纯粹尖型或扁型的，而是综合型的，即组织中某些层次的机构管理幅度大，某些层次的机构管理幅度小。

2. 行政组织的横向结构

行政组织的横向结构是指行政组织横向分化的结果，又称为部门结构，是行政组织中处于同一等级的各组成部门之间的平等、合作与协调关系的一种组合方式。我国目前行政组织横向划分的方法主要有以下几种。

(1) 职能部门化

职能部门化，即按照行政职能的界限划分行政组织的部门，如我国国务院根据职能划分的部门有国家计划部门、劳动人事部门、财政部门、审计部门、监察部门、司法部门，等等。行政职能部门化是目前应用最广泛的一种划分行政组织的方法，它的优点是能较好地体现专业化分工的组织原则，有利于行政组织内部的协调统一，不利之处在于实践中有时会出现各职能部门之间由于利害关系不同而发生冲突。

(2) 区域部门化

区域部门化，即按照管辖区域的界限划分行政组织，如我国省、市、县各级政府就以此方法划定，公安系统也按省、市、县、乡等区域界限来设立机构。这种方法有利于某一区域内部事务的协调统一，职权下放，也可提高各地区行政人员的主动性和积极性，有利于培养人才；但不利之处是重复性机构增多，容易产生地方主义和区域部门权力膨胀、条块分割等弊端。

(3) 行业和产品部门化

行业和产品部门化，即按照行业和产品的不同来划分行政部门的方法，如我国各级政府中的经济部委，像核工业部、水利电力部、农牧渔业部、林业部等都是按行业和产品部门化的方式设置的。这种方法的优点是有利于发挥某一行业内部专业技术力量的业务特长，符合专业化分工的原则，缺点是会造成机构的重叠设置，不利于整个行政组织系统的宏观协调。

实际上，划分横向结构的这几种方法并不是互相矛盾或互相排斥的，在具体的划分过程中，可以相互结合起来使用，力求使行政组织的横向结构划分日趋合理化和科学化。

5.2.2 行政组织体制

行政组织体制就是国家根据实际的管理需要，通过法定程序将行政组织所拥有的行政权责归属于不同层级不同部门不同人员的各种行政关系制度化的表现形式。行政组织体制是国家政治体制的重要组成部分，也是发挥行政组织整体效能的关键环节，按照不同的划分标准，常见的行政组织体制主要有以下5种。

1. 首长制与合议制（委员会制）

这是按行政组织最高决策人数的不同来划分的组织体制。首长制，也称独任制，就是一个行政组织的最高行政决策权力和责任赋予行政首长一人单独承担的体制。行政组织内部的其他领导人都是首长的下属和助手，在决策时只负责向首长提供信息和建议，最后由首长作出决策。美国的总统制是首长制的典型，总统对联邦行政事务有最后决定权并对其承担全部责任。首长制的优点是事权集中，责任明确，决策迅速，指挥灵便，富于活力并具有较高的行政效率，但首长制的缺点是考虑问题容易片面化，行政首长的工作常因超负荷而影响行政效能的充分发挥，且首长制因无人牵制和监督易导致独断专行。

合议制，也称委员会制，就是一个行政组织的最高行政决策权力和责任赋予委员会集体承担的体制。在决策时，每个委员的地位是平等的，一人一票，并采取少数服从多数的原则。瑞士联邦政府是合议制的典型，一切行政事务都由联邦委员会集体讨论决定，委员会主席没有个人决定权。合议制的优点是能够集思广益，考虑问题比较周详，便于彼此监督，不易专断及营私舞弊。其缺点是责任不明，有功相争，有过相推，行动迟缓，效率较低，在决策问题上易争执不休而贻误时机。

首长制与合议制的明显区别在于前者是多数服从行政首长，行政首长可以不采纳多数人的意见；后者是少数服从多数，行政首长必须服从多数人的意志。在当代行政组织中到底应实行首长制还是合议制应视具体情况而定，一般说来，执行与指挥事务应采用首长制；立法和决策宜采用合议制，做到“任事宜专其责，议事当广其谋”。

我国的行政组织体制已由新中国成立初期的合议制转变为目前的首长负责制。1954 年宪法实施后的国务院实行集体领导的原则，通过会议的形式进行工作。国务院规定行政措施、发布决议和命令，都必须由国务院全体会议或常务会议通过；一般日常事务由常务会议解决。但实践证明这种合议制不能适合我国行政活动的需要，弊端日趋明显。1982 年宪法明确规定国务院实行总理负责制，最高决策权属于总理。在总理负责制下的国务院会议，只开展讨论，不进行表决，最后由总理在集体讨论意见的基础上作出决定，作为国务院的决定。与此相应，国务院各部、委也实行部长、主任负责制，各级地方人民政府也分别实行省长、自治区主席、市长、州长、县长、区长、乡长、镇长负责制。

在我国行政管理实践中，首长制与委员会制是各级政府普遍采用的组织形式，但在其实际运行过程中，各自的优点难以充分发挥，而双方的缺点又无力避免，甚至出现二者“优点相克、缺点相生”的异常现象。因此，在行政改革中，对于首长制与委员会制及其运行机制必须予以高度重视。为了有效地发挥首长制与委员会制的优点，克服双方的缺点，应根据我国各级政府组织的具体情况，尝试对几近僵化的首长制与委员会制进行弹性化改革。根据近年来各国行政改革的经验，这些改革主要有：对领导集团的决策和执行功能加以适当分离，导入“执行部”机制，以强化决策的执行环节，适应瞬息万变的行政环境；为强化行政责任，应在建立有效的权力制约和监督机制基础上，实行强首长制，以保证行政首长在领导行为中有足够的权威；决策以委员会（临时委员会为主，常设委员会为辅）为核心，执行以行政首长为核心，并依此建立委员和首长的责任机制。

2. **集权制与分权制**

这是按行政组织上下级权限的标准划分的组织体制。

集权制是指行政权力集中于上级机构，下级机构没有或很少有自主权，行政的所有重大决策均由上级机构决定，下级必须依照上级机构的法令或指示办事。集权制的优点是政令统一，标准一致，力量集中，指挥灵便，可以防止地方分裂，有利于推行跨区域的大型综合建设项目及社会治理工程；但其缺点也很明显，由于上级权力过于集中，容易导致独断专行，对下级管得太严；下级无权决定和处理任何问题，往往消极待命，成为执行政令的工具，主动性和积极性必然受到挫伤，容易导致官僚主义。

分权制是指下级机构在其管辖范围内有自主决定权，上级机构对下级机构在其权限内决定的事项不予干涉。实行分权制的好处在于使下级机关有自己独立决定问题的自主权，有利于激发下级的工作热情，培养下级的民主意识，达到分工合治、分层负责的目的，使行政组织更富有弹性，能发挥组织的整体效能。但是如果过度分权，容易导致下级部门各行其是，各自为政，政令难于统一，甚至导致各部门另立门户、分庭抗礼的恶果。

不论是集权制还是分权制，其弊端都很明显，在实际行政活动中应该扬长避短，善于权变。第二次世界大战后，世界各国的行政体制都有集权化的趋向，但进入 20 世纪 80 年代以来，世界许多国家的政府开始推行分权政策，比较有名的是法国社会党政府的“权力下放法案”及美国里根政府的“还权于州”计划等。由于分权能迫使组织提高自身的反应速度和灵活性以适应社会生活的变化，因此分权可能是未来行政组织发展的趋势。我国的行政体制是典型的集权制，但随着香港、澳门的回归和一国两制的实行，随着充分发挥地方积极性口号的提出，我国的行政体制在坚持统一领导的基础上，将朝着明确授权、增强行政机构整体活力的方向发展。

改革开放 30 多年来，“权力下放”一直是我国行政改革的主题，但是，在“权力下放”进入政策规划阶段以后，对其内涵、范围的界定不够明确，甚至可以说是过于笼统和模糊，以至于下放权力过程中时常出现“一收即死，一放即乱”的恶性循环。在政策规划中，“权力下放”政策至少应该包括以下几个方面的内容：权力下放主要是决策权、管理权的下放，目的在于改变我国长期过分集权的管理体制和管理方式，缩短决策流程，提高行政效率和效能；权力下放的范围主要包括两个方面：一是中央政府对地方政府、上级政府对下级政府的简政放权工作，对此，要在可能的范围内，将属于地方事务和部分共管事务的权限，尽量下放给地方政府，地方政府也应依次将权力下放给下级政府；二是在一级政府内部，上级机关对下级机关的下放权力工作，对此可以采取将政府工作重心下移的方法，如国务院的工作重心可以由“部委”下移为“司局”，省级政府的工作重心可以由“厅局”下移为“处”……前者是我国行政体制改革的关键，后者是一级政府内部行政组织体制改革的关键所在。

3. 完整制和分离制

这是按同一层级行政组织各部门所受的指挥和控制方式不同来划分的组织体制。

完整制，又称“集约制”，是指同一层级的不同行政机构受同一行政首长领导的行政体制。在完整制下，行政组织实行分工协作，各部门间联成一个有机的整体。完整制的优点是事权集中，具有统筹全局的计划与领导；责任明确，不易推诿拖延；可以消除各部门间的权力冲突和工作重叠，便于加强合作，提高行政效率并节省行政经费开支。缺点是由于事权过度集中在行政首长一人手中，下级单位丧失自主精神，过分依赖上级指示，造成行动迟缓。

分离制又称“独立制”，是指同一层级的不同行政机构不受同一行政首长的领导，而是分属不同行政首长或立法机构的领导。在分离制下，各行政部门都是相对独立的机构，各部门间不存在合作关系。实行分离制比较典型的是美国的联邦行政机构，除了 13 个部直接受总统的领导外，60 多个独立管制机构脱离总统的领导而直接听命于国会，向国会负责，其中著名的有州际商业委员会、联邦储备委员会、核管制委员会等。分离制的优点在于防止政府的专制和滥用权力，各独立单位沟通灵便，且相互竞争，能符合当代社会对简便、高效的行政工作的要求。但不足之处是各独立单位各自为政、政出多门，工作重叠、权力冲突，人力、财力均很浪费，易导致行政组织的松懈与无能。

当今社会，分离制在行政组织中已很少见，而完整制则运用广泛，甚至已成为当代行政组织的一个原则。

4. **层级制和职能制**

按照行政组织内部各机构的职权性质和范围而划分的组织体制。

所谓层级制，又称直线制或分级制，是指行政组织体系纵向分作若干层次，每个层次所管辖的业务性质相同，上下层级之间是隶属关系，下级对其上级负责，各层级的业务管辖范围由上往下逐级缩小的行政体制。我国政府从国务院到省、县、乡人民政府共分为四个层级，也属于一种层级制。采用层级制，有利于事权集中，统一指挥，发挥行政组织的整体效能。但纵向的层次到底分多少才是合适的？如何避免各级行政领导由于管辖过多而难以应付的局面？这些都是行政学应该思考的问题。层级制的缺点是结构呆板、缺乏弹性，无法适应复杂的环境变化，行政首长管辖过多，在组织活动内容日益复杂化时难以胜任。

所谓职能制，又叫分职制或幕僚制，是指在行政组织中，按照不同的工作性质，从横向上平行地划分出若干部门，每个部门所管辖的业务性质不同，但行政范围大致相同的行政体制。例如我国国务院分设若干部、委、办、署就是职能制的划分。职能制的好处是有利于行政组织内部进行合理分工、相互配合，提高人员的工作能力和工作效率。不足之处是缺乏合作精神，协调困难，容易产生本位主义，导致部门与部门之间的冲突，不利于统一领导和统一指挥。

在当代行政体系中，没有一个行政组织是单纯的层级制或职能制，而是把两者结合起来，以层级制为基础，在每一层级内又分设若干部门，形成层级——职能结构，这是行政组织多级递阶结构的组织规律与组织专业化趋势的双重要求的结果。目前世界上大多数国家采用这种行政组织结构，其特点是：纵向互相从属，每个上级机构对下级来说都是决策系统，每个下级机构对上级来说都是执行系统；横向互相并列，共同达成一个整体目标。在整个行政组织中，每一行政人员按地位顺序置于一个特定的职位上，从广阔的最低一级开始，逐级向上负责，越往上，机构和人员越少，最后汇总于层级制结构的顶端，权力和控制则从顶端向下延伸到各个层级，构成一个底大上小的“金字塔”，通常称为“金字塔形”的行政组织体系。我国的行政组织也是实行层级制和职能制并用的“金字塔形”行政体制。

我国各级政府组织普遍存在着层级过多、管理幅度过大的现象，是造成机构臃肿、部门林立、互相扯皮等现象的主要原因。层级制和职能制虽然是行之有效的组织结构方式，但它自身并没有自我控制机制，因此，层级制和职能制改革的基本途径是层级法定和部门法定，即根据行政职能状况和行政业务量，按照层次最少、幅度最小的原则，设置各级政府的行政层次和管理幅度，并用法律或法规加以规范化。

5. **矩阵组织体制**

这是一种新的组织体制，也称为格子组织或项目组织，它是为了实现特殊目标或执行特定业务从不同的组织机构中选派人员组成临时性组织的行政体制。矩阵组织具有纵向和横向双重领导关系，纵向领导关系按“直线—指挥—职能”的标准设立，横向领导关系按“规划—目标—项目”的标准设立，任务执行人处于纵横两个关系的交会处，分别接受两个方向的领导：一个是其本身所在的行政机构的行政首长的纵向领导，另一个是临时的项目管理者的横向领导。如我国三峡工程的专家论证小组成员就分别来自于中科院、中国工程院、水利电力部等多个不同的行政机构，在履行工作职责时受国务院三峡工程建设指挥部的统一领导，在工作完成之后又分别回到原来的部门。矩阵组织的突出优点是能够广泛而灵活地集中必要的人才资源及其他资源，而又不破坏原有的行政组织结构；其缺点是由于实行双重领导而容易破坏指挥统一，导致争权夺利或相互推诿。矩阵组织的特点决定了它主要适用于那些工作内容变动频繁、每项工作的完成需要众多技术知识的组织，或者作为一般组织中安排临时性工作任务的补充结构形式。在国外，矩阵组织主要适用于临时性攻关项目，尤其是那些需要多学科、高层次相结合的研究项目和工艺复杂且变化迅速的工程，如美国的阿波罗登月计划就是运用矩阵组织体制的典型。

5.3 行政组织理论与原则

5.3.1 行政组织理论

1. **传统的组织理论**

传统组织理论盛行于20世纪10—30年代，它着重分析组织的结构和组织管理的一般原则，主要研究组织的目标、分工、协调、权力关系、责任、组织效率、授权、管理幅度和管理层次、集权与分权等。其主要代表人物有：提出官僚组织制度理论的马克斯·韦伯，提出科学管理原理的泰罗，提出行政程序理论的法约尔。

（1）韦伯所创立的官僚组织制度理论

马克斯·韦伯（Max Weber，1864—1920）是德国著名的社会学家、政治经济学家和官僚制度理论的奠基人。官僚组织或官僚制，韦伯用的原词为Burokrate，英语为Bureaucracy，也可译成“行政制”、“科层制”等，是指组织结构中的某些特点，而并非通常意义理解的、为人们反对的官僚主义的、低效率的组织。合理的官僚组织具有层次分明、制度严格、权责明确等特征，因而他认为，从纯技术的观点来看，官僚制度是效率最高的组织形式，对于大型组织的管理工作来说，这种形式是不可避免的选择。

韦伯认为，人类社会实际上是组织的社会，人们正是通过组织这根纽带以各种方式连接在一起，因而人类社会的变迁在一定程度上可以视为组织类型的变迁。他十分强调权威在维系和支配一个社会组织中的作用，提出了三种完全不同的组织形态：

神秘型组织形态，又称为魅力型组织，这种组织大多由领袖及其追随者组成，维系组织的基础是领袖的个人魅力权威与组织成员的个人感情。典型的神秘型组织是以宗教的或政治的形式出现的。这类组织的特点有：组织成员必须坚决服从领袖的命令，任何组织成员都不允许对领袖的权威提出怀疑与挑战；组织内部管理的非专业化，管理者无须具备业务方面的专业知识与技能；组织缺乏日常的合理的经济支持，组织的收入一方面是依靠资助与乞讨，另一方面则依靠暴力榨取或者形式上和平的榨取等；组织具有强烈的革命性，它对现实具有强烈的批评与反叛性格，这使得它易于在社会剧变时期扮演重要角色；组织的不稳定性，它建立在"超人权威"的基础之上，因此组织基础不稳固，领导者去世后，它若通过继位方式产生新的领袖，则变为"传统组织"，若通过已有法律方式产生新的领袖，则过渡到"官僚组织"。

传统型组织形态。韦伯认为这种组织的合法性建立在遗传下来的制度和习俗基础之上，统治者是依照传统遗传下来的规则确定的。传统型组织是现代资本主义发展以前人类历史上存在时间最长因而发展得也较为成熟的一种组织形式。其主要特征有：①组织权力即传统权力来自于传统的固有尊严，统治者之所以是统治者就在于他个人的特殊身份，血统关系注定了他的地位。在这种情况下，组织成员的服从是坚信古老传统的神圣性以及传统权力的不可怀疑性。组织及组织文化呈现出伦理化特征。②组织权力的集中性与行使的任意性。统治者与其他成员间的关系不是"上司"与"下属"的关系，而是一种"主子"与"仆从"的关系，两者之间首要的并非事务上的职务职责，而是奴仆的个人忠诚与义务。仆从之所以在组织中获得权力，归根到底是由统治者个人所决定的。③组织缺乏行之有效的行政管理。组织中不存在按照事务处理自身所需的规则，没有确立固定的权限范围，管理者的职权与职责并非根据组织工作的需要进行划分与赋予，而是完全由统治者任意下达的；组织中不存在固定的、合理的等级制度；官员的任免与升迁并不取决于自由的契约；对官员的管理缺乏必要与合理的专业业务培训；不存在经常性的固定薪金及用货币支付的薪金。④组织行为缺乏经济理性的考虑。在那些以传统型组织为主要机构的统治形式中，财政收入的主要来源是贡赋和徭役，而这是建立在自给自足的庄园主（地主）经济基础之上的，财政收入的管理缺乏独立性与科学性，一般与统治者的家产管理相混淆。⑤传统型组织具有强烈的守旧性。组织中的传统势力总是从其自身利益出发，或出于心理惯性的原因，敌视任何新生的事物，所以传统型组织的组织文化有着本能的压制创新与守旧的倾向。

法理型的组织形态即官僚组织形态，韦伯认为这种组织是符合现代社会与资本主义经济发展所需的组织结构形式，它必然是借助官僚体制的行政管理班子进行管理与统治，因此官僚组织是法理型组织的纯粹形态。韦伯认为，现代官僚组织制度具有以下主要特征：①严格的效率取向。组织功能与效率的发挥是管理工作的中心问题，而官僚组织的优势是精确、迅速、明确、精通档案、持续性、保密、统一性和严格的服从，因而能够减少不必要的摩擦，成为富有效率的组织形式。②注重法律与程序。韦伯认为官僚组织的合理性的重要表现之一是它的"形式主义"精神。也就是说，形式化的、非人格化的、普遍主义精神成为组织文化的精髓。形式的法律与规则明确规定了机构与个人的权限范围与职责内容，组织中的个人必须秉公处理公务，不能掺杂个人私情。于是，法律、章程、规则、程序就具有了严肃性与普遍性，组织成员在形式上都是平等的。③专业知识与技术的重要性更为突出。典型的官僚制组织中，官员是以所任的官职作为职业的，所以，官员的选拔任用必须具备相应的专业知识与技能背景。随着社会分工与专业化的发展，对于技能的要求也将更为突出。④官僚组织在适用上的普遍性。正因为官僚组织制度的组织效率远高于神秘型组织与传统型组织，它是所有组织管理的发展方向。这一组织形式不仅可运用于政府部门，对于企业及社会团体来说同样也是适用的。韦伯的组织理论为资本主义制度提供了一种高效率、理性化的官僚体系，他也被后人称为“组织理论之父”。当然，韦伯的官僚组织理论还有一些不足，如忽视人的行为因素，缺少民主性质，容易导致行政权力的膨胀，鼓励成员固守具体的规章制度等，因此它只适合于相对封闭体系中常规的组织活动，而不适合于开放体系中的非常规的灵活的组织活动。

（2）泰罗的职能组织理论

弗雷德里克·W·泰罗（Frederick W. Taylor，1856—1915）是科学管理理论的创始人，在他的管理思想中包含着职能组织的理论探讨。

泰罗研究科学管理是基于一个基本思想，即劳动生产率的提高。他认为，高效率取决于形成一个健全的组织。因此，从这个意义上可以说，科学管理的本质就是设计合理的职能组织。泰罗对组织理论的研究主要包括：组织中管理职能与作业职能的分化；组织中管理职能的专门化；组织中的计划职能；组织管理中的例外原理等。由“泰罗制”引申出来的科学管理组织理论就是把企业的科学定量管理办法搬到行政管理工作中，对提高行政组织的基层管理效率有一定作用，但“泰罗制”的缺陷是把组织中的成员看成是“会说话的机器”，认为人的活动仅仅出于个人的经济动机，忽视了组织成员之间的交往及社会因素对工作效率的影响。

（3）法约尔的管理组织思想

亨利·法约尔（Henri Fayol，1841—1925）是20世纪初欧洲的行政管理学派的代表。法约尔与泰罗在自身管理经历及经验上的不同，很大程度上决定了两者在管理思想上的差异。泰罗注重基层人员的工作方式的改进，法约尔却注重管理人员的管理方式的研究。

法约尔指出，社会组织的健康和正常活动取决于某些条件，他则用“原则”这个词来表述这种条件概念，因此，所有的加强社会组织或便利其发挥作用的管理规章和程序都属于原则。法约尔的14条管理原则是其一般管理理论的核心内容，这些原则是法约尔对自己长期从事管理实践的经验所作的理论概括。

需要说明的是，在法约尔的笔下，“原则”一词只是显示其管理理论的一些“灯塔”，不是一个固定不变的、僵化的概念，正如他所说的那样，“在管理方面，没有什么死板和绝对的东西，这里全部是尺度问题。……原则是灵活的，是可以适应一切需要的，问题在于懂得使用它，这是一门很难掌握的艺术，它要求智慧、经验、判断和注意尺度。由机智和经验合成的掌握尺度的能力是一个管理者的主要才能之一”。

2. **现代组织理论**

所谓现代组织理论，就是系统论、控制论和信息论在行政组织理论方面的运用。传统的分析问题的方法，往往是把一个事物分解成许多独立的部分，分别进行深入研究，这样做容易把事物看成是孤立的、静止的，因而所得到的结论也只适合于一定的局部条件。系统组织理论则把行政组织看作是一个整体，是一个有机联系的系统。研究组织中的任何个别事物，都从系统的整体出发，既要研究此事物与系统内部组成部分之间的关系，又要研究此事物同系统外部环境的相互联系。现代组织理论不仅着重组织整体的研究，而且更着重从组织受社会环境影响的输入方面和组织影响社会环境的输出方面，以及组织影响社会环境后所产生后果的反馈方面，进行从静态到动态、从微观到宏观的研究，充分反映出组织体系内外因素的多元性。

（1）巴拉德的系统行政组织思想

巴拉德是用系统观点来考察组织的第一人，创立了社会系统学派，奠定了现代组织理论的基石。切斯特·欧文·巴拉德（Chester I. Barnard，1886—1961）运用系统观点研究组织问题，其理论不仅适用于企业组织，也适用于行政组织。他认为，社会的各级组织都是一个协作的系统，即由相互进行协作的各个人组成的系统。这些协作系统是正式组织，都包含三个要素：协作的意愿、共同的目标、信息联系。非正式组织也起着重要的作用，它同正式组织互相创造条件，在某些方面对正式组织产生积极的影响。至于组织中经理人员的作用就是在协作系统中作为相互联系的中心，并对协作的努力进行协调，以便组织能够维持运转。

巴拉德的组织理论具有丰富的深度和广度。它既吸收了传统管理理论的一些合理的思想，同时又吸收了后来发展起来的行为科学的概念和方法，以组织中人的行为作为主要研究内容，运用社会学、心理学、政治学等多科的成果对组织中人的行为进行描述性分析。巴拉德的组织理论着重研究组织中人的行为，尤其是组织的决策过程，将“决策和调节”的过程看作组织过程的主要方面，他以决策为中心来建立他的组织理论，这显示他的组织理论的立足点与传统的管理学派及人际关系学派的立足点有很大的差别。巴拉德实际上开启了现代组织决策理论研究的先河，成为西蒙等人的决策理论的直接先驱。

巴拉德的组织理论实际上是开放系统理论的一种具体应用。从系统的角度去看待组织，其价值在于能够改变人们描述和分析组织各个部分的做法，使人们的注意力从组织的各个部分转移到各个部分之间的相互关系。这种系统观所强调的是，我们不应当孤立地看待和处理各个问题，而应当认识到它们的相互影响。巴拉德的组织理论对当代的各种组织理论或管理理论产生了重要而广泛的影响。他对当代的系统管理学派、权变理论学派、人力资源学派以及各种激励及领导学说也产生了直接或间接的影响，几乎后起的所有组织与管理学说中都可以找到巴拉德的思想痕迹。

（2）卡斯特的系统权变行政组织理论

F. E. 卡斯特（F. E. Kast，1928—　），美国管理学家，系统管理学派的代表人物，华盛顿大学的教授。

卡斯特对管理学的主要贡献，在于他与詹姆斯·E·罗森茨韦克一起提出了管理的“权变理论”。这种理论从系统观点出发，认为在企业管理中不存在什么一成不变、普遍适用的管理理论和方法，而是要根据企业所处的内外环境条件随机应变。因此，一切以时间、地点和条件为转移是组织管理行之有效的关键。权变观强调管理现象的多变性，但并不否认“类型”的意义，相反，它主张通过大量实例的研究和概括，来建立管理关系的基本类型。将这种系统管理与权变的观点运用于行政管理中，将有助于建立与组织外在环境和内部环境相适应的行政管理制度。

卡斯特的系统与权变组织理论的提出，使行政管理理论的发展进入了一个崭新的阶段。对于现代行政管理人员来说，有重要的启发作用。把行政组织看成一个开放系统，这就意味着在任何层次上的管理者都要有系统的观点、全局的观点，努力将自己部门的职能与整个组织的基本目标更密切地保持一致。同时，也要时时记住自己部门的活动要与其他部门的协调一致。这一点对各级行政管理人员来说是很重要的；对于组织的领导者来说，切不可犯本位主义错误，更不可使自己的部门闹“独立性”，时时记住自己的部门在整个系统中的地位。对于处于作业层上的普通管理人员，这种系统观点也是很重要的，时刻注意将自己的本职工作同组织的系统目标保持一致，切不可强调自己本职工作的重要性而忽视整体的基本目标。

3. 马克思主义的行政组织理论

(1) 马克思、恩格斯的行政组织理论观点

我国行政组织理论的主要来源是马列主义政治理论和巴黎公社经验、苏维埃经验、革命根据地经验和丰富的历史经验，蕴涵着丰富的管理思想，富于革命理想主义色彩。马克思、恩格斯基于巴黎公社经验，提出了无产阶级政府组织的基本框架和基本原则。对当前我国行政组织建设依然有重大的理论意义和实践指导意义。

马克思、恩格斯对未来社会的基本设想是“劳动者自由联合体”，主张劳动者“自治”和直接参与管理。强调把民主作为政治组织的现实基础。

马克思、恩格斯认为政府只有“为数不多的重要职能”，这和劳动者自己管理自己的思想是一致的。从这个意义上说，马克思、恩格斯也是提倡“小政府”思想的，主张“小政府，大社会”。但这和早期资本主义国家的“小政府”思想是有本质区别的。

主张未来的社会主义国家应采取议行合一的组织形式，突出代议制机构（后来的苏维埃或人民代表大会）的地位，行政组织系统是执行人民共同意志的社会公仆，体现了一切权力属于人民的思想。

强调“廉价政府”，政府及其工作人员都是社会和人民的公仆，由人民群众直接选举和监督，并且提出政府工作人员拿普通工人工资，人民可以随时罢免他们的职务。政府本身是不会创造价值的，因此，维持政府组织活动所支出的经费越少，劳动者也就付出的越少，政府也就越“廉价”；人民所需要的是负责的政府，如果不能有效地向人民负责，人民就有权罢免它，推翻它；廉价的、负责的政府，才是马克思、恩格斯所期望的政府。

（2）列宁的行政组织理论观点

列宁是第一个马克思主义政府组织理论的实践家。俄国十月革命后，列宁十分重视苏维埃政权建设，重视政府管理工作，提出了许多有价值的行政组织理论观点：创立了议行合一的苏维埃国家政权形式，论证了行政组织在国家与社会管理中的重要性，尤其是政府在国民经济与文化建设中的重要作用，并在实践中提出了人民参与管理与“专家”管理相结合的行政管理模式。重视民族自治和发展民族干部队伍，以适应少数民族地区行政管理模式发展的需要。主张政府机构要精干，职责要明确，工作要程序化，会议和文件要简短，反对任何形式的官僚主义。提出要用先进的科学技术武装政府，重视干部作用和干部素质的提高。

（3）中国共产党在革命和建设时期的行政组织理论观点

中国共产党在革命战争年代和社会主义建设时期，把马列主义组织理论与中国革命实践相结合，积累了丰富的组织管理经验，发展了马列主义行政组织理论。

首先，中国共产党在革命战争中提出了丰富的组织理论，并在组织建设上实行了一些行之有效的措施，对新民主主义革命的胜利起了重要作用。具体有以下几点：重视组织目标，强化干部素质，提出了干部是人民勤务员、人民公仆和全心全意为人民服务的思想。强调机构设置要精干，实行精兵简政，以期达到“精简、统一、效能、节约和反官僚主义”五个目的。重视民主建设，实行民主集中制。强调纪律性，实行严格的组织纪律。重视思想政治工作，倡导群众路线，运用批评与自我批评方法处理人际关系。

其次，在社会主义建设时期，中国共产党运用马列主义行政组织理论指导政权建设和经济、文化建设，创立了独具特色的国家行政组织理论，建立了议行合一的国家行政制度，国务院是最高国家行政机关，是国家权力机关的执行机关。提出了社会主义国家公务员制度理论，建立了国家公务员制度，明确了国家公务员是人民和社会的公仆，全心全意为人民服务是公务员的最高行为准则。系统地发展了马克思主义民主集中制理论，并把民主集中制作为国家机关活动的原则，形成了科学的民主集中制度。提出了首长负责制和岗位责任制理论，重视强化行政首长的作用和行政人员的岗位责任，使行政效率有了明显的提高。提出了富有中国特色的中央与地方政府关系理论，建立了中央集权与地方分权相结合，旨在调动中央和地方两个积极性的行政体制；同时，确立了民族区域自治制度，从组织上保证了各少数民族平等参与国家与社会管理的权利。完善了马克思主义精简和改革政府机构的理论，尤其是从转变政府职能出发，调整和改革政府机构，创造性地发展了马克思主义行政组织理论。提出了理顺党政关系，实现政企分开、政事分开的理论设想，并在实践中理顺了执政党和行政组织，政府与企业组织、事业单位的关系，初步达到了简政放权的目标，增强了行政组织的整体效能。提出了建立社会主义宏观调控体系的理论，改变了过去计划体制下政府组织这个“看得见的手”到处大包大揽的做法，为社会主义市场经济的发展开辟了道路。提出了行政体制与行政管理改革理论和行政管理现代化的设想，并在实践中积极推进现实的行政管理现代化运动，有力地促进了社会主义现代化建设事业。

5.3.2 我国行政组织原则

行政组织原则是行政机构设置、调整、废止、建设和管理的理论依据，是行政机构改革的理论指南。根据中外组织理论的发展和我国行政改革的实际需要，以下几个方面可以作为当前我国行政组织发展的指导原则。

1. **法治行政原则**

法治国家和法治行政是现代政治和行政的基本价值准则。现代法治行政表明，行政组织机构的设置、调整、废止、建设和管理，必须依法进行。在组织管理和机构改革过程中，贯彻法治行政原则的基本要求是：

在组织管理中，消除人治残余，树立法治权威，从法律和制度上消除因人设事、因人设职和因人改废行政组织机构的动因。

制定完备的行政组织法规体系，使行政组织管理和机构改革做到有法可依。

依法建立和健全各项行政组织制度，从制度上保证行政法规能够有效地贯彻执行，依法循制地进行组织管理。

建立有效的组织管理执法体系，加大行政组织管理和行政机构改革中的执法力度，严格依法设置，依法管理。

2. **职能目标原则**

行政组织是实现政府职能目标的工具，因此，必须依据政府职能目标的需要，设置、调整和废止相应的行政组织机构，并且适应政府职能目标变化的需要，对行政机构进行经常性地调整和改革。在组织管理中，贯彻职能目标原则必须注意以下几个问题：

政府职能不是永恒不变的，而是随着行政环境和政府任务的变化不断发展变化的，因此，在组织建设中，要密切注意政府职能的变化，确立行政组织的职能目标体系。

组织职能目标的变化，是调整和改革行政机构的前提。在组织建设中，要对职能目标进行经常性的调查认证，以确认职能目标变化的状况和变化周期，并在此基础上，决定增设或废止哪些机构，明确哪些机构需要裁并，哪些机构需要加强，以保证职能目标的实现。

政府职能目标是决定政府组织规模和人员编制的先决因素。组织建设中，政府组织规模的大小，人员编制的多少，权限责任配置的轻重，都要视政府职能目标的状况而定。

3. **精干效能原则**

精干效能是党和国家在组织建设中一直贯彻的原则，早在抗日战争时期，毛泽东同志就采纳了民主人士李鼎铭先生的意见，在党政军组织中，实行精兵简政，提出达到“精简、统一、效能、节约和反官僚主义”五项目的。中华人民共和国成立后，又把这一原则郑重地写进了宪法，规定“一切国家机关实行精简的原则”。贯彻精干效能原则的基本要求如下。

① 机构设置要合理精干。合理性表明政府规模要合理适度，符合行政管理的实际需要；精干意味着设置最低限量的机构和最低限量的职位，可设可不设的机构和职位坚决不设，实设机构和职位要有科学依据。

② 人员编制要合理精干。人员编制数量必须根据工作任务多少、管辖范围大小、工作难易程度等科学地加以限定，坚持因事择人，防止因人设事，做到事得其人，适才适所，以最少的人力投入，取得最大的效能。

③ 坚持效能至上。效能是行政组织内部的行政效率和外部的社会效益的有机统一。效能至上表明行政组织机构的增设和废止，要以效能高低为取舍标准。同时，在组织运行过程中，要把整体效能放在首位，注意组织内部的纵向和横向协调与功能整合。

④ 建立廉价负责的政府。行政组织的物质基础是行政经费，它自身不创造价值，行政经费是在国民收入再分配中的财政拨款，来自于劳动人民创造的价值。因此，行政经费支出越多，表明政府的行政服务就越昂贵，反之，行政服务就越廉价。廉价的政府是人民所需要的政府，是向人民负责的政府。

4. 管理幅度与层次适度原则

管理幅度又称行政幅度，是指领导机关直接管辖下属部门或人员的数额。管理层次则指行政组织系统划分层级的数额。管理幅度与层次适度，就是根据不同组织系统确立幅度与层次的最佳限度。贯彻管理幅度与层次适度原则，科学地确定管理幅度与层次，要注意以下几种量的关系：

管理幅度与层次成反比，在机构和人员不变的情况下，管理幅度越大，层级越少；反之，管理幅度越小，层级必然越多。

管理幅度与管理者的管理素质、管理水平、管理手段的先进程度等累成正比例关系。即管理者的管理素质、管理水平和管理手段先进程度越高、越先进，行政幅度就越大，反之亦然。

管理幅度的大小与行政事务难易程度、组织内部信息是否通畅、规章制度是否健全等因素密切相关。

中外行政学界和管理学界对管理幅度进行过系统的研究，但至今尚无令人信服或普遍接受的结论。有的学者提出高效率小组以 4～6 人为宜，也有学者提出高层管理幅度一般控制在 7 个部门（每位行政首长）以内；中层管理幅度以 9 为宜，最高可达 15；工作层的管理幅度最高可达 30（职员）。这些数据，尚无权威的科学依据，仅供参考。

5. 职、责、权一致原则

行政组织是一个权责系统，因此，职、责、权一致是行政组织建设的基本原则之一。在行政组织中，职务、责任、权限三者是互为条件、相称平衡、三位一体的。每个层级、部门、单位乃至每个行政人员，都必须有职、有责、有权，职权相称，权责统一。贯彻职、责、权一致原则的基本要求是：

从组织层面上，贯彻职、责、权一致原则，要运用法制的手段；明确规定各单位、各部门、各层级的职能范围，授予相应的行政权限，课以相应的责任，即成职权统一、权责一致的行政组织体系，避免有职无权、有责无权和有权不尽责的现象发生。

从公务员层面上，贯彻职、责、权一致原则，要通过制度化途径，建立岗位责任制度和分工负责制度，做到事权统一，责权一致，使每个公务员都有职、有权、有责，人人各司其职、各行其权、各负其责。

6. **稳定性与适应性相结合原则**

行政组织的规模、建制、规章、程序等要做到相对稳定；但稳定性是相对的、暂时的，行政组织机构必须适应行政环境的变化，不断地加以调整、改革，以适应行政管理的需要。贯彻这一原则的基本要求是：

要保持行政组织系统的相对稳定。行政组织是一个复杂的社会系统，组成这个系统的各分支系统、部门、各单位之间，由一些程序化、标准化的规章制度相联系，形成依存、作用的关系，这些关系的稳定是行政组织系统高效运转的保证。同时，行政组织系统是一个由公务员组成的社会群体，组织机构的动荡不稳、变化多端，必然触及一些人的权力和利益，结果会使公务员失去职业安全感，影响公务员士气，进而影响行政效率。因此，保持稳定的行政组织系统，是调动公务员的工作积极性、保持公务员奋发向上的士气、稳定公务员队伍的重要前提。

行政组织机构要适应经济、政治、文化和社会生活发展变化的需要，即根据行政环境的变化，适时、适度地调整和改革行政机构，以保证行政组织的内部活力和外部适应能力，防止组织僵化或弹性适应能力的丧失。

思考题

1. 简述行政组织的含义、特征。
2. 简述行政组织体制的内容。
3. 行政组织的基本要素有哪些？
4. 简述行政组织的类型。
5. 简述行政组织的结构。
6. 当前我国的行政管理体制和机构改革应注意哪些主要问题？

案例5：行政组织设立的依据究竟是什么

2004年4月，民政部区划地名司司长戴均良在接受香港《文汇报》专访时透露，中国行政区划改革的总体思路可能是“缩省并县，省县直辖，创新市制，乡镇自治”，而增设直辖市一事只是理论研究与探讨，近期可能性不太大，并未到操作层面。

报道说，中国行政区划改革规划今年将正式激活，未来两年，民政部等有关部委将对此进行专题调研，改革方案将于2005年完成。此项改革规模之大、范围之广、影响之深无异于对中国现行行政区划体制动一场大手术。新规划将决定中国未来数十年的行政区域布局，是关乎中国政治、经济全局的重大战略。

戴均良指出，中国行政区划改革的总体要求，应该是在保持相对稳定的前提下，与整个国家发展战略相配套，适应经济社会发展需要逐步进行。总体思路可能是：缩省并县，省县直辖，创新市制，乡镇自治。戴均良指出，中国现行行政区划改革和完善的方向是调整幅度、减少层次、增强活力。而增设直辖市无疑是划小省份、减少层次的最佳模式。据有关统计，从总体上看直辖市的发展速度不仅快于省辖市，而且也大大快于省。如直辖市的GDP是省的平均数的3倍以上。然而，中国作为全球人口最多，面积第三的大国，一级政区的数量与其他国家相比明显偏少。如果中国一级政区目标定位在50个左右，那么在现有基础上就可再设16个省级政区。从区域经济中心布局考虑，最少的方案也要增加4个直辖市，即在东北地区、华中地区、华南地区和西北地区各设一个直辖市。

戴均良说，增设直辖市可采取分步实施、逐步到位的方案，即整体规划全国省级政区布局和直辖市布局，成熟一个设立一个，条件好的副省级市可先行一步。同时，从划小省区的战略需要出发，在地广人稀的西部地区也可培育大中城市，特别是省会以外的特大城市。

在戴均良讲话之后，网络上随即出现所谓中国最新的50个省（都）的版图。

讨论：

(1) 戴均良的这番言论可否作为设立我国未来行政组织结构的操作依据？为什么？

(2) 我国目前的行政组织结构有没有改革和创新的必要？

第6章

行政领导

6.1 行政领导与行政领导者

6.1.1 领导与行政领导的概念

1. 领导的概念

行政领导是充满着智慧和艺术、科学和灵感、魅力和奥秘的探索过程。正如尼克松所说："在伟大领袖们的脚步声中，我们可以听到历史的滚滚雷声。有史以来——从古希腊人，经过莎士比亚，直到现代——很少有什么主题能像伟大的领袖人物那样经久不衰地吸引戏剧家和历史学家。是什么使这些领袖人物与众不同？领袖和被领导者之间那种特别的、难以形容的激越感情又是什么引起的呢"？领导一直是一个既令人困惑又吸引人的话题。

在现代汉语中，领导一词既可以作为动词，也可以作为名词。领导作为名词，是指率领和引导活动过程和行为的人。领导作为动词，则指一种率领和引导的活动过程和行为。关于什么是领导，可谓"见智见仁"。据美国领导学者统计，目前世界上关于"领导"的定义有350多种。例如："管理科学之父"泰罗认为：领导是指领导者通过人际关系，来影响团体中每一分子，以激发其努力、达成组织目标。马克斯·韦伯认为：领导是一种相互的影响，领导的重心是制订、沟通及保证属员能了解途径与目标的关系。孔兹（Harold Koontz）认为：领导是一门促使其部属充满信心、满怀热情来完成他们任务的艺术。美国南加利福尼亚大学企业管理学院的沃伦·C·本尼斯所说："管理人员的目标是把事情办妥，领袖人物的目标则是去做应该做的事。"他说："伟大的领导是一种特有的艺术形式：既需要超群的力量，又需要非凡的想像力。"还有如：领导是个人引导群体活动以达成共同目标的行为；领导是施于某一情境的人际影响力，通过沟通过程来达成特定目标；领导是创造和维持期望的与互动的结构；领导是人与人的互动，其中一人以某种方式提供某种情报，使另一人深信他若照做时成果会更好；领导是一种特殊的权力关系，特征为一群人觉得另一群人有权规定他们的行为；领导是某甲的行动改变某乙的行为的影响历程，而某乙认为这种影响是合法的，其改变的行为符合个人的目标；领导是超过例行组织指引的机械式服从的影响力；等等。不管是军事、政治、社会，还是经济、文化各个领域的领导，都是指一种通过影响力对所管辖或所从属的人们及其行动进行组织、指挥、协调、控制的活动过程。

领导自古以来就有，但领导活动的本质、特点是由社会生产方式和社会关系决定的。因此，领导活动具有社会性、历史性。在不同的社会形态中，领导活动的本质、特点、目的各不相同。奴隶社会、封建社会领导活动本质上是一种依靠权力命令下级服从上级的一种统治活动。资本主义社会的领导活动在本质上也是一种依靠权力的统治活动，但由于大生产和社会分工的需要，资产阶级的领导活动采用了民主的科学管理方式。社会主义国家的领导活动的本质就是服务，社会主义国家的各级领导者都是为人民服务的公仆，领导活动的目的都是满足人民日益增长的物质文化需要。

关于领导和管理的关系，管理学和行政管理学的创始者如威尔逊、古德诺、法约尔等都认为二者是不同的。古德诺主张政治与行政分开，认为政治是制定法律，行政是执行法律，法约尔则认为：经营、领导和管理不是一回事，不能"把管理同领导混同起来"。他说管理、执行或行政是同一个含义，在英语中都是一个词。当代一些学者如管理学大师彼德·德鲁克和诺贝尔经济学奖获得者赫伯特·西蒙，则把领导和管理不加区分，认为领导也是管理。德鲁克在《有效的管理者》一书中，把总统、首相、军事统帅也说成是"主管"、"管理者"，西蒙则认为管理就是决策，而决策则是领导的职能。可见，领导是不同于一般的管理，而是一种能影响别人去完成（实现）一定目标的管理活动。

2. 行政领导的概念

从动态来看，行政领导是指行使行政领导权力，履行行政领导职责，率领和引导行政人员去实现行政目标的活动。从静态来看，行政领导是指行使行政领导权力，履行行政领导职责，率领和引导行政人员去实现行政目标的人。由此可见，行政领导兼具动态、静态两种特点，是指在国家行政管理中的领导活动和从事这种领导活动的人。领导是一种多层次、多领域的立体现象，可以从不同的视角进行不同的分类。按领导的权力基础分类，有正式领导和非正式领导；按领导活动的层级分类，有高层领导、中层领导和基层领导；按领导活动领域分类，可以把领导分为政治领导、行政领导和业务领导等。

6.1.2 行政领导的特点与作用

1. 行政领导的特点

行政领导是国家行政管理活动中的领导活动，它既具有一般领导的共同特点，又有其自身的特点。

(1) 行政领导的政治性

从行政领导活动的社会属性来看，行政机关的政治性决定了行政领导的政治性。行政机关是为巩固阶级统治，实现阶级使命而建立的政治组织，具有鲜明的阶级性。这就要求在行政机关中任职的行政领导，在进行决策、指挥、协调、控制、监督等一系列活动时，必须要把政治摆在首位，坚持做到为社会主义政治服务，为人民服务。

（2）行政领导的行政性

由于行政领导只是对“行政”的领导。因此，其主要任务是事务性活动。即为了实现一定的行政目标而进行的一系列决策、指挥、协调、控制、监督的活动，以有效地保证国家行政权力的正确行使。

（3）行政领导的执行性

从行政领导活动方式的特性上讲，执行性是行政领导的明显特点。我国实行“议政合一”的国家政权组织形式，因此，行政机关是国家权力机关的执行机关。这就决定了行政领导的活动方式，必须要按权力机关所制定的法律办事，坚持依法行政。必须根据权力机关的合法要求，及时地组织人力、物力和财力，保证权力机关的意志得以充分而有效的体现。

（4）行政领导的服务性

领导就是服务。从行政领导过程来说，行政领导确立“服务”思想，强化服务意识，做到乐于服务，善于服务；还要不断提升公共服务能力，即依法行政能力、德治行政能力、透明行政能力和高效行政能力。在公共服务过程中不断提升行政领导者们的领导力。

2. **行政领导在行政管理中的作用**

行政领导在行政管理中的作用主要集中在以下几个方面。

（1）行政领导者是行政管理活动的指挥者

如果说行政组织是一个“乐队”的话，那么，行政领导者就是这支乐队的指挥。在行政管理过程中，行政领导者通过运用法律赋予自己的领导权责，制定行政决策，并按照决策的目标要求，对下属发布命令，强化被领导者对行政目标的责任感和荣誉感，使他们的意向、行为和力量纳入行政目标的轨道，以达到将决策计划和领导意图变成全体成员的统一意志与行动的目的。

（2）行政领导者是行政管理活动的协调者

从事国家事务和社会事务管理的组织活动，其管理范围之大、管理内容之多、管理对象之复杂，是任何一个社会组织都无法比拟的。这就决定了行政管理必然是一个由许多层次、许多部门、许多人员共同进行的管理活动。在众多的层次、部门、人员当中，他们是互相联系、互相影响的。他们既有为完成行政任务而努力工作的共同目标，又有各自的特点和要求。他们之间的关系处理得好，就能出现团结协作、相互促进、共同前进的良好局面；反之，则会产生互相埋怨、钩心斗角、内耗丛生的恶果。这就要求行政领导者从宏观的角度协调好行政任务、行政利益的分配，协调好各种人际关系，及时地处理矛盾，消除冲突，以保证行政活动的协调统一，保证行政组织的稳定性。

6.2 行政领导者的职位、职权和责任

6.2.1 行政领导者的职位

行政领导者的职位是指行政领导者在行政组织中的法律地位和其所担任的行政职务及其所拥有的相应的权力，是其行使指挥与统御过程的支配性影响的实质条件。职权不仅意味着行政领导者具有从事一定行为的可能性，而且意味着必须要从事这一行为，否则就构成失职。行政领导者的职位的含义包括：一是该职位的权力和责任是依法定的程序，由法定的组织授予的，是行政职位所赋予的权力，是由于行政领导者担任一定的职位而获得的具有法律效力的权力，职权由职位派生出来，职位的性质决定职权的性质，职位的高低决定职权的大小，职位高，职权就大，职责也就大，三者成正比关系。职权与个人因素无关，无论谁掌握它，权力都是一样的。领导者离开了职位也就丧失了职权。二是该职位在同一行政组织中处于较高的职级。也就是说，行政领导不是凭空地对被领导者实施领导行为，而是由于他们处在行政组织中某一正式职位上，他们能够凭借该职位的权力去领导被领导者。正是在这个意义上，行政领导者的职位是从事行政领导活动的基础，是区别于其他一般行政人员的重要标志。

行政领导者的职位有高有低，不同的职位有不同的范围、工作项目、工作量、职权标准、组合要求等。行政领导者所处的行政职位不同，决定了他们在行政组织中所处的地位和所起的作用也就不同。在我国，最高的行政领导职位是国务院总理。

行政领导者的职位是依据有关法律或规定而设置的，任何组织和个人都不能凭主观意志任意设置或改变行政领导者的职位。行政领导者的职位强调的是“事”，而不是“人”。因此，同一职位在不同的时间可由不同的人来担任，职位不随人的去留而消失或增设。行政领导者的职位是行政领导者的职权和职责的集合体。因为，每设置一个职位，都明确规定了与该职位相适应的职权和职责。因此，不在一定的行政领导职位任职的人，就不能行使与该职位相适应的行政领导者的职权，也不承担其行政领导者的职责。

6.2.2 行政领导者的职权

行政领导的职位明确规定了行政领导者的工作范围、工作项目、工作量等，而要完成这些工作任务，国家就应该依法赋予他们相应的职位权力，即赋予他们相应的支配力量，使他们能够在其职位要求的范围内，凭借权力的力量来组织、指挥、协调和控制人力、物力和财力，以保证行政任务的顺利完成。

行政领导者的职权是指行政领导者的职位所赋予的，并受法律保护的行政权力，是行政领导者完成行政任务，履行行政职责必不可少的重要条件。领导职权是有限度的权力。领导者的职权范围大致包括用人权，即对所属下级的任免、奖惩、授权的权力。用物权，即为了

实现行政目标，对行政组织的物质资源的配置与使用权。财权，即对行政组织的财政予以支配的权力。以及决策权、代表权、提案权、审查权等。由职权带来的影响力是一种强制性影响力，这种影响力对他人或组织的影响带有强迫性、不可抗拒性。如领导者动用命令权、奖惩权、辞退权等使人服从或改变他人思想行为。强制性影响力对于被领导者来说是处于被动的、服从的地位，因而对人们的心理和行为的激励是有限的。领导者除了要学会运用职权来支配和影响他人，还要善于利用自身的自然性影响力。自然性影响力，又称非权力性影响力，或称权威性影响力，它是由领导者自身因素和行为而产生的。这种影响力是领导者与被领导者相互作用的产物，是领导者的威信对被领导者在心理上和行为上产生的影响。这种影响力不是建立在强制的基础上，而是建立在被领导者对领导者心悦诚服的基础上。所以被领导者并不感到有什么心理压力，而是发自内心地拥护领导、服从领导。这种非权力性影响力，对被领导者来说，其行为是自觉自愿、积极主动的，对其心理和行为的激励是巨大的。要提高领导者的影响力，首先要不断提高领导者的素质。只有提高领导者的素质，才能使强制性影响力的发挥建立在更加现实可行的基础上，也才能不断提高被领导者的服从心理，更有效地支持、协助领导活动的开展。

职权又是一项法定的公共权力，也就是说，行政领导者的职权不是世袭的，也不是终身的，而是国家和人民依法定程序授予的，也可以依法定程序被收回，任何人不能以任何形式进行私人性的转让。因此，职权只能在法定的职务范围内行使，代表国家和人民的利益，为公共利益服务，并受到法律、国家机关、政党、人民团体和人民群众等各方面的监督。对于那些不称职的行政领导者，国家和人民可以依据有关法律规定，解除其行政职务，取消其行政权力。对于那些因年龄等因素，不再担任行政领导职务的人员，要及时取消其职权。对于任意扩大职权即滥用职权、怠于行使职权的渎职行为、不积极行使职权的行政不作为行为，都要严惩不贷。

行政领导者的职权与职位的关系。行政领导者的职权是与职位紧密联系在一起的。行政领导者只能拥有与其职位相适应的职权，超越职位以上的任何权力都是无效的。也就是说，行政领导者不能离开其职位规定的范围，无限制地任意滥用职权。行政领导者职权的大小，要受职务高低、职责轻重的制约。职权是由职位衍生出来的，职位的性质决定职权的性质；职权与职位有对称关系，职权的大小与职能的高低、责任的轻重相适应；职权是法律认可与确认的权力。行政职权是有限度的权力，它由国家权力机关因社会公共管理分工的不同而进行功能性划分，并由国家依据划分做出授予，被授予者需对权力有明确的认识，从而掌好权、用好权。行政领导的权限范围包括人事权、物权（即对物质资源的配置与使用权）、财权、组织权。

6.2.3 行政领导者的责任

行政领导者的责任是指行政领导者担任领导职务所应承担的具体工作责任和法律上应负的行政责任，正是在这个意义上，人们常常把行政领导者称为“负责人”。行政领导者的责任是正确履行行政职务，行使行政权力过程中应尽的义务，是随着一定职务的确定和职权授权所产生的。责任与职位和职权成正比关系，即行政领导者的职位越高，职权越大，其责任也就越重。

行政领导者的责任和其行政职位、行政职权是有机统一、不可分割的，也是相互联系、相互制约的。首先，行政领导者的职位是职权、责任的基础。这是行政领导行使职权、履行职责的前提。行政领导者要有行政职位，即行政领导者所担任的行政领导职务，以及该职务根据有关法律或规定所赋予的地位。没有一定的职位，也就没有与此相适应的职权和责任。其次，行政领导者要有行政职权，即由行政职位派生出来的，受到国家法律保护的权力，是行政领导者履行职责的必要依据。没有一定的职权及其相应的支配力量，行政任务的完成和行政责任的履行，就只能是一句空话。行政领导者的责任来源于职位，是对一定职位上的行政任务的承诺；行政领导者的职责是职权的本质内容。职权和责任表现为权利和义务的统一。责任和权力相比，责任是第一位的，权力是第二位的。其三，行政领导者要履行行政领导职责。行政职责有两方面的含义：一是指具体的工作任务；二是指法律上应负的行政责任。任何一个行政领导者担任了一定的职位，同时也就承担了由这个职位所赋予的责任。担任的职位不同，所承担的职责也不同。但不论职位高低，所负责任大小，每一个行政领导者都应尽心尽责，做好本职工作，都要对人民对国家负责。对渎职、失职和不称职的行政领导者要追究其行政的、政治的和法律的责任。

古今中外的管理学者，对领导者责任的内容都作了深入的调查研究和总结归纳，提出了一些颇有见地的看法。日本管理学家本山多喜二认为，领导者主要有五种责任：对下级下达指示、命令；向上级汇报；制定目标；联系中枢；培养下级。我国第一部行政学专著的作者张金鉴教授把领导者的责任概括为十三个方面：决定工作目标与政策并使部下深切了解；建立制度，设定工作标准和方法，并督促部下遵行；对部属做适当的分工授权和有效的指导；对计划的执行做有效的控制和考核，并及时解决所遇到的问题和困难；合理解释有关法令和规章，及时向部属报告工作进展情况；搞好公共关系；对部属提出工作要求；减少组织内纠纷，查明纠纷的原因并适时解决；向部属提供良好的工作环境；对部属做公平切实的考核，并予以适当的奖惩；与部属有适当的个人接触，建立适当的感情关系；促进各单位、各部门以及各个职员间的合作与协调；对部属的冤情做到及时而满意的处理。毛泽东指出：“领导者的责任，归结起来，主要是出主意、用干部两件事。一切计划、决议、命令、指示等，都属于‘出主意’一类。使这一切主意见之实行，必须团结干部，推动他们去做，属于‘用干部’一类。”依据毛泽东的观点，行政领导者的责任可概括为两个方面：一是计划决策。计划决策是行政领导者的首要责任。这就要求行政领导者必须在深入调查研究的基础上，从本国国情或本地区、本单位的实际情况出发，在各自的职权范围内，主持制定和负责审批国家、本地区、本部门发展的总体目标和总体计划，以及为实现总体目标和总体计划而制订的近期计划、中期计划，实施的方针、步骤和措施等。计划与决策贯穿并影响着行政领导活动的全过程，计划与决策是否正确直接关系到行政管理活动的成败。二是组织建设。这是行政领导者实现领导、完成目标的工具和手段。没有组织就没有领导，领导者总要通过一定的组织机构才能行使他的职权，进行指挥。组织建设有两大内容：设置适应工作需要的合理机构，进行科学定编；制定出保证机构正常运转的规章制度。三是选用人才。行政组织的计划和决策，归根结底是靠人去贯彻执行的，因此，人才选用是实现计划和决策的最基本的保证。在选用人才方面，关键在于知人善任。要通过采取正确的考察、识别、选拔和使用的方法，把大批优秀人才吸收到国家各级行政机关中去，以切实保证国家行政工作人员的高素质。

行政领导的职责，内容是相当丰富的，主要有：负责贯彻执行法律、法规以及权力机关、上级行政机关的决定，调查和了解情况，制定方针、路线和政策，负责制定行政管理决策，决定行政管理工作中的重大问题；正确地培养、挑选、使用人才；对本部门和下级行政机关的工作实行监督、检查；组织协调、指导激励、放权考核等。行政领导的这些职责中最基本的有三个方面：计划决策、组织建设、选用人才，还有组织协调、教育激励、监督检查等职责。处在现代的条件下，国家的事务越来越繁杂，社会管理活动又是规模庞大、层次复杂、信息量大、因素众多。所以，行政领导责任重大，任务艰巨。只有具备良好的素质，科学地掌握领导艺术，才能担当行政领导的重任。

6.3 行政领导者及其领导集体的结构

6.3.1 行政领导者的素质要求

行政领导者在行政管理中的重要地位，决定了行政领导者必须具备比一般行政工作人员更高的素质，只有这样才能胜任行政领导者的职务，才能承担起行政领导者的责任。素质在心理学中指的是人的神经系统和感官系统的先天特点。在现代社会科学中，素质不仅包括人和各种组织的先天资质，而且还包括其通过后天修养而获得的品德、智能和体质的总和。行政领导者的素质，是指行政领导者在先天禀赋的基础上，通过后天的学习、锻炼、修养、实践所获得的品德、智能和体质的总和。一个行政领导者的素质，是完成其领导职责的重要条件之一，行政领导者素质的好坏，是行政管理工作优劣成败的关键，直接影响行政领导活动的效果。行政领导者的素质是行政领导者必须具备的资格和基本条件，其主要内容包括以下几个方面。

1. 政治思想素质

行政领导者是为维护统治阶级的利益，为巩固国家的政权服务的。不同性质的国家，对行政领导者的政治思想素质要求也不同。我国是社会主义国家，是工人阶级领导的、以工农联盟为基础的人民民主专政的社会主义国家，国体决定了国家的社会主义方向，决定了行政领导必须具备很强的政治素质。

① 坚持四项基本原则，在政治上与党中央保持一致。坚持党的基本路线，自觉同党中

央保持高度一致，维护中央权威，保证中央政令畅通。知道什么能为，什么不能为。一切以国家利益为准，坚决同损害国家利益的行为展开斗争。

② 全心全意为人民服务。行政领导者的权力是人民赋予的，行政领导者必须对人民负责，要心系群众，做人民的公仆，努力地为人民服务，使群众满意。坚持全心全意为人民服务的根本宗旨，是社会主义国家的行政领导者与其他不同制度国家的行政领导者区别的重要标志之一。

2. **道德人格素质**

行政领导者的道德品格素质与其作风是紧密联系在一起的。道德品格素质是作风的基础，作风是道德品格素质的外在表现。行政领导者的作风，直接关系到行政领导者在人民群众中的威信，关系到政府在群众中的形象问题。

① 大公无私的高尚情操。行政领导者必须以国家利益和人民的利益为重，而不能从个人和小团体的私利出发，更不能假公济私、以权谋私。保持和发扬“先天下之忧而忧，后天下之乐而乐”、“吃苦在前，享受在后”、为党和人民的事业鞠躬尽瘁的高尚情操。

② 秉公办事的党性原则。行政领导者要有尊重科学、实事求是的精神，不唯书、不唯上，敢于坚持真理，修正错误，自觉地与一切歪风邪气作坚决的斗争，不随波逐流，更不姑息养奸。

③ 立足整体的大局意识。行政领导者必须广泛地听取各方面的意见，虚心向群众学习。要善于团结同志，包括团结那些与自己意见不同的人，与他们合作共事。要坚持以大局为重，不计较个人的恩怨得失，以利于行政组织内部始终保持正常的、和谐的人际关系。

④ 严于律己的自省精神。行政领导者要发扬批评与自我批评的传统作风，经常解剖自己，敢于承认并改进自己的缺点错误。行政领导者只有严格要求自己，不文过饰非，才能在下属面前树立起自己的良好形象，使自己立于不败之地。

3. **文化知识素质**

文化知识素质要求是行政领导者胜任本职工作，成为行家里手的基础。行政领导者的地位和作用，决定了行政领导者必须具有丰富的文化知识。行政领导者贯通上下、影响全局，因此必须具有广博的知识和较高的专业水平。优化知识结构，是提高行政领导水平的重要环节。行政领导者仅有线形知识结构是不够的，最好具有二维知识结构。即“一专多能”，既要精通自己的专业知识，还要懂得其他领域的知识。

① 掌握政治理论知识。政治理论知识包括：全面系统地学习和掌握马克思主义基本原理；学习和掌握国家的方针政策和法律法规等方面的知识，以便于行政领导者能够自觉地运用马克思主义的立场、观点、方法去观察问题和处理问题，能自觉地执行党的方针政策和法律法规，以保证其行政领导活动的正确性。

② 具有熟练的专业知识和技能。作为一个成功的行政领导者必须要具有搞好本单位、本系统、本部门所需要的知识和技能。只有这样，才有可能就本行业务与专家进行交流和磋商，对方案进行可行性的评估，并做出科学的行政决策。行政领导者熟练、精通本行业务，

是实现内行领导的重要条件，也是影响领导水平高低的重要因素。

③ 具有广博的知识基础。行政领导者不仅要实现专业化，使自己成为专才，而且还要涉猎广博的知识，使自己成为通才。因此，行政领导者还必须广泛地学习行政管理学、经济管理学、法学、社会学、心理学、统计学、公共关系学等理论知识、社会生活知识和自然科学知识。行政领导者只有不断拓展自己的知识面，才能敏捷地接受各种新的知识，才能适应国家行政管理事务综合性、广泛性、复杂性、群众性的需要。

4. **身体心理素质**

身体心理健康使个人的心理活动始终能保持积极的状态，能够适应各种各样的环境，经受得起外界不利因素的影响，顺利地度过社会变故和灾难，能够进行积极的自我调整并为社会发挥最大的聪明才智。行政领导者面对现代社会复杂多变的环境要想应付自如、游刃有余，除了要具有前面那些素质外，还需具备良好、健全、正常的身体心理素质，保证行政领导者能以饱满的精神状态和健壮的体魄，从事领导活动。

① 要有健康的体质。现代行政领导者所肩负任务的繁重性和复杂性，决定了行政领导者必须要有健壮的体魄和充沛的精力，以保证为完成行政领导任务所必须付出的巨大心血和体力的需要。常言道："身体是革命的本钱。"没有健康的体质，在繁重的行政领导任务面前，只能发出"心有余而力不足"的感叹，而难以胜任工作。

② 要有良好的精神状态。现代行政领导者应该具有的精神状态是：有强烈的未来意识，勇于站在时代潮流的前列；有积极的开拓精神，敢于打破常规，进行大胆而有益的探索；有实事求是的科学态度，尊重客观规律，按客观规律办事；有坚强的信念，在困难面前不屈不挠，努力拼搏；要有积极主动的进取心，积极上进，不因循守旧，不墨守成规。要有敢为天下先、善于争先的品格；要有坚定的意志、坚韧不拔的毅力，以应对工作中的挫折、失败。

③ 要有良好的心理素质。心理素质是形成独特领导风格的决定性因素。包括下面四个方面：一是追求，领导者要有远大志向，即高尚正确的理想、信念和价值观。二是意志坚定，意志果断、坚持不懈、自制能力强。能当机立断、百折不挠。三是有积极情感，没有冷漠、孤傲、嫉妒、虚伪等消极情感。四是风度，即宽容大度、高瞻远瞩、临危不乱、光明磊落、机智幽默的风度。

④ 要有较高的情商。行政领导者要才情兼备、智商情商双高。行政领导者要善于协调人际关系，善于与各种人打交道；要认识自身情绪，妥善管理自己的情绪，绝不能嫉贤妒能、压制人才，善于自我激励；要善于感知他人的情绪，胸襟坦荡，宽容待人，团结众人，多倾听他人的意见尤其是反对者的意见。

5. **综合能力素质**

印度前总理 Indira Gandhi 说过："以前我认为领导代表力量，但现在我认为真意是指与人相处的能力。"行政领导能力是指行政领导者运用已有的知识、经验，认识、分析、解决问题的能力。行政领导者具备专业知识和其他方面知识是做好领导工作的基础和必备条件，具备这些条件的人很多，但不是所有人都能担任领导工作。做一个领导者还必须具有多方面的领导能力，主要包括以下几个方面。

（1）理论思维能力

理论思维能力是指行政领导者对各种理论问题的思考、实践能力。实践证明，行政领导活动从来就不是一种简单的、孤立的、无目标的、无意识的活动。领导者要率领群众从事创造性的活动，就应该有自己的理想、目标，有自己的明确思想，用以指导其行动，这个思想的核心就是理论。没有正确的理论，他就会迷失方向。即使有了正确的理论，如果领导者不能把握其本质，也不能变成自己的理论思维能力，只能是生搬硬套，结果必然会导致行动上的盲目性，行政领导者的思维能力，主要包括对理论的学习吸收能力、理论辨别能力、理论指导工作的能力。各级行政领导者如果都拥有与自己所担负的领导工作任务相称的理论思维能力，那么就会保持理论上的清醒和坚定，就能对自身领导的实践活动从具体到抽象，进行理论上的升华，使一切领导行为更有计划性、目的性，就更科学、更符合群众的意愿和要求。

（2）综合分析能力

现代行政领导者应广泛了解和及时掌握信息。20 世纪是信息生产和交换为重要特征的时代，信息渗透到社会各个方面，并且信息是迅速增长的。行政领导者应掌握国内外行政管理有关信息，进行综合分析、加工处理，然后对信息加以解释，依据解释的结果做出决策，并采取相应的必要行动，对要解决的问题有新的认识、新的见解。

（3）科学决策能力

现代化大生产是多目标、多因素、纵横交错、相互制约的动态立体结构体系。行政领导者要适应社会主义现代化建设的需要，行政决策科学化。一个头脑清醒、决策果断的行政领导者，对现代科技的发展有较强的敏感性，善于审时度势，统筹全局，于千头万绪之中找出关键性问题，并能及时做出科学决策。要提高决策能力，就必须尊重群众，尊重专家，集思广益，民主协商，充分发挥咨询机构和参谋人员的作用。

（4）组织协调能力

组织协调能力在现代化大生产条件下显得尤为重要。行政领导者若没有一定的组织协调能力，就无法合理地协调人、财、物，就无法调动被领导者的积极性，因而也就无法得到最佳的经济效益。行政领导者要善于把任务、人员、部门有机地结合起来，互相配合，形成集体合力。尤其要协调好人与人之间、部门与部门之间的关系，取得相互理解，相互支持，减少阻力，以利于行政目标的实现。

（5）开拓创新能力

开拓创新能力是领导能力的最高表现。在现代行政管理中，行政领导者应该具备开拓创新精神，在当前改革开放的形势下，更应抓住机遇，大胆创新。否则，就无法适应新的形势，不能有所作为，更谈不上开创新局面了。建设具有中国特色的社会主义，在行政管理方面没有现成的模式可套，也没有现成的结论可搬，行政领导者必须研究新情况、解决新问题，在实践中探索，在工作中创新。开拓创新并不是想入非非，而是重在实施。也就是行政领导者在领导活动中应及时发现并抓住群众感觉到但还没有明确意识到的东西，尽快形成自己的新思想、新方法，并将它付诸实践，通过实践，再丰富、完善新思想、新方法。

6.3.2 行政领导集体的结构

行政领导集体是指国家行政机关行政领导成员的组合。如省、市、县、乡人民政府以及所属行政部门或行政单位的领导班子。对每一个行政组织来说，拥有一个出色的领导集体是十分必要的，国家的各级行政领导班子是按照国家法律，经国家各级权力机关批准而组合起来的，并依据宪法规定有任期时限。行政领导集体功能的有效性不仅取决于集体成员的个体优势，而且还决定于领导成员的最佳组合，即领导班子的合理结构。行政领导集体组合的科学合理，就能使整体力量大于个体力量的总和。行政领导集体结构的合理形式是指，在行政领导的集体结构中，各种不同素质、经验、年龄和各种不同专业、知识的人才，按比例的有机结合，能够充分发挥各领导者各自的优势，取长补短，保证领导集体发挥出最佳的整体效益。一般来说，行政领导集体结构的合理形式主要有以下几个方面的要求。

1. **年龄性别结构**

行政领导班子的年龄最佳结构很重要，不同年龄的人所具有的经验、才能、管理水平和工作精力各不相同。一般来说，行政领导班子的年龄结构应该是菱形年龄结构，即由适当比例的老、中、青三方面组成，以中年领导为主，兼有年轻人和老年人，并处于一个不断发展的动态平衡之中，这样可以发挥不同年龄人的各自优势，取长补短，发挥最优效能。各年龄段的人都有自己的长处和不足，在行政领导的群体结构中，他们的分布应该有一个合理的比例，其比例视单位情况而定，通常1∶2∶1较为合理。越是高层的行政领导群体结构，其年龄构成应该相对高一些，越是低层次的行政领导群体结构，其年龄构成应该相对低一些。人的年龄是不断增长的，行政领导的集体结构也要随着其组成人员年龄的增长做不断调整。

不同的性别具有不同的优劣势。清一色的男性，工作氛围显得“严峻”；清一色的女性，工作氛围则显得“柔弱”。性别比例均衡可以缓释工作压力，所谓“男女搭配，工作不累”；还可以取长补短、优势互补。必须坚决破除“求全责备”、“女不如男”等传统观念的束缚，澄清模糊认识，清除思想障碍，解放思想，不拘一格选人才。

2. **知识专业结构**

知识专业结构是行政领导班子做好行政管理工作的基础。现代行政管理要求严格，专业性、技术性强。对一个行政领导班子来说，不仅要注意选拔具有较高的文化知识与专业知识的人才，并且要注意在知识结构的组合上能做到互相补充，使整个行政领导班子具有综合业务领导能力。行政领导一般要由不同专业知识的成员组成。要有专长社会科学的，有专长自然科学的，有精通经济工作的，也要有精通政治思想教育的。作为行政领导特别要精通行政管理专业知识，因为这是每位行政领导者必须具备的专业知识。各级行政领导班子的成员，应该是自己负责的工作方面的专才，对行政领导班子，其知识和专业结构也应在各自“专才”的基础上，形成“通才”的集体，或叫集体“软专家”。对于不同级别、类别的行政领导集体结构，在知识水平方面，其成员的平衡程度越高，越应该是“通才”型集体。

3. **性格能力结构**

领导集体要性格互补。有的人性格内向，有的人性格外向；有的人魄力很大但却粗枝大叶，有的人谨小慎微但能深思熟虑；有的人敢作敢为但却目中无人，有的人虽有自知之明但却缺乏力争上游的精神；有的人再三而求创新，但却欲速则不达；有的人持重而求稳妥，但却墨守成规；有的人严肃有余，活泼不足；有的人幽默风趣，平易近人；等等。每种性格都有其优缺点，因此行政领导班子不能由清一色的人组成，要注意性格上的协调和互补，以利于发挥其组成人员各自的性格优势，实现行政目标。

领导集体要由具有各种能力的人组成。能力高低因人而异。有的人善于领导、指挥，有的人善于判断、决策，有的人善于表达、沟通。行政领导工作需要具有各方面才能的人共同协作才能做好。只有不同能力类型的领导成员合理地组合起来，才能组成能力结构最佳的行政领导集体结构。在这种行政领导集体结构中，既要有富有远见卓识、善于分析综合、有决断魄力的主要领导者，又要有足智多谋、善于谋划的智囊人物；既要有创造能力的思想家，又要有组织能力的活动家；既要有埋头苦干的实干家，又要有善于交际，具有协调沟通能力的公共关系专家。具有各种能力的人组成领导班子，各成员之间互相补充、互相促进，就能形成较强的领导班子，出色地完成领导工作。

6.4 行政领导艺术

6.4.1 行政领导艺术的含义和特征

领导是一门科学，也是一门艺术，是科学性和艺术性的统一。领导工作艰巨复杂，客观对象复杂多变，因此领导者进行领导工作不仅要掌握领导科学的一般原理，注意采用科学的领导方法，同时也要掌握科学的领导艺术。

1. **行政领导艺术的含义**

所谓行政领导艺术，是指在行政管理活动中，运用科学的领导理论，熟练而有效地实现行政目的的技巧、手段等特殊方法。领导者凭借自己的知识、经验、才能和气质等因素，巧妙地运用各种条件和技能来完成工作目标。它是领导者才能和技能的综合表现。

领导艺术也是领导方法，是一种特殊的领导方法，是对领导方法的创造性运用，是处理模糊性、随机性问题的领导方法。行政领导艺术虽然非常复杂，但并不神秘，虽然非模式化，但并不是不可捉摸。行政领导艺术建立在科学管理基础之上，运用人类的高效智能活动，调动人们的全部主观因素，如知识、情感、意志、经验、立场、世界观、价值观等，就能自觉运用行政领导艺术。

2. 行政领导艺术的特征

（1）非规范性

行政领导艺术是在处理模糊性、随机性问题过程中运用的一种创新的能力和技巧，没有固定的模式。处理那些规范化、程序化、可以精确定量的问题，不叫领导艺术。

（2）灵活性

行政领导艺术的运用具有高度的灵活性。领导者在运用领导艺术时不能千篇一律。如每个人都需要激励，由于其下属的需求不同，激励的方法、措施也不一样，如有的给予物质激励，有的则给予精神激励。就是物质激励又可分为多种，行政领导应灵活掌握。

（3）新颖性

行政领导者在处理模糊性的复杂问题时，没有模式可套，也不是一般原则推导出来的结论，必须靠领导者调查研究、分析、决策，也就是要进行创造性的思维。创造性的思维得出的结论不会是千篇一律的，都具有新颖性。

（4）科学性

行政领导艺术是非规范化的、灵活的、新颖的，又是科学的，这是建立在深厚的基础上的。行政领导艺术符合当时、当地的具体情况，具有很强的针对性，能适应管理的内在需要，并符合科学的管理要求，是管理理论的最有效的运用，具有科学性。否则，行政领导艺术就会成为无源之水、无本之木。

6.4.2 行政领导艺术的主要内容

1. 用人艺术

为政之要唯在择人。用人是行政领导活动的主要职能。人的性格、思想认识、思维方式、精神境界、个人追求各有不同，能力也有强弱，不能用同一方式去处理，要视各人不同的情况而采取不同的方法去对待。行政领导者要履行自己的职能，关键在于用人。而用人艺术又是最困难最复杂的领导艺术。因为用人艺术的对象是有血有肉、有感情、有欲望、有追求、有思想的人。如何识人、用人，这需要较高的用人艺术。

用人首先要识人，识人是用人的前提。要识别是人才还是庸才。人才最突出的特征就是有主见、有创见，干事有创新精神。而庸才则人云亦云，亦步亦趋。其次是识别人才，还应识别人才是善于做政治思想工作的，还是善于沟通协调的；是善于出谋划策的，还是善于实际操作的。诸葛亮的做法可供我们借鉴，他在《知人性》中描述了知人识人“七观法”：“问之以是非而观其志，穷之以辞辩而观其变，咨之以计谋而观其识，告之以祸难而观其勇，醉之以酒而观其性，临之以利而观其廉，期之以事而观其信。”

识人还要知人善任。要善任，也就是要使用得当。人才使用得当，行政领导效能才会事半功倍。要用好人才，行政领导者一要有魄力，敢用人才。二要用人所长，避其所短。任何一个人都有优点和缺点，不同类型的人才也有不同的专长和不足。对人才的考查、培养、使用，一定要做到客观、公正、全面，要善于发挥下属的长处，调动他们的积极性。以便做到人尽其才，才尽其用。现代行政领导者不仅要用人的明显长处，更要发挥人的潜在长处，这是现代行政领导十分重要的用人艺术。三要用人唯贤，出于公心。领导者要树立广罗天下人才的观念，就必须破除门户之见。不凭个人的好恶、亲疏、恩怨去选人用人，而应以德、才为准则，以事业的成败而非个人的得失为标准来任用人才。四要创造良好的环境，调动下属的积极性。行政领导要改变对下属的功过观念，不能把那些人云亦云、一切照搬照抄、安于现状的人，认为就是有功者；而把那些开拓创新、积极进取，在工作中会出现这样那样失误的人，认为就是无功者，甚至要给予惩处。要创造良好的发挥人才作用的环境，还应有科学合理的规章制度，如任用制度、奖惩制度、激励制度、培训制度、工资制度等，以保证人尽其才，才尽其用。

用人还要有容人雅量。“宰相肚里能撑船”，为人处世能够懂得谦让、容忍、宽厚大度是品质高尚的表现。领导者有了容人容事的雅量，就能宽容待人、宽恕处世，就能换位思考，将心比心，大度谦让，诚心相待，尽量去理解人、同情人、谅解人，对人对事就不会计较。即使对自己提出过意见的人也不会计较，这样才能获得良好的人际关系，才能缓解上下级关系，才能调动人的积极性，才能有利于安定团结，推动事业和工作更上新台阶。

2. **处事艺术**

行政领导者的职能是处理国家行政事务，其工作的特点是范围广、事情杂、头绪多，领导者要处理好复杂的公务，取得事半功倍的效果，在相应的位置上站稳脚跟，就必须既要保持自己严正清明的本色，又要掌握一套高超的处事本领和技能。

① 忠于职守。领导者有自己的本职工作和职权范围，应该专心致志地做自己的本职工作，不要超越职权，管不该管、管不了、管不好的事情。否则，一是不务正业，空耗时间和精力；二是侵犯了别人的职权，影响和破坏了领导层次的正常关系和工作秩序；三是耽误自身的工作。

② 公正无私。“公生明，偏生暗”。要坚持以原则、法律、准则、规章、制度为依据，根据事情的本来面目实事求是、合情合理地处理每一件事情。要分清事情的来龙去脉、前因后果，无私处事。要做到“明镜高悬”，慎用权力，要考虑到事业的发展，考虑到大多数人的利益使用权力，不能为己所用，为己所需。

③ 通权达变。通权达变的处事能力是一个领导者有魄力的表现。领导者要审时度势，当机立断，不能谨小慎微、墨守成规、优柔寡断。只要对社会、人民有益的公共行政事务，都应打破常规，大胆尝试。根据主客观情况，果敢出击，果敢处事，不拘泥于成规，即兴发挥，灵活行事，才能出奇制胜。

④ 有所为有所不为。行政事务繁杂，作为行政领导者个人精力总是有限，不可能过问所有事情，在这种情况下，只有抓大事，才能统率全局。切忌面面俱到，事必躬亲。若行政

领导者对于工作不能合理分工，大事小事都自己动手，其结果必定是自己整天忙碌无成效，下级无事干、意见多。

⑤ 突出重点。对于一个行政领导者来说，行政事务虽然复杂，但总有一个中心。行政领导者都要学会抓住主要矛盾，主要矛盾解决了，次要矛盾就会迎刃而解。在抓主要矛盾的同时，不要忘了次要矛盾的解决，既要抓紧中心工作，又要围绕中心工作而同时开展其他方面的工作，做到中心突出、统筹兼顾。这样才能做到井然有序、忙而不乱、取得成效，时刻把握工作的主动权。

3. 运用时间艺术

对于行政领导者来说，时效观念不仅仅是个人的问题，它往往关系到工作的成败。运用时间的领导艺术主要有以下三个方面。

（1）合理安排时间

制订计划和日程表在节约时间和提高效率方面是极其重要的。领导者应对所要做的事情按轻重缓急订出年度、月份工作计划和日程安排，有条不紊地进行，并以此克服办事拖拉的习惯。领导者在时间的使用上，不能平均分配，要把最宝贵的时间用在关键之处。要在精力最饱满的时间去做重要的工作，在效率低的时间里处理不太重要的工作。这样才能充分发挥每段时间的效能。

（2）学会节省时间

领导者在工作过程中应专心致志，提高办事速度。一个领导者常常面临着纷繁复杂的问题，如果思维始终处于无目的、无方向的散漫状态，就无法理出头绪，抓住关键的东西。因此，要善于使思维有意识地集中到一点，深入下去。节省时间的方法还有：把常规的工作标准化；把能合办的事一起办；学会利用零星时间，充分利用现代化的工具来联系工作和指导工作；等等。

（3）提高会议效率

开会是领导者进行领导工作的一个重要手段。提高会议效率是领导者运用时间艺术的一个重要方面。领导者应该有效地限制会议时间，避免不必要的会议；会前应做好充分准备，确定会议议题，安排会议议程，不开无准备的会；会中要严肃会议作风，必须准时开会，报告人要作充分准备，要说短话，开短会。会议一定要议而有决；会后要善于总结会议内容以提高会议质量。

4. 处理人际关系艺术

人际关系在领导活动中是一个非常重要的问题，良好的人际关系对于组织来说是一种润滑剂，对于领导者来说是实现管理目标的重要通道。经验证明，领导者的工作成就在相当大的程度上并不取决于他的专业知识，而取决于他对人际关系处理的能力。

（1）正确对待前任

这是每位新上任的领导都会遇到的问题。若前任在群众中威信一般或威信不高，作为行政领导者不应该在群众中评论前任如何无能、水平如何低下，而应该总结前任在群众中威信不高的原因，作为自己在今后工作中的借鉴，以真抓实干、求真务实的精神做出成绩，在群众中树立自己的威信。若前任威信很高，则不应贬低前任抬高自己，这是为行政领导者素质所不容的。而应该公开承认前任的政绩，表示向其学习。

（2）处理好与上级的关系

要尊重而不苛求上级，对待领导听话而不盲从，树立有主见、会建言、能办事、不张狂的良好自我形象。正确认识自己的社会角色，服从上级决定，认识自己的身份，认识自己的职责，认识自己的社会角色的行为模式。工作出力而不越位，不断接受任务，乐于服从领导，自觉维护上级威信，不以任何借口拒不执行，也不得随心所欲，各取所需。下级领导者服从上级时，应抱着对工作负责的精神，采取实事求是的态度，一旦发现上级决策不符合实际，就应及时反映给上级，并请求上级改变原来的决定，这是对工作负责的表现。切忌讨好献媚，百依百顺，丧失理性和原则。下级领导者要善于设身处地替上级着想，积极理解上级，体谅他们的难处。理解上级，就是要准确理解上级在宏观和整体上的指导思想和战略意图，缩小自己与上级领导之间思想和行为的误差，这是协调上下级关系的重要环节。下级领导者还要大胆负责地开展工作，尤其要勇挑重担，为上级分忧，争取上级的理解、信赖和支持。

（3）处理好与同级的关系

积极配合不越位擅权，同级领导之间应相互尊重、支持，这是圆满完成领导任务的前提，也是密切各成员相互关系的重要条件。明辨是非不斤斤计较；见贤思齐不嫉贤妒能；相互沟通而不怨恨猜忌；支持帮助而不揽功推过。一个能在工作生活等各个方面相互支持和相互帮助的领导集体，才是一个有凝聚力和战斗力的集体。领导集体中各成员由于分工不同，看问题的角度不一样，工作上的某些看法不一致，相互之间存在一些差异。这种时候就需要领导成员本着团结和谐、为事业发展的大局，要大事清楚、小事糊涂，对他人虚怀若谷、豁达大度。对于别人的缺点和短处，应该持包容和谅解的态度。宽容别人偶尔的过失，是一个领导者必备的品质。当然，容忍和谅解并非无原则的迁就，而是要在共同的目标下的容忍和体谅。

（4）处理好与下级的关系

在领导系统中，处理领导者与被领导者的关系时应遵循平等、民主原则。领导者与被领导者之间，只有分工的不同，而没有人格的高低贵贱之分。在真理面前，领导者要把自己摆在与被领导者同等的位置上，相互之间平等地商讨、争论和批评，不搞特权。领导要以身作则，不能推卸责任。领导要信任下级，信任是领导者与被领导者建立良好关系的重要因素。一般说来，领导者对被领导者越信任，被领导者就越尊重和感激领导者，领导者与被领导者的关系就越融洽。相反，领导者对被领导者缺乏信任，就有可能使双方以不友好态度相待，使相互关系中的互帮关系变成互损关系，相互埋怨，互相拆台，这样就会把组织变成一盘散沙、乌合之众。领导者还要尊重下级：尊重下级的主人翁地位，尊重下级的职权，尊重下级的意见，尊重下级的人格，尊重下级的劳动成果。

思考题

1. 简述行政领导的含义、特点。
2. 简述行政领导的基本功能。
3. 简述行政领导的职权与职责。
4. 行政领导的素质要求是什么？
5. 简述行政领导艺术的含义与特征。
6. 简述行政领导艺术的内容。
7. 为什么说“没有被领导者，就无所谓领导者”？

案例 6：行政领导究竟如何选拔

某市向全国公开选拔副厅、局级领导干部。参选人员基本条件：①思想政治素质好。具有履行职责所需要的理论水平和政策水平；坚决贯彻执行党的基本理论、基本路线和各项方针政策；努力实现党的宗旨、密切联系群众；事业心强，有强烈的改革意识和开拓进取精神；作风民主，顾全大局，清正廉洁，并有实绩。②具有拟参选职位所必备的专业知识和工作经验，有较强的宏观决策能力和组织协调能力。③现任正县（处级）职务并任职 2 年以上（1998 年 8 月 31 日前任职），现任国有特大型企业中层正职、国有大型企业厂级副职、国有中型企业厂级正职并任职 3 年以上（1997 年 8 月 31 日前任职）。现任副厅、局级以上职务、国有特大型企业厂级副职以上职务和国有大型企业厂级正职职务的，不受任职年限限制。获得博士学位的海外留学人员，不受本款任职资格条件限制，但应有 3 年以上工作经历。④年龄在 45 周岁以下（1955 年 1 月 1 日以后出生），具有大学本科以上学历。⑤身体健康。

特殊要求：报名参选市广播电视局副局长职位的人选应是中共正式党员；报名参选市第三人民医院院长职位的人选应具有本专业副高级以上专业技术职称；报名参选市对外贸易经济委员会副主任、市政府外事办公室副主任和市旅游局副局长职位的人选，应具有较好的外语基础。

笔试：笔试分公共科目考试和专业科目考试，采用闭卷方式进行。公共科目考试内容包括政治、经济、法律、管理、科学技术及历史、国情国力、公文写作处理。专业科目考试内容包括拟选职位需要的专业基础知识、专业管理知识和专业政策法规。笔试成绩为公共科目考试和专业科目考试的得分之和。根据笔试成绩，按拟选职务 1∶5 的比例，从高分到低分确定面试人选。

面试：由有关领导和专家学者组成面试评审委员会，采取演讲答辩方式进行面试。评审委员会根据面试人员演讲和现场答辩等情况，综合考查其逻辑思维能力、语言表达能力、计划能力、决策能力、组织协调能力、人际沟通能力、创新能力、拟选职位需要的特殊能力以及气质风度、情绪稳定性、自我认知等个性特征。面试结束后当场公布成绩，并根据成绩按拟选职务1∶2的比例，从高分到低分初步确定考查对象。

讨论：

(1) 你对向社会公开招考领导干部的做法有何评价和建议？

(2) 通过本案例，你认为行政领导者必须具备哪些素质？领导班子的合理组合应注意哪些问题？

(3) 从此材料中分析说明该市公开招考副厅、局级干部能否达到这些要求？

第7章 人事行政

人事行政是国家行政管理的重要组成部分，它直接影响行政管理的质量和效率，直接影响政府职能与目标的实现，进而关系到国家的兴衰与事业的成败。现代民主国家都以公务员制度（或称文官制度）为其人事行政制度的基本形式，从这个意义上说，人事行政就是公务员制度或文官制度。

7.1 人事行政概述

7.1.1 人事行政的含义

“人事”一词，在我国古代曾被广泛使用，是指与人有关的一切事情，如人情事理，人为之事，交际应酬之事。现代管理科学中，“人事”则指人们在社会生活中人与事、人与人之间的社会关系。对这种关系的组织、指挥、协调、控制，即为人事管理活动。即人要去做事、事要人去做。这一管理活动有两个重要环节：一是用人，二是治事。两者有机统一，即为“用人以治事”。

人事管理有广义和狭义之分。广义的人事管理是指对参与社会生产过程的全部人与事、人与人之间关系的管理。狭义的人事管理则是对特定的人与事、人与人之间关系的管理。人事行政是狭义上的人事管理，以行政机关的工作人员作为特定管理对象。人事行政(Personnel Administration）是指政府为达成其职能、推行其工作，通过一定的人事机关及相应的法规、制度、方法和手段等，对其所任用的国家工作人员进行选拔、任用、培训、奖惩、考核、调配、工资福利、退职退休等方面的管理活动。“人事行政”概念包含以下要义。

人事行政是指政府对其所任用的工作人员的管理活动，人事行政的范围仅限于政府系统内部。

人事行政的内容主要体现为政府的人事管理机构通过相应的人事行政制度，对政府人事问题所做的规划、决策、组织、指挥、协调、控制等管理活动。在西方国家中，为与其他领域的人事管理活动区分开，人事行政又叫做“公共人事行政”（Public Personnel Administration）。而“人事管理”（Personnel Management）一词，一般是指除政府系统以外其他领域（其中主要是工商企业界）的人事管理活动。“人事行政制度”是指国家对政府工作人员的管理所做出的种种系统化、规范化规定，可以是法律、法规，也可以是政策和行政命令。人事行政制度并不是人事行政本身，它只是人事行政所依据的规则，而人事行政在一定程度上可以看作是人事行政制度的实际运作。

人事行政的总体目标是力求政府中“人”与“事”的协调，是为了使政府中的人力资源得到充分利用，达到人尽其才，才尽其用，人人有事做，事事有人做。

人事行政的核心是行政人才的管理问题，包括“取才、用才、育才和留才”四个环节，体现在实际人事行政运作中，即包含了更新、激励、调控三个机制。

行政管理学所研究的人事行政，则是一种特定范围内的具有特定对象和内容的人事关系，“人”是指国家行政人员即国家公务员，“事”是指国家行政事务。人事行政的管理部门是国家行政组织中的人事管理机关。人事行政是一种制度化的管理活动，其运行的基本依据是法律或法规。归纳起来，人事行政是国家的人事机构为实现行政目标和社会目标，通过各种人事管理手段对公共行政人员所进行的制度化和法制化管理。其目的是实现行政人员与行政事务的最优结合，保证国家公务员队伍的优化、稳定、廉洁、高效，以便更好地行使国家行政权力，提高行政管理的质量和效率，实现政府职能和目标。在我国，国家人事行政机关依照有关法律、法规，对其他国家机关、国有企事业单位的人事工作所进行的综合性管理活动，也是人事行政的重要组成部分。

我国的人事行政制度，习惯称为干部人事制度。由于管理对象的不同，我国的干部人事制度大体上分为三部分，即党政干部制度、国有企业人事制度、事业单位人事制度。党政干部制度包括党政领导干部制度和党政机关干部人事制度。国家公务员制度是党政机关干部人事制度的重要组成部分，是专门对各级政府机关中行使国家行政权力、执行国家公务的人员所实行的一种人事管理制度，简称为政府机关干部人事制度。根据我国实际情况，研究人事行政，主要研究党政干部制度，重点是研究国家公务员制度。

7.1.2 人事行政的地位和作用

人事行政是国家政治制度的重要内容，是国家行政管理的重要组成部分。诚如毛泽东所言：“政策和路线确定之后，干部就是决定的因素。”人事行政在国家管理与社会经济、政治发展中占有特别重要的地位，主要体现在以下几个方面：

1. 人事行政是提高行政管理质量和效率的关键因素

所有行政管理活动以及行政管理过程的各个环节，都要通过人去组织进行。公务员的素质与行为，对政府管理的质量与效率起着关键作用，甚至决定着政府管理的成败。科学的人事行政管理，能在全社会范围内选拔人才、培养人才、合理使用人才，造就一支高素质的国家公务员队伍，并能充分调动和发挥他们的积极性、主动性与创造性，从而能最有效地提高行政效率，实现政府的管理目标。当今世界，科学技术突飞猛进，经济国际化、全球化趋势加快发展，政府管理职能也随之日益复杂化，政府管理工作面临着许多新情况和新的挑战，对政府管理人员各方面的要求也越来越高。在这种行政环境下，为保证整个政府行政系统有效运作，就更需要有一支精干的、高素质的专业化国家公务员队伍去驾驭这个复杂而多功能的“行政机器”。而这事关政府管理成败的大事，只有通过科学的人事行政管理才能达成。

2. **人事行政是国家行政管理和政权建设的重要保证**

人事行政作为国家政治制度的重要方面，对整个国家的政治发展和政权建设也起着十分重要的作用。“人存政举，人亡政息”。人事行政是否科学，直接影响国家机器的运转和效率，关系行政职能的有效行使，关系到国家政权是否稳定。人事行政的一个重要目标是实现政治稳定，也就是保持国家政治生活的正常、有序运行。科学的人事行政制度，能保证政府工作的连续性和正常化，不因领导人的更替或发生突发事件而影响“行政机器”的运转。这是政治稳定的一个重要标志，也是影响政治稳定的一个重要因素。西方发达国家日益健全的文官制度，对于这些国家政治统治秩序的相对稳定起了十分显著的作用。一些发展中国家，经常发生政治动乱，政权极不稳定，虽有许多复杂的社会历史原因，但与这些国家人事管理制度上的落后、混乱状况也有着很大关系。

人事行政向来是统治阶级实现其统治意志的重要手段。任何国家的统治阶级为了巩固本阶级的统治，都会选择忠于本阶级意志和利益的人来行使国家权力，推行国家公务。“为政在人”，选用能贯彻本阶级意志的优秀人才，并用之得当，就能有效地治国安邦，成就千秋功业。李世民曾说“为政之要，惟在得人，用非其才，必难致治”。历史与现实反复证明：人事行政搞得好，选贤任能，吏治清明，社会就能安定繁荣，国家就会兴旺发达；反之，如果吏治不严，人事制度腐败，奸臣昏官当道，必然会丧失民心，造成社会动荡、政局不稳，最终使政府走向垮台。因此，一切高明的统治者或领导人，都十分重视人事行政工作，都把人事行政作为国家政权建设的首要问题去抓紧做好，都把人事行政体制改革作为国家政治体制改革的重要内容去贯彻落实，使之不断完善。

3. **人事行政的发展与完善能有力地推进政治民主化进程**

政治民主的主要内容，包括公民在政治上享有的各种权利受到法律保障，公民有权参与国家管理，有广泛的参政议政渠道，有权对国家机关及其工作人员实行监督，等等。人事行政的发展与完善为政治民主化的实现开辟了有效的途径。按照国家公务员考录制度的规定，实行公开考试、竞争择优的进入机制，每个公民都有权利报考公务员，经过公开、平等、竞争、择优的录用考试，一部分优秀人才进入公务员队伍，直接参与政府管理工作。随着人事制度改革不断深化，普通公民经过法定程序进入政府机关将成为经常的、普遍的政治现象。这是政治民主化的重要体现，也是社会主义民主政治的必然要求。国家公务员的民主考核制度、申诉控告和批评建议制度、公务员自下而上的监督形式和人民群众监督制度等，把公民（包括公务员）的一些政治权利进一步明确化、具体化，并有相应的制度和法律来保障这些权利得以实现。这些人事行政制度的有效贯彻，能有力地推进政治民主化进程，使公民享有的各项民主权利真正落到实处；而政治民主化的推进又将为人事行政的民主化、科学化开辟更为广阔的前景。

4. **人事行政管理的科学化能推动生产力发展与社会的全面进步**

人事行政是促进社会发展和国家兴衰的重要条件。人类社会生产力水平的不断提高是推动经济和社会发展的基本动力，而人是生产力中最基本、最活跃、最关键的因素。生产力的发展，一方面要依靠人们对自然规律认识的深化和科学技术水平的提高，另一方面要依靠人们对社会生产活动进行科学的组织和管理。这两方面有一个共同的关键问题，即对人的管理。民主革命先驱孙中山说过："人既尽其才，则百事俱举；百事俱举，则富强不足谋也。"科学的人事行政管理，可以有效组织政府活动，从而推动经济与社会的发展。当今世界国与国之间的经济竞争，主要是科学技术和管理水平的竞争。科技和管理的竞争归根到底表现为人才的竞争，实质上也是人事管理水平的竞争。美国经济之所以长期处于世界之巅，最重要的是因为它具有包容一切的环境和能力，善于吸纳世界各国、各民族的优秀人才。因此，只有建立和完善能上能下、充满活力、促进优秀人才脱颖而出的选人用人机制，我们才能在世界性的"人才大战"中获胜，才能实现经济的腾飞和社会的全面进步。

7.1.3 人事行政原则

人事行政原则，是指对人事行政工作具有普遍指导意义的一些准则和要求，是人们对人事行政活动规律的总结和概括。主要遵循以下一些主要原则：

1. **任人唯贤原则**

任人唯贤，就是在选拔任用行政人员时，坚持德才兼备的标准，反对任人唯亲，政风腐败。德才兼备，就是要求行政人员既有德，又有才。"德"指行政人员的思想政治素质，主要是能坚持党的基本路线，能努力实践"三个代表"思想，具有坚定的政治立场和信念，具有高尚的道德情操、正派的思想作风和旺盛的革命精神等。"才"指行政人员的知识水平和业务能力，要求行政人员掌握较为丰富的现代科学文化知识，具有真才实学和开拓精神，具有胜任本职工作的业务知识和实际能力，并在实践中不断学习、不断提高。只有坚持德才兼备标准，才能切实保证行政人员素质的优化，才能有效地提高行政工作质量和行政效率。

2. **适才适用原则**

适才适用，就是根据每个人的专长和能力、志向和条件，安排相应的职位，各随其志，各得其所，各尽其才，各献其功。实行这一原则，就是要扬长避短，量才使用，用人之长，避人之短，把每个行政人员放到最适合发挥其优势的岗位上。我国清代诗人顾嗣《杂兴》诗云："骏马能历险，力田不如牛；坚车能载重，渡河不如舟；舍长以求短，智者难为谋；生才贵适用，慎勿多苛求。"此诗用马与牛、车与舟的不同功能，说明用人要扬长避短，用得适当，才能充分发挥每个人的作用。实行这一原则，还须坚持人事结合，做到"因事用人"，反对"因人设事"。

3. **晋升唯功原则**

晋升唯功，就是将行政人员的工作成绩和贡献作为评价、奖励、晋级、晋职的主要标准。有成绩者奖，有贡献者升，成绩突出者重奖，有重大贡献者越级晋升。晋升唯功，就是在行政人员的职务晋升条件上，不能唯年龄论，不能唯学历论，也不能唯经历论，必须注重实绩。因为工作实绩，是行政人员德才的集中反映。在实际工作中，具有优良思想政治素质和真才实学的人，必然创造出优异成绩。在人事行政管理中，能否贯彻晋升唯功原则，是衡量行政人员晋升制度是否公平、合理、科学、进步的主要标志，是能否真正实行任人唯贤、德才兼备原则的重要条件和保证。

4. **智能互补原则**

一个行政组织机构要发挥较好的效能，就要合理地配备各种人才，形成最佳结构，使具有不同年龄、专业、知识、能力、特长、爱好、心理、生理特征的行政人员，互相补充，互相配合，互相协作，发挥群体优势，出色地完成行政任务。行政管理实践证明，在各种行政管理活动中，行政人员队伍，特别是行政领导班子配备得好，就会产生 $1+1>2$ 的最佳效能；反之，就会产生不停的“内耗”，出现 $1+1<2$ 或 $1+1<0$ 的后果。智能互补，绝非随意凑合，而是根据每个行政机构的性质、任务、要求等方面的具体情况，进行慎重选择，科学安排，合理配备，形成最佳的行政人员群体结构，保证行政工作有效、协调进行。

5. **合理流动原则**

行政人员合理流动，既是社会发展的客观要求，又是行政管理科学化的实际需要。实行行政人员合理流动，可以消除用非所学、用非所长的现象，有利于行政人员充分发挥自己的才智；可以使行政人员扩大视野，增长见识，提高水平，有利于人才的成长；可以打破“部门所有制”或“单位所有制”，避免“近亲繁殖”，消除可能出现的宗派主义、山头主义，有利于克服用人问题上的不正之风。合理流动，就是要把握好人才的合理流向，改变行政人员分布不平衡、专业不对口和使用不适当的状况，促进各个地区、各个行政机构行政人员队伍结构的优化和合理化。

6. **依法管理原则**

所谓依法管理原则，就是人事行政的一切方面，包括行政人员的考试、录用、考核、晋升、奖惩、工资、福利、退休等，都必须按照有关人事法律、法规的规定严格实施，使得一切人事管理工作都依据国家的法律、法规进行，而不能因人而异、以言代法、各自为政、各行其是。建立、健全人事法规，坚持依法管人，是搞好人事管理的重要保障。实践证明，只有依法管人，才能依法行政；只有依法行政，才能依法治国。

7.2 职位分类与品类分类制度

在人事行政中，人与事是对立统一的两个方面，管理的关键就是要处理好人与事的关系。对这两个方面的着力点不同，行政系统的人事分类制度有两个典型，即职位分类和品位分类。职位分类是国家公务员制度的基本问题之一。职位分类还是品位分类，职位分类的标准及其现实合理性、现实可行性、现实效用等，不仅涉及人类社会的价值标准、伦理道德问题，而且涉及公务员的稳定性、工作动机、工作潜能的发挥等一系列管理问题。

7.2.1 职位分类

1. 职位分类的基本概念

职位分类是一种以事为中心的人事分类制度，其基本做法是将行政组织体系中的各个职位，按照其工作性质、业务内容、技术复杂程度、责任轻重大小以及所需资格条件，区分为若干规范化的种类和级别，以此作为公务员管理的依据。职位分类是为适应现代社会发展的需要而首先在美国的公务员管理体系中兴起的一种科学的人事行政方法和人事分类制度。职位分类中的基本概念包括以下几种。

职位：职位是分配给每一个工作人员的包含有职务和责任的工作。在国家行政机关中，每一位工作人员都安置在一定的工作岗位上，负责完成一定的任务，在自己的职责范围内行使法定的职权。因此，职位是职务和责任的集合体。它有四个特征：一是职位以“事”为中心确定，不是因人而确定。也就是说实行职位分类，是先设立职位，再为职择人，当一个职位没有合适的人选填补时，会出现“职位空缺”。二是职位数量有限。某一行政机构中职位的数量由该机构所担负任务的多少、工作的难易程度决定。一个行政机构中工作人员的法定数量，称为这一行政机构的编制。三是职位不随人走。同一个行政职位在不同时间可以由不同的人担任，公务员个人的去留不影响行政职位的存在。如果职位撤销，有关人员也要随之撤走。四是职位可以按照不同的标准和方法进行分类，划归一定的职系和职等。职位包含三个要素：职务、职责和职权。职务是工作人员应当完成的任务或为实现某一明确目的而从事的工作行为。职责是指该职位必须做什么或不做什么，是指担任该职位的人对其工作的承诺程度。职权是指职位任职人员为了完成工作任务而具有的能力。

职系：职系是指工作性质充分相似的所有职位的总称，或者说是工作性质充分相似，而责任轻重、难易程度和所需资格条件要求不同的职位的总称。如办事员职系、机械工程师职系等。职系虽然是工作性质的区分，但认定工作性质是否相同或充分相似不能根据职务名称决定，而必须根据执行工作任务时所需运用的知识和技能是否相同或充分相似来决定。凡执行工作时运用相同或充分相似的专业知识和技能的职位，则属于同一职系；反之，则不是。此外，在职位分类制度中，划分职系的作用还在于它可决定公务员升迁、调转的范围和途径。

职组：工作性质相近的若干职系集合而成职组。如办事员职系、速记员职系和打字员职系集合到一起构成职组。

职类：又叫职门。由工作性质大致相近的若干职组构成一个职类。它是职位分类中最粗略的单位。如行政执行职类、专门技术职类等。

职级：职级是指工作性质、难易程度和所需资格条件充分相似的职位群，即在一个职系内，根据工作难易程度、责任大小和所需资格条件对职位所作的划分。职级在职位分类中最为重要，因为对某些职位是否适用同一管理原则与制度，都依据职级来决定。同一职级的职位可用一个称谓来表达，其所需的资格条件都相同或充分相似；也可用相同的考试内容及方法，来选任同一职级所需要的合格人员；同一职级的职位可施以相同的管理原则和管理程度。如把速记员分为一级速记员、二级速记员和三级速记员等。

职等：把不同的职系中工作难易程度和责任大小相同的职位划分归类为同一等级，这些等级就是职等。同一职等的所有职位在工资待遇上都相同。职等的划分是为了比较不同职系之间职位的关系。

2. 职位分类的过程

公务员职位分类的大致过程，就是把行政组织中的各种职位，按其工作性质和业务种类的不同，在水平方向上划分出若干职组、职系，然后再按照工作责任大小、技术难易程度和所需资格条件的不同，在垂直方向上划分出若干职级、职等，使之形成纵横交错、分类有序的职位结构体系。职组和职系是录用、晋升、培训公务员时，从工作性质上进行考虑的依据；职级是从其掌握业务的程度和工作能力方面进行考虑的依据；职等则是薪金、待遇、奖惩、调转的依据，同一职等上的公务员，薪金和待遇是相同的。在职位结构体系中，行政组织中的每一个职位都能找出自己的位置。通过职位分类，可以达到对公务员标准化、专业化、规范化和系统化的管理。

公务员职位分类的具体过程，一般都是由职位调查、职系区分、职位评价、制定职级规范和职位归类等 5 个程序组成。

① 职位调查：就是对政府现有职位的有关情况做详细的了解，并对有关资料加以全面收集的过程。对职位有关情况的了解包括以下内容：工作性质、工作数量、工作时间、工作难易程度（包括所需创造力、工作的复杂性等）、工作责任轻重、工作职权范围、工作报酬、所需资格条件（学历、资历、熟练程度与技术高低等）以及所接受和所施行的监督（即上下级关系）等。也有人以“7W”来概括职位调查所要了解的情况和内容，即：Who（何人），What（何事），Why（为何），When（何时），Where（何地），How（何法），Whom（为何人）。职位调查所需收集的有关资料主要是指职位所在机关的资料，如各种法律法规、行政命令和条例中的有关机关权限、部门权限、工作流程等方面的规定。职位调查中采用的方法一般有填表法、直接访谈法、实地观察和综合调查法等。

② 职系区分：即在职位调查的基础上，把职位按照工作性质的异同，分别划分为若干种类的过程。职系区分一般可分三步完成。第一步是先划分出若干职类，即把工作性质大致相近的职位归为一个职类。如可以把所有公务职位大致划分为行政执行类、专门技术类和后勤事务类三大职类。第二步是把每一职类中的职位按照工作性质相近的标准划分为若干职组，如把专门技术类分为医疗职组、工程职组、物理学职组、生物学职组，等等。第三步是把每一职组中工作性质相同的职位再划分为若干职系，如把医疗职组划分为内科医生职系、外科医生职系、护士职系等。经由这三个步骤，即完成了职位的职系区分。

③ 职位评价：即按照工作简繁难易、责任轻重大小、担任职务所需教育程度和技术的高低，对各职系的职位进行评价，划分为若干个等级的过程。这一过程包括两个步骤：一是职位定级，即在一个职系里按工作难度、责任轻重、所需教育程度和技术高低划出职级；二是职位定等，即把各职系间工作简繁难易、责任轻重大小以及所需资格条件程度相当的职级划归为同一职等，在不同职系中，难度越大、责任越重的职级，所归的职等就越高。职位评价的关键是把每一职位的全部内容尽可能科学地量化表述出来，以进行品评比较，进而划分出职级和职等。常用的职位评价方法有排列法、因素比较法和评分法等。

④ 制定职级规范：职级规范也叫职位说明或职级说明书，是用文字对一个职位作标准化和尽可能定量化说明的书面文件。其内容一般包括职位名称、职级编号、职级特征（对该职位工作性质、责任待遇、所属等级的概述）、工作举例、所需资格条件与专门技能（如学历、经历、经验、能力、技术、性格、身体状况等）以及其他一些事项，等等。制定职级规范主要是为了指出各职位的工作内容和特性，明确每一职位的职级和职等，以便于对每个职位进行科学化的管理。

⑤ 职位归类：这是职位分类的最后一道程序，就是将每一现有职位的工作性质、内容、资格条件等，与职级规范上的内容相比较，而把它们归入适当的职类、职系、职级与职等。这样，就可以在此基础上，参照职位分类的有关法律，对这些职位上的公务员实行科学的管理。

3. 职位分类的特征

职位分类是现代公务员制度实施的基础，也是人事管理现代化的前提条件。职位分类是以“事”为中心的人事分类方法，分类的对象是国家行政机构中的职位，而不是担任职位的人员。职位分类的基本依据是职位的工作性质、繁简难易程度、工作责任轻重和任职资格条件等。职位分类要严格按照行政机构所承担的工作任务内容来确定该机构的编制，即该机构中的职位数量和名称。职位分类不是固定不变的，但它不是因为担任各行政职位的人员变动而相应变动，职位分类变动的唯一依据是该行政机构工作性质和工作内容的改变。

职位分类制的优点在于：①职位分类制能够满足分类分级、统一管理的要求。实施分类管理、分级管理、统一管理，这是现代人事行政的基本特点和要求。它一方面能将人员按照职位、职系、职等进行科学的分类；另一方面又能把社会的行业和行政职务挂起钩来，使两者有机地联系起来，从而使人事行政的各级管理保持效率、统一。②职位分类制能够提供“因事求才”的用人标准。由于职位分类可以反映出职位、职务的具体内容，从而使因事设职、因职设人变为现实。③职位分类制度能够提供考核、培训、支付劳动报酬等管理活动的依据。职位分类明确了每一个职位的权力、责任、利益，便于进行考核，以决定其升降；便于进行培训，以提高其素质；便于“按事给薪”以示标准客观、待遇合理，从而减少人事纠纷。

职位分类制的缺点是：①职位分类制存在机械化、程式化的弱点，往往过分强调以事为中心，而忽略了人的主观能动性。②规章制度过于繁琐，严重阻碍了行政效率的提高。

7.2.2 品位分类

品位分类是一种以行政人员的学历、文化程度或资历等个人条件为主要分类依据的人事分类方法。这种分类制的特点是，先把公务员划分成不同的品位等级，然后再进一步划分为不同的职务类别。品位分类主要考虑人外在的三大因素：学历——人受教育的程度；资历——人的经验；职位——人的任职情况。在这种分类制度下，所有行政人员形成一个等级结构体系，每一位行政人员在这一体系中都有代表其地位的级别（品级）。行政人员的品级表明了他在行政人员体系结构中的地位、身份和所享受的待遇。在通常情况下，行政人员如无重大过失，其级别在经历一定年份后将会上升，直至退休。当行政人员工作有成绩时，其级别也将得到提升。行政人员的这种级别——品级与他们所任职务无关，属于行政人员本身。在一般情况下，行政人员的品级同他所任职务的等级之间存在某种相应关系，但在特定情况下，也可能出现高品级低职务或低品级高职务的情况。品位分类制在不同国家有其各自的特点。品位分类是一种传统的行政职位分类方式。

在品位分类结构中，文官既有官阶，又有职位，官阶标志着品位等级，代表官员的地位高低，资格深浅和报酬多寡；职位标志着权力等级，代表官员的职责轻重，任务繁简。官阶与职位之间存在着某种对应关系，一般地说，官阶与职位高低是成正比的。官阶高职位也相应高，官阶低职位也相应低。但并不是必然如此，可以官阶高职位低，官阶低职位高，也可以有官无职，有职无官，官阶与职位是相互独立的。这种人事分类方式体现在国家行政工作人员的任用、调配和报酬等管理环节上，注意纵向的职务等级划分而忽视横向的工作性质差别，对职责程度相同而工作性质不同的职位没有严格的资格条件要求。因此，官员可以畅通无阻地在不同部门、不同行政机关之间进行调动。官员调动工作后，不管新任职位的工作性质、工作条件如何，仍然享有其原来的职务等级和工资等级。

必须明确，品位分类是与现代公务员制度相联系的一种分类方法，其英文是“Rank classification”，这与职位分类的“Position classification”在词义上具有显著区别。Rank 的英文含义主要有军阶、军衔、等级、地位、身份等，可直译为等级分类。品位分类的译法使得人们在理解上容易和我国封建社会中长期实行的品阶勋爵制度相混淆。

1. **品位分类制的特点**

品位分类制的基本特征是重人不重事，以公务员的个人条件，如学历、资历等作为划分等级、确定公务员地位的主要标准。品位分类制的特点可以概括为以下几个方面。

（1）简便易行，适用性强

品位分类制重视公务员的身份、地位、学历、资历、经验、能力等整个公务员系统通用的资格条件，不强调不同职位对公务员的特殊要求。对公务员的考核既没有根据不同职位的专门考核标准，也没有严格的程序化和标准化的评定规则。因此，实行品位分类制的技术要求不高，不需要有丰富经验的专家参与和进行充分的准备就可以实行，其适用性较强。

（2）便于协调，便于流动

品位分类制实行职、级两套相互独立的系统确定公务员的身份地位，公务员的工作调动时，其级别、薪俸一般不随之变动。因此，公务员对自己工作的调动不会有过分的担忧。官阶随人走，一方面可以使公务员有安全感，从而有利于公务员安心工作，有利于保证公务员队伍的稳定；一方面便于人事管理部门根据工作需要，及时调整公务员的职务，从而使公务员的职务结构更加富于弹性。

(3) 注重能力，提倡通才

品位分类制重视公务员的纵向职务等级区别，按照职位高低对任职者的一般资格要求确定用人标准，而不强调具体职务的特殊专业需要，这就有利于选拔通用型人才。而品位分类制实行职、级分离又加强了公务员队伍的流动性，从而有利于培养和发挥人的全面能力，尤其有利于造就高级行政管理人才，以适应现代行政管理复杂多变的需要。

(4) 便于领导，提高效率

品位分类制在任用、考核、奖惩、晋升等环节上注重上级机关和直接行政长官对公务员的评价和意见，这就使得公务员不敢轻易违抗行政长官的意志。因此，品位分类制有利于树立行政权威，便于行政长官的集中统一领导，使其能够令行禁止，舒卷自如地全盘统筹调度机关的管理活动。

2. 品位分类制的缺点

(1) 名实不相符，同工不同酬

品位分类制下，公务员的职务与级别相互分离，可以职务高级别低，职务低级别高，还可以有级别无职务，甚至有职务而无级别。这样，一方面造成了人事管理工作的混乱，一方面也增加了公务员职务安排的随意性，不利于科学、公正地任用公务员。此外，公务员所任职务和所享受的待遇不同步，使公务员的权利和义务不相统一，也使同工同酬、按劳取酬的原则难以实现。

(2) 权责不明，考核、晋升缺乏客观标准

由于品位分类制对政府机构中的具体职务没有明确的任职条件和任职要求，公务员在一个行政职务上究竟享有哪些权利，履行哪些职责，都没有具体的规定。因此，公务员的工作表现如何，是否称职，就缺乏客观的评价依据。任职没有客观标准，公务员的使用、考核、奖惩、升降就难以避免行政首长的主观随意性，一旦有失公正，就会挫伤公务员的工作积极性。

(3) 学用不符，业务不专

品位分类制依据学历选拔公务员，录用考试的内容与公务员的工作业务没有直接联系。任用公务员主要看资历和综合行政工作能力，不注重不同行政职位对任职者的具体要求。这就容易造成公务员对所任职位的业务不熟悉，从而不能胜任职务的状况，造成人力的浪费和效率的低下。

(4) 等级森严，封闭保守

品位分类结构中，公务员各等级之间界限森严，很难从一个等级升入另一个等级。品位

分类结构中公务员流动的突出特点是一个层次内部的横向流动大，而不同层次之间的纵向流动小，各层次之间呈现高度封闭状况。低级公务员进入高级公务员阶层的途径极为狭窄漫长，这种状况不利于激发低级公务员的工作积极性，不利于行政机关多方面地发现和选拔人才。

品位分类制是世界上多数国家采用的人事分类方法。在近年来的发展中，它正在吸收职位分类制的一些长处，如英、法等国家已经注意按照公务员工作的不同性质和行政职位所需要的资格条件进行分类，划分职类、职系、职组，注意对不同工作性质的公务员实行不同的工资标准，注意对公务员的工作表现进行客观公正的考核等。这些改进，正在为品位分类制不断注入新的活力。

7.2.3 职位分类与品位分类的比较

世界上多数国家，实行的是与美国、日本等国不同的公务员分类制度，即公务员的品位分类。这种分类制的特点是把公务员分成不同的品位等级，公务员既有代表其地位高低、资格深浅、报酬多寡的官阶，又有代表其权力大小、职责轻重、任务难易的职位。职位分类制度与品位分类制度相比，二者有着明显的不同之处和各自的优劣。

① 职位分类是以“事”为中心，以公务员所在职位的工作、责任为分类的依据，以工作的多少来定待遇，按事设职，按职择人；品位分类是以“人”为中心，以公务员个人的资格条件为分类的主要依据，以品位的高低来定待遇。

② 职位分类制中，公务员本人的等级就是所在职位的等级，职位变动，等级也就变动，等级是随职位而定，而不是随人走；品位分类制中，等级与职位是分开的，同样职位的公务员可能品位等级不同，而同样品位等级的公务员也可能职位不同，当职位变动时，品位却可以不变。

③ 职位分类制中工资差别与职位工作的难度、责任大小和资格深浅成正比，是同工同酬；品位分类制中则以品位等级定工资，存在同工不同酬、同酬不同工的现象。

④ 职位分类制重视专家作用，利于专才成长，实行专才专用原则，非经考试合格，一般不得晋升，而且每一次晋升，几乎都得经过相应的考试，不能“一步登天”式地跨级晋升；品位分类制主要不以考试来确定是否晋升，比较注重公务员的资历，由下级升到上一级比较容易，而且可以有较大的晋升幅度。

⑤ 职位分类制中，公务员分类较复杂，职类、职系、职级、职等划分较多，办理职位分类的程序比较复杂，技术性要求较高；品位分类制中，公务员只做大体上的分类，分类较少，较为简单，不需很高的技术性。

⑥ 职位分类制中，任何公务职位都要经过调查、评价和划分等级，都有规范性的职位说明，公务员的升迁调转范围和程序都有严格的规定，易于对公务员进行科学管理，但是管理方面缺乏灵活性，公务员流动与调转的限制条件较严格，流动与调转的范围也较小；品位分类制下，公务员的管理具有伸缩性，人事管理机构拥有灵活和富有弹性的管理权限，但在

品位分类制下，对公务员的管理带有更多的经验色彩和主观性。

各国之间由于具体的历史条件和政治经济情况的不同，或是采用职位分类制度，或是采用品位分类制度，比较这两种选择，可以说是各有利弊。近些年来，这两种分类制度出现了一种相互影响、相互渗透和相互取长补短的趋势，一方面，采用职位分类的国家逐步简化了职位分类的结构，削减了职系数目和职级、职等层次，开始注意人对职位的影响，注意担任某种职务的人员其级别与职位的分离问题；另一方面，采用品位分类的国家，也开始重视对职位的系统调查、评价和分类，强调因事设职、增加职类和简化职级。无论是职位分类还是品位分类，都不是尽善尽美的人事分类制度，这两种制度之间需要相互借鉴和扬长避短。

在我国，由于历史背景和现实条件方面的原因，我们不能将国外的有关公务员的分类制度生硬地移植到我国，但是，借鉴和吸收国外公务员分类制度中所包含的科学性精髓，尤其是职位分类制中的科学的技术手段和方法，建立起适合我国情况并能够行之有效的公务员分类制度，确实应当成为我国国家公务员制度建设的一个基本要求。

7.3 西方国家的公务员制度

7.3.1 公务员制度的含义及分类

1. 公务员制度的含义

国家公务员制度是现代人事行政制度的主要存在和表现形式。国家公务员制度自创立以来，经过百余年的政策和制度实践，已经形成了丰富的思想、理论和制度。

公务员，也称为文官，译自英文“Civil Servant”（单称）或“Civil Service”（总称）。在西方国家中，所谓“国家公务员”，一般是指通过非选举程序（主要是通过竞争性考试）而被任命担任政府公职的国家工作人员。西方国家的公务员，作为西方各国政治与行政系统中特定的一个群体，构成了在西方各国社会生活中占据着特殊的地位、发挥着特有的功能的社会团体。各国为了对这一社会进行有效的管理，提高政府行政工作的效率，逐步形成了一系列有关的规章制度，这些制度对西方各国公务员的考试、录用、考核、奖惩、待遇、晋升、调动、退休以及分类管理等做出了系统的规定。这就是西方国家公务员制度。

2. 公务员的范围与分类

关于公务员的范围，世界各国由于政治体制和习惯不同，公务员的范围也不尽一致。从总体情况看，大体有三类：一是英国及一些英联邦国家的文职人员或文官，是指政府机关中常务次官以下的工作人员，不包括首相、国务大臣、政务次官等由选举产生或政治任命的政务官员，也不包括法官和企业事业单位的文职人员以及军人。二是美国、加拿大等国的公务员，也称政府雇员，是指所有由政府雇用的文职人员，包括公共事业单位的人员和政府所经营的企业单位的管理人员，但不包括选举产生和政治任命的官员以及以官员个人名义雇用的人员。三是日本、韩国等国家的公务员，是指在国家行政机关、国会、法院等国家机关和国立企业事业单位工作的所有人员。日本公务员法和韩国公务员法规定：公务员是指在国家机关和地方自治机关内承担公法的公务者；在这些国家中经过选举或政治任命的公务员和采取其他特殊方式任用的公务员不适用于公务员法。尽管各国公务员范围宽窄各异，但大多数国家的公务员是指国家机关中非选举产生和非政治任命的工作人员。

公务员的分类。各国公务员都是一个庞大的职业群体，要有效地进行管理，首先必须进行分类。公务员分类涉及公务员的结构和制度框架，是实行管理科学化的基础。从世界范围的情况看，依据分类的标准不同，公务员分类有多种。按任用原则与政治要求的不同，可分为政务类公务员与业务类公务员；按任用主体和隶属关系的不同，可分为国家公务员与地方公务员；按国家机关性质的不同，可分为行政机关公务员、立法机关公务员和司法机关公务员；按任用方式的不同，可分为委任制公务员与聘用制公务员；按任期长短的不同，可分为常任制公务员与任期制公务员；按工作岗位的业务性质的不同，可划分为不同职类或职系的公务员；等等。

一般而言，公务员分类有如下两种：一是属于政治层次上的分类，如政务类与业务类、中央公务员与地方公务员。这方面的分类，一般根据政治制度而定，比如，政务类与业务类的划分，对于多党政治的国家，是必不可少的，但对于非多党政治的国家，就不一定需要。又如国家公务员与地方公务员的划分，对于复合制国家必不可少，但对于单一制国家，就不一定需要。二是属于管理层次的分类，如任用方式的划分、职类职系的划分和公务员等级的划分等。

7.3.2 西方国家公务员制度的基本内容

西方各国对公务员的范围有不同的规定。最早建立文官制度的英国，曾就公务员（文官）的概念作了多次解释和规定。文官的范围上至各部的常务次官，下至各行政部门的勤杂人员，但是不包括政务官、企事业的文职人员、自治地方的工作人员和法官。概括起来，英国的文官是特指所有不与内阁共进退、一经录用无过失可职务常任的政府工作人员，所以通常又称常任文官。美国对公务员（政府雇员）范围的规定比英国宽。从广义上讲，美国公务员包括政治任命的文职官员，从狭义上讲，美国职业文官与英国常任文官基本相同，但它包括公共事业单位的工作人员和政府企业的管理人员。法国公务员也有广义和狭义两种。狭义的文官同英国文官类似，指中央和地方行政机关不经选举或政治任命产生的正式工作人员。联邦德国公务员分为特别职位和一般职位两大类，第一类类似于英、美政务官，第二类又分为永业性公务员、名誉性（兼业性）公务员和政治性公务员。永业性和政治性公务员加在一起与英国文官相似。日本文官（公务员）分为特别职和一般职两类。前者类似于英、美的政务官、法官以及在立法、司法部门工作的人员，后者相当于美国的职业文官。

显然，上述几个主要资本主义国家的公务员所包括的人员在范围上是不同的。但英国常任文官、美国职业文官、法国狭义公务员、联邦德国除名誉公务员外的一般职位公务员和日本一般职位公务员所包括的人员大致相同。这批人都不是由选举或政治任命产生，不受政党更迭的影响，一经录用无过失就长期任职。他们在职业上可分为行政官员（最高为常务副部长）、专业技术人员、勤杂辅助人员（打字员、清洁工等）三大类。

西方各国由于发展历史、风俗习惯和社会观念的不同，在人事管理体制方面各具特点。从人事主管机关和政府的关系来看，西方公务员管理体制大致可分为部外制、部内制和折中制三种。

1. **部外制**

这是指在政府系统之外，设立独立的人事主管机关，全权掌握一切人事行政大权的管理体制。在这种体制下，人事主管机关独立管理公务员的考试、培训、升迁、工资、待遇、奖惩、退休、抚恤等事宜。美国最先采取了这种体制，日本、加拿大等国仿效美国都先后采用了这种体制。

部外制的优点是：①人事主管机关独立于行政系统之外，可以不受政党或行政首长的干预控制，可以在两党或多党轮流执政的情况下，较为客观公正地为国家选拔人才，有利于公务员队伍的稳定和政府效率的提高。②有利于延揽专门人才，并集中人力、物力、财力，对各种公务员管理事宜做出较为详细和科学的规划。同时由专门机关统筹规划，也可避免人事行政政策和措施的冲突，有利于人事行政的系统化。③通过独立的人事行政主管机关的监督，使公务员的地位和权利得到法律保障，做到安心任事。

部外制的缺点是：①用人单位和行政首长缺乏用人权和人事监督权，妨碍行政责任的完整性。②人事主管机关独立于行政系统之外，对用人单位的实际情况缺乏了解，所采取的管理措施未必符合行政部门的实际，并且难以得到用人单位的密切配合和支持，限制了其作用的发挥。

2. **部内制**

这是相对部外制而言的，即不在政府部门之外另设独立的人事机构全权掌握人事行政事宜，政府各部门公务员的考试、录用、奖惩、任免、调动等各种人事行政事宜，均由各政府部门的行政首长或部内的人事机构负责掌管。这种体制以法国和德国为代表。

部内制的优点是：人事行政机构设于政府各部门内，对本部门的实际情况和需要有较深入的了解，人事措施更有针对性和实用性。人事机构与行政机关在职权上没有冲突，工作上没有重复，有利于协调一致，提高行政效率。

部内制的缺点是：在公务员管理上容易造成标准各异，各自为政，影响公务员管理的系统性和统一性。公务员管理机构力量分散，难以进行全面、深入的政策和措施研究，以提高管理水平。在人事问题上对行政首长缺乏制约。

3. **折中制**

介于部外制与部内制之间，即在行政系统之外，设立独立的公务员管理机构，专门掌管公务员的考试录用，而其他公务员管理事务，则由设在行政系统之内的公务员管理机构和各行政部门内的人事机构自行管理。英国是采用这种体制的典型。

折中制的优点是：①独立行使考试权，公平客观，不受政党斗争的影响，行政首长不能任用私人，可使公平竞争的原则得到保障。②遴选之外的人事行政，由政府部门的人事机构负责，能配合行政机关的需要，保证了行政首长责权的完整，有利于提高行政效率。

我国公务员管理机构吸取了部内制与折中制的长处，在国家行政机关内设置两种类型的管理机构，即在各级政府设置人事部门和在政府各工作部门设置人事机构。而采用部外制和部内制的资本主义国家，都有朝折中制方向发展的趋势。例如，美国原来的文官委员会属于部外制人事机构，1978年根据国会通过的《文官改革法》，撤销了文官委员会，改设人事管理局。人事管理局除研究制定各种人事管理的规则与规章，办理全国性的考试和授权并监督各机关的考试以外，其他方面的人事管理权限，多设于各行政部门，人事管理对此只保留了监督权。法国和联邦德国均属采用部内制的国家，法国在1945年设置"公职总局"作为统一指导和协调人事行政业务的机构外，于1946年又创立国家行政学院，作为选拔和培养高级行政人员的专门机构，联邦德国于1950年颁布《联邦公务员法》，依法设置联邦文官委员会，对高级职务公务员的考试由国家考试委员会统一办理，其他各级公务员的考试虽由各部门自行办理，但考试结果需经联邦文官委员会承认，如考试不公开举行，还需经过联邦文官委员会的评审。

7.3.3 西方国家公务员制度的共同特点

西方各国由于历史发展和国情各不相同，因此，各国公务员制度的具体内容也不完全相同。但是，作为一项普遍采用的人事管理制度，西方国家的公务员制度也有其共同特点，主要以下几个方面。

1. **职务常任**

西方国家的公务员"无过失不受免职处分"，一般情况下都可以终身任职，直至退休，从而确保公务员队伍的稳定性和业务能力的提高，保证政府工作的效率和连续性。职务常任有两方面含义：一是无过失不能被解职或免职，可以在政府中连续长期供职，直至退休为止；二是公务员不与政党共进退，不管哪个政党执政，政府公务员一如既往，继续在政府机构中任职。这样，不致因执政党的更迭而中断日常的行政工作。

2. **政治中立**

西方公务员制度通常要求公务员保持政治上的中立，普遍禁止公务员参与各种政治活动，如不得介入政党、工会等组织，免遭政党之争、轮流执政给他们带来的厄运。要求公务员忠于国家和社会，超然于党派竞争之外，不受党派利益支配，不介入政党活动，不随政党在竞争中的胜败和政府的更迭而进退，不得公开发表政见对政府施政任意加以批评，不得竞选议员，不得参加罢工，不能接受政治捐款和从事营利性的经济活动等。

3. **公开考试**

几乎所有西方国家在录用公务员时，都实行这条原则。这条原则有三方面的体现：一是平等，规定对报考者一视同仁，不因民族、种族、性别、家庭、宗教信仰、婚姻等而受到歧视。二是公开，各种录用考试，都要事先公告通知，由独立的考试机构公开进行，考试合格名单必须张榜公布，并通知本人以便众所周知，有所监督。三是择优，主要按考试、考核成绩，并参考应考者的学历、资历、品德、健康状况，择优录用。

4. 法制管理

西方国家都制定了有关公务员的法律、法规和各种专门法，对公务员的地位、权利、责任和义务，以及对权利的保障等，都作了较详尽的规定。对公务员的考核、晋升、培训、工资福利以及工作纪律和工作标准等都有统一规定，严格依法管理。如公务员的权利有就业机会均等，报酬合理，有职业培训权、辞职权，享受各种补贴和领取退休金权等。公务员的义务有服从行政长官的领导，廉洁，向国家申报自己的财产，不许经商，遵守职业性保密要求，不能从事法律禁止的兼职，等等。

西方国家公务员制度在建立之初，确实产生了很好的效果，但经过100多年的发展，到今天已出现了许多难以克服的弊端。最明显的有以下两个方面：其一，在各行政部门中，作为外行调任的行政首长（政务官）往往没有实权，各部门的实际权力掌握在常务次长手里，常务次长手下往往有自己的一套班子，若其调任他职时，常把自己手下人一起调去，这就在公务员中形成许多拥有实权的小官僚集团，他们以实力对抗行政首长，造成公务员的实际地位高于政务官的局面，加大了政策执行的难度；同时也造成了公务员集团的保守性和官僚主义化。其二，虽然西方国家一直在标榜公务员的政治中立，但目前的实际情况是，许多公务员和政府要员、垄断财团的老板及议会的议员等有着密切的关系，许多大企业常常通过拉拢或收买那些握有实权的公务员来为自己谋利益。公务员之间串通一气，常常能直接影响政策的制定和执行。可见，公务员中立是不可能的，他们仍是统治者使用的工具。

7.4 我国公务员制度及其发展趋势

7.4.1 我国公务员的含义与类别

1. 我国公务员的含义

公务员制度是人事行政制度化管理较为完备的形式，它体现了人事行政发展的一般趋势。综观世界各国的公务员制度，公务员的范围可以归纳为下述3种类型。

① 小范围，仅指中央政府系统中非选举产生的和非政治任命的事务官或常任文官，英国及英联邦国家均为此类，如印度、巴基斯坦、澳大利亚、新西兰、马来西亚。

② 中范围，指中央政府系统中所有的公职人员，包括政务官和事务官。上至总统下至机关辅助人员统称为公务员。美国、加拿大、菲律宾、韩国、泰国均属这一类型。美国文官广义上指与军人相区别的所有政府雇员。狭义的职业文官概念，其范围也比英国的常任文官广泛，它包括除政府机关工作人员之外的公共事业单位和政府经营的企业单位的管理人员。

③ 大范围，包括从中央到地方的政府机关的公职人员，除议员之外的国会工作人员，法官，检察官，国有企业、事业单位的工作人员。德国、日本、法国属于这一类型。

尽管各国公务员的名称、含义不同，范围大小不一，但它们有一个共同点：适用国家公务员法的人员基本上都是政府系统的事务官，即非选举产生和非政治任命的政府工作人员。

在我国，无论是中央行政系统的公务员，还是地方各级行政系统的公务员，统称为国家公务员。其范围是指各级国家行政机关中除工勤人员以外的工作人员。国家公务员依法行使国家行政权力，执行国家公务，是国家行政管理的具体实施者和承担者。我国公务员这一概念包括下述几层意思。

① 国家公务员是国家行政机关中的工作人员。我国国家工作人员，包括国家主席、副主席以及权力机关、司法机关、行政机关和军事机关的工作人员，而我国公务员仅指行政机关工作人员。在国家行政系统中，上至总理、下至办事员，都是国家公务员。这里所说的“工作人员”包括在国家行政机关中从事党群工作的人员。

② 国家公务员是行使国家行政权力、执行国家公务的人员。公务员是国家行政事务的具体实施者，行政机关为了保证公务员完成这一管理任务，就要赋予公务员一定的职权并设定一定的职责。公务员所拥有的这种职权和职责实际上就是国家行政权的转化，其具体运用就是行政权力的行使和实现。因此，行使行政权力、执行国家公务就成为公务员身份的重要标志。行政机关中不行使行政权力，而只从事工勤服务的那部分人员，如司机、清洁工、打字员等工勤人员（也称机关工人）均不属于国家公务员。

③ 国家公务员是适用国家公务员暂行条例管理的国家工作人员。在我国，不同的国家工作人员适用不同的法规管理，公务员中除各级人民政府组成人员在产生和任免方面受政府组织法调整外，其他方面的管理和一般公务员一样均受公务员暂行条例调整。根据《国家公务员暂行条例》的规定及目前国家行政机关机构编制的实际情况，受该条例调整的行政人员包括：各级国家行政机关中除工勤人员以外的工作人员；其他行使国家行政职能、从事行政管理活动的单位中除工勤人员以外的工作人员。

2. **我国公务员的分类**

根据不同的分类标准，我国公务员可以划分为不同的类别。下面将主要依据公务员的产生及职务性质的不同，来进行类型划分。

① 依据公务员产生及任免方式的不同，可以将其分为政府组成人员和非政府组成人员。政府组成人员是指依照宪法、各级人民政府组织法产生和任免并实行任期制的各级人民政府主要领导人员，这类公务员要由人民代表大会及其常务委员会选举或任命产生。尽管公务员在产生和任免方面适用宪法和政府组织法，但其他方面如考核、培训、交流、回避、工资福利等仍适用《国家公务员暂行条例》管理。

非政府组成人员是指依法通过考试录用以及调任而产生的公务员。考试录用是其产生的主要方式，也有一部分是通过调任进入公务员队伍的。在管理上，他们完全适用《国家公务员暂行条例》。他们的任务主要是执行国家的法律、法规和政策，执行上级机关的决议和命令。

当然，这类人员也可以通过选举或任命而成为政府组成人员，就是说，在我国公务员体系中，政府组成人员与非政府组成人员之间并没有不可逾越的界限。

② 依据公务员职务作用的不同，可以将其分为领导职务公务员和非领导职务公务员。我国公务员的职务分为领导职务和非领导职务两大类。领导职务是指在各级各类行政机关中，具有组织、管理、决策、指挥职能的职务，包括总理、副总理、国务委员、省正副职、部级正副职、厅级正副职、司级正副职、县级正副职、乡（镇）级正副职、科级正副职等十个等次。公务员的领导职务大体可以分为两类，一类是各级政府的领导职务，另一类是各级政府机关各部门的领导职务。在这两类职务中，都有正职和副职之分，副职在正职领导下协助正职负责某方面工作。

非领导职务公务员具体承办各项行政事务，受领导职务公务员的领导。非领导职务公务员有办事员、科员、副主任科员、主任科员、助理调研员、调研员、助理巡视员、巡视员。非领导职务的设置最高不得高于同一机关领导职务公务员所担任的职务。对非领导职务的管理也和领导职务一样，既有任职资格条件的规定，又有严格的数额限制。

7.4.2 我国公务员制度的主要内容

从国家公务员管理内容来看，大体分为三大环节：一是公务员进入环节；二是在职公务员管理环节；三是公务员出口环节。

1. **公务员进入环节**

这是人事行政的第一环节或第一过程。国家公务员是特定的公职人员，有着特别严格的素质要求，因而进入环节的基本要求是“严把入口关”。国家人事管理机关通过一定的制度和程序，对于符合国家公务员素质要求并适合于从事行政管理的人员，根据国家行政机关的工作需要和相应的职位空缺，通过考试录用、调入等渠道，使其进入国家公务员队伍。西方国家的业务类公务员，一般实行竞考录用制度。在英国，常务次官以下的政府官员均要通过考试任用。美国280多万公务员中的85%实行考试录用制。法国大约250万个岗位上的业务类公务员都是经过考试竞争、择优录用的。我国国家行政机关为补充担任主任科员以下的非领导职务的公务员，也强调“逢进必考”，采用公开考试的办法择优录用。

进入环节直接关系到国家公务员队伍的整体素质和政府工作效率，是把好人事行政质量关的第一步。因此，实行国家公务员制度的国家都十分重视这个环节的管理。从许多国家的经验来看，做好以下几项工作十分必要和重要：一是做好人才资源的预测和规划，对行政管理人才的现状、发展趋势和未来需要，进行科学预测和通盘考虑，制订先进的、符合实际的人才规划，完善人才开发机制和人才选拔机制，保证人才资源的合理配置和使用，保证国家公务员队伍的人才质量。二是完善编制管理方面的法律、法规，理顺编制管理体制，改进编制管理方法，建立编制管理自我约束机制，切实做好人员编制管理工作，从制度上根治机构膨胀和员额编制失控等弊病，减轻国家财政负担。三是进一步完善国家公务员录用制度，既要保证录用渠道的畅通，又要注重录用方法的科学与公正，一切以保证人才质量为首要标准。

目前，我国国家公务员的录用实行考试录用、公开选拔、竞争上岗等多种形式。国家行政机关录用担任主任科员以下的非领导职务的国家公务员，采用公开考试，严格考核，逐步消除身份、性别、民族、身体等方面的录用歧视。对于地厅级以下委任制领导干部，积极推行公开选拔制度。行政机关内设机构中层领导职务出现空缺时，提倡采用竞争上岗的方式确定任职人选。这些公务员录用方法都需要在实践中不断改进与完善。

2. **在职公务员管理环节**

这是对已经进入国家公务员队伍的全体人员所进行的系统管理，包括考核、奖惩、培训、职务升降、职务任免、交流与回避、工资保险福利等各项工作。这个管理环节的主要特点是：一是系统性。各项管理工作既相对独立，又紧密联系，是一项系统的管理工程。为保障国家行政活动正常开展，提高行政效能，必须对在职公务员实行全面、系统、严格的管理。二是制度性。各项管理工作都有日趋完善的制度，主要靠制度进行管理，靠制度达到各项管理目标。主要制度有职位分类制度、考核制度、职务升降制度、培训制度、工资制度等。尽管这种制度化管理，在西方发达国家也受到多方面的批评，其中也确实存在忽视人性因素的问题，但人事行政中的制度化管理是不可能取消的，其缺陷只能靠制度的完善来解决。三是标准化。这是同制度化管理相联系的一个特点。实行制度化管理，就要有相应的客观标准，以便制度有效实施。公务员管理环节的各项管理工作，都有一定标准并严格执行。诸如考核标准、奖惩规定、培训要求、职务升降资格条件、职务任免程序等，都是以一定的法律、法规或制度的形式加以确定，有着明确的标准和界限，以便操作执行。

3. **公务员“出口”环节**

这是依据一定的制度或规定，国家公务员退出公务员队伍的过程，是公务员管理的最后环节。这一环节的基本要求是畅通。国家公务员管理，不仅应在人口上严格把关，保证优秀人才进入公务员队伍；而且要畅通退出渠道，保证国家公务员能上能下、能进能出，形成正常的新陈代谢、吐故纳新机制。

公务员退出渠道大体上有三种类型：一是正常退休。这是指国家公务员达到一定的年龄和工作年限，又符合其他退休条件，依照有关规定办理退休手续。退休后，享受国家规定的各项待遇。二是辞职和调离。辞职是公务员的一种权利，是根据公务员本人的意愿和申请，经过法定程序，辞去公务员职务，退出公务员队伍。调离或调出，是指根据公务员本人的要求或有关组织的工作安排，经过一定程序，调离国家行政机关。辞职或调出者，均不再保留国家公务员身份。三是辞退或开除。辞退是对公务员的一种处分。对于一些不称职的或犯有法律规定的过失的公务员，经过一定程序，按规定予以辞退。开除是对严重违纪公务员的更严厉的行政处分。被辞退或开除的公务员，当然不再具有公务员身份了。

为保证人事行政过程畅通、有序、有效，实行国家公务员制度的国家都逐步建立起一整套人事行政制度，并在实践中不断完善。人事行政的基本制度，主要包括公务员录用、职位分类、考核、职务升降、培训、工资、退休制度等。

7.4.3 中国与西方国家公务员制度的异同

1. 中国与西方国家公务员制度的相同点

尽管中外公务员的具体制度内容有所不同，但作为一项科学的人事制度，中外公务员制度还是体现出很大程度上的通用性。

(1) 法制管理

法制管理是公务员制度的基本特征，也是人事管理制度现代化、科学化的重要标志。因此，各国都制定和颁布了一系列公务员管理法规，系统地规定公务员的考试录用、考核、晋升、奖惩、流动、培训、分类、工资福利、退休退职、管理机构、法律保障与监督等内容，使公务员管理做到了有法可依。以法律的形式将公务员的地位、权利、责任、义务加以详细规定，使公务员的合法权益受到法律保护，违法行为受到法律追究，使整个公务员管理井然有序。

(2) 公开、平等、竞争、择优原则

公开、平等、竞争、择优原则是中外公务员制度都普遍遵循的基本原则，它是民主政治在公务员制度中的具体体现。公开就是对公务员管理的各个环节全部公开，让群众进行监督。公开是平等、竞争与择优的基础和前提。平等就是在法律上确认公民在考试、录用、晋升、奖惩等方面一律平等，享有机会均等的权利，不能因性别、种族、出身、党派等因素而享有特权或受歧视。竞争和择优就是将竞争机制引入公务员制度中来，选贤任能、奖勤罚懒，使优秀人才脱颖而出。

(3) 功绩制原则

中西公务员制度在考核、奖惩、晋升中都坚持了功绩制的原则。功绩制就是以公务员工作实绩作为评价的主要依据，它既是公务员制度的一项基本原则，也是激励公务员勤奋和创造性工作的手段。公务员的晋升要根据实绩择优晋升，即在严格考核的基础上，把公务员的工作成绩与其职务升降，工资待遇、奖惩联系起来。功绩原则的作用就在于激励公务员努力工作，提高政府工作效率，同时，又可以强化竞争机制，激发公务员的积极性和创造性。

(4) 分类管理

分类管理是公务员制度中的一种科学的管理方法，普遍为各国所采用。从各国公务员制度的情况看，人事分类主要表现为两种形式：一种是职位分类，分类的主要依据是职务或岗位的客观需要。美国是实行职位分类的典型国家。我国的公务员制度也采用职位分类，但又有自身的特色。另一种是品位分类，即主要依据公务员的个人条件，如学历、年龄、资历等进行的分类。职位分类与品位分类两种分类形式各有其优点和缺点。实际上，每个国家公务员都不完全是纯粹的按职位或品位进行分类的，一般以其中一种分类形式为主，兼顾另一种分类形式的优点，这也是各国公务员分类管理的共同趋势。

2. 我国与西方国家公务员制度的区别

(1) 坚持党的基本路线

《国家公务员暂行条例》(下文简称《条例》) 总则中将贯彻党的基本路线列为建立公务

员制度的根本原则，规定“国家公务员制度贯彻以经济建设为中心，坚持四项基本原则，坚持改革开放的基本路线”。这表明了我国公务员制度的基本性质：这是党的组织路线的一部分，是为党的政治路线服务的。这与西方的国家公务员制度强调所谓的“政治中立”，要求公务员不得以公务员的身份参加党派活动、在公务活动中不得带有所谓的“政治倾向性”是截然不同的。

（2）坚持“党管干部”原则

我国公务员制度是党的干部制度的一个有机组成部分，按照党的干部路线、方针、政策制定并操作。各级政府组成人员是由各级党委及其组织部门负责考查和管理，依法由各级人民代表大会及其常委会选举和决定任命。除政府组成人员以外的某些重要干部，也由各级党委及其组织部门负责考查和管理，由各级政府任命。而西方公务员制度则强调公务员的管理“与党派脱钩”，不与政党共进退，公务员的晋升“不受政党干预”。

（3）坚持德才兼备标准

公务员条例规定，公务员的录用，采取公开考试、严格考核、择优录用的办法，考试主要是测试报考者适应职位要求的能力，考核主要考查政治思想和道德品质。公务员的晋升，坚持德才兼备、任人唯贤的原则，注重政治思想表现和工作实绩。在考核方面，坚持对德、能、勤、绩全面考核，重点考核政治表现和工作实绩。这种既要求有德又要求有才的全面用人标准，也是贯穿我国公务员制度中的一大特色。

（4）坚持为人民服务的宗旨

这是由我国的政权性质所决定的。《条例》对公务员的义务规定：公务员必须“密切联系群众，倾听群众意见，接受群众监督，努力为人民服务”。坚持“权为民所用、情为民所系、利为民所谋”。公务员必须“公正廉洁”、得到人民公认，即得到大多数群众认可和赞同。在公务员考核、晋升中都考查为人民服务的态度和政绩，为人民作出特殊贡献的要受到奖励。西方国家的公务员队伍是一个单独的利益集团，他们对老百姓来说是官员，对政府来说是雇员，他们可以通过自己的工会组织同政府进行谈判，以维护自身的利益。

（5）不搞政治中立

我国公务员不存在西方意义上的“政务官”与“事务官”的划分。西方国家实行所谓的“两官分途”，强调“政务官”的政治化，事务官的职业化。政务官随着政党的进退而进退，事务官职务常任，负责推行政令，保持“政治中立”。我国不搞多党竞争，因而没有政务官与事务官的截然分野，政府组成人员和非政府组成人员在产生方式上虽然不同，但所有公务员，不论职位高低，都是人民的勤务员，党和国家对他们的要求是一致的，他们必须既讲政治又懂业务，做到又红又专，而且他们之间可以根据工作需要互相转任。

3. 与我国传统干部人事管理制度的区别

同我国传统的人事管理制度相比较，公务员制度具有以下特点。

（1）体现了分类管理的原则

我国公务员制度适用于国家行政机关而区别于其他国家机关、群众团体或企事业单位的干部人事管理制度，打破了以往干部统统按一个模式管理的办法。国家公务员制度的建立，不仅标志着具有中国特色的政府干部人事管理制度的形成，而且标志着我国干部人事分类管理制度的确立。

(2) 运用科学的激励竞争机制

我国公务员的录用措施是公开竞争考试、严格考核、择优录取、严格把关。对在职的公务员管理上，严格考核其工作中的表现，并以考核结果为依据，决定奖惩、培训、职务升降、晋级增资以及职务调整。做到能上能下、优胜劣汰，打破了“铁饭碗”和“终身制”。

(3) 正常的新陈代谢机制

我国公务员制度一方面在人员录用上严格把关，要求公务员必须具备一定的素质；另一方面在建立正常的退休制度的同时，规定必须进行人员交流，部分职务实行聘任制，规定不同职务最高任职年龄的梯度结构，并且实行辞职、辞退和解聘等办法有效地保证行政机关中的公务员能进能出，能官能民，增强了公务员队伍的生机与活力。

(4) 勤政廉政的保障机制

勤政廉政作为对国家公务员的基本要求，贯穿在对公务员义务与权利、纪律、录用、晋升、考核、奖惩等各个管理环节和各项管理制度之中，同时还实行回避制度和交流制度，从制度上保证和促进公务员勤政廉政建设。

(5) 实行依法管理

我国公务员管理除了《国家公务员暂行条例》这一总法规外，还有一系列的单项法规及其实施细则，它们共同构成了我国公务员管理较为严密的法规体系，使公务员管理有法可依、有章可循。

4. 与我国历史上官吏制度的区别

现代的公务员制度与历史上的官吏制度，产生的政治、经济和社会背景完全不同，其性质和特点也完全不一样。

(1) 在价值取向方面

封建社会实行专制政体，皇帝拥有至高无上的权力，“朕即国家”，国家或政府乃是皇帝的所有物。普天之下，莫非王土，率土之滨，莫非王臣。建立官吏制度的目的，是维护王朝的统治地位。现代社会的国家政府，是建立在“主权在民”的基础之上的，政府的权力来自人民，其责任是为了保护人民，改善人民生活福利，维护人民的平等自由。国家公职人员是受人民之托，为人民服务，当人民公仆。建立公务员制度的目的，是创造公平竞争的环境，选拔优秀人才，提高行政效率，更好地为人民服务。

(2) 在与国家的关系方面

封建社会的官吏与国家无法定权利义务关系。君主视官吏为家奴，无条件地占有，官吏只有服从命令的义务，无表示意志的权利。官吏的任用及生杀予夺，均由君主决定。现代社会的公务员与国家有明确的权利义务关系。担任国家公职，是公民的一项权利，而不是义务，国家招考公务员时，符合条件的公民可以报考，也可以放弃。被录用为公务员后，公务员与国家的关系是双方意见一致基础之上的法律关系。国家机关对不能认真履行法定义务的公务员可以依法辞退，对违纪公务员可以给予处分；公务员对工作不满意时，可以依法辞职，当法定权益受到侵害时，可以依法进行申诉和控告。

(3) 在管理方式方面

在封建社会，“王言曰制”，君主的意志就是法律。人事管理上均“由单独一个人按照自己的意见与反复无常的心情决定一切”；国家机构；官位的设置、官吏的任用，主要以个人的意志为转移，官位可以作为“礼品”赠予或授受。官吏的奖惩、升降，在很大程度上，取决于君主的喜怒哀乐。在现代社会，公务员的管理实行法制化。公务员的选拔任用、职务升降、培训、退休等各项管理都有健全的法律法规，并严格依法进行。公务员对法律和岗位职责负责。公务员在执行公务过程中要依法办事，并严格接受社会广泛的监督等。总之，公务员制度与历史上的官吏制度是根本不同的制度。

7.4.4 现代人事行政的主要趋向及特征

人类自有国家以来，便有了人事行政。从古到今，人事行政的演变按照其自身内在的发展规律，大体上经历了这样几个时期。一是以恩赐官僚制为核心的人事行政时期，这一时期人事行政的主要特点是：专制统治者拥有对所有官吏的生杀予夺大权，一切官员都是依靠专制统治者的恩赐而取得官职的，人事行政中盛行宗法主义的世袭制，血缘关系是任官的主要标准之一。二是以分赃制为核心的人事行政时期，这一时期人事行政的特点主要表现为：虽然法律上已经确认“人人皆有在政府中任职的平等权利”，但在实际的人事行政过程中，却主要盛行着分赃制，即在政府竞选中获胜的那一派别或政党，可以独占所有政府职位，凡是对竞选有功或与党派领袖有个人关系者，均可参与对政府官职的“分赃”，捞得一官半职。三是以功绩为核心的人事行政时期，这一时期人事行政的主要特点是：政府职位向社会开放，绝大多数官员均需经过公开竞争考试才能得以择优录用，人事行政中崇尚人才主义，贯彻功绩原则。

人事行政的演进发展在世界各国并不是同步进行的，目前世界上仍有一些国家由于受多方面条件的限制，仍然是处于人事行政发展的第一、第二个时期，但多数国家的人事行政已完成或正在完成向现代化的转变，已经或正在进入人事行政的第三个发展时期。

纵观人事行政向现代化演进的过程，我们可以发现现代人事行政具有以下种种趋向：

1. 政务官与业务官分类管理

政务官指的是以政党选举成败和政策成败为进退标准的政府官员，主要包括政府首脑和政府各部门的行政首长，政务官主要由国家有关的政治制度（如选举法）来管理；业务官指的是政府中除政务官以外的其他常任的职业公务人员，亦即文官（Civil Servants），也称公务员，业务官主要由公务员制度来管理。

2. 以人才主义和功绩原则为人事评判标准

由以恩赐官僚制和分赃制为核心的恩赐徇私式的人事行政，向以人才主义和功绩制为基础的现代人事行政的演化。人事行政中的人员进退、赏罚和升降等，均以客观的、法定的人才主义和功绩原则为标准，而不能以私人关系、个人好恶或其他关系为量衡。如美国人事管理局把建设“具有卓越品质和能力的联邦工作人员”作为奋斗目标。联合国经济及社会理事会在关于《公共行政和发展》的报告中指出：“‘能力赤字’是世界上重重危机的一个重要原因。”

3. 法治式人事行政渐次推广

从随意性、或然性很强的人治式人事行政，发展到系统化、规范化的法治式人事行政。人事行政的全过程都向民众公开，彻底打破人事行政的隐秘性，以杜绝私相授受和其他营私舞弊活动，公开是公平的前提保证。人事行政中的人事任免和其他事宜，均以法规制度为依据，遵照客观事实来做决定，不应受到任何其他外力（如政党或利益集团的压力）的影响与指使，不得由于性别、种族、宗教信仰、政治倾向等理由进行人事行政方面的歧视。人事行政的管理机构超然于政治斗争之外，尽力避免带有政治色彩，以保证人事行政的客观性。

4. 人事行政业务内容日渐广泛

人事行政的范围日益扩大，出现了许多旧的人事行政所没有的业务内容，如考任、培训、职位分类、保险、抚恤，等等。人事行政理念由“管人治事”到以人为本。人事服务的地点由衙门到服务社会化，越来越多的国家通过建立公共服务中心和站点，将办公场所由机关搬进社区、搬进市场。人事代理、人事仲裁、人事咨询、培训辅导、职业资格考核与证照发放、失业救济、社会保障费用的交纳、就业工资信息发布等，都可以到各站点进行。

5. 人事行政管理方法日渐科学

现代人事行政通常都不是机械僵死的，而是具有相当的灵活性和适应性，以满足社会不断发展的需求，这主要表现为管理方法的灵活多变和更新改进以及人事行政制度随形势变化而做出的种种调整。在管理方法上，从非科学的经验管理发展到崇尚理性和效率的科学管理，许多科学的管理理论和方法被逐渐引入到实际人事行政过程中，如职位分类方法、激励理论和计算机管理等。各种网络人事业务迅速发展，信息网络技术成为开发人力资源的重要手段。美国强调“为每个美国家庭和社区创造数字机会”，德国政府提出了“全体上网”赶超计划，英国政府为发展互联网，消除数字鸿沟，推出了“五年内使每个英国家庭都能上网”的计划。

6. 通才与专才并重

人事行政由以往只重视通才，发展为通才与专才的并重。日益精细的政府事务，需要大量的行政专才来参与管理，行政通才多集中于政府上层，中、低级政府官员中行政专才所占比例越来越大，发展到今天，有所谓“专家行政盛行”之说。

思考题

1. 简述人事行政的含义、特点和基本原则。
2. 简述现代人事行政的主要趋向。

3. 简述公务员制度的含义及分类。
4. 比较职位分类制度与品位分类制度的优缺点。
5. 简述中国与西方国家公务员制度的区别。

案例 7：扬州试水政府雇员制，年薪最高 14 万

凡进必考，这是现行公务员制度的基本原则。但是，一些政府部门急需的特殊人才，却未必能通过公务员考试这种目前唯一的方式得到。怎么办？2008 年江苏扬州市出台的政府雇员管理试行办法，根据政府工作特殊需要雇用的专门人才，为尝试解决这一问题“打开另一扇窗”。

这个试行办法对“政府雇员”给出定义：政府雇员是政府机关根据工作的特殊需要，从社会上雇用的法律、金融、经贸、城建、规划、信息、外语及高新技术等方面的专门人才。办法明确，政府雇员服务于政府某一部门或政府某项工作，占雇用单位的人员编制（不含机关附属编制），但不具备公务员身份，不担任行政职务。

扬州市明确，政府雇员的职别分为普通雇员和高级雇员。普通雇员是指政府行政部门专业性技术工作需要的专业人才，必须具有本科以上学历和 3 年以上专业工作经历，或取得中级专业技术职务任职资格。高级雇员是指政府行政部门高层次技术性工作需要的特殊高级专业人才，必须具有硕士、博士学位或高级专业技术职务任职资格，有较高的学术造诣，在本专业领域有较高知名度和较大影响力，工作业绩突出。

政府雇员雇用期一般为 1—3 年。如实行试用期的，试用期最长不超过 2 个月（包括在雇用期限内），试用不合格的要及时解雇。短期阶段性工作，可按照实际需要，签订 1 年以下的雇用合同。

政府雇员的薪水怎么给？根据上述试行办法，政府雇员实行年薪制，年薪标准分为 6 档，普通雇员执行 1—3 档，分别为 5 万元、6.5 万元、8 万元；高级雇员执行 4—6 档，分别为 10 万元、12 万元、14 万元。此外，“对少数特别优秀、对我市能够作出巨大或特殊贡献的高层次人才，经市政府批准可另行确定年薪标准”。这样就解决了“招来的使不上，想要的招不来”问题。

讨论：

(1) 政府雇员的必要性体现在哪里？公务员考试为何就招不来“专门人才”？

(2) 在现行的公务员制度下，政府雇员到底如何定位，是一种有益的补充，还是不得已的权宜之计？

(3) 政府雇员制对公务员制度有何影响？

第8章 行政决策

行政决策是现代行政管理的一个重要环节。自20世纪40年代以来，有关行政决策的研究越来越受到行政管理学家们的重视，形成了多种理论学派的行政决策学说。这些理论和学说分别以自己的理论假设作为前提，对行政决策做出了各具特色的解释。其中每一种理论都有其合理的内容，但也存在一些片面性或不合理性。无论如何，正是这些理论为我们研究行政决策提供了理论前提和思想资料。在行政管理学中，有关行政决策的研究主要集中在行政决策的类型与特点、行政决策的组织体制以及行政决策过程或程序等几个方面。

8.1 行政决策概述

8.1.1 行政决策的含义与特点

决策一词，简单地说，就是指“决定对策”的意思。就词义来讲，决策有两种意思：一种是作名词来解释，是指作出的决定，即决策的结果；另一种是作动词用，指作决定和选择，是一种活动过程。决策有广义和狭义之分，狭义的决策专指决策者对行动方案的最终选择，即通常所说的“拍板”；广义的决策是一个完整的动态过程，它不只是指备选方案的抉择，而且还包括提出问题、确定目标、方案追踪等环节。按照美国学者斯蒂芬·罗宾斯(Stephen Robbins)在《组织行为学》一书中的说法，决策就是决策者“在两个或多个方案中进行选择”。《中国大百科全书·政治学卷》给“决策”一词下的定义是：“从多种可能选择中作出选择和决定。”

决策行为作为人的一种基本行为，在人的所有正常活动中，几乎都存在决策行为。马克思曾经指出，“蜘蛛的活动与织工的活动相似，蜜蜂建筑蜂房的本领使人间的许多建筑师感到惭愧。但是，最蹩脚的建筑师从一开始就比最灵巧的蜜蜂高明的地方，是他在用蜂蜡建筑蜂房以前，已经在自己的头脑中把它建成了。人的活动与动物活动的最大区别，如前所述就在于：动物的活动是盲目的，而人的活动是一种有目的、有计划的活动。毛泽东在谈到人的活动的这一特性时也指出："一切事情是要人做的"。这"就必须先有人根据客观事实，引出思想、道理、意见，提出计划、方针、政策、战略、战术，方能做得好"。这里所谓"提出计划、方针、政策、战略、战术"，就是我们所说的决策。

行政决策作为决策科学的一个分支，专指国家行政机关在其管辖权限内所制定的决策，是国家行政机关以及领导者为履行自己的职能，依法处理行政事务而进行的决策活动。比如各级政府制订的国民经济发展计划、发布的行政决议和行政指示；政府各部、委、厅、局制订的工作计划和审批的工程式方案，签署的行政请示报告等，就属于行政决策。

行政决策具有区别于一般决策的一些特点。

1. **行政决策的主体是掌握行政权力的个人或组织**

任何决策都需要一个决策主体，即做出决策的个人或组织。行政决策是行政权力的运用，其主体必然会与行政权力有关。换句话说，只有具有行政权力的个人或组织才有权力做出行政决策。在我国，行政权力主要由中央人民政府及其部门和地方人民政府及其部门行使，因此，行政决策的主体只能是各级人民政府及其所领导的各个部门。在实行行政首长负责制的行政部门，行政决策权一般由行政首长行使；在实行委员会制的行政部门，行政决策权一般由委员会集体行使。也就是说，从形式上看，在前一种决策形式中，行政决策的主体是行政首长个人；在后一种决策形式中，行政决策的主体是行政委员会集体。但从实质上看，由于行政首长作为行政组织的负责人，只是代表行政组织行使决策权，因而行政首长的行政决策本质上仍然是一种组织决策，即行政组织的决策。

2. **行政决策的内容是行政事务**

行政决策的内容既涉及行政机关的内部事务，如政府人事行政事务、机关后勤管理事务等，更多地则涉及社会公共事务，如教育、卫生、劳动就业、社会保障、社会治安等事务。作为行政管理的对象，这些事务都可称为行政事务，也是行政决策的内容。政府作为公共事务的管理部门或公共服务部门，其决策内容离不开"公共"二字，或者是有关公共管理的内容，或者是有关公共服务的内容。一般说来，行政决策内容主要是公共领域内的事务，而私人领域内的事务理应由私人自行决策。当然，政府组织有权也有必要为私人行为制定必要的规则，由于这种规则要求每个个人都必须遵循，因而它实际上也是一种公共规则。此类决策仍然是一种公共决策。

3. **行政决策的价值取向是公共利益**

按照"经济人"假设，社会中的每个个人作为"经济人"，其决策准则是实现自我利益的最大化。营利性的工商企业也是遵循这一准则，其具体的决策准则是企业利益的最大化。政府组织作为公共部门，其决策则不能遵循这一准则。公共部门不能是一个"自利性"机构，而应该是一个"追求公共利益"的机构，因此，其决策准则应该是"公共利益的最大化”，这不仅仅是公共部门决策与私人企业决策的区别之一，而且应该把这一点看成是它们两者之间的本质区别。正是从这个意义上说，行政决策在价值取向上应该而且必须坚持公共利益最大化的原则。

4. 既定行政决策具有广泛的约束力

行政决策体现的是国家的意志和国家的利益，其结果表现为国家的政策或法律、法规；这些政策或法律、法规一经确定下来，付诸实施，便具有特殊的权威性和强制性，不仅对行政组织内部的成员，而且对各级行政组织管辖范围内的企业、事业单位、社会团体和个人具有普遍的约束力。

5. 行政决策过程具有一定的互动性

行政决策既然决定着社会价值的分配，各种社会政治力量都会对它施加影响，因此，行政决策过程是权力运用的政治进程，有交易、妥协，有针锋相对的冲突，甚至有战争。

8.1.2 行政决策的类型

所谓决策类型，是指按照一定的标准对决策所进行的分类。由于决策分类标准的多样性，因而目前存在着多种分类方法。决策的分类标准是指具体划分决策类型的基本依据。按照不同的分类标准，可以将行政决策划分为不同的类型。目前常见的分类主要有以下几种。

1. 按决策凭借的手段分类：经验决策与科学决策

经验决策是相对于现代科学决策而言的，主要是指决策者凭经验制定决策的活动与过程，或者说凭经验进行决策。经验决策产生于蒙昧时代，它也有一个发展和完善的过程。按照美国决策理论家西蒙的观点，经验决策的发展大致经历了三个时期：第一个时期是凭习惯决策时期。西蒙认为，从经验决策产生到18世纪以前都属于这个时期。在这一时期，人们在决策及其方式问题上一直没有多大根本性的进展。习惯和个人经验长期以来被认为是决策中最普遍的方式。第二个时期被称为标准操作规程时期。18世纪以后，随着工业革命的到来，社会的基本生产组织形式迅速从以家庭为单位转向以工厂为单位。在这样一种历史条件下，先是在工厂里出现了标准的操作规程。这种标准的操作规程以书面的形式记录着一定的程序，要求决策者必须按程序办事。这样，生产管理的决策就有了初步的可循章程，以后这些操作规程逐渐健全和完善，有章可循，有法可依，这就是按常规办事，不必事事重新决策。西蒙指出：“标准操作规程提供了一种教育新成员合于习惯性组织活动模式的手段，提供了一种提醒旧成员注意那些不常使用而至今仍未完全变成他们习惯的模式的手段，提供了一种将习惯模式公之于众、经受检验、修正和改进的手段。”第三个时期称为决策组织专门化时期。19世纪与20世纪之交，科学管理的创始人泰罗在他的科学管理著作中，第一次提出把计划职能与执行职能分开，设立专门的计划部门，按照科学规律制订计划，进行决策。泰罗的这一思想很快在企业中付诸实践。在行政决策中，这一方式也逐步得到实现，政府组织及其他公共部门相应地建立了各种专门的计划、决策机构。这种决策方式的出现，是现代科学决策产生的前提。

现代科学决策产生于第二次世界大战期间，是现代科学技术发展的必然结果。相对于经验决策而言，科学决策的核心内容是把科学技术及其方法运用于决策分析，出现了决策分析方法数学化、模型化和分析手段计算机化的趋势。所谓决策的数学化，就是应用现代数学方法来解决决策问题。所谓模型化，是指建立决策模型，即把变量之间以及变量与目标之间的关系，用数学关系式把它们表达出来，然后通过求模型的数学解来选择合理方案。数学方法被引进决策分析方法中，这与运筹学在决策分析中的应用是分不开的。西蒙指出："作为一种社会活动，'运筹学'是随二次大战军事需要应运而生的，并从而将管理方面的决策制定问题置于大量自然科学家特别是数学家和统计学家的兴趣范围之内。"可见运筹学的产生和发展对于科学决策的产生存在着十分密切的关系。所谓运筹学，就是运用科学方法研究复杂的决策问题，以向决策者提供赖以采取行动，描绘可行方案和预定结果的一个量的依据，并做出数学上的分析这样一门综合性学科。现代决策问题越来越复杂，决策模型中所包含的数量关系十分复杂，因而求解的计算量非常大，这靠人工计算是很困难的。随着现代电子计算机的产生，它为人们解决了这个决策上的难题。几乎在决策的数学化、模型化的同时，也出现了决策分析手段的电子计算机化。所谓决策分析手段的电子计算机化，是指在决策时应用电子计算机作为逻辑计算工具进行解题和作为信息处理工具进行信息处理。电子计算机作为一个快速的逻辑计算工具，大大缩短了解题的时间，从而有可能使运用数学工具做出决策产生在需要行动之前，使这些数学手段对于决策来说真正有了实用的价值，从而使科学决策方法成为一种具有现实意义的决策方法。

2. 按决策问题重复性程度分类：程序化决策和非程序化决策

程序化决策是指决策所解决的问题是重复出现的那类决策，又称之为常规决策或重复性决策。这是因为，由于这类问题出现多次，我们可以制定出一套例行程序作为解决的办法。每当这类问题出现时，我们就依照这套例行程序来解决它。例如，在行政管理实践中，有一个什么时间上下班和如何办公的问题，对这一类问题的解决，一般采用程序化或常规决策方法，即制定具体的上下班时间和办公制度等。此外，程序化决策还因为决策者在过去对它已有过反复处理的经验，容易摸出规律，有其自身的系统或结构，因此又可称为规范化决策或高结构决策。

非程序化决策是指决策所解决的问题是不能重复出现的那类决策，又称之为非常规决策或非重复性决策。这是因为，对于非重复性出现的问题，它的解决由于以往没有经验可资依据，不可能有一套例行的程序作为解决的办法，因而其决策是非程序化的。例如，当前我国公共事业管理体制的改革，是一件前人未从事过的事业。改革的决策，就是一种非程序化的或非常规的决策。此外，非程序化决策还由于它没有自身的系统、结构或系统、结构不严密，因而又称之为非规范化决策或低结构决策。这里要特别注意的是，我们说的非程序化决策，所考虑的不仅是对这一步骤的最后批准举动，而是制定决策的整个过程，包括收集、处理信息和制订方案等活动，都具有非程序化的特点。

3. 按决策条件和可控程度分类：确定型决策、风险型决策和不确定型决策

确定型决策是指这样一类决策：其所要解决的问题只受一种客观状态的影响，对于这类问题的解决，可以提出各种具有确定结果的方案。例如，某单位要通过政府采购方式购买一批办公用品，如有A、B两个公司竞标，在品种、质量相同的情况下，为使费用最少，决策者自然会选择价格便宜的公司。对这类问题的解决，由于只受一种客观状态的影响（在此例中只受相对稳定的价格的影响），每一个方案都只有一个确定的结果，因而决策时可通过直接比较各方案的结果进行抉择。当然确定型决策问题并非都如此简单。当涉及更多方案时，对于这类问题的解决，也需要采用线性规划等复杂的数学手段。

风险型决策是指这样一类决策：其所要解决的问题受多种客观状态的影响，不论采用何种解决问题的方案，都会承担一定的风险。例如，投资性决策一般都属于此类决策。风险型决策问题也叫统计型问题，或随机型决策问题。它应具备下列五个条件：①存在着决策人所企图达到的一个明确目标；②存在着决策人可以选择的两个以上的行动方案；③存在着不以决策人的主观意志为转移的两种以上的客观状态；④各种客观状态下的损益值是决策者可以把握的，如投资决策中不同方案在某一状态（市场销售—良好）出现时的预期收益值是可以测算的；⑤未来将出现哪种客观状态，决策人不能肯定，但其出现的概率，决策人大致地可以预先估计出来。以上5点是构成风险型决策问题的基本条件，舍弃其中的一个条件，就不能构成一个风险型决策问题。

不确定型决策与风险型决策相比较，所不同的是缺少上述条件⑤，即存在着两种以上的客观状态，但其出现的概率无法加以预测。因此，对于这类问题，决策者不但无法把握确定的结果，而且连决策风险的大小也难以把握。当然，这并不是说决策者在这类问题面前无能为力。事实上，决策者凭借自身的经验对这类问题做出合理决策的事例，在历史上并不少见。当然，由于与决策问题相关的客观状态变化的不可预测性，必然会加大决策的难度。

4. 按决策目标的影响程度分类：战略决策与战术决策

战略决策是指那些具有指导意义的、带方向性的、与整个国家或社会的发展远景有关的重大决策。如我国政府关于建设社会主义市场经济体制的决策、关于国有企业改革的重大决策、关于建设社会主义新农村的重大决策，都可以视为重大的战略决策。一般说来，战略决策有以下几个特点：一是战略决策所处理的往往是一些重大的问题，如上面提到的建立社会主义市场经济体制的问题、国有企业改革问题、建设社会主义新农村的问题，都是当前我国政府面临的一些十分重大的问题；二是战略决策往往对政府的工作具有指导意义，是一些涉及国家和社会发展方向的决策，在上述决策中，建立社会主义市场经济体制、国有企业改革、建设社会主义新农村等都与我国经济、社会发展方向密切相关；三是战略决策的影响范围广泛和深远，战略决策往往影响到一个国家或地方行政管理的全局，而且这种影响往往不是短期的，而是长期的。

战术决策是指为解决某一具体管理问题或在具体管理过程中所做出的决策。例如，某县政府在春耕生产前做出的支援春耕生产事项具体安排的决定；某乡政府做出的政府办公室某个人员调动的决定等，都可视为战术决策。一般说来，战术决策有以下几个特点：一是它所处理的往往是一些日常的管理问题，如上面提到的政府办公室某个人员调动的问题；二是它往往只是涉及政府的某项具体工作；三是它所影响的范围小，而且往往是短期的，而不是长期的。

5. 按决策过程的持续性分类：单项决策与序贯决策

单项决策又称静态决策，它是有关解决某个时期重大问题、提出总任务的决策以及解决有关某个时点状态存在问题的决策的总和。前者如我国政府关于西部开发的决策，后者如国务院任命驻外使馆工作人员的决策。由于这类决策往往是一次性的，因此有人又将这类决策称为一次性决策。在这类决策中，既有战略性决策，又有战术性决策。如在上例中前者属于战略决策的范畴，后者则属于战术性决策的范畴。

序贯决策即动态决策，它与单项决策不同，要求做出一系列相互关联的决策。如我国高等教育改革的决策，就包含了招生分配制度改革的决策、教育成本分摊制度改革的决策、高等学校内部管理制度改革的决策等一系列决策。一般说来，序贯决策有两个特点：第一，它做出的决策不是一个，而是一串决策，因而又可称为“一揽子决策”；第二，这一连串决策不是彼此无关的，而是前一项决策直接影响后一项决策，前后项决策之间存在着这样一种关系：即前一项决策是后一项决策的准备和基础，后一项决策是前一项决策的继续和完成。这些决策往往是一连串相互关联的决策，前一步与后一步，即前一项决策与后一项决策都伴随着时间先后的动态变化，正是在这个意义上，我们把它叫做动态决策。序贯决策是由一系列单项决策构成的，我们可以把序贯决策系列中的每一项具体决策都看成是一个单项决策，但并不是任何几个单项决策相加都构成序贯决策，只有那些在时间上存在着先后顺序、在内容上存在着逻辑关系的多项单项决策有机地结合在一起，才构成我们所说的序贯决策。

6. 按照决策者的思维反应模式分类：理性决策和非理性决策

理性决策在作出决定之前，根据所拟定的决策目标，收集充分的信息，分析各种可能的选择，拟订多个决策方案，经过科学论证，然后予以决策的科学过程。非理性决策则指在遇到疑难的决策问题难以作出决定时，例如决策者无法客观判断决策问题，或决策方案之间没有明显的优劣差异，或者决策问题需要决策者迅速反应，没有收集信息、分析论证的机会等，决策者就有可能根据自己的猜测、习惯反应、条件反射、本能反应等非理性的心理因素去抉择，或者盲目遵从权威的分析意见去作出决断。任何决策过程都存在这种非理性因素的影响，当这种非理性因素在选择过程中起主导作用时，这个决策就是非理性决策。非理性决策在传统的政治结构中，是一种主要的决策方式，古代的决策者甚至采取求神问卜或抽签等方法作出决策。

还有其他的分类方法。如最佳决策与满意决策；定量决策与定性决策；单目标决策与多目标决策；个人决策与集体决策；经济决策、军事决策与政治决策、突破性决策和追踪性决策等。

8.1.3 行政决策的地位和作用

行政管理学家对行政决策及其重要性的认识经历了一个历史过程。在早期的行政学理论中，决策问题并没有引起足够的重视。在他们的著作中几乎没有关于行政决策的论述。只是到了20世纪30—40年代，行政决策及其重要性才开始引起学者们的关注。首先关注这一问题的学者是美国行政学家古利克，他在《组织理论》一书中提出决策是行政的重要功能之一。其后美国学者巴纳德在《行政领导的功能》一书中更是强调了行政决策对行政领导的重要性。20世纪40年代美国著名决策学家西蒙的一系列著作的出版，使人们充分认识到行政决策在行政管理中占有重要的地位。

行政决策贯穿于行政管理过程中的各个环节。现代行政管理活动与现代社会的经济、政治活动是紧密相连的。在现代行政管理过程中，由于生产的社会化和组织规模的扩大，使管理对象和内容越来越复杂。对于行政管理者来说，尤其是对于政府组织的领导者来说，已经不可能事无巨细地样样去管，而只能抓大事。从管理过程来看，抓决策就是抓大事。当然，这并不是说执行、监督等其他管理环节不重要，而是说相对于其他环节而言，决策这个环节更加重要。现代管理学一般把管理的主要职能概括为三项：计划职能、组织职能和控制职能，而决策则贯穿于各项职能中。确定目标、选择方案、制订计划属于决策的内容，这是毫无疑问的；设置机构、配备干部、分配权限需要决策，这也是毫无疑问的；对工作的检查、监督、控制也同样需要决策。因此，正如西蒙所说：管理就是决策。整个管理过程实际上是一个连续决策的过程，没有决策，也就无管理可言。

行政决策具有优化行政管理目标、节约行政管理成本、提高行政管理效益的重要功能。行政管理作为人的有组织的一种理性行为，需要有明确的目标。确立行政目标是行政决策的一项重要任务。在行政决策过程中，决策者往往提出多个目标，然后通过分析论证，直至找出较优目标；同样，行政决策的主要内容之一就是通过收集大量的信息，在此基础上提出各种可供选择的方案，并通过分析论证最后选择出一个令人满意的方案。一般说来，这个令人满意的方案就是一个成本较小、效益较大的方案。因此，行政决策的过程实际上就是一个优化决策目标和决策方案的过程，就是一个寻找成本较小、效益较大的行政管理途径的过程。

行政决策正确与否，关系到行政管理的成败，关系到国家、社会以及各项事业的兴衰。历史的经验告诉我们，政府重大决策的正确与否事关国家的兴亡、人民的命运。例如，1978年中国共产党的第十一届三中全会做出了把党和国家的工作重心转移到经济建设上来的重大决策，从此使中国走上了国家经济健康发展、人民生活水平不断提高的道路。根据这一重大决策，中国政府就如何加速中国的经济发展做出了一系列具体的行政决策，正是这些行政决策，使我国的各项改革步入了健康的轨道。可见，决策处于管理的中心环节，对于行政管理来说也是如此，行政决策正确与否，关系到行政管理的成败，乃至一个国家各项事业的成败。

8.2 行政决策体制

现代行政决策主体是一个有机系统，主要由决策枢纽系统、决策信息系统、决策咨询系统三个子系统构成。行政决策体制是指行政决策的各个子系统的组成、职能及其相互关系的总和，是关于行政决策主体的构成及其职权关系的一种制度化的设计。建立合理的、科学的行政决策体制是行政决策科学化、民主化的一项十分重要内容。

8.2.1 行政决策枢纽系统

所谓行政决策枢纽系统（central system），也称行政决策中心，是指领导、组织整个决策活动和最终从事选择方案的领导核心。

1. 行政决策枢纽系统的特点

(1) 行政决策枢纽系统是在整个行政决策体制中处于核心地位的子系统

行政决策体制是由决策枢纽、信息、咨询三个子系统组成的一个有机系统。在行政决策体制中，这三个子系统的地位并不是一样的，决策枢纽子系统处于整个行政决策体制中的核心地位，即领导与指挥地位，而另外两个子系统则处于从属地位。它们须服从于决策枢纽系统的领导和指挥。从职能上讲，它们是决策枢纽子系统的服务系统，它们的基本职能是为决策枢纽系统服务的。

(2) 行政决策枢纽系统是一个行使决策领导权的系统

行政决策枢纽系统是其所领导的机关或部门的具有最高权力的领导核心，它在该机关或部门中居于最高领导和指挥地位。在该机关或部门内，它可以领导、指挥其他所有的机构和人员，其他机构和人员都处于被领导地位（当然可以对它进行监督）。只有这样的领导核心做出的决策，才对整个机关或部门普遍有效。我们知道，决策一旦做出，是必须要本机关或部门内的所有机构和成员都执行的，如果决策枢纽系统是最高领导核心，从领导与被领导的关系看，机关或部门内的其他机构或人员当然应该执行。但是，假如决策枢纽系统不是该部门的最高领导核心，就意味着在这个机关或部门内还有居于决策枢纽系统以上的领导者。而这个居于决策枢纽系统之上的领导者就有权改变决策。这样一来，决策一旦做出，因为没有应有的权威而无法执行。

(3) 行政决策枢纽系统是一个对自己所领导的机关或部门负有全面责任的系统

领导科学的基本原理告诉我们，领导者的权力与责任是统一的。在行政管理过程中，决策枢纽系统作为其所领导的机关或部门的领导核心，具有最高权力，这就意味着它要承担最大责任。一个机关或部门工作的好坏，成绩的大小，首先取决于领导机关，即行政决策枢纽系统，它应对该机关或部门的工作负有全面的责任。这里所谓的全面的责任，主要包括两方面的内容。一是说，就决策者与执行者的关系而言，整个机关或部门工作的好与坏，成绩的大与小，应由决策枢纽系统负主要责任，因为决策的正确与失误，是决定整个机关或部门工作绩效的关键。决策正确，整个机关或部门的工作就会做得好，绩效也就会大；决策一旦错误，整个机关或部门的工作将全面走向被动，工作绩效必然会受影响。当然，我们不是说执行机构和人员不负一点责任，而是说主要责任在于决策枢纽系统，执行机构或人员所负的责任只能是执行上是否与决策一致以及执行效率的责任。二是说，就决策枢纽系统与信息系统、咨询系统的关系而言，决策正确与失误，主要责任也应由决策枢纽系统来负。信息系统与咨询系统也参与了决策，但行使最终决策权的是决策枢纽系统。因此，对于决策的正确与失误，主要责任应由决策枢纽系统来负，信息系统只能负信息是否准确、可靠、全面、及时的责任，咨询系统则只能对方案设计的有关技术问题及其可行性研究等方面负责。

(4) 行政决策枢纽系统是一个机关或部门的唯一最高决策机关

决策枢纽系统是行政机关的指挥系统，正如人只能有一个指挥系统即大脑一样，行政系统也只能有一个指挥系统即决策枢纽系统，否则，就会出现“多头”领导、“多头”决策、“多头”指挥，这就可能造成如下局面：一方面，因同时出现几个来自平行权力的决策，致使执行机构和人员无所适从；另一方面，几个决策枢纽系统之间对于一些难度大的决策则会或者相互推诿，或者互相扯皮。在这样一种体制下，是无管理效率可言的。

2. 行政决策枢纽系统的任务

(1) 组织领导整个决策过程

在现代行政决策中，由于科学技术和民主制度的发展，决策的主体呈多元化趋势，一项重要的行政决策往往不是由哪一个机构完成的，没有其他机构的参与，行政决策枢纽系统也很难完成一项重要的决策。但这并不是说，在行政决策系统中，枢纽系统、信息系统与咨询系统作用相同。正如前面已经指出的那样，行政决策枢纽系统在整个行政决策系统中处于领导核心地位，这种地位决定着行政决策枢纽系统在行政决策过程中发挥着与其他机构不同的作用，这种不同作用首先表现在它对整个决策过程中起着组织与领导的作用。当行政管理过程一旦出现问题，行政决策枢纽系统便着手组织有关方面讨论问题，要求信息系统收集相关信息，并向决策咨询系统提出相应的决策咨询。决策的分析、论证也是在决策枢纽系统的组织领导下进行。一句话，整个决策过程都离不开行政决策枢纽系统的组织领导，这种组织领导是决策过程得以顺利进行的有效保证。

(2) 确定决策目标

当行政管理过程出现问题后，解决问题就需要决策，决策则需要确定决策目标。行政决策目标由谁确定？由于行政决策枢纽系统在整个决策过程中处于核心地位，因而行政决策的目标也是由行政决策枢纽系统来确定的。因为作为行政系统的领导者，它最清楚应该把行政决策问题解决到什么程度，它有权力决定行政决策应该达到或必须达到什么目的。因此，在行政决策实践过程中，行政决策目标的确立实际上都是由行政决策枢纽系统来完成的。

（3）选择决策方案

这是决策枢纽系统的重要任务，也是它与信息系统、咨询系统的区别之所在。信息系统能够为制订和选择方案提供信息服务，但它不具备选择决策方案的权力；同样，咨询系统能够为决策提出诸多可行性方案，并参与决策方案的分析论证，但它也没有权力对决策方案做出最终选择。即使有些咨询机构参与决策方案的选择过程，也只是提出选择方案的具体建议，而最后拍板定案的还是决策枢纽系统。

（4）监督决策的执行

任何决策都是要执行的，再好的决策，如果只是做出而已，不加以实行，那是毫无意义的。自然，决策的执行应该是执行机关的事情。但是，执行必须要有检查和监督。决策枢纽系统为了保证其所做出的决策不至于在执行过程中被耽误或被扭曲，就必须对执行过程进行严格的监督，否则，决策执行的进度及其偏差则无从知道，决策的实施就很难达到预定目标。此外，决策在执行过程中也还有需要修正的地方，甚至还有待于追踪决策。决策枢纽系统只有在检查、监督决策的执行情况时，才能进一步发现问题，确定新的目标，寻找新的方案，完善原有的决策。

8.2.2 行政决策信息系统

信息系统（information system），从一般意义上来说，是指为了实现共同目标而互相联系、互相制约的各种信息收集、处理及其传输渠道所形成的有机整体。所有的信息系统可分为自然信息系统（如昆虫的复杂有机体）和人造信息系统（如电子计算机系统）两大类。行政决策信息系统属于人造信息系统，它是为决策收集、整理和传输有用、准确、及时的信息的一个信息服务机构，是行政机关的信息处理成员与电子计算机及其他传输工具组成的一个人—机系统。

1. 行政决策信息系统按信息的传输方式所划分的类型

（1）纵向传输信息系统

这种信息系统是将不同级别的组织之间的信息进行传输的一个信息系统。如我国作为中央人民政府的国务院将自己的信息传达给省政府，省政府又传达给县政府，县政府再传达给乡、镇政府等基层单位，这是从上向下的纵向信息传输系统；反之，乡、镇等基层单位则把自己的反映信息传输给县，县又传输给省，省再传输给国务院，这是从下向上的纵向信息传输系统。

（2）横向传输信息系统

这种信息系统是同一级别的组织为了使各自的决策或行动相互协调而将它们各自的信息互相进行传输。如省发展与改革委员会把有关规划信息传输给省财政厅、劳动和社会保障厅、教育厅、卫生厅等部门，财政厅、劳动和社会保障厅等单位又把关于本系统的信息传输给省发展与改革委员会，等等，都属于横向传输。

（3）综合传输信息系统

这种信息系统是前两种系统的集合，其中既有纵向传输，又有横向传输。如县教育局制定的有关教育决策，一方面，要报经省教育厅批准、备案，并且又要指示各乡、镇教育机关加以执行，这都属于纵向传输；另一方面，还要传输给县财政局等单位，请求协助支持，这又属于横向传输。综合传输信息系统就是这样一种纵横交错的信息传输系统。

2. **信息系统的主要任务**

信息系统的主要任务是为决策者收集、处理和传输信息，它是决策体制中的“神经系统”，对决策具有极为重要的作用。这种作用主要表现在以下 4 个方面。

(1) 收集、处理信息的及时性和准确性

所谓收集、处理信息的及时性，是指收集、处理信息速度快，对于时过境迁且不能追忆的信息做到当时记录。信息如不能及时收集、处理并传输给决策者，就有可能失去其应有的价值。所谓收集、处理信息的准确性，就是指在处理信息的过程中不能有误或失真，必须准确地反映客观实际。只有使信息及时得到处理并传输给决策者，决策者才有准确的信息，从而做出正确的决策。公共部门决策信息系统解决了现代公共管理过程中产生的大量信息与决策人员手工无法处理的矛盾，使信息的收集、处理和传输适应现代化决策的需要。

现代公共管理与现代化的大生产是分不开的。随着生产自动化的逐步实现，公共管理事务急剧增加，大量信息需要处理，且决策又必须要求有比较全面、准确的信息，对于这些巨大的信息量，是不能仅仅由决策人员来处理的。因为决策人员属于领导者，一方面，他们人数少，不可能有时间来做大量的信息处理工作；另一方面，他们作为决策者，必须把主要精力集中在研究决策上，也不可能有充沛的精力来做大量的信息处理工作。信息系统将收集并处理好了的信息传递给决策中心，这就使决策人员有了充分的时间和旺盛的精力来专心致志地研究决策本身，以确保决策的准确无误。

(2) 提供制订方案的依据

决策方案的提出都是以比较准确、全面的信息为基础的，信息系统将比较全面、准确、及时、适用的信息传输给决策中心，这就使决策中心有了制订方案的依据。例如，在 2005 年前后，我国部分城市住房价格上涨过快，引起了城市购房者的极大不满，也引起了中央政府的高度重视。为了有效抑制房价上涨过快，维护房地产市场的秩序，中央政府经过反复调查研究，发现实际上很多城市还存在着大量未售出的空置房，但低价位、中小套型普通商品房、经济适用房偏少，并且，在住房销售过程中还存在着囤积房源和哄抬房价等不良行为。根据这些信息，国务院于 2006 年 5 月 17 日及时召开会议，做出了包括切实调整住房供应结构、进一步整顿和规范房地产市场秩序等六条措施在内的稳定房价决策方案。在这一决策方案的形成过程中，及时、准确的信息发挥了重要作用。

(3) 帮助进行方案比较和选优

现代决策信息系统要求以电子计算机系统为基础，能够满足现代公共管理对管理效果进行及时、准确的计算、评估的要求，能够对各种因素进行全面考虑，综合分析，提出各种方案进行评价和比较，并能迅速地帮助选择最优方案。

(4) 控制决策实施和计划执行的最佳状态

行政决策一旦做出，就必须编制具体计划，加以实施。信息系统不但能够为决策提供比较全面、准确的信息，而且能够控制决策实施和计划执行的要求，从而能使决策的实施和计划的执行处于最佳状态。这就是信息系统的反馈功能。现代化的行政管理要求提高管理效率，本部门及其下属部门的工作情况和任务完成进度都必须及时汇报到计划调度部门，以便编制下一步的工作计划，有时还要求对经常变动的计划进行快速处理。这些工作，只有依靠信息系统才能及时准确地完成。在信息系统的作用下，对大量信息能够高效率地处理，及时编制出下一步的计划，并提前下达，对决策实施过程能够进行准确的控制，对计划执行中的问题能够及时发现，使计划的执行达到最佳状态，从而使决策的实施达到更佳状态。

8.2.3 行政决策咨询系统

"咨询"一词，意即商量。商量者必须是两方，一是提出问题找人商量的一方；一是接受咨询并提出适宜建议和解决办法的一方。在国外，前者称为客户，后者称为咨询人员。咨询机构就是由咨询人员组成的专门从事咨询活动的组织，在国外被称为"智囊团"、"思想库"、"头脑公司"、"脑库"，等等。所谓行政决策咨询系统（Advisory System)，就是指为行政决策提供咨询服务的组织系统。

国外为行政部门决策服务的咨询机构大致可分为两大类型：一类是官方机构。这是指由官方直接领导和控制的咨询机构。如美国的总统科学咨询委员会，是一个为总统服务的官方智囊机构，专门负责对总统提出的问题进行研究和分析，并就美国发展科学技术的政策和措施提出建议。另一类是非官方机构。这类咨询机构也是为官方服务的，但是它不直接受官方领导和控制，而是采取相对独立的组织形式。如美国的兰德公司，是一个独立的、非营利性的咨询机构。其研究经费主要来源于其咨询活动所得的收入和其他部门的赞助，组织上不隶属于任何政府部门，研究工作也完全独立进行。此外，还有一些半官半民的咨询机构，如美国的胡佛研究所。

1. 服务政府的咨询机构的特点

一般说来，为政府服务的咨询机构具有如下几个特点。

(1) 具有鲜明的政治性

政府管理本身所具有的政治性，不能不在为其服务的智囊机构上有所反映。这种反映主要表现于支持某一种意识形态或方针、政策，反对另一种意识形态或方针、政策。例如，美国政府里根总统的智囊团——胡佛研究所的政治立场在胡佛起草的一份文件中写得十分清楚："这个研究所的宗旨必须是通过它的研究工作和刊物来证实卡尔·马克思的理论——不管是共产主义、社会主义、经济唯物主义，还是无神论——是邪恶的，从而保护美国的生活方式，使其不受这样的思想意识及其阴谋的侵蚀，并重申美国制度的正确性"。在资本主义国家，有些为公共部门服务的咨询机构标榜自己在政治上中立，这只不过是不敢公开承认其政治性而已。

(2) 具有合理的智力结构

咨询机构必须起到智囊作用，为决策提供咨询服务，因此对智力结构的合理性要求特别高。如美国著名智囊团兰德公司人才济济，从1937—1974年的材料看，共有工作人员1 000人左右，其中500人左右是各方面的专家，包括数学家、工程师、计算机专家、语言学家、政治学家等。任何咨询机构都必须注意智力结构的合理性，注意吸收人才和培养人才，这是能够提供高质量咨询的保证。

(3) 研究工作的相对独立性

凡咨询机构在研究工作中必须享有相对独立性。唯有这样，咨询才有可能是客观的和科学的。因为咨询是专家或智囊人物以自己科学研究的结论，给领导者提供制定决策的依据，它不能用以阐述或证明领导者的意图。咨询人员只对自己科学研究的结论负责，不对领导者现行的或将来的决策负责。咨询机构中研究人员的研究工作，不能以执行任何领导人的指示为前提，而且他们的研究结论可以与领导人的指示、意图相对立，当然同时必须是科学的。咨询机构只有独立地开展研究工作，才能为决策机关提供科学、客观的咨询意见，从而也才能促使自身进一步兴旺发达起来。

我国咨询机构虽然自古有之，中华人民共和国成立后在一定程度上也比较重视咨询机构的建设，但咨询机构大批地涌现出来，则是改革开放以来特别是20世纪90年代以来的事情。1978年中国共产党十一届三中全会以后，随着我国社会主义现代化建设事业的发展以及决策的迫切需要，大批的咨询机构才开始出现。

关于我国咨询机构的类型，就目前来看，从咨询机构所属系统划分，可分为如下五类：一是党委系统的咨询机构，如党委政策研究室等；二是政府系统的咨询机构，如国务院的发展研究中心、各级政府的研究室以及政府部门的研究机构，如人事部的人事行政科学研究院等；三是科研系统的咨询机构，包括中国科学院、中国社会科学院，各类专家委员会、学术委员会、科学技术委员会、研究会等；四是高教系统的咨询机构，包括各大学、学院及其所属研究所、学会，等等；五是综合性的或专门性的咨询机构，这类机构往往是各部门的人兼而有之，如武汉市政府的咨询委员会、中国投资咨询公司等。

2. 咨询机构及其人员的作用

在行政决策过程中，咨询机构及其人员能起到什么作用呢？

(1) 帮助决策者对决策问题做出客观的判断

咨询人员不同于领导干部，他们不在领导岗位上，因而不涉及利害关系，而是凭借自己的专业知识和职业上的责任感做出判断。所以，比起有利害关系的决策者自己做出的判断往往更客观、更可靠。所谓“旁观者清”，即是如此。

(2) 帮助决策者对决策问题做出内行的判断

咨询人员一般是某方面的专家或具有某方面专门知识的人员，且具有一定的实践经验，因而他们在进行判断时，往往运用自己的专业知识对所接受的咨询课题进行深入分析和研究，因而他们所做出的判断就比较内行。内行的判断就能把握问题的实质，能对问题提出正确的解决方法，这是决策的重要条件之一。

(3) 为决策者提供更全面、更准确的决策信息

信息是决策的基础，行政决策系统虽然有其自己的信息机构，但任何信息机构收集和处理信息的能力都是有限的，特别是涉及一些专业方面的信息和宏观管理方面的信息的收集和处理，咨询机构具有更多的优势。在咨询过程中，咨询机构可以充分利用这种优势，为行政决策系统服务。

(4) 为决策者提供备选方案

咨询机构也是一种想办法、出主意的机构。如果行政决策者遇到某一个决策难题一时无计可施或拿不定主意而找到某个咨询机构，为此类决策者想办法、出主意就成为这个咨询机构的主要业务了。这里的办法、主意，对决策者而言，实际上就是决策的备选方案。这里需要强调，咨询机构只能为决策者提供备选方案而决不能代替决策者选择方案。

总之，咨询人员对于行政决策来说，是完全必要的。通过咨询做出的决策，不仅可以保证其科学性和可靠性，而且也为实现行政决策的优化提供了可能。发挥咨询机构在行政决策中的作用，对于反对决策过程中的主观主义和家长式的独裁作风也具有重要意义。

但是，不论在任何时候，咨询机构都不能代替决策中心进行决策。决策枢纽系统也不能将咨询机构提供的方案照抄照搬。一般说来，咨询机构的意见对决策中心来说主要起一种参考作用。这是因为：一方面，咨询机构对决策问题的研究主要是定量的、概念性的研究，但在很多决策中，尤其是非程序化决策中，包含着很多定性的、模糊的东西。对它们的判断，目前很难找到一种纯粹的科学方法。对这些问题的判断有的只能依靠决策者的直觉进行判断。另一方面，决策者对风险的态度及个人的经验与智慧对于一项决策的做出具有重要的影响。而咨询机构对决策问题的分析则纯粹是从抽象出来的几个客观因素（并非是全部）和理想条件出发的，对其他方面的考虑则显得十分不够，如决策者的地位、经验和所处的环境等，咨询机构往往对这些因素考虑很少，而决策者在做出决策时则必须认真考虑这些因素。因此，在决策过程中，一方面，必须充分发挥咨询机构的作用，让咨询机构对有关决策问题进行独立的研究和分析，而不是先下结论再要他们论证；对于咨询机构的研究成果应予以重视和尊重，在决策形成过程中必须充分考虑它们的意见。另一方面，决策枢纽系统也应有自己的独立性，在听取咨询机构意见的基础上独立地行使自己的决策权而不受咨询机构所左右。只有这样，才有可能做出科学的决策。

8.2.4 行政决策体制的基本类型

人类社会几千年的政治发展历程，产生和演化了各种类型的决策体制，其中以下面几种形式最为典型：

1. 独裁制

独裁制主要有下列3种表现形式。

(1) 宗教领袖型

在一些神权制国家中，议会和政府的活动受制于“神的旨意”——某种教义。与此相对应，宗教领袖掌握最高决策权，他可以不受任何机构或法律的约束。

(2) 君主亲政型

君主亲政型是传统君主专制在现代社会的延续，君主既是国家领袖，又是政府首脑，君主之下设大臣会议，它近似于内阁，拥有立法和行政权。君主往往是通过运用对大臣的选择权和监督权而把最高决策权牢牢控制在自己手中。

(3) 军人独裁型

军人政权的建立往往需要借助于“军事政变”的形式。军人掌权后有两种可选择的方式：一是由军队最高长官始终控制国家最高决策权，并以暴力手段镇压持不同政见者；二是还政于社会，通过举行大选来建立新的“民主”程序。

2. 议会制

公民选举能够代表自己利益的议员，然后由议员代表公民发表政见，参与决策。议会制主要有下列3种形式。

(1) 议会—总统制

以美国为典型代表。国会议员和总统都分别由选民直接选出，各自对选民负责；总统负责组阁，他既是国家元首，又是政府首脑，具有最高行政决策权；内阁成员不得兼任国会议员；国会通过的决策方案在总统签署后方能生效，总统对国会的决策方案具有否决权；国会有权弹劾总统；但总统无权解散国会；总统在国家事务中的一些重要决策要受国会制约。

(2) 议会—内阁制

以英国为典型代表。议会是国家最高权力中心，内阁由议会产生，对议会负责并受议会监督；内阁掌握国家行政权，国家元首只是名誉“虚位”；内阁的重大决策须得到议会多数支持；内阁首脑由议会多数党领袖担任，内阁成员通常都是议会多数党成员；议会可对内阁提出不信任案，内阁也可提请国家元首解散议会，由重新大选所产生的议会决定内阁的去留。

(3) 议会—委员会制

以瑞士为代表，议会至上，既有立法权，又有行政权；议会推选的委员会主持日常行政事务，委员会作为议会的执行机构，其成员能够为议会最终决策提供咨询；委员会无权解散议会，议会也同样不能解散委员会；委员会所作决策，须经集体讨论通过，主席和副主席的权限与其他委员会成员一样。

3. 人民代表大会制

人民代表大会制是一种民主集中制的决策体制，它既不同于建立在“三权分立”基础上的西方议会制，也不同于前苏联在十月革命后建立的“苏维埃”式决策体制，是一种具有中国特色的民主决策体制。

8.3 行政决策过程和模式

行政决策过程或程序是当代行政决策理论讨论的一个十分重要的问题。行政决策的科学化、民主化在很大程度上取决于行政决策程序是否科学、行政决策过程是否民主。如果行政决策程序设计是非科学的，行政决策过程又缺乏民主参与机制，那是不可能实现行政决策的科学化和民主化的。当代决策理论就决策过程问题提出了各种理论模型，每一种理论模型都对决策过程做出了自己的解释；尽管它们之间的不一致是非常明显的，但这并不排除行政决策过程中存在着基本的程序，这种基本程序对绝大多数决策来说基本上是适用的。从目前我国行政决策的现实来看，行政决策过程还不完善，还存在一些问题，但行政决策程序的科学化、民主化已是一个不可逆转的趋势。我国的行政决策顺应这一趋势，正在朝着科学化、民主化的方向发展。

8.3.1 决策过程的理论模型

决策过程的理论模型是决策理论的一个重要组成部分，它随着决策理论的发展而发展，基本理论模型主要有理性决策模型、有限理性决策模型、渐进决策模型和混合扫描或综视决策模型。下面我们将予以简要介绍。

1. **理性决策模型**（rational decision-making model）

通常也称之为科学决策模型。就其思想渊源而言，可以追溯到古典经济学理论。主要代表人物有杰里米·边沁（Jeremy Bentham）、泰罗等人。这种理论认为，人类行为决策有一个绝对标准，即人们在决策时所遵循的是最大化原则，这就是谋求最大利益，在经济领域则是求得最大利润；在选择方案时进行最优选择，即从全部备选方案中选择最优方案。

理性决策模型把决策过程分为以下几个步骤。

（1）发现问题

决策者之所以要进行决策，首先是因为在实际的管理过程中面对一个存在的问题，需要对这个问题加以解决。

（2）提出目标

理性决策模型理论假设作为决策主体的人是完全理性的，他根据自己的目的或价值观，针对已发现的问题提出解决问题的目标，并将这些目标进行排列或组合。

（3）设计方案

决策者将所有可能的解决问题的方案全部一一列举出来，以供备用。

（4）预测后果

决策者运用一系列的科学方法对每一决策方案进行评估，预测执行该方案后所要达到的结果及其可能带来的新问题。

（5）分析比较

决策者将各个方案进行一一对比，在比较的基础上排列出先后顺序。

（6）选择最优方案

决策者在对各个方案进行比较分析后，选取其中一个预测结果与目标最为一致的方案作为决策的最佳方案。

在上述6个步骤中，作为决策者的人始终是理性的，每一步活动都是理性的活动，整个决策过程都是理性化的。从理想的角度而言，这一模型确实是一个非常科学化的模型。但是，决策活动则是一项非常现实的活动，它受到很多现实因素的制约。因此，在实际的决策活动中，人们很难严格地遵从这一模型。

2. **有限理性决策模型**（limited rational decision-making model）

这一理论的主要代表人物是西蒙。他对理性决策的准则进行了重大修正，提出了著名的满意决策准则。这一准则认为，决策过程中不存在最优决策，而只有满意决策。所以他的理论又被称为满意决策模型理论。

西蒙认为，关于决策一词的含义，不应仅仅从狭义上去理解，应该从更加广泛的意义上去理解，而广义上的决策“和管理一词几近同义”。他指出：“人们通常对‘决策制定者’这一形象的作用描绘得过分狭窄。‘决策制定者’像个骑马思考问题的人，考虑成熟之后，突然把他的决定指出给他的随从……或者说，‘决策制定者’是位埋头审阅公文、戴眼镜的绅士，正在标有（X）记号的字里行间思考着。”“上述诸形象都具有重要的共通之点，即‘决策制定者’是位能在关键时刻，在十字路口选定最佳路线的人。由于只注意了最后的片刻，上述各种形象都对决策做了歪曲的描绘。他们忽略了完整的全过程，忽略了最后时刻之前复杂的了解、调查、分析的过程以及在此之后的评价过程。”因此，按照西蒙的理解，决策就不仅仅是最后时刻的事情，它应该包括整个决策过程。这个过程包括四个主要阶段，即找出制定决策的理由；找到可能的决策方案；在诸行动方案中进行选择；对已进行的选择进行评价。他把第一阶段称之为“情报活动”；第二阶段称之为“设计活动”；第三阶段称之为“选择活动”；第四阶段称之为“审查活动”，有时也把这一阶段称之为执行决策任务的阶段。虽然这四个阶段缺一不可，但是，对于一个好的管理者来说，这四个阶段并不是同等重要的。其中，关键性的是前两个阶段，后两个阶段则次之。因此，在时间分配上，管理者及其职员应该用大部分时间去“调查经济、技术、政治和社会形势；判别需要采取新行动的新情况”；用较大部分的时间“独自或者是跟他的同僚们一起去创造、设计和制订可能的行动方案，以应付需要作出决策的形势”；而“用较少时间来选择他们为解决已确认的问题而制定的而且对其后果也已做过分析的决策行动”；同时，“还得用适量的时间去估价作为重复循环一部分的，再次导致新决策的过去行动的结果”。西蒙认为，这就是一个管理者所做的主要事情。

以上四个阶段的划分，只是就一般意义上而言的。西蒙认为，在实际的决策活动中，诸阶段是互相交织的。一般说来，“情报活动”先于“设计活动”，“设计活动”又先于“选择活动”。然而阶段循环所提示的序列要复杂得多，制定某一特定决策的每个阶段，其本身就是一个复杂的决策制定过程。例如设计阶段可能需要新的情报活动；而任何阶段中的问题又会产生出若干次要问题，这些次要问题又有各自的情报、设计和选择的各个阶段。在西蒙看来，这“也就是大圈套小圈，小圈之中还有圈”。

3. **渐进决策模型**（incremental decision-making model）

这一模型是由美国著名的政策科学家查尔斯·林德布洛姆（Charles Edward Lindblom）提出。他认为，决策过程并非理性决策理论所说的是一个科学分析和理性思考的过程，而是一个理性分析与党派分析相结合的错综复杂的、不断探索的过程。一方面，决策过程是一个不断探索、逐步前进的过程。人们的决策活动是在边行动、边探索的过程中进行的。在绝大多数情况下，人们并不是在有了明确的目标和方案之后才去行动，相反，人们在有了一个大致的方向时便开始行动，通过“走一步，看一步”逐渐明确行动的目标并形成或完善行动的方案。另一方面，决策过程是一个利益冲突和价值分配的政治过程。在决策过程中由于利益集团发挥着很重要的作用，而不同的利益集团之间的利益又是相互冲突的，因此，决策过程也就成了一个利益集团围绕着利益的争夺而相互冲突和斗争的政治过程，政府的决策实际上是对社会价值的一种权威性分配。如果一个利益集团在社会中乃至在决策过程中占有更多的优势，那么它在这种价值分配中则占有更多的份额，反之，则占有更少的份额。因此，决策的形成往往不是某个决策者个人意志的结果，而是各种利益集团相互作用的结果。有人又把这种强调利益集团在决策过程中起重要作用的理论称之为团体决策理论模型。不过也有人认为，社会实际上是由少数人统治的，利益集团也是通过少数精英代表来参与政府决策过程的，他们与政府中的统治精英一道共同制定重大决策，因此，只有少数精英才是真正的决策制定者。持这种观点的理论被称为精英决策理论模型。

4. **混合扫描决策模型**（mixed-scanning decision-making model）

该模型又译为综视决策模型，最先由美国社会学家阿米泰·埃特奥尼（Amitai Etzioni）提出。作为一个社会学家，尽管他的研究领域不可能以决策问题作为重点，但是，他通过对大量社会管理活动的研究，发现理性决策的理论模型固然有其不足之处，但渐进决策的理论模型也不是十全十美的，而且存在着严重的片面性。出于对人类决策活动规律性进行较为全面的理论概括的考虑，埃特奥尼提出了有自己独特见解的混合扫描的理论模型。他认为决策过程应该是理性决策过程与渐进决策过程的结合。或者说，在决策过程中既要运用理性决策方法，也要运用渐进决策方法。理性决策方法与渐进决策方法虽然都有其不足之处，但也都有其合理之处。问题不在于这两种决策方法是否有用，而在于什么情境下使用它们。在某种情况下，运用理性决策方法是适用的。例如，我国三峡工程的决策、政府基建投资决策等，都有必要运用理性决策的方法。在另一种情况下，运用渐进决策方法是适用的。例如，我国高等教育收费改革的决策、完善我国税收制度的决策等，一般宜采用渐进决策方法。此外，在渐进决策过程中，具体到这一过程的某个环节、某个方面的决策，也可能需要运用理性决策方法。而且，在相当部分决策中，都不是单纯的理性决策方法和单纯的渐进决策方法所能解决问题的，只有把两者结合起来，才能顺利地做出决策。埃特奥尼把理性主义和渐进主义分别比做两种不同的摄像机，前者是一种对全部空间作穷尽一切的细微观察的摄像机，这种摄像机的运用代价高昂；后者是一种只对熟悉地区进行大致观察的摄像机，其运用的代价较低但准确度不够。混合扫描决策模型则要求同时使用两种不同的摄像机，既要对空间进行多角度的观察，又要对某些部位进行细微观察。两种摄像机的混合扫描，既考察全面，又考察重点，有利于综合考虑以便做出科学的决策。

8.3.2 行政决策过程的基本程序

行政决策过程是行政决策过程中各项工作和各个环节依次展开的逻辑顺序及基本步骤。一般地说，按其程序，行政决策可以分为以下阶段。

1. **发现问题，确定目标**

（1）发现问题

这是行政决策的有关部门及其人员在全面收集、了解和调查现实社会生活和行政管理活动各种情况和资料，并进行系统分析的基础上，找出行政组织所要解决的问题的一个决策活动环节。它是行政决策过程的起始环节。从一般意义上说，所谓问题就是事物的现实状态与人们的期望状态之间的差距。行政决策方面的问题包含两种情况：一是消极意义上的问题，即现有状况偏离了正常状态，如农业歉收、财政赤字、工业企业大面积亏损等；二是积极意义上的问题，是指在现有基础上可以通过挖潜继续向前发展，并争取更理想结果的状态。这两者之间的划分具有一定的相对性。分析行政决策问题及其原因的具体步骤是：①确认问题。行政决策的问题是行政管理工作现有状态与期望状态的一定差距，但并不是一切差距都是需要解决的问题：差距未超过允许的幅度，就不一定构成问题；差距虽较大，但发展趋势是逐步缩小的，就可以不列为问题；反之，目前差距虽小，但发展趋势是愈益严重，则应列为问题；目前虽有一定差距，但影响不大，也可以不作为需要立即解决的问题；反之，差距虽不大，但影响是严重的，那就成为需要研究解决的问题。②界定问题。这是对差距的有关情况的具体界定，包括差距的性质、所在的部位、产生的时间、差距的范围和程度等，并要分析产生差距的各种原因。大致说来，其步骤是：第一步要弄清差距所在；第二步要弄清差距产生的时间和地点；第三步要寻找产生差距的原因，以便从根本上消除其滋生的根源。

（2）确定目标

所谓目标就是在一定环境和条件下，必须达到或希望达到的结果。行政决策目标规定了决策活动的方向，是整个行政管理活动的出发点和归宿。行政决策的目标必须是可以计量结果、规定时间并确定责任的，不能含糊不清，也不能抽象空洞，否则，将会给后续行政管理工作造成混乱。国家行政管理的宏观性，决定了行政决策目标的系统性。应当说，行政决策目标的确定也是一项非常复杂的工作。在确定行政决策目标时，应当注意以下几个问题：在确定决策目标时要从系统的观点出发，全面考察，全面衡量，既要分析上下级目标之间的联系，又要分析决策目标系统内部大目标与小目标之间、总目标与子目标之间的联系，还要分析行政决策目标与党的路线、方针、政策以及国家的总任务和法律之间的关系；行政决策问题的复杂性决定了决策目标的多元性，决策目标所确定的常常不是一个目标，而是多个目标。这就需要恰当处理和协调各个目标之间的相互关系；行政决策目标具有客观规定性，它取决于国家行政管理的需要与可能。在确定决策目标时，既要分析和判断社会对该目标内容的需求程度，又要分析和判断该目标得以实现的现实可能性，以避免盲目性和主观随意性。由于条件本身具有一定的伸缩性，因而目标的确定也要留有余地，以便根据情况的变化灵活进退，避免盲目性，减少工作损失。

2. **拟订方案**

决策目标确定之后的重要工作是根据各种实际情况，寻求实现决策目标的有效途径，拟订各种可供选择的方案。为了保证决策方案的合理性与科学性，在拟订决策方案时，要注意以下事项。

（1）充分搜集信息，实施科学预测

信息资料是行政决策的基础。掌握信息是贯穿于整个决策过程及全部行政工作的重要内容，在制订决策备选方案时，搜集和掌握信息显得尤其重要。因为一切可行方案，都必须以充分且可靠的信息为依据。要在充分占有信息资料的基础上，运用现代科学的预测理论与方法，对决策对象未来的状态和发展趋势作出事先的估计和推测。没有科学的预测，就不可能有科学的决策。

（2）拟订方案须求多、求新、求全

方案可以有多种，在一般情况下，起码要设计两个以上的方案，以备择优。如果目标确定之后，办法只有一个，出路只有一条，那就谈不上择优了，如果情况有所变化那就会束手无策。不仅如此，所设计的多个方案还应当是互不包容、互不重叠的。并且要尽可能穷尽解决决策问题的途径和方案，尽量不要遗漏，以形成一个逐级优化的方案体系，这样才能保证决策方案的设计质量。

3. **选定最佳方案**

选定最佳方案是行政决策过程中最为重要的一个阶段，决策活动的成功与否，往往与方案的选择是否正确直接相关。为了避免决策失误，行政决策者应当注意以下两个方面：

（1）政策分析

这一概念有广义和狭义之分。狭义的政策分析，是指对既定政策或备用方案的精确性、可行性、经济效益与社会效益等多方面内容的分析与测评，目的在于衡量各个方案的利弊得失，以决定对其采纳、舍弃还是修改。广义的政策分析，则指政策制定的全过程。对于较简单的备选方案，其优缺点与实施后果在进行分析时是不难看清楚的；但对那些涉及面宽，与外界联系紧密，且又影响深远的大决策，就需要进行范围比较广泛的科学分析与对比研究。要组织有关专家，运用现代科学知识特别是运筹学和电子计算机方法，运算和处理大批的数据和资料，才能得出较为可靠的评价结果。

(2) 拍板定案

行政决策的拍板定案应该依照法律规定由决策者（个人或集体）掌握。由于行政决策一般包含很多未知数和变量，并且还涉及社会政治经济等多方面因素，因此，绝大多数行政决策都多少要冒一定风险。最后拍板是否准确，这与决策者的素质密切相关。所选方案一经确定，还须履行报批手续。决策方案经过审批，一般会产生三个结果：一是生效，即经审定后产生法律效力，可以付诸实施；二是否定或终止，这意味着决策有所不足，或者需要修改，或者重新决策；三是不确定，即不生效执行，也不否定终止，而是等待事态的进一步发展，再作决定。

4. 局部试点、追踪决策

一些重大的行政决策择定方案后，还必须进行局部试点，以接受实践检验。试点工作必须用科学的方法进行，才具有实际意义。从“点”的确定上说，如果随便找一个固然不好，但人为地给试点创造优惠条件，使之成为证明决策正确的工具，更是有害无益。行政决策所试之“点”，应该是全局中带有某些典型性的，它的成功与失败都应具有普遍意义。在试点过程中，必须严格按照决策方案进行，必要时可以设若干“对照”点，以鉴别优劣。在特殊情况下，为避免各种人为的主观因素的干扰，有时试点还可以不公开。在总结试点经验时，必须全面地实事求是地进行，不能掺杂个人偏见或为迎合上级意图而任意歪曲试验结果。

决策的目的在于付诸实施，使决策方案变为现实。但是，由于当代社会经济和科技的迅猛发展，行政环境的复杂多变，以及与此相对比决策者在认识和分析问题上的能力不可避免地带有局限性等原因，行政决策并不是通过拍板定案就可以一劳永逸了，而是在决策实施过程中还要不断地进行追踪与监测，并根据情况的变化，对原有方案进行相应的调整。在决策实施过程中，所持续进行的对决策执行情况的考查、监督、测定、评估和核实，以及相应的方案调整工作，就是追踪决策。追踪决策的情况大致有三种：一是决策实施效果与既定目标基本一致，只存在个别性或局部性的偏差，只需作部分补充或适当调整即可，这叫微调决策；二是由于制定决策时信息掌握不充分，决策实施情况与原定目标偏差较大，需要对原方案进行重大调整和修改，这叫重大修改型决策；三是由于出现了某些突发性和不可控性因素，使得决策实施的情况发生了重大改变，原有方案无法继续执行，必须予以放弃，重新进行确定，这叫重新决策。

行政决策过程中的各个阶段和环节紧密联系，便构成行政决策的一个完整的全过程，实际的行政决策过程，可能与以上描述的决策过程模型有一定出入。例如，在某种情况下，有的决策步骤可以省略，有些阶段之间存在交叉现象，或者在方案拟订过程中，还要返回去再收集信息，等等。所以，在行政决策实践中有较大的灵活性。

8.3.3 我国行政决策程序的科学化、民主化

新中国成立 50 多年来，我国政府在行政决策科学化和民主化方面进行了很多卓有成效的探索，并且形成了具有中国特色的决策思想、方法和制度，如“实事求是”的思想路线、

“调查研究”和“群众路线”的方法、让公众参与的决策听证制度，等等。但不可否认，我们在理论上还缺乏对决策程序及其重要性的深刻认识。

1. 我国行政决策过程存在的问题

就目前我国行政决策的实践而言，在决策过程中还存在以下几方面的问题：

决策信息的收集和处理工作存在着信息不全和信息失真的问题。信息的全面性和准确性程度对决策的正确程度起着决定性作用。可以这样说，目前我国一些地方政府在某些重大决策上的失误绝大多数都与信息的不全面、不准确有关。造成这种现象的原因主要有以下几个方面：一是有的领导人对信息工作不重视，在信息不足的情况下过于自信，并仓促做出决策；二是获取信息的方法不科学，我国政府官员习惯于采用典型调查法、召开座谈会和听汇报等方法获取信息，有些官员甚至为了所谓政绩发布虚假信息，容易导致信息片面和失真；三是我国政府专业性信息机构不足，而且还存在着职能错位的问题。我国政府的专业性信息机构主要有政府内设的统计机构、信息中心、政策研究机构等，但这些机构往往人员偏少，例如，我国国家信息中心只有 300 多人，由国家信息中心与隶属于全国各地方政府信息中心组成的国家信息系统也才 13 000 多人，而美国仅仅联邦调查局就有 27 800 多人，其中总部 9 800多人。不仅如此，我国政府某些专业信息机构还承担着很多非信息工作的职能，如政府研究机构大量的工作是替领导写讲话稿，这种职能错位也削弱了政府信息机构在收集和处理信息方面的作用。

决策方案的设计存在着“粗而不细”和专业化程度低的问题。在目前我国一些地方政府对决策方案的设计，往往由政府官员或政府机构自行设计而不太注重专家的作用，甚至根本不请专家参与，即使请专家参与也仅仅是做做样子，走走形式。事实上很多重大决策问题往往非常专业，但我们的政府领导者又不可能是各方面的专家，加之他们精力有限，因此，这些由政府机构自行设计的方案往往比较表面化，比较“粗”而不“细”，专业化程度较低而难以从实质上解决问题。

决策方案的评估存在着“论而不证”的问题。近些年来，由于中央反复强调要实现决策的科学化、民主化，因此很多地方政府或行政部门在决策最后“拍板定案”前也往往做一些“论证”，其中也有很多论证是科学的、客观的，对于保证决策的正确性确实起了很大的作用。但有些论证也确实是仅仅走走形式而已，甚至有些论证只是长篇大“论”地为领导提出的决策方案唱赞歌，而对决策方案的“正确”与“错误”不加以客观、科学的求“证”，这种“论而不证”的“御用”论证往往是导致决策失误的重要原因之一。

决策方案的选择存在着民主化程度低的问题。民主集中制是我国重大决策的一个基本原则，但在我国目前一些地方政府的重大决策中，往往强调“集中”有余而强调“民主”不够。很多重大决策仍然是“一把手”说了算数，这种现象并不鲜见。有些决策虽然表面上采取了较为民主的形式，在决策前让有关方面参与讨论，但最后还是一两个人的意见起关键作用，而绝大多数人的意见则被搁置一边，实质上还是个人说了算。近年来我国政府虽然在一些重大公共决策前召开了听证会议，广泛听取广大群众和各方代表的意见，但有些听证会议还流于形式，对行政决策影响的作用还比较微弱。

2. 完善我国政府行政决策程序的路径

以上所列举的仅仅是目前我国行政决策过程中存在的几个主要问题，并不是问题的全部。针对以上问题，要完善我国政府行政决策的程序，应从以下几个方面着手：

强化行政决策过程的信息工作。信息是决策的灵魂，在决策过程中必须强化信息收集和信息处理这个程序。西蒙认为，信息活动是决策过程中的一个最重要的程序，整个决策工作几乎一半的时间应该花在信息收集和信息处理上，因为在决策过程中无论是发现问题、制订方案、评估选择和组织实施都离不开信息的作用。为了强化决策过程的信息工作，就我国当前各级政府而言，首先应加强政府信息机构建设，适当增加信息工作的投入，包括增加必要的信息工作人员和改善信息工作的物质装备；其次应改革信息收集和信息处理的方法，实现信息工作的现代化，包括物质条件和方法手段的现代化，建立较为全面、真实的信息数据库，严防片面的、虚假的信息影响决策；再次就是要强化决策者的信息意识，在决策过程中把信息收集与信息处理置于重要地位，尽可能做到信息不全面（相对而言）不决策，信息不准确不决策。

强化行政决策过程的咨询工作。咨询工作是决策科学化的重要保证。现代社会是一个信息社会、知识社会，也是一个高度分工的社会，不论是哪一级政府的领导者，都不可能是各行各业的专家，而政府作为现代社会的公共管理部门，其决策往往又涉及社会生活的各个领域。因此一些重大经济社会决策方案的制订与评估论证，往往离不开专家的作用。专家对决策方案的论证和评估与政府内部人员相比，不仅更专业，而且更客观，更少受利益关系的影响，更敢于提出不同意见。正是基于这一背景，当代世界一些发达国家的咨询业非常发达，而且有相当一部分咨询公司的业务主要来源于政府，有的咨询公司主要是为政府服务的。目前我国政府的一些重大决策往往很少有咨询机构的参与，所以会出现上面提到的决策方案“粗而不细”、专业化程度低、评估方案时“论而不证”等现象。实际上开展政府决策咨询是专家参与政府重大决策、实现行政决策科学化、专业化的一条重要途径，因此在目前条件下为完善我国政府行政决策程序有必要把咨询工作纳入行政决策的程序之中。

强化行政决策的民主参与。决策的民主参与既包括专家的参与，也包括群众的参与，特别是与决策问题有利益关系的群体代表的参与。咨询是专家参与的一条重要途径，此外专家参与决策方案的设计、论证和评估更是专家参与决策的直接途径，专家参与既是决策民主参与的内容之一，也是决策科学化的重要保证。但在行政决策过程中仅有专家参与是不够的，决策民主参与的主要内容应是群众参与，以及相关利益群体代表的参与，这种参与也有助于提高决策的正确程度，因为众人的智慧有可能超过个人的智慧。更主要的是，决策的民主参与有利于实现决策中在利益分配上的公平和公正。当前特别要注意完善重大行政决策的听证制度，因为政府的重大决策往往是一些公共决策，它往往涉及公共利益以及相关利益的分配问题，通过召开决策听证会议，让群众直接参与决策，有助于维护公共利益；让与决策问题相关的利益群体代表直接参与决策，有助于实现决策过程中利益分配的公平性和公正性。因此，完善行政决策程序，有必要把民主参与作为政府决策程序的一项重要内容。

强化行政决策的制度建设。完善行政决策程序，加强行政决策的制度建设是关键。因为只有通过制度才能保证行政决策按照科学民主的决策程序进行。正如中国共产党的十六大报告中所指出的，“要完善重大决策的规则和程序”，必须“建立社情民意反映制度，建立与群众利益密切相关的重大事项社会公示制度和社会听证制度，完善专家咨询制度，实行决策的论证制和责任制，防止决策的随意性”。很明显，这里所讲的一些制度，就是我们前面已经讲过的完善行政决策程序措施的制度化。例如，社情民意反映制度、与群众利益密切相关的重大事项社会公示制度，是行政决策信息工作制度化的重要内容；专家咨询制度是行政决策咨询工作制度化的重要内容；社会听证制度、决策的论证制度是行政决策专家参与和群众参与、利益群体代表参与制度化的重要内容；而决策的责任制则是保证行政决策严格按决策程序进行并保证以上决策制度得以落实的一项重要制度。由此看来，为了完善政府行政决策的程序，必须加强行政决策的制度建设，在条件成熟的情况下，对行政决策程序和制度进行立法。这样，通过行政决策程序的制度化来保证行政决策的科学化和民主化，通过决策立法来保证决策程序和制度得到遵守和落实，从而实现行政决策程序的科学化、民主化和法制化的统一。

8.4 行政决策体制改革与发展趋势

8.4.1 决策权力下放，建立分层决策的新决策体制

在社会主义市场经济体制中，政府要将原先自己包揽的决策权力，按照市场经济发展的需要，交还给其他决策主体，建立合理的权力结构，使各决策主体能够充分行使自己的决策权力。

实行党政分开。要改变以往党政不分、以党代政、权力过分集中于党委的问题，把原来由党组织行使的行政决策权力交给行政机关，以加强各级政府的决策和行政管理工作的权力。

下放经济权力，实行经济决策的民主化。实行经济决策权力下放：一是中央向地方下放权力，处理好中央和地方的关系，同时地方各级政府也都有一个权力逐级下放的问题；二是实行政企分开，把市场、企业的自主权还给市场和企业，发挥市场配置资源的基础性作用，使企业成为自主的市场经济主体。

精简机构，扩大民主。不改变机构庞大、人浮于事和官僚主义作风，决策权力下放就成为一句空话。因此，必须按照社会主义市场经济发展的要求，转变政府机构的职能，精简机构，转变机关作风和工作方式，搞好政务公开、民主监督。

8.4.2　建立健全决策科学化和民主化的程序制度

建立科学和民主决策的程序是保证决策科学化和民主化的必要条件。从决策目标的提出，到为实现决策目标进行的调查研究和调查信息的分析加工；从决策方案的提出和论证，到对决策方案的可行性向各方面进行咨询和征求意见；从决策方案的最终选择确定，到决策实施和对实施情况进行评价并进行修改和完善，这是一个完整的程序，要使决策者严格遵循这些程序进行决策。

8.4.3　实现决策组织结构的科学化和民主化

每一种决策组织结构都是与一定的决策内容相适应的。任何一种决策内容都需要某种决策组织结构，有时甚至还需要一种混合的决策组织形式来和它相适应。决策组织结构是历史发展的产物，是随着历史发展而不断变化的。现代的决策组织形式已经发生了较大的变化，产生了个人决策——矩阵制决策——决策等众多决策形式。早期的个人决策逐渐转变为智囊团参与决策，并向矩阵制决策（各决策有关单位参加）转变，向决策机构加上利益群体代表共同决策转变，有些决策甚至需要全民决策。

8.4.4　实现决策的制度化和法制化

实现科学民主决策的制度化、法制化是我国实现决策科学化和民主化的正确道路。必须建立健全科学民主决策的完整制度，完善整个决策程序制度，加强决策的制度建设和法制建设。包括建立：科学民主决策的程序制度；科学民主决策的组织结构制度；科学民主决策的咨询制度；科学民主决策的最终拍板制度；科学民主决策的评估制度；决策纠偏制度和决策责任制度等；尽快形成上述制度，并且将这些制度转变为法律，实现从“人治”决策到“法治”决策的转变。

8.4.5　发挥信息技术在决策科学化民主化中的作用

要应用新的科技成果，加快“电子政府”的建设，实现政务公开，使广大人民群众能够参政、议政，以大大提高政府的工作效率。这既有利于政府与人民群众之间架起沟通的桥梁，也有利于使广大人民群众及时地了解政府的各种信息，反映自己的愿望和要求，积极参与决策，也有利于加强对政府决策的监督，促进决策的科学化和民主化。

思考题

1. 行政决策的概念和特点。
2. 行政决策的类型。
3. 行政决策的作用。
4. 行政决策的发展趋势。

5. 行政决策体制的三个组成部分。

案例 8：阿斯旺水坝（Aswan High Dam）

规模在世界上数得着的埃及阿斯旺水坝竣工于 20 世纪 70 年代初。表面上看，这座水坝给埃及人民带来了廉价的电力，控制了水旱灾害，灌溉了农田。然而，大坝建成后在对埃及的经济起了巨大推动作用的同时也破坏了尼罗河流域的生态平衡，造成了一系列灾难：第一，由于尼罗河的泥沙和有机质沉积到水库底部，使尼罗河两岸的绿洲失去肥源——泥，由于失去了泥沙沃土，尼罗河河谷和三角洲的土地开始盐碱化，肥力也丧失殆尽。现在，埃及是世界上最依赖化肥的国家。具有讽刺意味的是：化肥厂正是阿斯旺水电站最大的用户之一；第二，由于尼罗河河口供沙不足，河口三角洲平原向内陆收缩，使工厂、港口、国防工事有跌入地中海的危险；第三，原先富有营养的泥沙沃土沿着尼罗河冲进地中海，养活了在尼罗河入海处产卵的沙丁鱼。现在，由于大坝阻隔，下游丧失了大量富有养料的泥沙沃土，沙丁鱼已经绝迹了，尼罗河下游的活水变成相对静止的“湖泊”，为血吸虫和疟蚊的繁殖提供了条件，致使水库区一带血吸虫病流行；第四，水坝严重扰乱了尼罗河的水文地理。还严重威胁到岸边的古迹神殿，有不少沉入湖中。联合国教科文组织为此发动了一连串救援活动，虽然抢救回部分古迹，但仍有非常珍贵的文化遗产惨遭灭顶之灾。

埃及造此大坝所带来的灾难性后果，使人们深深地感叹：一失足成千古恨！

讨论：埃及建造阿斯旺水坝的决策，给我们提供了什么启示？

第9章 行政执行

行政管理的基本任务是依靠行政执行得以实现的，因此，行政执行是贯穿于全部行政管理活动的重要环节，是实现行政决策及管理目标的最直接、最重要的行政活动。它是国家行政机关最根本的职能，也是行政权的集中表现。

9.1 行政执行概述

9.1.1 行政执行的含义、特点与分类

1. 行政执行的含义

行政管理事务有其客观规律性，所以，现代行政管理特别强调科学行政的必要性、可行性。现代行政管理又是法治管理，整个行政管理体系及活动受法律调整和支配。行政执行包含科学管理和法制管理两层意义。

(1) 行政执行要符合行政管理科学化的要求

行政执行是复杂的活动，内容广、范围大、环节多，只有把握其基本特点，才能顺利有效、如期圆满地实现决策目标。从行政管理科学化要求看，行政执行具有如下特点。

① 目标性，是以实现决策目标为宗旨；

② 反复性，是对既定政策（包括指令与规章制度）的反复执行；

③ 实务性，是实践、服务性的活动；

④ 果断性，要求尽早决断，快速行动；

⑤ 灵活性，要求审时度势，因地、因时制宜，因势利导。

(2) 行政执行要符合行政管理法制化的要求

从法制管理的意义上理解，行政执行活动是指行政机关依法对国家事务的直接具体的组织、指挥和控制的过程，即通过执行、适用规范行政管理活动的法律、法规，实行行政决策目标，完成行政管理任务。简言之，行政执行即为行政执法活动。所以，行政执行要具备如

下的法律特征：它是具有相应职权的行政机关，或经过合法授权的其他组织、公民，就一定行政管理事项实施的行政执法活动。行政执行就其基本职能或主要内容来说，它是针对特定的相对人和特定事件而采取行政措施的具体行政行为。它通过直接或间接影响相对人的权利义务，来调整和制约社会行为，达到管治社会的目的。

根据以上理解，我们可以将行政执行定义为：行政机关和经法律授权的社会组织和个人，遵循行政管理的客观规律，为贯彻落实国家的法律法规和决策机关发出的决策指令所进行的行政管理活动。它是国家行政机关、有关组织和人员的一项经常性的活动，是行政管理过程的基本环节之一。行政执行包括以下具体含义：首先，行政执行的主体是具有行政权力的行政机关和经法律、法规授权的社会组织或公民个人；其次，行政执行的任务是按照行政管理的客观规律以执行法律、法规、政策和决策指令；再次，行政执行是通过指挥、协调、控制和监督等手段来实现的。

2. 行政执行的特点

(1) 目的性

行政执行是一种实施性质的行政管理活动，它必须通过许多具体的行动来贯彻落实法律法规，逐步落实决策方案。整个执行过程中的一切行政措施和行为，都是为了按期或提前实现这些目标。这就要求行政机关和行政人员必须踏踏实实、兢兢业业地工作，以期达到行政执行的理想目的。

(2) 综合性

行政执行涉及面广泛，牵涉的人力、物力、财力的因素较多，这就决定了在行政执行过程中各机关、各部门要紧密配合，以形成合力来保证行政执行活动的顺利进行。行政执行是一项具有明确时限要求的活动，它要求行政执行机关及其人员必须做到迅速、果断，在规定的时间内完成规定的动作与任务，以确保决策目标的实现。因此，必须综合使用包括行政手段、法律手段、经济手段等在内的各种手段，才能有效地完成行政执行的任务。

(3) 经常性

作为行政管理的基本任务和基本职能之一，行政执行是一项大量的和日常性的工作。在行政执行中，不仅要贯彻执行某些特定的决策，同时还要执行大量的常规性和程序性决策，而这些执行活动更具有明显的反复性和经常性特征。另一方面，在行政管理中，决策—实施—反馈—再决策—再实施—再反馈，是一条不断循环反复的锁链，没有终点，不会完结。所以，行政执行也会连续不断地存在和进行下去。对于行政机关和行政人员来说，在行政执行过程中不可能存在一劳永逸的事。

(4) 灵活性

行政决策只是决策机构、决策人员的一种科学预测，并不是处理现实行政问题的全部根据。在行政执行过程中，很可能会出现一些原来不可预测的潜在性和偶然性因素，这就要求行政执行活动应当具有一定的灵活性，以适应一些突发性现象的出现。行政执行的这种灵活性可以从两个方面来理解：一是指在坚持决策原则的前提下，执行人员要因地制宜、因势制宜、因时制宜，具体情况具体分析，灵活地而不是机械地执行；二是指在落实决策的过程中，执行人员要灵活地采用各种办法、手段和技术，以提高执行的效率，按期或提前实现行政目标。行政执行必须根据当地实际情况，因时、因地制宜地进行。在不同的主客观条件下，行政决策执行的方式、途径、方法、手段也有所不同，不可能有固定的模式或公式，这就决定了行政执行过程是一个灵活多变的过程。那种不顾客观实际情况，在执行决策时采取千篇一律的“一刀切”的做法，只能导致决策执行的失败。

(5) 强制性

行政执行是对行政决策的实施、推行，而行政决策一般都以政策法规的形式提出，并以国家强制力作为后盾。为了顺利完成决策任务，行政执行必须具有相应的权威性，必须以下级服从上级、地方服从中央、局部服从整体为前提。没有这种权威性和这一前提，在行政执行过程中就会出现无组织、无纪律现象，甚至出现“上有政策，下有对策”和“有令不行，有禁不止”的无政府行为。这一特点决定了行政机关和行政人员在行政执行过程中，必须无条件地、不折不扣地按决策指令行事，不得讨价还价，更不能口是心非、阳奉阴违。当然，灵活性是在确认决策的强制性和权威性的基础上进行的；而强制性主要体现在决策方向、目标和原则上，并不意味着在执行决策的具体措施上，强制采取统一的做法和手段。

3. 行政执行的分类

行政执行的分类可以从科学行政和法制行政两个不同的角度来进行。

1) 根据不同的任务划分

根据不同的任务，行政执行可为例行性的行政执行和特定性的行政执行。例行性的行政执行是指各行政机关为完成例行性、经常性任务所进行的行政行为。如传达上级指示，答复下级请示，检查各种工作情况及整理各种资料信息等。特定性的行政执行是指各行政机关为执行特定的任务和计划而采取的各种行政措施。如为加强对某方面行政事务的管理而设立的临时管理机构，为配合党和国家的中心工作，筹备组织、指挥某项大型群众性的宣传教育、文娱体育、咨询交流活动等。同时，还包括了在突发事件或非常状态下所采取的紧急措施。如对地震、洪水、火灾、传染病流行等不可抗拒的天灾人祸的紧急救援、防洪抢险、补救管制，以及在外敌侵略情况下的战争动员，对社会动乱政变的戒严，宣布进入紧急状态等。例行性的行政执行在行政执行中是主要的、经常发生的，处于主导性的地位。

2) 按照对行政相对人权利义务所引起的直接后果来划分

按照对行政相对人权利义务所引起的直接后果来划分，可分为行政决定、行政检查、行政处置和行政强制执行等。

(1) 行政决定

行政决定是指行政机关及其公务员经法定程序依法对行政相对人的权利义务所作的单方面处分行为。其具体形式主要有行政许可、行政奖励、行政命令和行政处罚等。①行政许可是依法申请的行政行为。行政相对方针对特定的事项向行政主体提出申请，是行政主体实施行政许可行为的前提条件。无申请则无许可。行政许可的内容是国家一般禁止的活动。行政许可以一般禁止为前提，以个别解禁为内容。即在国家一般禁止的前提下，对符合特定条件的行政相对方解除禁止使其享有特定的资格或权利，能够实施某项特定的行为。行政许可是行政主体赋予行政相对方某种法律资格或法律权利的具体行政行为。行政许可是针对特定的人、特定的事作出的具有受益性的一种具体行政行为。行政许可是一种外部行政行为。行政许可是行政机关针对行政相对方的一种管理行为，是行政机关依法管理经济和社会事务的一种外部行为。行政机关审批其他行政机关或者其直接管理的事业单位的人事、财务、外事等事项的内部管理行为不属于行政许可。行政许可是一种要式行政行为。行政许可必须遵循一定的法定形式，即应当是明示的书面许可，应当有正规的文书、印章等予以认可和证明。实践中最常见的行政许可的形式就是许可证和执照。②行政奖励是指行政主体依照条件和程序，对为国家和社会作出重大贡献的单位和个人，给予物质或精神鼓励的具体行政行为。它的特征主要为：行使行政奖励权的主体必须是具备行政主体资格；其目的在于表彰和鼓励先进，调动和激发人们的创造性和积极性；奖励的对象十分广泛；奖励的形式包括物质奖励和精神奖励，二者大多合并采用；其性质是行政主体依法律、法规的规定，赋予受奖励者以奖励性权益的无强制执行力的一种具体行政行为。③行政命令是行政主体依法要求相对人进行一定的作为或不作为的意思表示。行政命令具有强制力，它包括两类：一类是要求相对人进行一定作为的命令，如命令纳税、命令外国人出境；另一类是要求相对人履行一定的不作为的命令，称作为禁（止）令，如因修建马路禁止通行，禁止携带危险品的旅客上车等。西方国家有的学者把行政命令分为四种，即执行命令、委托命令、独立命令和紧急命令。他们认为行政命令是指国家行政机关制定和发布行政法规的职权。行政命令从形式上可以理解为，凡带有“命令”或“令”的行为一律称为行政命令。如授权令、公告令、执行令、嘉奖令、任免令，等等。这种行政命令并不与行政检查、行政处置、行政决定和行政强制执行相并列，它可以成为后者的形式。例如，行政检查中可以有检查命令，行政执行中有行政命令。行政命令并不限于行政处理行为以内的行政行为，行政处理行为以外的行政行为也可以表现为行政命令，如准行政行为的行政授权表现为授权令。从实质上理解，行政命令是行政主体的一种强制性行为，只存在于行政处理行为之中，与行政检查、行政决定和行政强制执行相联系，并且相互衔接。它的特征是：行政命令由有权发布命令的行政主体作出；行政命令属于行政主体的一种处理行为，表现为要相对人进行一定的作为或不作为；行政命令是要相对人履行一定的义务，而不是赋予相对人一定的权利；行政命令是为相对人设定的行为规则，属于具体规则，表现在特定时间内对特定事或特定人所作的特定规范；相对人违反行政命令，可以引起行政主体对它的制裁；行政命令是依法或依职权作出的。中华人民共和国的行政命令还有一个特征，即相对人不服行政命令时不能提起行政复议或行政诉讼，只能通过申请途径解决。这和行政决定不同，相对人如不服行政决定，可以依法提起行政复议，直至行政诉讼。④行政处罚是行政主体对违反行政法律规范的公民、法人或其他组织给予制裁的具体行政行为。行政处罚具有以下特征：一是行政处罚是以对违法行为人的惩戒为目的，而不是以实现义务为目的。这一点将它与行政强制执行区别开来。行政强制执行的目的在于促使义务人履行义务。二是行政处罚的适用主体是行政机关或法律、法规授权的组织。这一点使它与刑罚区别开来。刑罚的适用主体是人民法院。三是行政处罚的适用对象是作为行政相对方的公民、法人或其他组织，属于外部行政行为。这一点将它与行政处分区别开来。行政处分只能适用于行政机关的工作人员或其他由行政机关任命或管理的人员。行政处罚与刑罚、行政处分等概念在某些方面有相似之处，有时容易混淆，应当认真加以区分。上述行为的共同特点是：具有强制性和单方性；直接处分相对人的权利和义务；须依法定程序作出。

(2) 行政检查

行政检查是指国家行政机关及其公务员依法对行政相对人是否遵守法律、法规和具体行政决定，所进行的能够直接影响行政相对人的权利义务的检查了解行为。它具有义务性、限制性和单方自主性的特点。

(3) 行政处置

行政处置又称即时强制。这是指国家行政机关及其公务员在国家安全受到威胁，社会公共利益受到危害的紧急状态出现或将要发生的情况下，而采取特别行政命令、特别强制措施的行为，它是在紧急状态下行政管理的一种特殊的、必要的手段，因而具有紧迫性、即时性和直接强制性等特征。如对人身自由的限制，对财产的查封、扣押、冻结等。它有以下法律特征：行政强制措施只能是由行政主体作出，人民法院不能成为即时强制的主体；基础行为与采取强制措施行为本身结合在一起，在时间上难以分离；行政强制措施是在出现紧急状态，且无法期待相对人自动履行时采取的；行政强制措施的实施必须有具体法律的实体授权。

(4) 行政强制执行

行政强制执行是指行政主体依法自己或申请人民法院对不履行发生法律效力的行政决定的行政相对人采取强制方式，以迫使该相对人履行该义务，或者达到与履行义务相同之状态的行为或制度。其特点是：行政强制执行以行政主体和法院为执行主体。行政强制执行以已生效的具体行政行为所确定的义务为执行内容。强制执行的目的在于迫使相对人履行义务或用代执行等方式达到与履行义务相同之状态，最终确保行政法制秩序的实现。这是行政强制执行最本质的特征。在执行条件上，行政强制执行必须以相对人逾期不履行已经生效的具体行政行为所确定的义务为前提。

行政强制执行的方式有：①代履行，又叫代执行，是指义务人不履行法律、法规等规定的或者行政行为所确定的可代替作为义务，由行政强制执行机关或第三人代为履行，并向义务人征收必要费用的行政强制执行方法。代履行必须同时具备四个要件：存在相对人逾期不履行行政法上义务的事实，且此种不履行因故意或过失引起；该行政法上的义务是他人可以代为履行的作为义务；代履行的义务必须是代履行后能达到与相对人亲自履行义务同一目的的义务；由义务人承担必要的费用。②执行罚。执行罚是指有关行政主体在相对人逾期拒不履行法定义务时，对相对人处以财产上新的制裁，以迫使相对人自觉履行法定义务的行政强制执行方式。执行罚是多数国家均采用的一种强制执行手段。③直接强制。直接强制是指在采用代执行、执行罚等间接手段不能达到执行目的，或无法采用间接手段时，执行主体可依法对义务人的人身或财产直接实施强制，迫使其履行义务或实现与履行义务相同状态的强制执行方法。直接强制是一种实力较强的强制方式，因此其运用在不违背现行立法规定之外，还必须坚持一定的合理度。

9.1.2 行政执行的地位和作用

行政管理的目标和任务归根到底是通过行政执行活动来完成的，决策目标能否实现，全在于准确果断、快捷圆满的执行活动。所以，行政执行效果的好坏，直接影响着行政管理活动的质量与效率。具体而言，行政执行的地位和作用主要表现在以下几个方面。

1. 行政执行是检验行政决策是否科学的唯一标准

决策目标的确定有无根据，目标规划是否符合客观要求，目标付诸实施的条件完备程度，在目标制定过程中，虽不大考虑，但这些考虑周全与否，最后还需经执行实践来验证。马克思主义认为，实践是检验真理的唯一标准。行政决策作为人们主观认识客观的过程，能否准确地、科学地反映客观实际，能否代表和体现国家的意志，最终只能通过而且必须通过实践来检验。行政执行正是行政管理的实践活动，只有通过行政执行及其结果，我们才能及时地验证和修正决策。在执行过程中，若发现决策错误应从速改正，若有不足应予补充，薄弱之处要使其逐步完善。总之，行政执行是检验决策目标正确与否的实践检验阶段。

2. 行政执行是实现行政决策的唯一途径

行政决策是行政执行的依据，行政执行是行政决策的具体落实。政策作为行动的指导原则，其内容本身通常只是一种原则性的规定，它不能包括人们行动规范的具体细节，也不能代替具体的行动计划。因此，政策指令一经下达，负有执行责任的有关人员就应该结合不同的实际情况，把这些行动原则具体化，对如何完善政策指令、怎样达到政策目标等要制订出具体执行政策的详细计划，作为政策执行活动的依据，以此为基础使执行工作有条不紊地进行。离开了行政执行，再好、再完善的行政决策都只能是一纸空文，毫无价值和意义。要把决策目标和方案变成现实，除了行政执行之外，别无选择。因此，行政执行是实现行政决策的唯一途径。

3. 行政执行的效果是评估、判断行政管理工作的客观依据

行政执行效果既是胜利完成工作任务的标志，又是行政管理中诸因素或环节效能的综合反映。离开执行活动，行政管理过程中组织、用人、领导、决策等环节业已完成的工作，都会功亏一篑。如行政组织方面，法规编制有否建立，机构设置合理与否，管理幅度有无失当，职责权限是否分清等；人事管理方面，制度是否配套健全，人员素质的高低，人事关系能否正常融洽等；管理效能上，办事效率如何，工作实绩优劣。领导干部作风好坏，工作人员积极性的发挥程度等；机关工作方面，管理技术程度，办公手段先进状况，信息渠道畅通情况等，凡此都会直接影响行政执行效果，或者说，都会从行政执行效果上暴露利弊。经常以行政执行效果为衡量行政工作的标尺，扶正纠偏，有助于改进行政管理，提高行政效率，创造出促进技术进步，推动经济发展的行政管理体制。行政执行是行政管理中的一个重要环节。

4. 行政执行是衡量行政组织和公务员工作优劣的最好尺度

一个行政组织及其公务员能否胜任本职工作，能否圆满地完成工作任务，主要是看其行政执行的效果。行政组织机构设置是否合理，行政工作人员的素质是否优良，各项工作制度是否健全，运用的技术方法是否得当，行政监督系统是否有力，都可以从行政执行的实际效果中反映出来。凡行政组织机构设置合理、行政工作人员素质优良、各项工作制度健全、运用的技术方法得当、行政监督系统有力的行政机关和个人，必定能准确地把握决策的内容和实质所在，迅速地动员和组织人力、物力、财力去实施决策，并善于根据本地区、本部门的情况，及时地调整实施决策的措施，以保证决策目标能按时、按质、按量地完成。因此，行政执行的实际效果是衡量行政组织和公务员工作优劣的最好尺度。

9.1.3　行政执行的任务和原则

1. 行政执行的任务

行政执行的任务，总的说来是贯彻国家政策、法律、法令，上级指示、决定、决议等，有效地实现国家和政府的决策目标。行政机关的层次不同，追求的目标和所承担的任务有别。为了保障行政执行任务的圆满完成，各级政府和政府的各个部门应采取自上而下一级抓一级的做法，层层落实，确实把行政工作任务落到实处。上层的任务一般重在指挥，主要由中央各部门和省、自治区、直辖市等行政机关负责；基层任务主要是具体操作，保证落实，由市、县、乡（镇）等行政机关完成。

2. 行政执行的原则

行政执行作为一个动态系统，有其机制运转的规律，行政执行的原则就是这些规律的反映。为了完成行政执行任务，保证行政执行的效果，行政执行必须严格遵循以下基本原则。

（1）主体性原则

领导者和群众都是行政执行的主体，任何一项行政决策的贯彻落实，不但要求领导者要充满信心，而且要求群众要全力配合、支持。因此，领导者不仅在决策过程中要发扬民主，使群众参与决策，而且在执行过程中也要注意发扬民主，使所有执行人员都能正确地理解决策，准确地认清决策目标，自觉地以主人翁的姿态来承担实现决策的各项任务。只有把上级与下级的认识统一起来，只有把领导者的积极性与群众的积极性结合起来，只有把领导者的决策、规划变成群众的行动，才能实现行政执行的职能。传统的管理理论和实践，只把员工看作“客体”，只把他们当作被动的被指挥者、被领导者，因而他们没有主体感，在工作中不能充分发挥主动性、积极性。当代西方的管理学者和管理人员一般都比较注意员工的“主体性”问题，因而取得了比较好的效果。我国是社会主义国家，人们从根本上摆脱了政治经济地位不平等的状况，不论职位高低，不论是领导者还是被领导者，都是国家的主人，在行政执行过程中都应以主人公的姿态对待工作。

(2) 服务性原则

常言道：管理就是服务。服务性原则要求行政执行活动必须要确立为促进经济发展服务，为巩固国家政权服务，为人民服务的观念。在行政执行过程中，一方面，要努力做到公开、公正、方便、周到、满腔热情地为老百姓办实事、办好事，坚持以人民满意不满意，人民高兴不高兴，人民赞成不赞成，人民拥护不拥护作为衡量行政执行工作好坏的唯一标准。另一方面，在行政执行的过程中，必须不折不扣地服务于和服从于法律、决策、政策，因为，在我国社会主义国家的前提下，法律、决策和政策是人民意志的集中表现，贯彻执行法律、决策和政策，是符合广大人民的根本利益的。

(3) 规范化原则

依法行政是行政管理活动的基本要求，行政执行活动应遵循一定的行为规则。行政执行的规范化集中表现为行政执行活动的制度化和法律化。所谓制度化是指完成行政执行任务必须要按照规程或行为准则办事；所谓法律化是指以法律的形式规定执行机构及其权限、规定各种权能行使的人、财、物等条件，以法律的手段来解决行政执行过程中可能出现的各种问题，做到有法可依，有法必依，执法必严，违法必究。这意味着行政执行活动不仅要合法，而且还必须严格按程序办事。行政执行程序是指由行政执行行为的方式和步骤构成的执行活动过程。规范化原则要求行政机关及其工作人员为实现决策目标，完成任务，必须根据周密的执行计划和步骤，分轻重缓急，按先后顺序，有条不紊地做好工作，以取得预期的行政执行效果。

(4) 效率与效益相统一的原则

“谋在于众，行在于断”，行政执行环节的职责就在于如何以最快的速度，在最短的时间内圆满地实现决策目标。在行政执行的过程中，我们要求以最快的速度，在最短的时间内圆满地完成行政决策目标，行政决策一经做出，就要立即贯彻执行，而不能耽搁、拖延，对行政决策贯彻执行得越迅速，行政效率就越高。因此，所有的办事拖拉、行政效率低下的现象，都是与效率原则相违背的。在强调效率的同时，还必须重视效益。大量事实表明，一味追求速度，不重视质量和效果的做法是不可取的，不仅会导致人、财、物和时间的巨大浪费，甚至会给行政执行带来严重的影响和障碍。我们所讲的迅速，是在保证行政执行质量的前提下而言的。所以，坚持效率与效益相统一的原则，是使行政执行顺利而有效进行的重要条件。

(5) 准确性原则

所谓准确性原则，一是指行政人员要正确理解上级的决策及有关政策、法令、任务、要求；二是指行政人员要忠实于上级的决策，要不折不扣地付诸实践，而且要贯彻执行不走样；三是要准确掌握反馈信息，适时准确地解决问题。要确保行政执行过程中的准确性，就必须加强对行政人员的思想政治工作，增强其全心全意为人民服务的观念，提高其文化素质和专业修养，培养其职业责任感和职业道德。同时，还应加强对行政执行工作的有效管理，严格检查，监督制度，对一些由于不负责任而造成严重工作失误的行政机关和行政人员，要根据情节追究其应承担的责任。

(6) 创造性原则

行政执行既要忠实于决策，贯彻执行不走样，又要从实际出发，以灵活多样的方式、方法加以贯彻执行。忠实于决策与创造性地执行决策，表面上似乎是矛盾的，实际上二者是统一的。所谓忠实，是指忠实于决策的基本精神和目标，而不是“句句照办”，所谓创造，是指创造最有效的执行方式和方法，以取得最好的效果。因此，创造性地实施行政决策，不仅不与“忠实”矛盾，而且恰恰是忠实于决策，更好地执行决策所需要的。一个好的行政执行者，应正确领会决策者的意图，明确决策所要达到的目标，将上级的决策同实际情况结合起来，创造灵活有效的执行方式和方法。如果行政执行者不求有功，但求无过，对上级的决策唯唯诺诺，毫无创新精神，或者教条主义地理解上级决策，或者主观主义地领导、组织具体的执行活动，就将造成行政效率的低下，甚至事与愿违。

9.2 行政执行的前提和手段

9.2.1 行政执行的前提

行政执行的前提是指行政决策目标实施前必备的主客观条件，主要包括以下内容。

1. 具备合法合理的行政决策

这是行政执行的首要前提。行政执行是根据决策目标规定的各项工作要求，采取有效措施而开展的行政行为，这就要求行政决策目标和程序必须是合法合理的。反之，决策目标和程序一旦出现失误，行政执行越坚决有效，所造成的损失也越大。这就要求：首先，决策必须符合事物发展的客观规律。这要求行政决策要按事物发展的客观规律办事。只有符合事物发展的客观规律的决策才是科学的决策。其次，决策的制定必须严格以国家的法律、法令、政策为依据，必须符合国家经济和社会发展规划的要求。决策必须由具有行政权的组织和个人，在法律规定的权限范围内进行。做到既不越权，也不滥用职权。再次，要求行政决策必须严格遵循决策程序进行决策，任何违反决策程序的决策不仅是违法的，也是不科学的。

2. 具备充足的物质条件

行政执行，不论是上层指挥，或下层操作任务，都受物质条件制约，都必须以一定的物质作为前提，物质条件主要是人力、物力、财力三大项。没有物质条件，所有的行政执行都将无从谈起。这要求做到对领导指挥才能进行培训、学习，建立指挥系统，依法设立享有指挥职能的统一而有权威的机构、体系，而且彼此权限分工明确，相互协调一致，反应敏捷迅速，指挥灵活高效；具备行政执行过程中所需的各种物质资料，如各种设备和办公用品；落实行政执行所需的资金，等等。基层操作任务的完成，主要要求具有工作技能的适量人员，特别是有较充足的技术与专家的力量等；设备条件也很重要，要求必要的技术设备和机械装置已安装到位；此外，资金已落实，行政经费有保障，办公用品、文书、档案及适应行政管理自动化需要而增设的通信器具和文书方面的设备业已添置等。这些物质条件为行政执行提供物质基础。

3. **具有完备的行政执行组织**

行政执行的组织条件是指保证行政执行顺利开展的各种组织措施，如机构的建立，人员的配备，权限的划分，制度的健全，思想的发动，等等。组织功能就是这一系列组织机制所发挥的整体作用和综合效应。组织措施落实，除应事先建立组织内各项机制外，更主要的是先把组织内各项机制、环节、要素联结成有机整体，并对其进行有效的指挥，协调其相互关系，使其按明确规定的工作程序和办事制度运行，从而产生整体的综合效应。这是行政执行快速、高效的组织保证。这要求在行政执行过程中，建立起精简、统一、效能的组织结构，防止机构臃肿重叠；配备精干、优秀的行政人员，为行政执行正确、高效地进行提供重要的人才条件；也要求科学合理地划分行政权限，实现职、责、权、利的统一，有效地克服人浮于事、互相推诿等现象。

4. **做好有效的思想政治教育工作**

调动行政工作人员的主观能动性，统一有效地行动，是实现决策目标的先决条件。这是因为，现代行政管理，中心环节是人的管理，一是对管理者的管理，二是对被管理者的管理。履行行政执行职责，首先要搞好对管理者的管理问题。要求行政工作人员共同协作完成行政执行任务，需要他们一要正确理解和接受决策，自觉主动地去努力实现决策；二要充分发动、宣传、组织群众，使实现决策目标成为广大群众的自觉行动。没有这种通力合作，决策目标的制定、物质条件的创造、组织措施的落实就无从谈起。所以，加强对行政工作人员的思想政治教育工作至关重要。教育内容包括：决策目标教育，树立公仆精神、服务大众教育，社会责任感教育，主人翁的自觉性、主动性、创造性教育等。这种教育应贯穿于执行过程的始终。

9.2.2 行政执行的手段

行政执行手段是行政管理手段在执行过程中的实际运用。行政管理手段是指行政部门为完成、实现行政管理的任务、目标而依法采取的行政措施，是执行阶段中排除障碍，保证指挥自如，协调顺利，监控有效、促进任务圆满完成必不可少的方法。根据性质、作用和特点的不同，行政执行手段主要有下列几类，各类手段又分别以不同的方式来表现，发挥其执行功能。

1. **行政强制手段**

(1) 行政手段

这是较普遍使用的一种手段，是指政府凭借政权力量，依靠从上到下的行政组织制定、颁布、运用政策、指令、计划的方法，来实现国家对行政工作的领导、组织和管理的目的。具有控制、制约、调整、协调社会各地区、各部门行政管理工作方向，保证行政执行的集中统一，实现国家、社会所期望达到的管理目标的功能。

行政手段的特点是：一是以国家权力为基础。强调垂直领导关系，下级服从上级的权威性。以中央政府为行政系统中心，保证全国政令统一，统一组织、统一指挥、统一部署、统一行动、统一目标。二是具有强制效力，其性质是指令性的、令行禁止，须无条件落实执行。行政手段从集权体制中派生出来，是行政权力的体现，对于维护国家行政机关的权威，保证国家的集中统一领导，建立稳定的社会公共秩序，实现行政管理的预期目标是十分必要的，是行政机关执行管理职能的一个根本手段，即使在市场经济条件下也有其一定的积极意义。

事实上，在当今世界取得成功的各种不同类型的市场经济中，都不是完全自由放任的自由市场经济。随着生产、劳动社会化程度和垄断程度的提高，国内国际矛盾的尖锐化，国际竞争的加剧，现代资本主义国家为维护本国垄断资本的利益、也越来越多地采取政府干预的行政手段，对计划经济生活加强控制。在我国，市场经济是和社会主义制度结合在一起运行的，以公有制为主体，以实现共同富裕为社会目标，更需要通过行政干预手段建立起有效的宏观经济调控机制，对市场运行实行导向和监控，保证国民经济的合理布局、节约资源和市场有序运行。尤其在社会运行过程中出现紧迫与非常情况下，已“无法可依”，或不应过于拘泥于现时已无必要存在的规章时，行政干预更加成为及时应付非常事件、恢复法律秩序、维护公共安全的必不可少的紧急制动手段。

行政手段的运用也有其局限性：缺乏平等、协商的民主精神，容易挫伤下属和群众的积极性。在行政执行中不能简单化地使用行政手段，不能滥用行政干预手段，不适当地扩大其适用范围。要特别注意把行政干预与强迫命令、个人专断、主观主义及瞎指挥区别开来；把行政干预的权威与滥用职权区别开来；把行政干预的强制性与有效性结合起来；把行政干预实现的目标与维护行政对象的利益结合起来，使行政干预手段建立在科学的基础上，以客观规律为依据，反映人民的愿望和要求。同时，要把科学的行政干预手段同经济手段、法律手段、思想政治教育手段等结合起来综合运用，创造一个稳定的、安全的和公正的社会环境。

行政干预的方式是多种多样的。根据社会状况的发展对公共利益、国家利益和国家生存可能造成损害和威胁程度的不同，而分别选择使用不同的行政干预方式、其严厉程度和强制程度也有所区别。如在经济行政管理上，对非营利性企业，政府是采取直接管理方式管理的；当国际市场发生较大变动，已经或即将波及到国内经济的稳定和发展时，政府就要对汇率和外汇额度实行强力控制；当国内经济面临紧迫状态，通货膨胀急剧上升，政府会即时冻结物价、利率和工资等；为了预防洪水、时疫等天灾人祸，政府是要采取强制预防措施的，如组织江河沿岸群众兴修水利、下达指令性水利兴修任务，严禁在防洪堤坝上种植、搭建房屋，强制服食预防药物或打预防针等；当洪水泛滥、时疫等危险事件已经发生且尚未结束时，政府应当采取即时强制措施，如紧急疏散灾区群众、必要时炸坝排洪，在疫区实行紧急状态等；国家因战争或骚乱而在全国或局部地区颁布戒严令，在交通要道增设警戒，限制群众行动，实行宵禁，以维护社会治安和社会秩序，保障国家安全。

(2) 法律手段

法律手段是指国家行政机关在行政管理领域内，依照法定职权和程序，把国家的各种法律、法令和法规贯彻到行政管理活动中以达到有效而合理的管理目的的方法。法律手段的实质是通过法律法规的执行实施，把统治阶级的意志变为社会公众的普遍行动，用法律法规去调整各种社会关系，调整人们的社会行为，使各种社会关系朝着有利于国家社会经济进步，有利于行政目标实现的方向发展，使社会公众的行为对社会进步与稳定起着积极的作用。法律手段主要有如下特点：

一是权威性。法律手段是以法律法规为管理手段或工具的，法律作为统治阶级意志的集中表现，并通过法定程序上升为国家意志，因而，比行政手段更具有权威性。这种权威性是普遍的权威性；无论是国家机关、政党组织，还是社会团体、群众组织，直至公民个人，都必须服从这个权威。对于整个国家来说，法律的权威性甚至比执政党决议的权威性更广泛。

二是强制性。运用法律手段实施行政管理，是行政机关的行政立法行为和行政执法行为，这种行为以国家强制力为后盾。也就是说，运用法律手段实施行政管理，任何组织和个人都必须接受。凡不遵守或违反法律法规的行为，都将受到法律的严厉制裁。运用法律手段实施行政管理，实质就是运用法律法规的强制性力量，去规范人们的行为，支配人们的行动。

三是规范性。所谓规范性是指它对一般人普遍适用，对其效力范围内的所有组织和个人具有同等的约束力。同时，法律法规作为评价不同人们行为的共同标准，其用语必须是十分规范的，不允许出现模棱两可、含混不清，不能发生歧义。不同层次的法律法规不得互相冲突，坚持法规服从法律，下位法服从上位法，法律服从宪法的原则。

四是稳定性。所谓稳定性是指行政法律、法规一经国家立法机关、行政机关颁布，就将在一定范围和一定时期内生效，具有相对的稳定性，任何机关、团体和个人都不能擅自修改和废除，也不因领导人的改变而改变，不因领导人看法和注意力的改变而改变。

然而，法律手段也有其局限性，如对某些行政管理问题的处理缺乏弹性，对一些带有特殊性的具体问题难以做出灵活的处理决定。法律手段往往只规范人们可以做什么，不能做什么，而无法提供充分的为什么可以做或不可以做的理由和根据。因此，它所强调的是必须遵守的强制性、权威性，而不重视为什么要遵守的主动性和自觉性。

2. 行政诱导手段

行政诱导又称行政指导。国家行政机关用非强制性手段引导相对人以实现预定的行政目标。行政诱导与依照行政命令、法律手段进行管理有所不同，它没有强制力和约束性。行政机关不对相对人进行直接干预，不以自己单方面的意见决定一切，而是通过提出主导性的意见，或以劝告、说服、宣传、示范、教导、协商等形式，引导相对人采取或不采取某种行为，以达到一定的行政目的。它是一种间接的，有弹性的管理方法，在发挥行政协调方面起重要作用。行政机关为提高行政诱导的有效性，在实施过程中一般都为相对人提供某些条件或方便，如技术服务、信息服务、财政支持、信贷优惠等，并通过制定有关政策、法规予以保护或保障。行政诱导已为各国普遍重视和采用。西方国家（尤其是联邦制国家）中央政府对各级地方政府、国民经济和国有企业，以及对各种社会组织和团体活动的管理，主要采用行政诱导的方法。一些社会主义国家，为扩大社会主义民主和调动地方、企业的积极性，中央政府也改变了过去主要靠行政命令、行政手段对地方和企事业单位进行直接干预的领导方法，而采用以非强制性干预为原则的行政诱导方法。

(1) 经济手段

这是政府经济行政部门按经济运动规律的要求，来管理下属经济组织及其活动的一种方法，是指行政机关根据客观经济规律和物质利益原则，运用经济杠杆来调节政策执行过程中的各种不同的经济利益之间的关系，以促进行政执行顺利实施的方法。所谓经济杠杆是指以价格、利润、税收、信贷、工资、奖金等经济范畴为支点，把某个单位或个人的物质利益与其劳动成果联系起来而形成的调节工具。运用这一工具可以挖掘人的潜能，激发人们的积极性和主动性。

在社会主义市场经济条件下，也就是要通过市场机制引导企业和其他经济组织，使它们的活动大体上符合整个宏观经济发展的目标。所以从根本上说，经济手段是利用行政部门及其活动的经济利害关系来制约相互间的活动的行政执行行为。它是通过利益诱导进行间接管理的办法。其特点主要有以下几点：

一是利益性。经济手段的核心是物质利益，它以物质利益为基础，将人们对物质利益的要求转化为动力。强调组织和个人的物质利益与其劳动成果相联系，强调物质利益的获得多寡取决于劳动成果的大小和劳动效率的高低。经济手段的利益性特点，集中表现为商品交换中的等价交换和以质论价，工资收入上的按劳分配，奖金分配上的奖勤罚懒。

二是有偿性。经济手段要求人们获取经济利益要以劳动的付出为代价，而经济利益的获得又是社会或国家通过管理者对人们付出劳动所作的补偿。因此，经济手段在运用上，无论是对管理者还是对被管理者来说，都是有偿的，都遵循“有偿交换、互相计价”规则。运用经济手段的目标之一是，兼顾国家、集体、个人三者的利益，在保证国家利益和集体利益的前提下，重视满足人们正当的、合法的利益。

三是平等性。经济手段承认各社会组织之间和公民个人之间获得经济利益的权利是平等的，它鼓励各社会组织之间、公民个人之间在权利平等的基础上，就如何通过有效的劳动或工作去获得更多物质利益开展竞争。它不承认不劳而获的特权。运用经济手段，对社会财富的分配只有一个尺度，就是价值尺度，经济杠杆对情况相同的社会组织和个人具有相同的调节作用。

四是间接性。经济手段与行政手段不同，它对组织和个人行为的调节和影响，并不采取直接干预的方法，而是通过对物质利益的调节来间接发生影响，靠物质利益的变化来支配组织和个人的行为。组织和个人在物质利益的驱动下，采取怎样的行动，何时行动，行政机关是无法左右的，完全由组织和个人自己决定。

当然，经济手段同样具有其优点及局限性。经济手段主要表现为制订经济计划以及制定财政政策、货币政策、产业政策、区域政策、收入分配政策等。由于经济手段是以经济杠杆为工具，以物质利益为核心的管理，行政机关向被管理者定期或不定期地发出的经济信息，使被管理者接受并据此调整自己的行为，因此，决定了经济手段具有收效快和充分发挥被管理者的自主性，使其产生内在推动力等优点。但是，经济手段作用的范围仅仅集中在经济行政管理方面或与经济有连带关系的方面，对于行政管理其他方面的作用有限。同时，经济手段是强调以物质利益为核心的，如果掌握运用不当容易对意识形态和政治领域产生副作用。如容易诱发“一切向钱看”的思想倾向，使一些人置工作于不顾，而为蝇头小利向集体和国家讨价还价，甚至为了个人或小团体利益而牺牲国家利益等。严重的还有可能引起经济生活的混乱，助长非法经济活动的蔓延，给犯罪分子以可乘之机。

因此，政府在运用经济手段管理社会生活时要求做到：一是简政放权，政企分开，使企业和经济组织真正成为自主经营、自负盈亏、自我发展、自我完善的法人实体，充分发挥企业和经济组织的主观能动性；二是发挥政府的经济职能，根据价值规律，利用经济政策，如经济计划、财政政策、货币政策、产业政策、区域政策、收入分配政策等经济手段，进行宏观调控与管理。或者政府根据拟订的经济计划，从现实经济生活出发，选择相应的与商品、货币、价值范畴相联系的经济参数（税率、利率、汇率等）具体实施经济政策，从而指导和影响经济活动；或者根据财政政策对于经济运行的不同影响，政府在不同的时期采取不同的财政政策（扩张性财政政策或紧缩性财政政策），等等。当然各种经济政策都有其自身的局限性，政府在运用这些政策时，应注意相互合理搭配使用，以收到预期的经济效果。

(2) 思想教育手段

思想教育手段是指通过开展思想教育工作，来引导被管理者按其预定目标努力完成行政任务的方法。上述列举的行政手段、经济手段和法律手段在行政管理过程中都发挥着各自的重要作用，但对于解决人们的思想问题却表现出明显的局限性。思想教育手段的正确运用，正好弥补了上述行政执行手段的缺陷，并与行政手段、经济手段和法律手段相互配合、相互促进，共同推动行政执行工作的顺利开展。思想教育手段是以辩证唯物主义的基本原理为根据，在承认真理的可知性、人的可塑性和主观能动性的前提下，把行为科学、管理心理学等有关知识结合起来，通过思想教育改变人的思想、观念，达到启发和提高被管理者的觉悟，促进其奋发向上的目的。思想教育手段作为一种以人为中心的人本主义的管理方法，它的本质是运用非强制性的手段，诱导行政主体和被管理者自觉自愿地去贯彻执行行政决策，以充分调动人的积极性，发挥人的潜能。

思想教育手段的特点主要有以下几点：

一是渗透性。由于思想教育手段不是通过行政命令和法律规范等强制力去左右人们的行动，更不是以外在的暴力去钳制人们的行为，因此，其特点就在于通过耐心细致的思想教育，通过摆事实、讲道理，使管理者的意图、要求和行政管理的原则渗透到被管理者的思想中，再通过被管理者的思想支配其行动。思想教育手段的关键是使被管理者接受教育、明白道理，明白为什么要这样做，懂得应当做什么和怎样做。

二是应变性。思想教育手段的运用并没有固定的模式，也没有固定的程序，管理者可以而且应该根据不同的时间、地点和不同的对象、事件，随机应变地采取不同的思想教育方式。只有这样，才能收到积极的效果。

三是多样性。思想教育手段的方式是多种多样的，既有以正面灌输为主的说理，又有侧面启发式的提醒；既有热情的鼓励，又有严肃的告诫；既有公开的表扬，又有婉转的批评；既有整体的教育，又有个别的谈心。总之，思想教育手段具有丰富多彩的内容和生动活泼的形式，适应了行政管理内容的庞杂和被管理者素质参差不齐的需要。

四是潜缓性。思想教育手段是通过影响、改变人们的思想去支配人的行为，因此，它只能是通过春风化雨、润物无声的方式潜移默化地发挥作用。以为通过一两次的思想教育，就能收到立竿见影的效果的想法，是不切合实际的幻想。

同样，思想教育手段的运用也有其优势及局限性。

我国传统的思想政治教育和改革开放以来党中央倡导的精神文明教育，其核心内容是马克思主义和共产主义的信念，共同的理想和铁的纪律。我们党和国家历来高度重视这种精神优势在我们社会主义国家的行政管理活动中所发挥的十分重要的作用。实践证明，我国改革开放、现代化建设取得的巨大成就，与思想政治工作和精神文明建设的发展是分不开的。思想政治工作和精神文明建设，作为一种综合行政诱导活动，只要指导思想正确、方法对头、措施得力，在行政管理、行政执行中是可以取得良好效果的。思想教育手段常见的方式有：制造舆论、说服教育、协商对话等。思想教育手段通过循循善诱的方式，促使人们正确地进行行政执行行为，不仅可以节省大量的人力、物力，而且更重要的是这种行为是出自心悦诚服的自觉自愿，所以能够持久和牢固。目前，各国行政执行的发展趋势是越来越重视运用思想教育手段，尽量减少强迫命令。

但是，思想教育手段也不是万能的，它对行政管理的作用是间接的、缓慢的，它仅仅限于解决人们的观念和认识问题，属于软管理的范畴。同时，思想教育对于那些拒不接受教育或素质低下、自觉性不强、自控能力差的少数人，所收到的效果就微乎其微。因此，必须要有严格的纪律和规章制度与之相配合。

9.3 行政执行的阶段与环节

行政执行是一个复杂的过程，它由一系列环节所组成。这些环节主要包括：准备阶段、实施阶段和总结阶段等。

9.3.1 行政执行的准备阶段

行政执行的准备阶段是行政执行的基础，是使行政执行的前提得以实现的具体措施。如果说，行政执行的前提侧重于解决行政执行所必需的主客观条件的话，那么，行政执行的准备阶段则是要解决如何具体地为行政执行提供前提条件的问题。其具体内容有：思想准备、物质准备、组织准备、计划准备等。

1. **思想准备**

思想准备是行政执行的思想基础，它是指通过宣传、动员等多种方式，使执行者和执行对象能比较全面和深刻地了解行政决策和法令的内容、意义，从而以正确的方法、积极的态度、旺盛的精力投入到行政执行中去的过程。

思想准备的具体要求：一是明确目的。要从全局的高度阐明行政决策和法令所要达到的目的及其重要意义，最大限度地统一全体行政人员的思想认识，并努力转化为行政人员的自觉行动。二是了解计划内容。从思想上对行政执行计划中的任务、要求、方式、方法、进度、程序、期限等应该做到心中有数，使行政人员都能对自己所承担的行政执行任务有一个明确的认识，从而调动他们完成任务的主动性和创造性。三是广为宣传。行政执行不仅仅是行政人员的事情，而且还是广大人民群众的事情。要通过报刊、广播、电视等宣传媒体广泛地宣传行政决策；通过召开座谈会、咨询会等形式把行政决策的意图等告诉群众，并虚心地征求他们的意见，以形成一个有利于行政执行的社会舆论环境。

2. **物质准备**

物质准备即资金与各种办公物资的筹备、购置和分配。常言道："兵马未到，粮草先行"，任何行政执行都离不开一定的物质条件。物质准备的主要内容是：首先，经费准备。要根据完成行政任务的实际需要编制经费预算，报送有关部门的领导审批。在经费预算批准后，按预算迅速将经费下拨到各个执行部门，为行政执行活动提供充足的经费保证。其次，办公设施准备。办公用品、通信工具、交通工具、档案资料等都是行政执行活动的基本物质手段。在进行物质准备的过程中，要坚持以最小的投入，获得最大产出的原则，做到既要经济，又要适用；既要反对浪费，又要保证最基本的物质需求。

3. **组织准备**

组织准备主要是指建立与配备从事行政执行活动的机构和人员，通过这些机构和人员使行政决策和计划变成现实。

组织准备的内容包括：一是建立或确定执行机构。一般来说，应尽可能地依靠原有的职能机构，在必要的情况下，也可根据需要依法增加新的常设行政机构或临时机构，并明确执行机构的职责权利、隶属关系、编制规模等。二是配备行政人员。行政人员由行政领导与一般工作人员组成，行政人员配备得好坏将直接关系到行政执行工作的成败。配备行政人员的关键在于要坚持德才兼备的原则，要讲究人才的合理搭配，充分发挥人才的整体效应。三是制定严格的规章制度，使组织和人员的行动做到有章可循。通过建立行政工作责任制和岗位责任制，使每一个组织和个人都能清清楚楚地知道：应该干什么？不应该干什么？如何干？干到何种程度？按时保证质量完成行政任务能得到什么奖励？反之，要受到什么惩罚？以有效地避免职责不清、相互推诿现象的发生。

4. **计划准备**

计划准备是指编制具体的实施决策的行动计划，通过编制具体步骤和具体的程序，使行政执行活动得以固定下来，成为规范和衡量行政执行活动的依据。行动计划一般包括：情况分析、指导思想、工作任务、工作要求、工作方法、工作步骤、行动措施等。有人把计划的内容概括为六个“W”，即 What：行动的目标是什么？Why：为什么要采取这些行动？When：何时开始这些行动？Who：何人负责实施这些行动？Where：在什么地方实施这些行动？How：如何实施这些行动？

具体而言，行政执行计划的内容要求是：首先，对决策目标和任务进行科学的分解，做到既有统一协调的规划，又有各部门的具体分工负责，使之成为一个相互关联的任务体系。其次，明确各项工作任务的轻重缓急和先后次序及完成期限，以做到分清主次，抓住主要矛盾，使之成为一个排列有序的行动体系。再次，确定完成各项任务的主要方式、手段和要求，根据不同的行政执行活动，采取形式多样的方式和手段，使之成为一个合理、合法的工作标准体系。最后，精密计算和筹划行政执行活动所需的人力、物力、财力等，既精打细算，又准备充足，使之成为一个统筹兼顾，各方面因素科学组合的完整体系。在制订计划时一定要留有余地，以便根据变化了的情况进行及时的调整。

9.3.2 行政执行的实施阶段

实施阶段是整个行政执行活动的关键，行政决策能否实现，法律法规能否得以贯彻执行，关键在于实施阶段工作开展的好坏。行政执行实施阶段主要由指挥、协调、监督和控制几个环节组成。

1. **指挥活动**

行政执行的指挥是指行政领导者将已经确定的执行计划通过命令和引导等方式，来实现行政执行活动的全过程。

有效指挥活动的基本要求：第一，指挥系统要集中统一，不能政出多门，多头指挥，各自为政；第二，明确各级各类指挥人员的权责关系，让指挥机构和人员都能在职责权限范围内自主地指挥；第三，指挥要把握必要的限度，不能把指挥变成对下级和工作人员的过分干预，或压制他们的工作积极性；可以对指挥权进行合理的分解，把一部分指挥权授予下级去行使，是有利于有效指挥活动的实现的。授权一方面能减轻行政领导者的工作负担，使他们能把注意力更多地集中在涉及全局指挥的重大问题上。另一方面也能调动下级的积极性，增强下级的责任心，让下级在具体的指挥实践活动中得到锻炼。当然，授权是有限的，授权只能在行政领导者的职权范围内进行，授权还要充分考虑下级的承受能力；第四，要善于运用命令、指导、教育、激励或口头形式、书面形式、会议形式进行指挥活动，利用现代化的科学的指挥手段提高指挥效能。

2. **协调活动**

协调也是根据实施计划，具体实施政策，解决行政问题，实现行政目标的过程中，行政执行机构和执行人员所必须完成的工作。协调能力，是行政管理人员必备的一项基本素质和基本功。“马不伏枥，不可以趋道，士不素养，不可以重国”。行政协调是指调整行政系统内各机构之间、人员之间、行政运行各环节之间的关系，以及行政系统与行政环境之间的关系，以提高行政效能，实现行政目标的行为。为搞好行政执行工作，有时要主动地与其他部门、单位或工作人员平等协商、沟通、联系，这有助于及时解决问题和建立良好的合作关系。协调工作要自觉、主动、及时，抓住重点和关键，协调执行组织的各层次、各部门、各工作人员以及执行工作的各环节、执行系统与外部环境之间的关系。行政执行活动的复杂性决定了矛盾和冲突是不可避免的，协调是一种以温和的方式解决矛盾与冲突的好办法，它通过行政组织与外部环境之间、行政组织之间、行政组织与社会其他组织之间、组织与个人之间、个人之间进行信息交流与沟通，解决政府与社会不适应，政府内部部门职权不清、职权冲突、事权与人事的冲突，以提高行政效率，实现行政目标的过程。行政协调首先指行政机关与外部环境之间的协调。这里一般通过转变政府职能，建立或撤销政府机构，政府职能分化，公民参与与磋商等方式进行。行政协调也是指政府横向部门之间和层级部门之间的协调。其主要方法是建立部门横向协调组织，明确职权划分，明确划分职权与事权。层级之间的协调主要通过授权、权力委任、行政督导等。行政协调还指行政机关部门内部多层次的协调。包括：①事务协调，即对各部门、各单位之间在日常事务中发生矛盾时进行的协调，多反映为利益关系协调。例如：我们经常遇到的由于机构职责交叉、分工不清或处理问题的角度不同而引起的矛盾，或由于部门之间本位主义现象和单位之间利益关系处理不当而出现的隔阂等。这类协调数量大，情况复杂，且随机性较强，往往牵扯各级领导的很大精力。因此就需要根据领导的要求和实际情况，按照有关政策，去进行协调工作。②政策协调。行政领导在研究决定一项政策的过程中，都需要先由办公室根据领导意图起草文稿，联系、沟通和反馈各方意见，加以完善。因此，作为办公室在协助领导研究制定政策的过程中，需要以党和国家的方针、政策和法律、法规为依据，从全局出发，根据具体实际，协调有关部门和单位的意见，使新制定的政策与党和国家的方针政策和法律法规保持一致。③计划协调。此方面的协调涉及行政方面的工作计划，也涉及一些事业发展计划及专项工作计划等。一般都具有超前性，办公室不能仅表现出“兵来将挡，水来土掩”的被动工作方式，而是需要主动协助领导拟订有关计划或调整计划。④战略协调。这不仅指较大地区或较高层次机关所应考虑的发展战略，还包括一般行政机关事业发展长远规划的战略考虑。因此，需要办公室将各方面的意见、各种方案、各种规划、各种设想以及出现的各种不同意见全面综合地进行分析，提供给领导研究，以使领导全面掌握各方面的意见，从而为科学决策提供基础。

3. **监督活动**

监督控制是政策执行过程的保障机制和保障环节。监督活动是监督主体按照一定的监控标准和规范，使用适当的监督方法，根据行政执行计划，对计划的执行情况进行及时的跟踪和检查，尽量使问题发现在萌芽中的行为。监督控制对于政策执行是预防梗阻的有力工具，是保证政策执行活动顺利进行的重要保障，是及时发现失误、纠正梗阻的有力武器，是提高政策执行效率的重要途径。监督活动的要求：一是对行政执行计划了如指掌，建立起评价执行情况和执行者完成任务情况的客观标准。二是经常深入实际，以便及时发现和察觉执行中存在的问题和偏差。三是执行监督者应根据存在的问题确定其性质，找出产生问题的原因，并提出相应的对策性措施。

4. 控制活动

控制活动是根据监督的情况，对行政执行行为进行积极而有效的控制，以防止行政执行行为继续偏离目标和计划。控制活动一般有三种类型：一是预先控制，这主要是对行政执行准备阶段的控制，确保思想准备、计划准备、组织准备、物质准备到位。对仍然准备不到位的，要采取积极措施予以解决。二是事中控制，这主要是对行政执行实施阶段的控制，对偏离行政执行目标和计划的实施行为应坚决地予以制止。三是事后控制。通过信息反馈系统了解行政执行的效果，对在实施控制中未能发现的问题，继续采取补救措施，使失误降到最低的限度。

9.3.3 行政执行的总结阶段

行政执行的总结阶段是指在行政执行工作结束后，对整个行政执行工作进行全面而又认真的总结。总结的目的是为了肯定成绩以获得经验、检讨缺点以吸取教训，通过总结经验教训，为下一轮新的行政决策提供实践材料。行政执行总结阶段的内容主要有：

1. 对行政执行活动进行全面的回顾和检查

将既定指标或标准与执行结果进行对比，检查行政执行活动是否如期地实现了预定的目标；完成的进度与效果如何；在完成行政任务的过程中有哪些成绩与创新，有哪些问题；对存在问题的纠正采取了什么措施，等等。在检查中一定要坚持做到实事求是，客观公正，坚持评估材料的完整性和具体分析的科学性两个原则，客观公正地反映行政执行的实际效果。

2. 对行政执行活动进行科学的评价

也就是在回顾和检查的基础上，依规定的要求和标准对行政执行的情况做出评判，并予以奖惩。例如，对在完成行政任务的过程中所采取的创新措施，应评价其创新之处究竟在哪里，有多大的影响力和作用力，所产生的效果如何；在纠正存在问题时所采取的措施是否得力和及时，对问题的纠正程度有多大；有哪些行政组织和行政人员在行政执行活动中表现出色，有哪些行政组织和行政人员在行政执行活动中表现不良，并给予相应的奖罚。

3. 认真总结经验教训

对行政执行总结应该形成书面形式的报告，提交给有关领导和实际部门，使之了解实施的最终情形。对经验的总结切忌就事论事，一定要上升到理论的高度去分析和研究，使之实现从感性认识到理性认识的飞跃，从而具有更广泛的现实指导意义。在总结中除了对执行效果进行客观陈述、对决策进行价值判断、提出执行建议之外，还应该对执行失败的教训进行理论上的概括，从理论上寻找出失败的原因和根源，从而为新的决策提供经验。

9.4 行政执行中的障碍及解决对策

大量的行政管理实践证明，并不是所有的行政执行都能准确、圆满地实现行政决策目标的。这是因为，行政执行是一个十分复杂的动态活动过程，它不可避免地要受到各种因素的干扰，遇到这样或那样的障碍。因此，有必要对行政执行中出现的各种障碍进行分析，并从中寻找出排除障碍的对策。

9.4.1 行政执行中的障碍分析

在行政管理过程中，行政执行的障碍成为行政执行的难点，不排除这些障碍，行政执行就有可能半途而废，或无功而返。行政执行中的障碍主要有以下几个方面：

1. **行政决策本身不完善**

行政执行是对行政决策的执行，当行政决策本身不完善的时候，将会给行政执行直接带来障碍。决策方案不合理，缺乏科学性和可操作性。这一方面加大了行政执行的难度，因为缺乏科学性的决策往往是违反客观规律的，而不按客观规律办事，只能受到客观规律的惩罚；缺乏可操作性则使行政执行的具体措施、步骤不明确、不具体，从而难以顺利实施。另一方面是决策方案不合理，缺乏科学性和可操作性就给执行者留下了很大的空间，增加了行政执行的随意性。各级行政执行者可以根据自己的不同认识和不同理解，去随意地执行决策，结果有可能导致行政执行偏离方向或误入歧途。这就要求行政决策方案目标明确，内容具体，具有科学性、稳定性，并且方案彼此之间具有综合配套性。

2. **决策执行标准不统一**

决策执行过程中甚至出现执行标准相互矛盾的现象。决策执行的标准是行政执行活动的准则之一，也是衡量行政执行结果的尺度。不统一的决策执行标准使行政执行活动缺乏统一的意志和行动，也将难以对行政执行结果做出公正的评价。如果组织纵向结构不合理，不利于政策的执行。层级过多会造成信息不畅，程序繁琐；层级过少则会造成分工不明、责权不清。而合理的幅度，能使组织目标按性质为业务类型得以分解，管理职能得以综合或扩展，有利于行政执行的专业化、程序化，有利于事权一致、政令统一。组织横向结构不合理同样对行政执行造成不利影响。幅度过宽，会造成穷于应付的局面；幅度过窄，势必增加管理层级、造成机构臃肿，人浮于事。这要求确立合理的组织结构。表现为适当的管理层级与幅度。合理的层级是层次分工、目标和任务逐级分解落实的保证，有利于行政执行的统一领导、统一指挥，有利于信息的上传下达与监督控制。

3. **行政执行偏离既定的目标**

常言道：好经让歪嘴和尚给念歪了。在现实生活中常常会出现这样的现象，正确的行政决策难以得到正确的贯彻执行。其主要表现有：一是行政执行中的“肠梗阻”。最常见的是“上有政策，下有对策”。一些行政人员总是过分强调本部门或本地区的利益，甚至不惜牺牲国家利益和全局利益来维护本部门或本地区的利益。他们通过“钻政策空子”“软拖”“硬磨”等手段，为正确行政决策的执行设置种种障碍。二是行政执行中的“走样”。由于一些行政人员的素质不高，无法准确全面地理解行政决策，并常常把自己的主观认识强加于行政决策之上，而认识上、理解上的偏差，必然带来行动上的“走样”。

4. 行政执行效率低下

效率是行政执行的生命，低效率的行政执行只能是贻误时机，在行政执行错失良机的情况下，就必然导致行政决策目标无法按时保质地完成。行政执行效率低下，不仅成为行政执行的严重阻碍，而且也有损政府的形象。行政执行效率低下的表现有：在行政执行过程中一些行政机关和行政人员对工作采取“踢皮球”的态度，相互推诿、相互扯皮、敷衍塞责，使一些很简单的事情久拖不决，误国误民；一些行政领导者大权独揽，事必躬亲，要求下级事事请示汇报，使大好的时光耗费在复杂的请示审批的“马拉松”之中；一些行政人员热衷于“文山会海”，工作满足于发发文件、开开会议，缺乏工作实绩和工作效率；一些行政组织重叠，工作环节太多，工作手续过于繁琐，导致行政信息周转慢，行政距离太长，信息传递失真度大，严重影响了行政执行的有效性。

5. 行政执行资源不充分

任何行政执行都需要投入一定的人力、物力和财力。一般说来，资源主要有经费资源、人力资源、信息资源和权威资源。必要的经费和人力是行政执行的物质基础。实践证明，行政执行中的某些失误或困难，常常是因为执行者缺乏必要的信息而造成的。所以，信息也是行政执行的必要条件，要保证执行者有畅通的信息渠道和足够的信息来源，否则，就无法制订出切实可行的行动计划，也无法对执行过程实施必要的控制。权威则是行政执行的根本保证。因为行政执行活动需要很多人的共同活动，没有权威，就不可能形成人们之间共同的、相互协作的活动；在各行其是的境况下，是无法实现决策目标的。因而在行政执行中，权威也成为一种重要的资源。行政执行活动急需的人力、物力、财力等资源不充分，使行政执行不能正常进行。其主要表现为：首先，权力机关或上级领导机关在未提供充足资源的情况下就要求行政机关执行决策，或因行政执行所需的各种资源迟迟不到位，导致行政执行受阻。其次，一些行政执行部门擅自将执行的专款挪作他用，从而影响行政执行的有效进行。再次，一些办公设备陈旧，跟不上形势发展的需要，也成为了影响行政执行效果的障碍。当然，在执行活动中投入的经费和人力资源都要适量，应遵循以最小的投入获得最大的产出的原则，只有这样，才能有助于行政的有效执行。

6. 行政执行人员思想准备不足

行政执行活动需要执行者有高度的思想觉悟。党性、政治纪律性在执行者体现的程度如何，直接影响行政执行的效果。当执行者身兼执行对象和执行者双重角色时，执行者的思想政治觉悟更是成了执行的关键。觉悟高的执行者，尤其是领导者都要把国家利益、长远利益、整体利益放在首位。执行者对职业道德的模范遵守，以及道德规范对执行者的约束力大小，也是影响行政执行的重要因素。在具体的行政执行中，如果执行者对行政决策不了解、不理解，对行政决策持怀疑或反对的态度，其结果必然成为行政执行的思想障碍。如由于受传统观念和思维方式的影响，有些行政人员因为对行政决策不能正确的理解，思想上产生明显的抵触情绪，在行动上就表现为消极对抗，延宕推脱，自觉或不自觉地给行政执行设置了障碍。

9.4.2 克服行政执行障碍的对策

1. 实现行政决策的科学化

可以这样说，在行政决策失误的情况下，行政执行得越坚决，其错误也可能越大。因此，实现行政决策的科学化就显得尤为重要。为了保证行政执行的正确进行，行政决策不仅要正确，而且也要具体、明确和规范。行政人员只有在目的明确、方案具体、规范严格的条件下，才能保证行政执行的正确性和高效性。具体要求行政执行的决策方案是以明确的决策目标为导向的，内容越是具体、可操作性越强的决策更能够迅速转化为行动；也要求政策方案在制订时，研究者和决策者根据科学程序，尽量采用各种科学的方法、手段，理性地而不是主观武断地凭激情决定；还要求决策方案之间综合配套，使得各项决策相互联系、相互配合的方式作用于社会从而更好地发挥效力。

2. 制订行政执行的实施计划

行政决策作为行动的指导原则，其内容本身通常只是一种原则性的规定，它不能包括人们行动规范的具体细节，不能代替具体的行动计划。因此，行政决策指令一经下达，负有执行责任的有关人员就应该结合不同的实际情况，把这些行动原则具体化，对如何完善政策指令、怎样达到政策目标等要制订出具体执行政策的详细计划，作为政策执行活动的依据，以便执行工作有条不紊地进行。

3. 订立必要的工作制度

没有保证政策实施的工作制度，就很难保证行政执行工作能有一个正常的秩序：首先是目标责任制。实行目标责任制就是将政策目标进行分解，并组织有关人员各自落实被分解了的政策目标，确保每个人都能明确自己在贯彻执行过程中应该做什么，怎样做。做到何等地步和遇到问题怎么办等。此处强调明确的目标管理，落实目标责任制，将有利于决策目标的实现。其次是检查监督制度。行政决策的实施是一个非常复杂的工作过程，无论哪一个环节出了问题都会影响政策目标的实现。因此，必须有严格的检查监督制度。没有检查监督和一定的纪律作保证，责任制不仅难于落实，而且即使是已经硬性实行也不会收到好的效果。再次是必须制定奖罚制度。即根据一个人或一个单位行政执行工作成绩的大小、好坏，奖勤罚懒，赏罚分明这三项制度是实施政策的主要工作制度。在制订政策实施计划时，应将这三项制度作为实施政策的基本工作制度规定下来。

4. 落实行政执行机构

政策的具体实施有赖于组织机构对政策的贯彻与推行。实施政策需要做大量的具体工作，如起草文件、拟订措施、筹备会议、了解情况等，没有相应的部门和机构主管，没有一定的工作人员具体负责，是不可能做好的，因此，必须认真落实政策执行机构。一般政策的执行，如果属原有执行机构的任务，则应由原有执行机构及其工作人员去完成；如果是牵涉多个部门的重要政策，而非原有执行机构所能承担的，则可抽调有关人员组建新的政策执行机构，以确保政策的有效执行。组建新的政策执行机构，还是应该遵循这样几项原则：一是目标原则，按政策目标和任务设置机构；二是协调原则，保证各部门分工合作，协调一致；三是效率原则，尽可能压缩机构规模，减少人力、财力和物力的浪费；四是弹性原则，政策执行机构应具有伸缩性和适应性，能够适应外界环境的变化。除此以外，还应配合合格的执行人员，并赋予执行人员明确的权力和责任。只有这样，政策的具体实施才有了组织保证。

5. 重视行政执行的指挥与协调环节

行政执行需要有一个完善而高效的指挥与协调体系。如果不能及时获得充足真实的执行效果的反馈信息，就无法及时调整指挥；而行政执行对象如果不能充分及时地了解真实的决策信息，不能及时把自己的意见和要求充分而真实地传送给执行机构，也就难以有效行使其民主权利。所有这些都要求我们重视行政执行的指挥与协调环节。

指挥协调，是根据实施计划，具体实施决策，实现决策目标的过程中，行政执行机构和执行人员所必须完成的工作。具体而言，指挥就是将政策目标任务、政策方案、政策计划分配落实到具体的部门、单位和工作人员；按照计划筹集分配物资经费，组织实施试点工作，总结推广试点和典型经验；通过行政命令、经济调控和教育激励等手段，指导执行工作的全面展开和有效推进。在指挥过程中，必须做到：第一，指挥系统要集中统一，不能政出多门，多头指挥，各自为政；第二，明确各级各类指挥人员的权责关系，让指挥机构和人员都能在职责权限范围内自主地指挥；第三，指挥要把握必要的限度，不能把指挥变成对下级和工作人员的过分干预，或压制他们的工作积极性；第四，要善于运用命令、指导、教育、激励或口头形式、书面形式、会议形式进行指挥活动，利用现代化的科学的指挥手段提高指挥效能。

协调就是引导组织之间、执行人员之间建立良好的相互沟通、相互协同、相互配合的工作关系，使各种执行活动不致发生抵触、失控、重复，以有效达到共同的决策目标的行为。协调不只是领导机关和领导人员的权责，有关的执行机构和人员在行政执行过程中，都有做好协调工作的责任。为搞好执行工作，有时要主动地与其他部门、单位或工作人员平等协商、沟通、联系，这有助于及时解决问题和建立良好的合作关系。做好协调工作要自觉、主动、及时，抓住重点和关键，协调执行组织的各层次、各部门、各工作人员以及执行工作的各环节、执行系统与外部环境之间的关系。

6. 建立精干高效的行政执行人员队伍

毛泽东曾经说过，政治路线决定之后，干部就是决定的因素。从目前情况来看，行政执行的障碍有不少属于人为障碍，这说明行政人员素质的高低与行政执行效果的好坏密切相关。因此，建立一支精干高效的行政执行人员队伍，是克服行政执行障碍的关键。其具体要求：一是提高行政人员的思想水平和认识能力，使他们能用正确的世界观和方法论来理解决策和认识决策，深刻理解决策的意义和目标，从而产生执行决策的主动性和自觉性，有效地克服行政执行的思想障碍。二是要求行政人员要有大局意识和全局观念，要有全国“一盘棋”的思想。在克服“上有政策，下有对策”的问题上，一方面，要从法律上合理地划分中央和地方的事权，在保证中央统一领导的基础上，给予地方政府充分的自主权，以调动地方各级政府的积极性和创造性。另一方面，要求国务院各部门和地方各级政府要坚持局部服从全局，小道理服从大道理的原则，自觉地维护中央的权威，服从中央强有力的统一领导，确保行政执行协调有序地进行。三是加强监督，从严治政。对于那些在行政执行中执行坚决，成绩卓越者应该给予表扬和表彰；对于那些故意与中央对着干，闹小团体主义，而且屡教不改的人，应给予必要的行政处分。通过赏罚分明等手段，起到鼓励先进、鞭策后进的作用。

思考题

1. 行政执行应遵循哪些原则？
2. 行政手段具有哪些特点？
3. 怎样认识行政执行是检验行政决策是否科学的唯一标准？
4. 如何克服行政执行中的障碍？

案例9：最大国家赔偿案尘埃落定

1995年5月，某珠宝有限公司（以下简称“某公司”）向深圳某财务公司申请贷款870万元，期限3个月，月利率为9.08‰。按常规方式，本次贷款以不动产抵押做担保，该公司将其拥有的工业厂房第一、第二层及其使用范围内的土地使用权抵押给财务公司。为此，双方到市规划国土局（以下简称“国土局”）办妥了抵押登记手续，在房产证的“他项权利摘要”一栏内清楚地载明：“抵押权人为深圳某财务公司”。这表明，该抵押物在此之前没有抵押给其他人。

深圳某财务公司（以下简称“财务公司”）是某大型国有企业的下属机构，属于非银行性质的国有金融机构，根据央行和有关部门批准，该机构可以从事集团公司内部各成员单位之间的人民币存贷款业务、对特区内的企业提供中长期贷款业务。3个月贷款期限届满后，某公司未能按期偿还贷款。多次催收未果，财务公司于1996年1月向深圳市中级法院提起民事诉讼。就在该案审理期间，某公司的另一债权人某市发展银行突然向该市中院申请公司破产，使该公司债务纠纷案件全部转入破产程序。根据相关法律规定，在对破产企业进行清算时，对该企业所欠的债务，如有抵押的，则债权人依法享有优先受偿的权利；无抵押的普通债务，根据破产企业最后的拍卖所得，债权人按比例公平分配。据此，财务公司持某公司的抵押贷款合同，向法院申请了抵押优先受偿权。

但是，就在这节骨眼上，又一个债权人中国农业银行某支行却向该市中院提出，财务公司不享有抵押优先受偿权，理由是，该公司抵押给财务公司的房地产，早在1982年8月就已经抵押给该银行。财务公司大为震惊。如果这一行为属实，就是同一不动产重复抵押！该公司与财务公司的抵押合同是经过市国土局登记的，但不管是国土局还是该公司，都没有向财务公司告知这一房地产已经抵押给农业银行。随后，市中院发出民事裁定书，认定破产公司所拥有的上述房地产的地上建筑物及土地使用权，并已将该证所记载的同一地块的土地使用权抵押给农业银行某支行，这一抵押事项合法有效；而后面的地产证系重复办证，不符合法定条件，从而导致据此形成的抵押事项无效。

深圳中院做出了一项对财务公司近乎残酷的裁定：财务公司主张的有关某大厦一、二层及相应土地使用权的抵押无效，所申报的870万元人民币为无抵押债权。同时，深圳中院还裁定，该公司破产案因“破产财产不足以支付破产费用”，终结破产程序。财务公司终于明白，该公司房地产证项下的房地产作抵押贷款870万元，不过是空手套白狼而已！面对已经破产的某公司，870万元血本无归似乎已成定局。

该公司破产后，财务公司于1998年6月对深圳市国土局提起行政诉讼，要求法院确认被告为同一房地产重复发证、重复抵押登记具体行政行为违法，并赔偿由此违法行为给原告带来的870万元贷款本金和290多万元的利息（截至诉讼时）的损失。

1999年5月10日，深圳中院做出一审行政判决，认为被告在该公司仅提交“建筑许可证”“建筑工程开工许可证”，而未提交“土地使用权属证明”、“建筑竣工验收证”，其申请不符合法定要件，且未经法定公告程序的情况下，为该公司颁发房地产证的行为不合法，建立在不合法的具体行政行为基础上的抵押登记手续亦不合法，且该房地产证所涉及的土地在此之前已经设立了抵押权，属重复抵押；判决撤销深圳市国土局颁发的房地产证，以及该公司以此房地产证向财务公司贷款的抵押登记手续。

一审判决后，被告深圳市国土局没有上诉。1999年岁末，深圳中院开庭审理财务公司诉深圳市国土局行政赔偿一案。据证实，深圳市早已设立了国家赔偿基金，但没有任何一个国家赔偿义务机关提出申请，使得这项基金从未动用过。有熟知内情的人告诉记者，那些履行了国家赔偿义务的机关，因为害怕被追究责任，宁愿从本单位拿钱赔偿，也不愿意申请国家赔偿基金。最终，深圳中院决定冻结国土局相关账户，予以强制执行。现在，870万元赔偿款已从国土局的账户上划扣到财务公司。据广东省高院一位负责人称，这是国内目前实际执行的最高金额的国家赔偿案。（本案例选自《南方周末》2004.2.5）

讨论：

（1）结合本案例谈谈对现代政府应承担的责任的认识。

（2）本案例反映出我国法治行政建设中发生了哪些变化？

第10章 行政监督

行政监督作为法制行政的一个基本的观念和范畴，首先，它是一种制度，通过监督权的有效运用，来保证法律和行政决策的全面、有力的贯彻执行；其次，它具有管理功能，即通过时、空、物、人、财、观念的最佳配合，改进工作方法，以强化组织的功能，提高工作效率，通过有效的启发、激励、辅助和督导，来调动成员的内在工作热情，实现人尽其才、才尽其用；第三，它也具有管制功能，即通过对不法和不当行政行为的惩戒、处置，来约束和促使国家行政人员恪尽职守、勤勉谨慎、不骄不躁，努力为国民服务。可见行政监督是行政管理活动的重要组成部分，是保证行政管理活动正常运行的必要手段。建立一个有效的行政监督体系成为现代行政管理的必然要求。

10.1 行政监督概述

10.1.1 行政监督的含义

监督即监察督促，行政监督是指对国家行政的监督，是政党、国家和人民根据法律的规定，对国家行政机关及其工作人员在行政管理活动中执行法律与遵守纪律的情况所进行的检查、督促、指导、纠错的活动。它既包括行政机关以外的机构、团体、政党、人员对行政机关及其工作人员的行政行为实施的监督，也包括行政机关内部上级行政机关和人员对下级行政机关和人员及它们相互之间的监督，还包括专门监察机关的监督。

行政监督是行政管理活动不可分割的重要组成部分，其核心问题是确立和确保行政责任的问题，是保证工作监督和提高工作效率的问题。从法制行政原理上看，所谓行政监督，从广义上说，就是要保证国家行政机关和行政官员，在行政管理过程中认真对国家权力主体负责；从狭义上说，就是要保证其承担与法律所规定的义务、责任以及行政权力相一致的工作责任，并努力奋发工作。

现代行政管理活动包括信息、咨询、决策、执行、监督五大方面，其中监督活动不仅是行政活动的重要环节，而且是维护国家法律和纪律、保证行政活动正常进行、获得预期效果的必要手段。

从行政监督的含义可以知道行政监督与其他监督如生产监督、技术监督、质量监督等，在监督对象、监督主体、监督内容、监督方式等方面都有区别，主要表现在：

1. **行政监督的对象具有特定性**

行政监督对象不是指所有国家机关和工作人员，而是特指从事国家和企事业单位行政管理活动的机构和人员，在我国首先是指各级国家行政机关即各级人民政府及其工作人员，以及由国家行政机关任命的国有企事业单位的领导人员，对于依法拥有行政管理权力的有关组织及其工作人员，因视其如同行政机关及其公务员对待，所以也属于行政监督的对象。

2. **行政监督的主体具有多元性**

从行政监督的含义理解，行政监督的主体是具有监督权限的国家行政机关以及国家权力机关、检察机关、审判机关、政党、社会团体和人民群众等。包括行政机关内部监督和外部监督两大类，内部监督体系的主体是指国家行政机关内部的专门监督机构，如我国的行政监察部门、审计部门以及行使监督职能的上级行政机关，因此各级国家行政机关既是行政监督的对象，同时又是行政监督的主体。在我国行政监督的主体还包括从行政体系外部对国家行政机关和工作人员实施监督的机构、组织和团体，如执政党、国家权力机关、国家司法机关、民主党派、人民团体、人民群众、新闻媒介等，它们属于外部监督体系。

3. **行政监督的内容和目的具有特定性**

行政监督的内容，是国家行政机关的行政行为和国家公务员的职务行为。行政行为是由国家强制力作保障的，能对行政管理相对人产生具体的以权利义务为内容的法律后果，因此必须对这种行为进行监控。行政监督的主要目的是防止国家行政机关的专断和腐败，及时发现并纠正国家行政管理活动中的违法或不当行政行为，促进国家行政机关的清正廉洁，提高行政效率，保障国家行政管理活动的正常进行。

4. **行政监督的性质具有法制性**

行政监督是监督主体对行政机关及其行政人员的一种法制监督。这是由于，监督主体享有的监督权是法律赋予的，要严格依法进行，同时监督的重点也放在行政机关及其行政人员行政活动的合法性与合理性方面。国家法律不仅规定了行政监督的对象、主体，而且赋予行政监督主体依法实行监督的权力，有关法律、法规还规定了监督的内容和实施办法，监督主体依据法律对国家行政人员和行政机关在行政管理活动中的执法、守法情况进行检查和督促。

10.1.2 行政监督的必要性

行政监督是对国家行政机关及其人员运用行政权力进行行政管理活动的行为进行的监督，是对国家行政权力行使者的监督。这种监督的必要性来自国家权力需要监督的重要法则。国家权力是一种凌驾于社会之上的力量，它是一种统治社会、控制社会、管理社会的力量。这种力量具有两重性，它可以是为公众服务的力量，也可以是损害公众利益的力量。怎样使这种权力、力量有利于社会的存在和发展，有利于公众的生存和生活呢？那就必须对它进行限制和监督。历代政治学家研究并提出了各种权力制约和监督理论。其中以孟德斯鸠提出的观点和理论最为著名，最有价值。孟德斯鸠认为："一切有权力的人都容易滥用权力，这是万古不易的一条经验。有权力的人们使用权力一直到遇到有界限的地方才休止"。"从事物的性质来说，要防止滥用权力，就必须以权力约束权力"。这里，孟德斯鸠从历史经验、权力本质、人性等几个方面揭示了人类政治生活中的一条真理：权力必须受到制约。行政监督在本质上就是对行政权力的运行进行制约、进行限制和监督检查。对行政权力的行使实行监督，具体来说还有三方面的特殊原因：

1. 行政权力地位重要且涉及范围广泛

行政管理是一种重要的国家职能，是最直接、最广泛地实施国家对整个社会各个领域的管理的一种职能。它范围广泛、内容繁多、涉及国家的人事、军事、外交、民政、公安、司法、经济、科技、教育、文化、体育等领域。为了实施有效的管理，法律赋予行政机关和行政人员很大的行政管理权力。在国家三大权力（立法、行政、司法）中，唯有行政权在实质上还具有其他两大权力：准立法权、准司法权，同时具有三种职能或三种责任。一是行政职能，管理范围广泛的社会事务。二是准立法职能，即法律不仅赋予行政机关执行法律的权力，而且还赋予它进行行政管理所需要的制定规章条例的权力，行政机关及行政首脑还具有委托立法权，可以提出和起草立法议案。三是准司法职能，即行政机关行使具有司法性质的职能，如行政处置权、行政裁决权等。

在权力的行使上有两条经验或规律，一是孟德斯鸠说的人对权力的使用没有限度，一直用到有界限的地方才停止，如果不加限制就会滥用权力，即超出合法职权的范围。二是权力越大，管理范围越广，滥用权力的机会就越多。英国历史学家约翰·阿克顿（Lord Acton）曾认为：权力使人腐蚀，绝对的权力绝对腐蚀人。当代一些学者也都提到必须控制官僚机构（行政机构）的问题。美国学者希尔斯曼提出，美国对于公共行政管理的研究集中在提高效率、节约开支和合理化的行政管理原则上，但统一指挥、领导系统、控制范围以及行政管理原则，都不能解决如何控制官僚机构、如何使它们更为关注人民的利益、使它们有更大的政治权力，对官僚机构实施政治影响。另一位美国学者弗西斯·鲁尔克提出："在现代国家里，主要的决策场所已不是党派政治而是官僚政治了"。"随着官僚机构权力的不断加强，将来的任务将是不断地探索控制官僚机构的办法"。随着社会的发展，分工的复杂化以及行政机构管辖权的不断扩大，对行政权力的监督和控制比起行政管理中的其他问题（效率、节省、合理化），将变得更为重要和突出。

2. 行政管理活动与国家和人民的利益关系最为密切和直接

行政管理是国家活动，它广泛涉及国家政策的制定与执行，这些政策的制定和执行与国家、人民的利益密切相关。因此行政管理必须遵循一些基本原则：对公民负责、公正无私、合法。也就是行政机关和行政人员在行使行政权力、制定政策、执行政策时，必须以人民的要求、利益为目标，他们的活动必须按法律的规定进行，而不能像私人组织那样去追求个人的目标和利益。尤其是在现代国家里，社会的、经济的活动越来越复杂，离不开政府的控制和管理，因此人民赋予行政机关的权力也越来越多，怎样保证行政机构在对国家、社会的控制和管理中确保国家和人民的利益不受侵犯呢？那就只能通过对行使行政权力的机关和人实施有效的监督。

3. **行政人员易受其所管理的人、财、物的诱惑**

行使行政权力的主体——各级行政机关的行政人员，虽有不少人励精图治，具有献身精神和服务精神，具有对国家、社会、人民的高度责任心。但行政管理大量接触人、财、物，直接分配和使用国家的人、财、物。对那些有狭隘个人私利，受到享乐主义、拜金主义影响的人，他们很有可能会从满足个人的私利出发，在制定政策、执行政策时，做出权钱交易的事情。西方学者大量的研究表明，官员的腐败是普遍的、恒久的现象，而且地方政府、基层官员的腐败最为普遍、最为集中，原因是基层官员直接支配钱、财、物的使用，直接进行各项社会、文化、经济活动的管理和控制，这些活动又缺乏公开性；还有其自身素质的原因，一般基层官员受教育的层次较低，对个人品德修养不够重视，也容易受社会不健康文化与思想的影响，经手大量的公共资金时极易被诱惑，因此腐败问题在地方基层更严重。

以上分析说明，对行政权力的行使实行监督是十分必要的，如果不予监督，滥用权力就不可避免。为了有效监督行政权力的行使，自古到今，东西方各国的政治学家、政治家（统治者）提出了各种设想，制定了各种制度。

10.1.3 行政监督的理论基础

1. **分权制衡说：以权力制约权力**

分权制衡理论也称权力制约论，是西方国家的立法、行政和司法三种权力各自独立又相互制约和均衡的理论。它强调为防止政府权力腐败或滥用，必须对权力进行合理分割，并建立相互制约和监督的关系。分权制衡论被西方国家普遍运用在政治体系和其他国家管理活动中。分权制衡论对权力的制约最为直接有效。

制衡学说源于分权思想，可追溯到古希腊的柏拉图和亚里士多德。古希腊的亚里士多德、波里比阿提出了国家权力分为三权和权力要均衡的思想。亚里士多德认为，一切政体都有三个要素——议事机构、行政机构和审判机构，“倘若三个要素（部分）都有良好的组织，整个政体也将是一个健全的机构”。亚里士多德开了分权理论的先河，其理论孕育了以分权进行监督，以监督达到制约的基本精神。在分权思想基础上发展起来的制衡学说，形成于资产阶级革命时期。资产阶级学者马基雅弗里提出国家权力不能让一个集团完全支配，否则就容易产生腐化。但真正创立这一学说的代表人物是英国的洛克、法国的孟德斯鸠、美国的杰斐逊和汉密尔顿。洛克在《政府论》中把国家权力分为立法权、行政权和外交权（也译为联盟权）。他在论述三权分离的同时，特别强调立法权与行政权的分立。他认为：“如果同一批人同时拥有制定和执行法律的权力，这就会给人们的弱点以绝大诱惑，使他们动辄要攫取权力，借以使他们自己免于服从他们所制定的法律，并且在制定和执行法律时，使法律适合于他们自己的私人利益，因而他们就与社会其余成员有不相同的利益，违反了社会和政府的目的。”洛克进一步确立了立法权至上的原则，并明确主张立法权是人民交给、委托给议会行使的权力，因而人民自然就有权对立法权的执行情况进行必要的监督和制约。法国启蒙思想家、法学家孟德斯鸠是近代权力制衡理论的完成者，在《论法的精神》中，他论述法和政体以及自由的关系时强调，专制政体与法律水火不容，一切有权力的人都容易滥用权力，要防止权力被滥用，保障人民的自由，“就必须以权力约束权力”。他认为，国家权力不能集中掌握在一个人或一个机关的手中，否则就不能保障社会自由和公民自由。他说，政治自由是通过三权分立而得以保障。当立法权和行政权集中在同一个人或同一个机关之手时，政治和社会的自由便不复存在。如司法权同立法权合而为一，将对公民的生命和自由施行专断，而如司法权同行政权合而为一，法官便将握有压迫者的力量，公民的自由将荡然无存。一句话，没有分权就没有政治自由。在对各种政制进行详细考察后，孟德斯鸠提出权力制衡理论。“一切有权力的人都容易滥用权力，这是万古不变的一条经验。有权力的人们使用权力一直到遇到有界限的地方才休止。”因此，权力必须相互约束，通过特定的力量平衡，达到以权力控制权力的目的。孟德斯鸠的分权学说具体包括：①立法权应由人民选举的代表来行使。各个城市和地区的人民应各自选出代表参加议会。为数不多的代表能讨论大众聚集在一起不适宜讨论的问题，这是代议制最大的好处。以出身、财富或荣誉著称的人应单独组成贵族院，由一般群众选举产生的代表则组成平民院。议会两院同时拥有立法权，相互牵制，以制止贵族和平民的相互侵犯。涉及贵族的案件还应由贵族院审理。立法机关的集会应由行政机关召集，以实现行政权对立法权的制约。②行政权力和军队应交由国王掌握。行政权力处事需要当机立断，急速行动，因而行政权力和军队由一人掌握比较合适。立法机关有权审查它所制定的法律的实施，以实现对行政权的监督，但不应有权审讯执政者本人，这对防止立法机关的专制，很有必要。他还认为行政机关有权制止立法机关的越权行为，以“反对权”参与立法。立法机关有随时解散军队的权力，以防止军队成为行政权力压迫人民的工具。③司法独立原则。司法权独立于立法和行政权力。由选自人民阶层的法官依法律的规定行使审判权，不受立法权和行政权的干涉。这是他对洛克分权理论的一大突破。司法被明确为与立法、行政并立的权能，使他的分权学说成为真正意义上的“三权分立”。司法独立是“以权力制约权力”的关键，只有“司法独立”才能保障司法权对立法权、行政权的制约。美国《独立宣言》的主要起草者杰斐逊具体提出要加强对行政权、司法权和联邦权力进行有效监督制约的主张。他特别强调，行政权失控的现象极易发生，因此，对国家的行政权力必须进行严格的监督制约。美国建国初期的政治家、宪法学家汉密尔顿，对孟德斯鸠及以往的分权学说作了系统的解释、发挥和补充，他的分权与制衡理论更加周密、精致、实用且极富实践性。他认为权力分立并不等于三者绝对隔离，为达到权力的制约与平衡，恰恰需要权力的局部混合。权力间制约的核心是在法律上的互相监督；三权间必须保持平衡，每一部门的权力对其他两权来说不具有压制的优势。汉密尔顿分权与制衡理论的核心思想是以权力制约权力。

分权制衡理论是近现代西方国家政治制度和监督制度的重要理论基础，它既为西方国家的权力架构提供依据，又为各种监督方式的拓展奠定基础，从而成为西方国家重要的行政监督理论基石，并受到后世很多西方思想家的推崇、继承与发展。在实践中更成为西方国家普遍的政府组织原则，对近现代西方政治民主化进程产生深远的历史影响。

分权制衡论主导下的以权力制约权力的权力制约模式虽能有效制约权力，但不可能解决所有的权力滥用问题。就三权分立自身而言，立法权、行政权和司法权三者虽是并列的，但在事实上，司法权是其中最弱的，而行政权则是其中最具有扩张性的，因此，很难达到理想的制衡效果。可见，对权力的制约不能只寄托于分权与制衡。

2. **人民主权说：以权利制约权力**

人民主权理论是西方思想家基于社会契约论和主权论提出的民主理论，是近代西方政治发展史上一个重要理论成果，认为人民拥有主权，国家的主权源于人民权利的让渡，因此，人民对国家有天然监督权。人民主权论是人类在对政治发展历史经验总结的基础上获得并经检验为真理的认识，它是对"家天下"和野蛮政治的否定，这种观念显然是对客观世界的正确反映，是较好的解释权力来源的观点。法国思想家莫耐（Philippe du Plessis Mornay）在《反暴君论》一书中提出，国王是人民的公仆，人民是国家的主人，人民立君，而不是君立人民。洛克在其政治学巨著《政府论》中，竭力反对"君权神授"的谬论，提出"天赋人权"的口号。在他看来，当政府与人民发生争端时，人民应该是裁判者；政府若一意孤行，违背主权者的意志，人民就可收回自己的权力，甚至以强力对付强力。他还认为，国家的立法权和行政权必须分离，这是防止政府滥用权力的办法，是"在一切情况和条件下，对于滥用职权的强力"。这种强力就是法律，是人民对他们委托权的控制武器。孟德斯鸠将主权在民学说及其监督理论推向高潮。他始终认为，国家的主权源于人民，国家的权力是人民自然权力契约的结果。人民必须"依靠良法"对政府的行政权力进行有效监督。系统提出人民主权论的是法国资产阶级启蒙思想家卢梭（J. J. Rousseau）。可以说，卢梭的人民主权论第一次以如此完整的形式和彻底的精神打开了西方近代政治的大门，他坚持人民主权的绝对性、神圣性和不可侵犯性，极大地鼓舞了大革命时代的政治先驱者。卢梭认为，以社会契约方式建立的国家，完全是出于人类自身的理性要求，是"要寻找一种结合的形式，使它能以集体共同的力量来护卫和保障每个成员的人身和财富，并且由于这一结合而使每一个与集体相联系的个人又只不过是在服从自己本人，并且仍然像以往一样地自由"。这种结合的形式是通过每个人把自己的一切权利全部转让给整个集体，集体掌握管理社会的治权。人们在签订契约时无一例外将自己的一切权利交给了这个共同体，这样，其最高权力仍属于人民全体；人民行使国家主权称为人民主权。人民主权是"公意的运用"，"公意"所保护的是全体人民的"公共福利"，是公正的和以公共利益为依归的。政府是在公民和主权者间建立的中间体，它使两者得以互相适应，它负责执行法律并维持社会和政治自由，因此，主权是第一位的，政府是第二位的。权力的表现和运用只能以符合人民意志的社会契约为基础，政府权力的行使必须是为了维护"公意"，不得违反主权意志，必须对人民负责，必须接受人民的监督和控制。可见，人民主权是政府权力的逻辑基础，没有人民主权就不可能有政府权力。政府是人民缔结契约、转让权力的结果；一切权力属于人民；行政管理者只是人民权利的具体执行者，其权力是人民赋予的，他们必须承担维护人民权利的义务；为防止政府滥用职权和侵犯民权，人民可以通过各种形式来监督政府行为；在公共权力体系中，建立行之有效的监督机制监督政府的各种行为。

从实践上看，虽然当今世界存在社会主义政治意识形态和资本主义意识形态的分野，但自从资产阶级高举人民主权的旗帜号召人民起来推翻封建专制统治并取得历史性的胜利后，资本主义宪政国家无不以人民主权为核心来强化以公民监督、社团监督为代表的社会监督。

马克思主义在创建社会主义理论时，也充分肯定人民主权的历史进步意义，并将它作为社会主义革命和建设中的共同信仰和追求。人民主权论的强大生命力就在于其有力的解释力。在现实中，政府作为代理人在实际上很难做到按其委托人——人民意志行事，原因有三：在人民主权的委托代理关系中，代理人的目标函数并不总是与委托人相一致；在委托代理中，人民或代议机构与政府间信息始终是不对称的；在承接公共权力的代理中，不存在代理权的竞争，政府独家垄断，即享有垄断代理权。因此，很难有效制约公共权力。

3. 社会契约说：以道德制约权力

在西方，契约一开始就被人们作为一个社会的最高制度伦理看待，它制约一切具体的行为规范。虽然这种社会契约论的政治形式常被人们指责为一种虚构。但由于这一理论较多地涉及人与人之间的关系，因此，人们普遍认为它为责任提供了一种即使不充分也是必要的条件。

在西方思想史上，霍布斯、斯宾诺沙、洛克、卢梭、康德和罗尔斯等都从不同层面探讨了社会契约论。霍布斯是17、18世纪流行的自然法和契约论创始人之一。霍布斯认为，人的本性是趋利避害。在自然状态中，人的本性表现为求利、求安、求荣。人类为求利便不断运用暴力争夺财产；为求安便相互猜忌，用暴力保护自己；为求荣则不惜为小事而动用武力。总之，在自然状态中，人与人间充满敌意和戒备，不存在是与非、公正与不公正等道德观念。但人类本身为自我生命的保护，又会超越自然状态，制定和平与正义的自然法，并通过契约形成公共权力。霍布斯认为，人类和平合作关系只能通过契约形成，因为契约是订约者彼此自由协商的结果。它不是一种思想，也不是一种强制。在制订契约的过程中，每人在承诺自己的权利和义务的同时，也要考虑对方所承担的权利和义务，契约在一定意义上，是权利的相互转让。“权力的相互转让就是人们所谓的契约”，契约产生国家。即通过签订契约，把一切权利交给某个人或会议，即主权者。“政府的一切必要权力，一概委之于主权者”，主权者就是伟大的“利维坦”，是专横的、强权的象征。与霍布斯不同，斯宾诺沙主张国家权力不是专横的，且是理性的，即国家的目的在于保护人民的福利和政治、思想自由。

洛克提出社会契约的理论立足点则在对个人权利的认定。他认为，契约一经订立，自然状态立即转化为公民社会，公民社会建立后，个人的自然权利，如自由、平等，特别是财产权利，都仍最后保留，个人的权利尤其财产权是神圣不可侵犯的，对个人财产权界定和保护是政府的首要任务。政府实际上是社会权利和个人权利间的一种契约关系。在这个契约中公民和政府是契约的双方当事人，公民放弃给政府的仅是一部分权利。公民放弃一部分权利给政府是为达到更好地保护他们的生命、自由和财产的目的，政府权力决不容许扩张到超出公众福利的需要之外，也就是说政府行使权力必须严格服从这个目的。他主张政治必须是因为它在保护个人的权利上发挥作用。因此，政府必须对公民负责。卢梭则进一步指出，社会契约产生的是“道德和集体的共同体”，就是一个“公共的大我”。社会契约完全出于人类自身的理性要求，是“要寻找一种结合的形式，使它能以全部共同的力量来维护和保障每个结合者的人身和财富，并且由于这一结合而使每一个与全体相联系的个人又只不过是在服从自己本人，并且仍然像以往一样地自由”。这种结合的形式是通过每个人把自己的一切权利全部转让给整个集体，集体掌握管理社会的治权。因此，政府行使权力必须要符合“公意”，要对公民负责，并负有保护公民的行政道德。康德则认为，契约的公正和权威，人们对契约的虔诚，是由于契约内在的道德规定使然。最高意义上的契约是以自身作为约束根据的具有普遍必然性的道德自律，能有效地促使政府有效地履行行政责任。罗尔斯则对契约理论进行一种理性的提升，致力于用契约理论来构造其公平的正义，贯穿《正义论》全篇的中心思想，就是他对契约的道德规定。他强调道：“要理解它就必须把它暗示着某种水平的抽象这一点牢记在心。特别是我的正义论中的契约并不是由此进入一个特定的社会，或采取一种特定的政治形式，而只是要接受某些道德原则。”总之，道德本体构成契约的题中之意。

不难看出，各种契约理论形式有差别，但从契约价值上讲，包含两个共同点：第一，契约签订的直接动力在契约双方当事人间要达到某种目的。在社会契约论中，政府权力的产生是公民与政府间订立契约的结果，其直接动力和目的都是为维护全体公民的公共利益，政府权力行为必须服从于这个目的，为公民之公共利益负责。因此，维护社会公共利益是社会契约论对行政道德的内在规定。第二，契约意味着双方当事人间权利义务的对称，政府掌握管理社会的公共权力，同时必须负起维护公共利益的义务、责任，公民有服从政府公共权力管理的义务，同时公民有被保护公共利益的权利，有监督和制约公共权力的权利。因此，政府公共权力的执行者必须对自己的行政行为负责。

布坎南认为，在公共权力机构担任公职的是既有理性、又很自私的人，如何保障公权的使用有节制和理性，避免公权的滥用，除通过政治契约的监督外，还须通过价值的洗礼、道德的升华，消除公共权力使用者的心理灰色的一面。以社会契约论为基础的以道德制约权力的权力制约模式主要通过两种方式来实现对权力的约束，即权力主体的自律和他律：自律是在权力主体行使行政权力中以内在道德的力量来进行自我约束，促使权力的正确使用。它的约束范围非常广，在法律难以或无法干预的领域，能发挥约束作用；他律主要是公民、社会团体等对权力主体做出肯定、批评和建议，迫使其遵守道德规范。

但由于权力主体的道德水平无法衡量，而且道德的约束是软约束，缺乏刚性，因此，道德虽是对权力制约必不可少的因素，但其制约能力并不十分理想。

10.1.4 行政监督实践

1. 西方国家的行政监督实践

1787年美国宪法对三权相互制衡作了明确规定，如国会立法要总统批准，总统违法由国会弹劾等。20世纪以来在西方许多国家还制定了监察长（监察专员）制度。监察员制度最早由瑞典于19世纪创立，20世纪特别是第二次世界大战后在英、法、新、丹麦等国家和一些发展中国家（如巴基斯坦）都建立了监察员制度。各国监察员制度监督的对象都是各级行政机关和人员，都是为了实施对行政机关、行政官员的监督，但具体规定有区别：瑞典、英国等国监察专员由议会设立，属议会监督范围，而美国在各部设有监察长办公室，监察长由总统任命，业务工作是独立的，属行政内部监督的范围。且监督的权力也不同，英国监督专员只对行政官员的行政道德问题而非违法问题进行监督，在实行过程中，其权力也有所扩大，已具有调查权等。

西方国家为了有效监督行政权力的行使，还先后制定了专门规范行政官员行为、保证行政官员廉政的法律，有的设立了专门司法监督的机构。美国于1946年制定了《行政程序法》，规定行政机关按规定标准履行其职责，保证了对行政管理机构活动的控制。该法的主要内容是：规定了行政裁决程序、规章制定程序、听证程序、复议程序等。1946年立法的《改革法》，还赋予国会的每个常设委员会如下的职责：经常注意行政机构对任何法律的执行，只要这些法律是属于该委员会的管辖范围的。20世纪70年代"水门事件"后，立法监督得到了加强，如按照1978年《文官改革法》的规定，成立了功绩制保护委员会、人事管理局、特别委员会办公室，加强了对联邦职员的任用、考核等工作的管理和监督。1978年《政府道德法》规定在国会设立法律顾问办公室，政府建立道德办公室。该法规定了政府机构的道德规范，要求政府机构中的任何人都应当：忠实于最高的道德原则和把对国家的忠诚置于对个人、政党或政府部门的忠诚之上；维护美国宪法和法律，决不违背；每天要勤恳工作，忠于职守；努力寻求更有效和更经济的方法来完成任务；决不对任何人进行不公正的歧视，决不为自己或家庭成员接受礼物和谋求利益；不作任何约束职责的秘密承诺，不做影响公务的私人工作；不从事与政府工作无关的事务；决不利用在政府工作中所获得的任何确实情报为自己的私利服务；揭露在任何地方发现的腐化现象；维护上述原则，公共官员要始终自觉地做一个公众信任的人。

在英国，除有议会委派监察员，设立专门委员会，还有行政裁判所。在法国设有行政法院。英国的行政监督虽没有专门的机构，但议会派出监察员和行政特派员有权调查包括大法官的问题，有权纠正行政机关的错误等；法院有权对行政管理中违法的规定，予以撤销或宣布无效；同时还有遍布全国各地和各行业的几千个行政裁判所，行政裁判所所长由政府大臣从大法官任命的陪审员中挑选任命，他有权处理行政管理中的个人纠纷及公务机关和公民之间发生的纠纷，判案较为公平合理和公正无私。在法国有较完善的行政监督法规和机构，设有专门行政法院系统（行政法庭、专门行政法庭、行政法院），它属于行政机构，成员为行政官员。行政法院既具有向行政机关咨询的权力，同时又具有行政诉讼权，有权判决涉及行政的控诉案件，负责审理国家机关之间或公民对国家机关、官吏因行使公务而发生的诉讼。

北欧国家为防止政府公务员规避行政责任和官僚主义泛滥、权力扩张侵犯公民权利而首先发展出议会督察专员制度。议会督察专员由权力机关选举产生，通常由可胜任护法的法律专家组成：他们通过批评建议的方式，监督法律、法令在公共事务中的执行，保证政府当局公平、合法地行使职权。

在发展中国家实现经济起飞的过程中，大都出现了腐败现象，因此这些国家都先后加强了行政监督和反腐败的立法、惩罚工作，如新加坡于1960年制定了《防止贪污法》，成立了由总理直接领导的“贪污诉讼程序调查局”。印度早在1947年就制定了《预防腐败法令》，1955年在中央政府设“中央行政警戒处”，1963年又成立“中央调查局”及“中央警戒委员会”，负责对公务员的不法行为进行调查和惩罚、起诉等。

2. 我国的行政监督实践

为了巩固封建国家中央集权制度，保证封建国家机器的正常运转，有利于封建国家法律、法令的实施，防止权力分散和各级官吏擅权谋私，加强对各级官吏的控制和监督，历代封建君主都十分重视行政监察制度。

中国监察制度始于封建社会，西周已具监察制度雏形，设小宰、宰人或御史，“掌治朝之法，以正王及三公六卿大夫群吏之位，掌其禁令”。但尚未建立专门监察机构。

秦代以前的监督制度由两部分组成：一是舆论监督，指设有以采诗官为中介的舆论监督和询问官的言谏监督。二是专门监察官吏的监督，如夏、商、周分别设道人、小臣、小宰等官职行使监察职能。到春秋战国时，一些诸侯国设御史、郎官为监察官。

秦代以后，随着中央集权制的形成，以君王为中心的行政监督制度初步确立。中国古代的监察制度主要由三部分构成。

(1) 御史纠察制度

御史大夫是秦王朝时期的中央监察机关。长官为御史大夫，再设御史中丞、侍御史、监御史，以纠察百官。汉代专设御史台为中央监察机构，专门从法令制度方面，对以宰相为首的百官在施政中有无违法行为进行考察。唐代御史台设置御史大夫，下设“三院”，即：台院，负责纠察、弹劾中央百官，参与大理寺审理重大案件；殿院，负责纠察殿庭仪节，巡察京城内外；察院，负责监察百官、巡按州县。明代改御史为督察院，于督察院外又设有独立监察权的六科给事中组织，分别纠察百官，辨明冤枉，提督各道。清代沿袭明制，强调监察的独立方面。

(2) 言官谏诤制度

这是我国古代监察制度中的一大创造。自秦汉以后就设置掌言谏之类的官职。尤其唐代初期，重视谏官作用，建立了谏官随宰相入阁议事的制度，设置的门下省，职掌谏诤辅弼。

(3) 地方监察制度

历代王朝对地方监察十分重视。秦代在全国各郡设常驻监御史。汉把全国分成十三部监察区。唐代分十道监察区。明代增置监察御史百余人，分十二道巡按全国，权力极大。清代，总督与巡抚由监察大员变成了地方最高行政长官。

总的看来，我国古代监督监察制度，对维护中央集权和国家统一，维持国家机器有效运行，维护君主专制，调整统治阶级利益，督促官员廉洁从政方面起过一定作用。然而监察制度不论怎样变换形式，最终结果取决于皇帝的个人意志。谏官、监官也难免会自身腐败。

1840年鸦片战争后，封闭的封建国家之门被敲开，随着各种外来因素影响，西方资产阶级民主政治的主张对我国传统的监督体制产生强烈冲击、不断渗透，使之发生深刻变化。近代，我国资产阶级革命家孙中山提出的《五权宪法》在立法、行政、司法三权之外又分出两权：考试权和监察权。国家机关中除设立立法、行政、司法机构外，还设立考试和监察两机构，他在《五权宪法》中指出，考试制和监察制是较之三权分立的资产阶级政治体制更为完备的两种制度。意在建立独立于行政系统之外的监督机构。

社会主义国家人民当家作主，掌握国家权力，但是不可能人人都管理，只能委托少数人代表人民行使国家权力，组织管理国家。他们既是人民的公仆，又是国家权力的实际掌握者。为了保证他们真正代表人民行使权力管理国家，必须进行必要的监督。十月革命胜利后，列宁领导和建立了工农检察委员会和工农检察院以监督国家机关及工作人员。

中华人民共和国建立之后，也建立了监察制度和监察机关。新中国成立初期，根据《共同纲领》的规定，在政务院和县市以上人民政府内设立了人民监督委员会，以监督各级国家机关和各种公务人员是否履行职责，并纠举其中违法失职的机关和人员。1954年第一部宪法颁布，各级人民政府的人民监察委员会改为中央监察部和地方省（市）的监察厅（局），对行政机关及其工作人员实行监察检查。20世纪50年代监察机关在监督检查各级国家行政机关，执行国家法律、方针、政策，促进社会主义经济建设，维护社会主义法纪，廉政建设等方面做了大量的工作，取得了巨大成绩。但1959年中央和地方各级监督机关被撤销，行政监督处于既无专门的监督机关又无监督制度的状况，党纪监督顾及不全，权力机关监督软弱无力，群众监督有名无实，政风、党风都出现了较严重的问题。1986年12月六届全国人大常委会第18次会议决定恢复并确立国家行政监察体制，设立中华人民共和国监察部，恢复和重建了专门的行政监察机关。

10.2 行政监督的类型和体系

10.2.1 行政监督的类型

由于国家行政活动的范围极其广泛，包括政治、经济、社会、文化、军事、外交等各个方面，行政管理活动极为复杂，有上层、中层、基层，及信息、咨询、决策、执行、监督等各类活动之分，因此行政监督的范围、内容、方式也极为广泛。行政监督的种类，可以从不同的角度划分为不同的类型。

1. 按行政监督主体的不同分类

按行政监督主体的不同，可将行政监督划分为：政党监督，在我国为中国共产党和各民主党派对国家行政活动的监督；国家机关自身对国家行政活动的监督，主要指上级行政机关根据行政隶属关系对下级行政机关运用行政职权，处理行政事务的监察和督导活动；社会和群众监督，即社会团体、新闻媒介、人民群众对国家行政活动的监督，这是社会法人机构和普通公民对行政机构及其工作人员行使行政权力管理国家和社会公共事务行为的监察和督导活动，也是对行政权力最有效的监督形式之一。

2. 按行政监督体系的不同分类

按行政监督体系的不同，可将行政监督划分为：外部监督和内部监督。政党、国家权力机关、司法机关、社会团体、新闻媒介、人民群众对国家行政活动的监督属于外部监督体系；国家行政机关内部监督机构、审计机关的监督及上级行政机关和下级行政机关的相互监督属于内部监督体系。

3. 按行政监督性质的不同分类

按行政监督性质的不同，可将行政监督划分为：一般监督和专业监督。一般监督是指各监督主体对监督对象的全部行政行为实行广泛的经常的法律监督和工作监督，如中国共产党和各民主党派、人民代表大会、上级政府机关依照法律所赋予的权力对监督对象的一切行政活动进行监督。我国宪法规定国家行政机关由人民代表大会产生，对它负责，接受其监督。又规定国务院统一领导地方各级国家行政机关的工作，全国地方各级人民政府都是国务院统一领导下的国家行政机关，都服从于国务院。地方各级人民政府对上一级国家行政机关负责并报告工作。《地方政府组织法》还规定地方人民政府的各工作部门受地方人民政府统一领导，并受上级人民政府主管部门的领导或者业务指导。法律所规定的各级行政机关之间的领导、指导、负责等关系都包含有监督之意。专业监督是指上级业务部门对同级或下级机关行政活动的某一方面实行的监督，如国家财政部、人事部对中央政府各部委以及地方政府、各部门、各单位的财政、人事实行监督。

4. 按实施监督的时间不同分类

行政监督贯穿于行政活动的全过程，按实施监督的时间不同分类，可以将行政监督划分为事前监督、事中监督和事后监督。事前监督是对决策过程监督，对决策方案的可行性、决策实施的物质准备、精神准备的监督，主要是审议决策方案和决策实施计划、预算等。这种监督的目的是为了保证决策过程的科学性，避免决策失误和人力、物力、财力的浪费，等等。事中监督是指对决策方案执行过程的监督，主要是检查决策执行的方法、手段的合法性和合理性，检查决策方案付诸实践后的阶段性结果，及时总结经验，发现问题予以纠正，以保证决策方案的实施。事中监督是避免失误、实行科学指导、提高效率所必需的，如果行政监督只管决策，不管执行，监督就是不全面的。事后监督是对行政决策执行的结果进行的监督，检查行政任务完成的基本情况以及产生的结果和影响，了解行政决策的正确程度和失误所在，总结成功的经验和失败的原因，对错误的决策和违法行为追查相关人员的责任，并提出解决问题的建议和方法。

10.2.2 行政机关的外部监督体系

1. 政党监督

在我国，政党监督是指中国共产党和各民主党派对国家行政活动的监督。中国共产党对行政机关和行政人员的监督，主要是通过党的纪律检查组织和领导机关对行政活动执行法律和政策的状况实行检查和督促，发现和揭露问题，促使行政机关和行政人员依法行政。

中国共产党的监督是分层次进行的，有中央和地方各级党委的监督、党的基层组织的监督和党的各级纪律检查委员会的监督。

中央和地方各级党委的监督，主要是监察和督促中央和地方各级人民政府积极认真地执行党的路线、方针、政策、国家法律，领导中央和地方各级人民政府的行政管理活动。

基层党组织的监督是经常性的监督。党章就基层党组织对党员干部的监督任务作了明确的规定。1997 年十五大通过的党章规定，党的基层组织任务之一就是监督党员干部和其他工作人员严格遵守国法政纪，严格遵守国家的财政经济纪律和人事制度，不得侵占国家、集体和群众的利益。各级党和国家机关中党的基层组织，协助行政负责人完成任务，改进工作，对包括行政负责人在内的每个党员进行监督。

党的各级纪律检查委员会是党内设立的专门监督机构。党章规定从中央到地方分别设立纪律检查委员会，党的基层委员会设立纪律检查委员会或纪律检查委员，党的总支委员会和支部委员会设纪律检查委员。党的各级纪律检查机关的主要任务是维护党的章程和其他党内法规，协助党的委员会加强党风建设，检查党的路线、方针、政策和决议的执行情况。为了更好地实行对党员干部的纪检工作，1993 年中共中央国务院宣布中央纪委与国务院监察部合署办公，实行一套工作机构，履行党的纪律检查和行政监察两项职能，对党中央负责。各级均仿照中央合署制度，这是我国党政监督体系的一大改革。

党的纪检机关的一项经常性工作就是检查和处理党的组织和党员违反党章、党纪和国家法律、法令的比较重要和复杂的案件。1988 年，中央纪委公布了《中国共产党纪律检查机关案件检查工作条例》。条例规定党员犯有下列错误之一的均应立案检查、追究：拒不执行党的路线、方针、政策和决议；抵制、阻挠改革开放；严重以权谋私，侵犯国家、集体和群众利益；严重官僚主义失职错误，给国家和人民造成重大损失；任人唯亲，拉帮结派，破坏党的团结统一；破坏党的民主集中制，严重侵犯党员民主权利，压制民主，打击报复；违反党的宣传纪律，造成重大政治影响；蓄意捏造事实，诬陷他人；泄露党和国家机密，情节严重；弄虚作假，骗取名利；违犯外事纪律，在涉外活动中丧失国格人格，损害党和国家利益；徇私舞弊，包庇严重违法乱纪人员；奢侈浪费，挥霍国家和集体财物；道德败坏，腐化堕落；有贪污受贿、敲诈勒索、投机诈骗、欺压群众等违犯国家法律法令的行为，尚未构成犯罪，但需追究党纪责任的；其他严重违犯党纪的行为。1997 年 4 月 11 日，中共中央又公布了《中国共产党纪律处分条例（试行）》，进一步完善了党的监督工作。

民主党派在我国是参政党，中国共产党与各民主党派“长期共存，互相监督，肝胆相照，荣辱与共”。1994年3月，全国政协八届二次会议修改了《中国人民政治协商章程》，修改后的章程明确了人民政协的主要职能是组织参加本会的各党派、团体和各族各界人士参政议政，参政议政的主要内容是政治协商、民主监督。新章程规定了人民政协、各民主党派进行民主监督的具体内容，指出：民主监督是对国家宪法、法律和法规的实施、重大方针政策的贯彻执行、国家机关及其工作人员的工作，通过建议和批评进行监督。这些规定说明在我国各民主党派可以对国家的各级领导机关包括各级行政机关的执法守法情况、国家和地方的政策方针的贯彻执行，以及国家机关和行政工作人员的工作进行监督，提出建议和批评。从1989年2月起，监察部实施特邀监察员制度，一些民主党派和无党派人士被聘为特邀监察员、检察员、审计员、教育督导员，全国各省市也都建立了这一制度，全国有几千名民主党派和无党派人士直接参加行政监察工作，成为行政监察事业中的一支重要力量。

2. 国家权力机关的监督

我国宪法规定：“中华人民共和国的一切权力属于人民。人民行使国家权力的机关是全国人民代表大会和地方各级人民代表大会。”“国家行政机关、审判机关、检察机关都由人民代表大会产生，对它负责，受它监督。”人民代表大会及其常委会同政府机关的关系是权力机关和执行机关的关系，是监督和被监督的关系。人民代表大会由人民选举的代表组成，对人民负责，受人民监督，人民代表大会及其常委会对国家行政机关的监督是人民行使国家权力、管理国家事务的重要体现，是代表国家和人民的意志对国家行政机关实行的具有最高法律效力的监督。因此，人大及其常委会的监督是国家监督、法律监督，也是最高层次、最有权威的监督。接受人大及其常委会的监督就是接受人民的监督，接受法律的监督。

人大及其常委会对政府的监督分为法律监督和工作监督。

(1) 法律监督

法律监督主要是监督宪法和法律的实施。在我国，由人民直接或间接选举产生的全国人民代表大会和地方各级人民代表大会享有立法权并实际行使立法权，这也构成法制监督的核心环节。宪法规定：“国家维护社会主义法制的统一和尊严。一切法律、行政法规和地方性法规都不得与宪法相抵触”。“一切违反宪法和法律的行为，必须予以追究”。全国人民代表大会和全国人民代表大会常务委员会行使国家立法权，监督宪法的实施，全国人大常委会有权撤销国务院制定的同宪法、法律相抵触的行政法规、决定和命令。地方人大及其常委会在本行政区域内保证宪法、法律和行政法规的遵守和执行，地方人大常委会有权改变或撤销本级和下级人民政府不适当的决议、决定和命令。

在许多国家里，检察机关是代表政府追究责任和提起公诉的机关。但就其功能属性而言，准确地说，应该称之为司法行政机关，是一种行使司法行政权的国家机关，在形式上一般不涉及法院行使审判权的活动。

在大陆法系国家里，一般不设独立的检察机关而附属在法院系统内或归司法行政部门领导，但检察官与审判官一样具有法官地位；在英美法系国家里，检察机关则一般具有相对独立的地位，并与各级法院平行设置。检察官一般按公务员规章办理任命，但为独立行使检察权力，又有与法官同等的法律保障。

检察机关作为公诉机关，检察官作为公诉人，一般有权进行预先调查、侦查和搜查（包括政府机关），决定被告是否羁押，监督审判的执行，并有权终止追究刑事责任，必要时还可以指挥司法警察，并在公诉阶段享有广泛的自由裁量权。通常情况下，许多国家的检察官实行一体化体制，上命下从，自成体系。这对于实现其检察职能起了保障作用。从实践的情况来看，西方国家的检察机关在对行政主体实行监督方面起着一种独特的作用。

（2）工作监督

工作监督是指人大及其常委会对国家行政机关的工作进行监督。宪法规定全国人大及其常委会有权监督国务院、中央军事委员会、最高人民法院和人民检察院的工作。县级以上地方各级人大及其常委会，监督本级人民政府、人民法院和人民检察院的工作。工作监督的范围：一是听取和审议政府的工作报告和专题工作报告；二是审查、批准国民经济和社会发展计划；三是审查、批准国家的或地方的预算决策；四是对人大选举和决定任命的国家工作人员进行监督。监督的方式主要有以下几个方面：

① 听取和审查人民政府的工作报告。这是最常见的方式。我国宪法规定：国务院对全国人民代表大会及其常务委员会负责并报告工作。地方各级人民政府对本级人代会及其常委会负责并报告工作。各级政府向本级人大报告工作有定期的和不定期的两种。定期的有：每年人代会开会期间，政府负责人向全体人民代表作政府工作报告，每两个月一次的常委会开会期间，由政府负责人或政府部门负责人作专题报告等。为加强人大及其常委会对政府的监督，七届人大常委会要求每年第三季度，国务院要向人大常委会报告计划、预算的执行情况。

② 向本级政府及其所属各部门提出询问和质询。我国宪法和组织法规定，全国人大和地方各级人大开会期间，全国人大常委会开会期间，代表或委员有权依照法律规定的程序对本级人民政府及其所属各工作部门提出质询案，质询内容主要是违法问题、工作中其他重大问题和领导人的严重失职渎职行为，由主席团决定接受质询的机关，受质询的机关必须在会议中做出书面或口头答复。询问是在审议议案时向有关的负责人提出问题，由其在会上做出说明，或走访政府部门，询问有关情况，提出建议，督促其解决。

③ 组织特定问题的调查委员会。全国人大及其常委会、县级以上地方人大及其常委会认为，必要的时候可以组织关于特定问题的调查委员会，对国家重大问题和重大违宪违法事件进行调查，并且根据调查委员会的报告，做出相应的决议。调查委员会进行调查的时候，一切有关国家机关、社会团体和公民都有义务向他们提供必要的材料。

④ 组织人民代表视察和检查政府工作。视察和检查政府工作是人民代表监督政府工作的一种重要形式。人民代表的监督是权力机关监督的重要组成部分，人民代表的职责是代表人民管理国家和地方事务，除了开会期间可以向政府部门提出质询和询问外，《人民代表法》还规定在人代会闭会期间，可以定期地、经常地组织视察和检查，向人民代表大会和常务委员会、人民政府反映群众的意见和要求。

⑤ 罢免或撤销政府工作人员的行政职务。全国人大及其常委会、地方人大及其常委会依照法律规定的权限决定国家机关工作人员的任免。凡是由人大选举、决定或人大常委会决定任命的政府组成人员，人大及其常委会有权对他们进行考核、撤换、罢免。

⑥ 受理人民群众对国家机关及其工作人员违宪违法行为的申诉、控告。对公民就国家机关工作人员违反宪法和法律，侵害公民合法权益等行为提出的申诉和控告，权力机关或亲自调查，或责成有关部门进行调查并报告处理结果，或由人大常委会组织有关部门共同调查处理。

⑦ 对政府组成人员和职能机关进行述职评议活动。这是目前人大监督工作中一种新的形式，这一形式从县乡人大开始，逐步扩展到市、省级人大，成为影响最大、效果最为明显的监督活动之一。这一监督形式已被全国人大常委会肯定。

3. 司法机关的监督

司法机关的监督是指人民检察院和人民法院对国家行政机关和行政工作人员的行政管理活动实行的监督。人民检察院是我国的法律监督机关，它“依照法律规定独立行使检察权，不受行政机关、社会团体和个人的干涉”(《中华人民共和国宪法》第 131 条规定)。它对国家行政机关和行政人员的行政活动实行法律监督，对破坏国家法律、法令、政令、政策的重大违法行为，对侵犯公民权利的违法行为进行侦查、起诉。

为了加强检察机关对行政机关和行政人员违法行为的法律监督，我国自 1995 年在全国各级检察机关设立了“反贪污贿赂局”，1998 年 3 月，广东省深圳市检察院创建了全国第一个“举报中心”，同年 11 月 25 日，最高人民检察院检察委员会会议通过了《人民检察院举报工作若干规定（试行)》，其第一条规定：根据中华人民共和国宪法、刑事诉讼法和人民检察院组织法的有关规定，为履行检察机关法律监督职责，保障政务廉洁，开展举报工作。人民检察机关直接受理举报的范围是：贪污贿赂罪，国家机关工作人员的渎职犯罪，国家机关工作人员利用职权实施的非法拘禁、刑讯逼供、报复陷害、非法搜查公民人身的犯罪以及侵犯公民民主权利的犯罪。对于不属于检察机关管辖的举报、投案、控告也应当接受，接受犯罪人的投案自首。

为了加大查处职务犯罪、司法腐败的力度，1998 年 4 月 12 日，无锡市检察院成立了渎职犯罪侦查局，主要任务是负责对本市国家机关工作人员渎职犯罪、利用职务侵犯公民人身权利和公民民主权利的犯罪案件进行侦查。通过查案，积极履行法律监督职能。

人民法院是我国的审判机关，它对行政机关和行政人员的监督，主要是通过审理行政案件进行的，审理行政活动的合法性，审理行政人员的违法、失职渎职和侵权行为。为了保证人民法院正确、及时审理行政案件，保护公民、法人和其他组织的合法权益，维护和监督行政机关依法行使行政职权，1989 年七届全国人大二次会议通过了《中华人民共和国行政诉讼法》，该法规定在全国各级人民法院设立行政审判庭，审理行政案件，并于 1990 年 10 月 1 日起执行；1997 年第九届全国人大一次会议依据实际情况的发展，对《中华人民共和国行政诉讼法》作了修订，使其更适应客观情况。通过行政诉讼，审查行政执法行为的合法性，是审判监督的最主要形式；其次还有对行政机关违反行政合同（行政契约）的经济审判监督；对行政机关责任人渎职罪的刑事审判监督等。

我国的《行政诉讼法》和《中华人民共和国国家赔偿法》（1995年实行）、《行政复议法》（1999年实行）是司法机关对行政机关行政违法行为进行审判和判决的主要法律依据。有了这三部法律，我国公民、法人或者其他组织，在认为行政机关及其工作人员的行政行为侵犯了自己的合法权益时，可以依法向法院请求司法保护，并由法院对行政行为进行审查和裁判。法院的审查不仅有公正、客观的法律程序作保障，而且法院的判决具有最终的法律效力，判决必须执行。这样既保证了公民、法人和其他组织的合法权益不受侵犯，同时也用法律有效地监督了我国各级行政机关及行政人员的行为。

4. **社会团体监督**

现代国家不但规定公民有言论、出版自由，而且有集会结社自由。作为一种基本权利，集会结社自由同样受法律保障。社会组织和社会团体大量涌现是现代民主政治的一大特色。在西方，压力集团亦称利益集团，通常由具有共同利益或目标的人所组成，其目的一般在于为自身和其成员谋取利益，或维护既得利益，或争取新的权益。利益集团为了充分实现其利益，就必须经常地向政府或政府官员施加影响和压力，以得到主管部门或主管官员的同情、理解、认可、默许、批准或给予方便。就其施加影响和压力的最常见的方式而言，一是组织公开的宣传、请愿、游行、示威，抗议、联络、申诉、陈情、集会；二是拉选票和提供资助，操纵政党和议员，培植代言人；三是与官厅或官员秘密交易或行贿、互相利用。当压力集团的需要得不到满足时，就有可能采取一定的方式发泄不满或进一步施加压力，揭露或攻击政府及其官司员的有关政策和违法失职行为。以实现一定的公益性社会目的为宗旨的社会团体，为了达到其目的，也可能采取类似的行为，这在客观上形成了对政府及其官员的外部监控制约。

在我国，社会团体监督主要是指工会、共青团、妇联的监督。工会、共青团、妇联等人民团体是共产党领导下的工人阶级组织、青年组织和妇女组织，它们和政府在根本利益上是一致的，应当维护政府的权威，支持政府的工作，作政府的坚强支柱。同时也应发挥主人翁的精神，积极参加国家事务的管理和社会监督，代表工人阶级、青年、妇女的利益，对政府的有关政策、法令、法规提出建议和批评，监督政府和政府工作人员遵守国家法律和法规，依法办事，对他们利用职权侵犯国家和人民利益的行为予以制止，以维护国家和人民的利益。

5. **公民监督**

公民监督主要是指公民以个人名义通过批评、建议、申诉、控告、检举等方式参与对政府行政机关和国家公务员行政行为的监督。在我国，公民的主体是人民群众，人民群众是国家的主人，包括行政首长在内的国家公务员都是人民的公仆，都是为人民服务的。公民对政府行政机关和国家公务员的监督，主要表现为国家主人对人民公仆的监督。这是我国行政监督所有的监督形式中最广泛、最直接的监督。公民监督的方式和内容主要有如下几种：

① 通过书信、上访、监督电话、直接对话等多种途径或方式对政府行政机关和国家公务员的工作提出要求、意见和建议，参加各种形式的评议活动，对行政机关和国家公务员的行政行为和工作做出客观的评价。

② 通过法定程序向国家立法机关、国家检察机关或行政机关的特别专业部门（主要是审计、监察部门）检举国家公务员的违法、渎职行为，控告行政机关和国家公务员的侵权行为；对行政机关和国家公务员的不合理或失当的处理决定，向其上级机关提出申诉直至向人民法院提起行政诉讼。

6. **舆论监督**

舆论监督是通过大众传播工具如报纸、刊物、电视、广播等对国家机关及其工作人员的违法违纪行为进行揭露的一种监督。舆论监督是宪法赋予人民群众的一项权利，也是人民群众表达自己意志的重要形式，是了解人心向背、社会思潮的主要渠道。利用舆论工具对违法者进行揭露、批评，对廉洁奉公者进行表扬，形成一种社会压力，促进政府机关和工作人员的廉政建设，提高行政效率。

舆论监督是迅速、有效、广泛的监督。与其他监督类型比较，舆论监督具有监督主客体广泛、方式公开、影响及时、监督效果具有威胁性等特点。凡是中华人民共和国的公民都有舆论监督权，对党政机关、社会团体、公职人员以及社会上一切有悖于法律和社会公德的行为都可以通过新闻媒介予以揭露，提出批评、建议。舆论监督的公开性、及时性使其对被监督者具有很大的威胁性，一些有问题的官员不怕上告就怕上报。因此舆论监督被称为除立法、行政、司法之外的“第四种权力”。我国自改革开放以来，随着社会主义政治民主化的发展，舆论监督的作用已日益得到重视和发挥，中央及省市级领导都十分支持新闻媒介的监督作用，朱镕基曾寄语中央电视台《焦点访谈》：“舆论监督，群众喉舌，政府镜鉴，改革尖兵。”有的省还成立了新闻监督中心。中央两大媒体——人民日报和中央电视台也已制订一项合作计划，为加大新闻舆论监督的力度，两大媒体的记者将针对社会热点和难点问题进行联合调查，然后同时报道，以引起政府和社会的高度关注，促进问题的解决。舆论监督将促进国家公职人员和各级行政机关的行政活动的合法性、有效性、服务性。

10.2.3 行政机关的内部监督体系

行政机关内部监督体系基本上可分为两大类型：一类是非专门监督，它是指上级行政机关对下级行政机关实行的监督；另一类是专门监督，它是指政府主管部门对下级政府相应的工作部门、有隶属关系的企事业单位的行政活动实行的监督。

1. **非专门监督**

非专门监督包括一般监督、职能监督、主管监督。

（1）一般监督

一般监督也称层级监督，是指行政机关上下级之间按照行政隶属关系开展的双向监督。包括自上而下的监督和自下而上的监督。

自上而下的监督是上级行政机关对下级行政机关实施的监督。在我国，包括国务院对于全国所有地方各层级行政机关的监督；国务院对下属各职能部门（部、委、办等）的监督；国务院各职能部门对下级政府所属各对口职能部门的监督；地方各级人民政府对下级政府及本身下属各职能部门的监督；地方政府所属各职能部门对下级政府所属各对口职能部门的监督。这种监督，主要是通过对下级发布指示、命令，领导到基层调查、考察以及听取下级的汇报等方式或途径，检查下级的工作，督促下级按照党的路线、方针、政策和国家法律法规实施行政管理，规范和约束下级机关、部门的行政行为，对错误、失当的行政行为提出批评并予以纠正，对违反政纪的行为给予行政处分。

自下而上的监督是下级行政机关对上级行政机关的监督。包括下级政府对上级政府的监督，政府职能部门对自己所属的政府的监督和对上级对口职能部门的监督。这种监督属于参与式的民主管理方式。其主要内容包括：以报告、请示、申请等方式向上级提出意见、建议和要求；以民主评议的方式对行政领导班子或行政领导者的工作表示肯定或否定；以越级报告的方式检举、控告行政领导者的违法行为；以申诉的方式表达对上级行政机关、行政部门和行政领导者处理某些问题不当或失当的不满，等等。

我国宪法和地方人民政府组织法都规定：全国地方各级人民政府都是国务院统一领导下的国家行政机关，都服从国务院。县级以上人民政府领导其所属各工作部门和下级人民政府的工作，改变或撤销其所属各工作部门和下级人民政府的不适当的命令、指示或决定等。上级机关可以通过行政的、经济的、组织的手段，实现迅速有效的监督，保证政令畅通、依法行政。上级行政机关对下级行政机关的监督形式主要有：工作检查、工作指导、工作督促、工作报告、专案调查等。下级行政机关对上级行政机关也可以实行监督，如对上级行政机关的错误决定、命令可以提出批评、建议。

一般监督的方式多种多样。①工作报告制度。《中华人民共和国宪法》明确规定："地方各级人民政府对上一级国家行政机关负责并报告工作。"这里所说的报告工作，就是指下级国家机关向上级国家行政机关就工作中的一些重大决策、重大措施、重要事项、事件和问题向上级所做的报告。工作报告分为工作简报、年度报告、专题报告、临时报告和综合报告等形式。通过这些报告可以保证上级行政机关及时了解下情、掌握动态、发现问题、采取措施，进而有效地领导和监督下级国家行政机关的工作。②审查批准制度。审查批准制度是指监督主体按照有关的法律规范对被监督对象的部分行政行为进行审核确认的活动，审查批准的内容主要涉及比较重大的行政行为，包括抽象行政行为和具体行政行为。如对某一行政法律规范、行政决定、命令、预算、决算、财政收支计划、报表、账簿、单据等进行审阅核对，以确定其是否合法、合理及符合必要的程序和形式要求。③备案检查制度。按照法定规定，下级制定的规章及其他规范性文件或者某些行政执法活动都应在事后报上级主管机关备案，以供上级行政机关及时了解情况。同时，如果在备案检查中发现违法或者不当之处，上级行政机关可以责令下级行政机关予以纠正，或者由上级行政机关直接撤销。④违纪调查制度。违纪调查制度是指具有监督权的国家行政机关对下级行政机关所发生的事故和违法乱纪案件所进行的调查和处理，它包括一般性问题的调查和处理，比较重大复杂的违法乱纪问题的调查和处理。⑤行政复议制度。凡是公民、法人和其他社会组织认为国家行政机关及其国家公务员的行政行为侵犯了其合法权益并造成了损失的，有权依法申请复议。受理复议的复议机关一般是具有上下隶属监督权的机关，即做出该行政行为的行政机关所属的本级人民政府或者上一级国家行政机关。行政复议只涉及具体行政行为，不涉及抽象行政行为。⑥批评建议制度。批评建议制度是指下级行政机关及工作人员对上级行政机关或行政领导者的决定、命令、指示等，认为有违背法律、政策或有错误时，有权提出批评或建议，以监督上级行政机关的工作。当然也包括上级行政机关或者行政领导者对下级行政机关或行政领导者提出批评和建议。从目前中国的公共行政管理实际情况来看，一般监督发挥着不可替代的巨大作用，但也存在着一些不可忽视的问题。其主要是一般监督的职权和责任不够明确，制度不够健全，行为不够规范，尤其是受“官本位”和封建人治观念的影响，自下而上的监督，往往会受到较大的阻力和干扰，这就需要进一步健全规范，完善制度，积极探索监督方式的新路子。

（2）职能监督

职能监督，指政府各职能部门或直属机构依据法定权力，就其主管业务在各自职权范围内对下级政府对应职能部门的监督，以及对所属企事业单位的监督。这是一种对所属的下级政府的对口职能部门实施的专业性监督，包括平行关系和上下级关系的政府职能部门的监督。职能监督通常围绕着业务职能进行，如财政监督、人事监督、计划监督等。财政监督是财政部门对政府其他职能部门和下级政府的对口职能部门财政收支和管理、国家划拨的经费使用和管理的情况实施的监督。国家财政部就其主管的国家财政收支工作，对各部委、各地区的预算、计划、收支等工作实施的监督等。人事监督是人事部门对政府其他职能部门和下级政府的对口职能部门人事安排、使用和调配是否合理实施的监督。国家人事部就其主管的人事业务，对各部委、各地区行政编制、人事录用、人事法规执行情况等进行的监督。计划监督是计划部门对政府其他职能部门和下级政府的对口职能部门对国民经济与社会发展计划的执行情况实施监督。从世界多数国家来看，职能监督的权限和范围因业务性质和法律传统何存在差别。一般而论，集权型政治体制职能监督较强，分权型则较弱。

（3）主管监督

主管监督是指政府主管部门对下级政府相应的工作部门、有隶属关系的企事业单位的行政管理活动和其他管理活动实行的监督。如国务院各部委和直属机关对地方各级人民政府相应的工作部门的监督、上级地方人民政府工作部门对下级地方人民政府相应的工作部门的监督等。这种监督有些属领导关系，有些属业务指导关系，其权限范围由中央和地方上下级部门之间实行领导或业务指导关系的不同而相区别。我国政府机构一般设有：①政治与行政综合管理机构，如民政、司法行政、人事、监察等部门。②综合经济管理机构，如国家发展与改革委员会、经济贸易委员会和财政、审计、劳动、税务、统计、物价等部门。③专业经济管理机构，包括农业、工业、交通、邮电、城乡建设、商业、金融等部门。④科技、教育、文化、卫生等方面的管理机构和科技委员会、教育委员会、体育运动委员会、广播电影电视厅（局）等。上级政府设立的这些职能机关与下级政府设立的相同职能的机关之间是业务指导或者领导的关系。我国地方人大地方人民政府组织法规定：省级人民政府的各工作部门受同级人民政府统一领导，并且按照法律或者行政法规的规定受国务院主管部门的业务指导或者领导。市、县级人民政府的各工作部门受同级人民政府统一领导，并且依照法律或者行政法规的规定，受上级人民政府主管部门的业务指导或领导。地方各级人民政府还有权监督设立在本行政区域内不属于自己管理的国家机关、企业、事业单位的工作，使其遵守和执行法律和政策。

2. **专门监督**

专门监督是指行政监察机关的监督，是政府内部设立的专门行使监察权的监察机关，对国家所有行政部门的公共行政管理工作以及国家公务员的行政行为所进行的全面的监督。这是指由政府设立的专门机关独立行使监督权，对所有部门的行政工作实行专业性分工的监督，主要包括行政监察、审计监督和行政复议等。

（1）行政监察

行政监察本质上是一种行政机关内部的人事监督活动，是指行政机关内部设立的专门监察机构对国家行政机关及其工作人员的行政活动实施的一种内部监督。我国于1986年恢复了行政监察机关，1993年行政监察机关与党的纪检机关合署办公。国务院在1990年12月9日发布了《中华人民共和国行政监察条例》，1997年5月9日八届全国人大常委会第二十五次会议通过了《中华人民共和国行政监察法》（以下简称《监察法》）。《监察法》规定县级以上人民政府设立行政监察机关，并建立举报制度，根据需要可以向本级政府所属部门派出监察机构或监察人员。规定监察机关对本级政府各部门及国家公务员、本级人民政府以及本级人民政府各部门任命的其他人员、下一级政府及其领导人员，实施监察。中国目前的行政监察机关，包括国务院的监察部和县级以上各级人民政府监察机关以及向所属部门派出的监察机构。《监察法》还规定：国家行政监察机关具有检察权、调查权、监察建议权、做出监察决定行政处分权。监察机关为行使监察职能，履行下列职责：监察国家行政机关在遵守和执行法律、法规和人民政府的决定、命令中的问题；受理对国家行政机关、国家公务员和国家行政机关任命的其他人员违反行政纪律行为的控告、检举；调查处理国家行政机关、国家公务员和国家行政机关任命的其他人员违反行政纪律的行为；受理国家公务员和国家行政机关任命的其他人员不服主管行政机关给予行政处分决定的申诉，以及法律、行政法规规定的其他由监察机关受理的申诉；法律、行政法规规定由监察机关履行的其他职责。根据1987年颁布的《中华人民共和国行政监察法》规定，国务院监察机关的监督对象是：国务院各部委及其国家公务员；国务院及国务院各部门任命的其他人员；省、自治区、直辖市人民政府及其领导人员。县级以上地方各级人民政府监察机关的监督对象是：本级人民政府及本级人民政府各部门任命的其他人员；下一级人民政府及其领导人员。

各级行政监察机关的业务范围包括：一是监督、检查国家行政机关在遵守和执行法律、法规和人民政府的决定、命令中的问题；二是受理对国家行政机关、国家公务员和国家行政机关任命的其他人员违反行政纪律行为的控告、检举；三是调查处理国家行政机关、国家公务员和国家行政机关任命的其他人员违反行政纪律的行为；四是受理国家公务员和国家行政机关任命的其他人员不服主管行政机关给予行政处分决定的申诉，以及法律、行政法规规定的其他由监察机关受理的申诉；五是法律、法规规定由监察机关履行的其他职责。由此可见，行政监察机关的基本职责主要包括两个方面：一是行政效能监察。即对被监察对象是否遵守和执行法律、法规和人民政府的决定、命令的情况进行监督；二是清正廉洁监督。即是对被监察对象是否违反法律、法规以及违反行政纪律的行为进行监督。为确保行政监察职责的有效履行，行政监察机关拥有检查权、调查权、建议权和处分权等。行政监察机关根据检查、调查结果，按照职责权限，既可以向有关部门提出监察建议，也可以对违反行政纪律的监察对象作出警告、记过、记大过、降职、撤职、开除等行政处分的监察决定，对违反行政纪律取得的财物，依法应由行政监察机关没收、追缴或者责令退赔等。

（2）审计监督

审计监督也称特种监督，是指国家审计机关根据国家的法律、制度、规定，依照一定的程序和方法，对政府机关、国家金融机构和企事业单位的财务行为、经济活动，进行检查、审核等监督活动。其目的是督促和帮助财务行政部门等的财经活动纳入国家法制的轨道，维护经济秩序，严肃财经纪律，为打击经济违法犯罪活动提供事实依据。我国现阶段，审计监督的主要内容是：政府财政收支、预算外收支；企业财务收支、成本费用、财务成果、财经纪律；财产物资管理；经济效益等。

审计监督是一种经济监督关系，其法律性质主要体现在：我国审计制度由宪法确定，并通过有关法律、法规及审计署发布的一系列指示和规章加以具体化；审计的指导原则贯穿于审计法的各种规范中。审计监督必须按照国家法律、法规和政策规定进行，具有独立性、权威性。

中国审计监督机构建立于20世纪80年代。1983年9月，根据宪法的有关规定，建立了国家专门审计监督机关，形成了由国家审计、部门单位内部审计和社会审计组成的审计监督体系。一是国家审计机关。在中央是国家审计署在国务院总理的领导下组织领导全国的审计工作；在地方是县级以上地方各级人民政府设立的审计局。二是部门单位内部审计机构。国家金融机构、国有大中型企业、大型基建项目的建设单位根据需要设立内部审计机构，独立行使审计职权，但在业务上要接受国家审计机关的指导。三是社会审计组织。目前主要有会计师事务所和审计师事务所，他们从事审计工作，必须接受国家机关、企事业单位或个人的委托，接受审计机关的管理和指导做出的审计报告应当报送审计机关审定。

目前，政府审计监督主要包括三个方面：一是财务合规性审计。主要任务是审计财务管理和会计账目，查明财务管理工作是否符合法律和规章制度。二是绩效审计。主要是对政府管理活动的经济性、效率性和效果进行审计和评价，其范围包括政府经济活动的组织和管理系统的全部活动。三是党政机关领导干部经济责任审计。主要以领导干部所在单位的财政财务收支为基础，对领导干部任期经济责任的履行情况进行审查和评价，为组织人事部门选拔任用干部提供参考依据。

审计监督与其他有关经济监督的关系，是分工不同、各司其职、互为补充。如审计和统计、会计互相联系，在经济监督管理中协同发挥作用。审计以统计数字为依据，以会计账目作基础；而准确的统计数字又同会计核算和财务审计密切相关；会计监督如果没有审计监督的支持也难以开展。又如，对企业实行必要的监督管理是审计机关和财政、税务、工商行政管理、银行等部门的共同任务，只有协调行动才能做到既保证国家财经法纪的执行，又维护企业的合法权益。再如，管理物价不仅是物价部门的职责，审计监督和其他有关部门都有责任配合物价检查机关做好价格监督检查和处理价格违法行为的工作。

根据《中华人民共和国审计法》的规定，审计机关具有以下法定职权：①要求报送权。审计机关有权要求被审计单位按照规定报送预算或者财务收支计划、预算执行情况、决算、财务报告、社会审计机构出具的审计报告，以及其他与财政收支或者财务收支有关的资料，被审计单位不得拒绝、拖延和谎报。②检查权。审计机关有权检查被审计单位的会计凭证、会计账簿、会计报表以及其他与财政收支或者财务收支有关的资料和资产被审计单位不得拒绝。③调查权。审计机关有权就审计事项的有关问题向有关单位和个人进行调查并取得有关证明材料，有关单位和个人应当支持、协助审计机关工作，如实向审计机关反映情况，提供有关证明材料。④制止并采取措施权。审计机关对被审计单位正在进行的违反国家规定的财政收支、财务收支行为，有权予以制止，制止无效的，经县级以上审计机关负责人批准，通知财政部门和有关主管部门暂停拨付；与违反国家规定的财政收支、财务收支行为直接有关的款项，已经拨付的，暂停使用。⑤通报权。审计机关有权向政府有关部门通报或者向社会公布审计结果，但应依法保守国家秘密和被审计单位的商业秘密。⑥处理权。审计机关发现被审计单位违反国家规定的财政、财务收支行为，有权依法作出处理。

(3) 行政复议

行政复议是指公民、法人或者其他组织（管理相对人），不服行政机关的行政处罚或者其他处理决定提出申诉，上一级行政机关或者法律、法规规定的其他机关根据管理相对人的申诉，依法对原处罚或处理进行复查并做出决定的一种具体行政行为。它不仅是行政机关内部上级对下级进行监督的重要方式，而且是一种对管理相对人合法权益提供保障的行政救济方法。

我国于1990年公布了《行政复议条例》，并在县级以上各级地方政府建立行政复议机关(设在政府法制工作机构内或与法制工作机构合署办公)。其主要职能是维护和监督行政机关依法行使职权，防止和纠正违法或不当的具体行政行为，保护公民、法人和其他组织的合法权益，1999年《行政复议法》颁布实施，使行政复议工作更为完善。由此，我国公民、法人和其他组织认为行政处罚和其他处理决定侵犯了其合法权益的，较普遍地先通过行政复议解决。根据我国《行政诉讼法》第37条规定，向法院提起行政诉讼的案件中，全都有可能先向行政机关申请复议，其中，绝大多数是必须经过复议的。行政复议的特点是：属于行政机关内部基于隶属关系的层级监督的规范性行为；须由与行政机关做出的具体行政行为有利害关系的相对人提出；须依法定行政程序进行；不适用调解，但涉及损害赔偿的复议除外。

可见，行政复议的审查内容主要指对被申请复议的具体行政行为进行审查的内容。重点是程序审和实体审两个方面。程序审是审查有争议的具体行政行为的做出是否符合法定程序要求。实体审是审查行政机关做出具体行政行为所依据的事实是否清楚，认定是否准确；所适用的法律、法规是否正确，行使自由裁量权做出的具体行政行为是否合理恰当，有无越权、滥用职权等。也就是说，行政复议的审查是全面性审查，既要审查程序要求，又要审查实体规定；既要审查行为的合法性，又要审查行为的合理性；既不受复议申请人申请的范围限制，又不受被申请人做出的具体行政行为的限制。总之，要依法对行政机关做出的具体行政行为所涉及的所有人和事项进行全面审查。

行政复议审查的依据，是指法律根据和如何适用法律的规定。根据《地方组织法》的规定，按行政机关层级隶属关系的要求，行政机关既要执行国家的法律、法规，也要执行上级行政机关的决定、命令。这些规范性文件都应当成为行政机关做出具体行政行为的根据。据此，《行政复议条例》第 41 条规定，复议机关审理复议案件，以法律、行政法规、地方性法规、规章，以及以上级行政机关依法制定和发布的具有普遍性约束力的决定、命令为依据；审理民族自治地方的复议案件，并以该民族自治地方的自治条例、单行条例为依据。同时还要指出，我国法律、法规规定可以申请复议的仅指对具体行政行为不服。《行政复议条例》第 10 条规定，公民、法人或者其他组织对行政机关的抽象行政行为、内部行政行为，对民事纠纷的仲裁、调解或者处理，以及国防、外交等国家行为不服的，不能依照复议条例申请复议。

行政复议有以下四个特点：①提出行政复议的人，必须是认为行政机关行使职权的行为侵犯其合法权益的法人和其他组织。②当事人提出行政复议，必须是在行政机关已经做出行政决定之后，如果行政机关尚未做出决定，则不存在复议问题。复议的任务是解决行政争议，而不是解决民事或其他争议。③当事人对行政机关的行政决定不服，只能按法律规定，向有行政复议权的行政机关申请复议。④行政复议，以书面审查为主，以不调解为原则，行政复议的结论做出后，即具有法律效力。只要法律未规定复议决定为终局裁决的，当事人对复议决定不服的，仍可以按行政诉讼法的规定，向人民法院提请诉讼。行政复议的主体是作出行政行为的上一级行政单位；行政复议的客体是认为被侵犯其合法权益的法人和其他组织；被申请人是作出行政行为的行政单位。

10.3 健全和完善我国行政监督制度

10.3.1 健全和完善行政监督制度的重要意义

“以权力制约权力”是西方行政学的一项重要原理，通过行政监督活动，从一定程度上对行政权力进行有效的制约，对于实现“依法行政、依法治国”的目标具有极其重要的意义；在我国，国家行政机关在政治、经济、文化、科技、教育、卫生等诸多方面进行着广泛的行政管理，行使着广泛的行政权力。鉴于我国行政管理活动中缺乏法制性，以及存在严重的以权谋私等腐败现象，加强行政监督就具有十分重要的意义。

1. 实行行政管理法制化的有力措施和保证

依法治国的核心是依法办事、依法治理，而国家行政管理法制化是其重要体现。行政管理法制化，要求行政机关和行政人员依法行政，依法设置行政机关和编制行政人员，依法行使行政权力和进行行政管理。江泽民同志在1996年2月8日中共中央举办的中央领导同志法制讲座上首次提出：要加强社会主义法制建设，依法治国，要使社会主义国家各项工作逐步走向法制化和规范化，要逐步实现社会主义民主的法制化。在为《社会主义法制建设基本知识》一书所作的《序言》中，他又指出：实行和坚持依法治国，就是在党的领导下努力实现国家各项工作法制化、规范化，真正做到有法可依、有法必依、执法必严、违法必究，保证各项事业在社会主义法制的轨道上顺利发展。提出依法治国是我国社会主义政治制度发展史上的一个里程碑，也是我国治国方略的重大转变。在我国的行政活动中，努力实施和加强行政行为的监督，能够及时发现问题并及时加以解决，防止或纠正违法或者不当的行政行为，使国家行政机关沿着法制的轨道正确地行使人民交给的权力。

2. 实现行政机关工作人员为政清廉的重要保证

在我国，政府的宗旨是为人民服务，国家公务员不论职位高低、权力大小，都是人民的公仆。但在国家行政机关行政管理活动中，由于种种原因，会存在人浮于事、办事拖拉、不负责任、相互推诿等官僚主义现象。同时，行政机关中还存在着不少利用手中的行政职权谋取私利、行贿受贿、贪赃枉法等腐败现象。只有加强监督，规范行政机关和行政人员的行为，对其违法违纪行为，进行严格监督，严格奖惩制度，查办公职人员违法乱纪案件，制裁违法违纪者，才能克服官僚主义和腐败现象，保持政府公职人员廉洁自律，改善行政管理，建立良好政风。同时，实施和加强行政行为的监督，将行政机关的行政活动置于广大人民群众的监督之下，可以加强国家公务员的公仆意识，促使其更好地为人民服务。

3. 保护公民合法权益的重要保障

行政管理活动是国家行政机关和行政人员直接行使国家权力，把法律、政策实施于民，由于种种原因，可能出现违反法律规定，侵犯公民、法人和其他组织的合法权益的情况。在实施行政管理活动中通过实施和加强对行政行为的监督，可以尽可能地使公民、法人和其他组织的合法权益免受侵害。行政监督机关和监督法规的任务之一，就是依法受理和处理行政机关和行政人员侵犯公民合法权益的案件，以保护公民的合法权益不受侵犯。即使受到侵害，监督主体可以根据不同的情况，采取措施，通过适当的方式、适当的手段，使受到的侵害得到相应的救济和补偿。

10.3.2 行政监督体制存在的问题

我国的行政监督制度经历了一个曲折的发展过程。新中国成立后在各级政府设立的监察机关在 1959 年全部被撤销，至 1986 年才恢复，这才有了专门的行政监察机关，国家权力机关、政党、司法等方面的监督体制和制度也逐步得到完善。现阶段我国行政监督的主体十分广泛，国家行政机关及其工作人员的行政活动受到来自上下左右各方面的监督。但我国行政监督方面还存在着许多严重的问题，致使改革开放 30 多年来，经济改革和经济建设取得重大成就的同时，也出现了严重的腐败问题，行政管理活动法制化、科学化建设还远远不够。

1. 国家权力机关发挥作用不够

我国实行的是“议行合一”的政治制度，人民代表大会是国家权力机关，享有至高无上的立法权和监督权，各级政府对人大负责、汇报工作并接受其监督。在党政关系尚未理顺的情况下，人大对政府的监督同时也成了对党的监督，而宪法中只规定了党对权力机关的领导，没有规定权力机关可以监督执政党的活动。正因为如此，人大的监督缺乏权威性，真正有效的监督难以实施。另外，国家权力机关实行年会制度，对政府的日常性监督受到许多限制。事后听汇报，进行一般性工作巡视，其监督实际效果不大。

2. 行政监督法制不完备

1978 年以来，行政法规建设发展较快，基本上达到了有法可依的水平，但其中行政监督法制还不完备。行政监督法制化建设不够，行政法规、制度不完善，制定滞后，使一些行政活动无法可依。我国已有《行政主诉讼法》、《国家赔偿法》、《行政复议法》，公民、法人和其他组织可以对行政机关的违法违纪活动提起申诉，但困难也不少，一方面是受害者法律知识少，法治意识薄弱，不知向谁申诉；另一方面申诉过程中由于各方面的关系网，司法机关往往有法不依，违法办案，官官相护，使申诉旷日持久且难以得到公正判决。要使行政监督落到实处，应在法规中具体规定监督的主体、方式与程序，使行政监督有力有效。

3. 权力机关的监督缺少威力

按照我国“议行合一”的政治体制，人民代表大会作为权力机关享有的权力是至高无上的，对国务院、人民检察院、人民法院等负有全面监督职能。我国宪法规定：中华人民共和国的一切权力属于人民，人民行使国家权力的机关是全国人民代表大会和地方各级人民代表大会。“国家行政机关、审判机关、检察机关都由人民代表大会产生，对它负责，受它监督”。但现实中人大对政府的监督面上多于实际，人大虽有监督权，但缺少实施细则。目前，人大对行政执行情况的监督是临时性地组织执法检查小组，分赴各地检查，而没有建立长期性的专门监督部门或与行政管理部门对应的专业委员会，因此人大的监督虽有所加强，但远未达到全面、有力的监督。

4. 民主党派的行政监督作用尚未充分发挥

中国人民政治协商会议是我国的统一战线组织，民主党派在我国是参政党，中国共产党与各民主党派“长期共存，互相监督，肝胆相照，荣辱与共”。1994 年 3 月，全国政协八届二次会议修改了《中国人民政治协商章程》，明确了人民政协的主要职能是组织参与本会的各党派、各团体和各族各界人士参政议政，参政议政的主要内容是政治协商、民主监督。新章程规定了人民政协、各民主党派进行民主监督的具体内容，指出民主监督是对国家宪法、法律和法规的实施、重大方针政策的贯彻执行、国家机关及其工作人员的工作，通过建议和批评进行监督。但目前总体而言，各民主党派对行政机关及其工作人员的监督不具备足够的权威，从而影响了监督的效力。

5. **公民监督作用的实际效力低**

公民监督的实际效力不明显，主要缺乏合理畅通的监督渠道。公民监督是合理合法的，但是有些行政机关存在着不重视甚至是蔑视公民监督的现象和问题，有些行政领导者及公务员对公民的监督打击报复，刁难甚至威胁，致使有的行政机关中，个别领导以权谋私，腐败堕落到了令人发指的地步，民众对此却无可奈何。这种状况使公民监督名不副实，效力受损。我国宪法规定，中华人民共和国的一切权力属于人民，人民通过各种途径和形式管理国家事务。但实际上，由于无可操作性强的具体条文和人民直接监督制约政府的制度，再加上日前行政机关的行政运作过程透明度不高，这就导致公民对政府监督难以到位，只停留在表面上。

6. **监督相对滞后，加大了损失**

行政监督贯穿于行政活动的全过程，由于行政活动有决策、执行反馈的过程，因此行政监督在时间上可以分为事前、事中和事后监督。我国的行政监督往往是在问题出现以后，甚至相当严重以后，才进行监督，而不是事前、事中加强监督，导致事后监督难度大，损失大，影响不好。这种滞后的监督日益引起社会的不满，所以我们要加大事前和事中监督，将问题发现在前面以尽量减少不必要的损失。

7. **新闻舆论监督所受制约过多**

舆论监督是宪法赋予人民群众的一项权利，也是人民群众表达自己意志的重要形式，是了解人心向背、社会思潮的主要渠道，它具有监督主客体广泛性、监督方式公开性、监督影响及时性、监督效率威胁性等特点。但由于社会民主政治建设等诸多方面的原因，导致新闻媒介的作用受到多方面因素的制约，未能发挥社会舆论的强大力量，应该有新闻法对传播媒体以事实为根据的报道实施保障。

8. **行政组织内部的监督机制有待完善**

行政监察部门的权威性不够，监察人员的权力不大，监察人员本身的升降、荣誉等命运大都掌握在被监督对象的手中，造成政府内部缺少直接向政府首脑或上级政府负责的监察机构。我国目前监察队伍建设最突出的问题有三个，一是监察队伍人数严重不足，二是监察人员的素质不够高，三是监察人员自身监督机制缺乏。这种状况自然难以满足充分发挥各级监察部门正确行使监督职能的需要。

可见，造成我国行政监督不力状况的原因很多，有思想认识方面的问题，也有国家政治体制建设的理论基础不足的问题。这就要求我们遵循行政监督的基本思想与原则，以利于完善监督体制。

10.3.3 指导我国行政监督建设的思想和基本原则

行政监督的指导思想和基本原则，为各类行政监督活动指明了正确方向，各类行政监督主体应当遵循这一指导思想和各项基本原则，正确开展行政监督工作，并且要以此为基本准则来衡量和检验各项行政监督工作，解放思想，总结经验，探索新路子，推动我国行政监督工作不断取得新的更大的成效。

根据宪法和有关法律、法规、条例、准则的立法宗旨，我国行政监督的指导思想是：以建设有中国特色社会主义的理论和党的基本路线为指导，以宪法为依据，强化对宪法和法律实施的监督，维护宪法的尊严和法制的统一，保证宪法和法律的有效实施，全面贯彻党的基本路线，搞好廉政建设，防止和反对腐败，改善行政管理，提高行政效率，促进改革开放和经济建设顺利进行，确保国家长治久安。

我国目前行政监督的主体种类很多，各类监督主体的性质也不一样，并且不同监督主体之间的法律关系错综复杂。为把各种不同的监督主体有机地组织成一个统一的执法监督主体队伍，形成一股强劲的合力，真正高效地发挥其应有的监控监督活动的功能，行政监督应当坚持如下原则：一般监督与专门监督相结合；纵向监督与横向监督相结合；经常性监督、定期监督与不定期监督相结合。

10.3.4　健全和完善行政监督制度的内容

当前，我国的行政机关和行政人员受到来自各级党委、基层党组织、党的纪律检查委员会、国家行政监察机关、审计机关、国家权力机关、司法机关、行政机关以及民主党派、社会团体和人民群众、新闻媒介等各个方面的监督，监督网络可谓严密。我国也先后出台了《关于惩治贪污受贿罪的决定》和补充规定（1988年实行）、《行政诉讼法》（1989年通过，1990年实行，1997年修改）、《行政复议法》（1999年实行）、《国家公务员条例》（1993年实行）、《国家赔偿法》（1995年实行）等，1997年又修改了《刑法》，增加了经济犯罪、渎职罪、贪污罪等内容，党内也公布了《中国共产党纪律检查机关案件检查工作条例》（1994年实行）、《党政机关县（处）级以上领导干部廉洁规定》，等等。但当前我国在行政监督方面依然存在着诸多方面的具体问题，如监督不力、惩治不严、法制不完备等。克服这些问题就必须进一步加强和完善我国的行政监督制度，主要是完善法律、规章制度建设和行政人员、执法人员的队伍建设，重点是以下几个方面：

1. 强化法律监督机关和行政监督机关、纪检机关的职能

首先，要加强各级国家权力机关的监督职能，特别是强化对法律实施情况的检查监督，加强对行政机关工作的监督。目前人大对法律执行情况的监督是临时性地组织执法检查小组，分赴各地检查，而没有建立长期性的专门监督部门或与行政管理部门对应的专业委员会，因此人大的监督虽有所加强，但远未达到全面、有力的监督。

其次，要加强党政一体的纪检监察机关的组织建设，增强力量，完善运行机制，理顺关系，调动积极性，以查处违纪案件为纪检监察工作的中心环节，疏通信访渠道，强化举报工作。同时要加强公检法、审计、工商、海关等执法执纪部门的联系，形成查处案件的合力，做到有法必依、违法必究。

再次，须进一步研究和建立有效的监察领导体制。从世界各国廉政建设的经验看，监察领导体制对于监察效果关系极大。实行块块领导体制，人情因素影响大，难以保证监察工作的权威性和有效性，实行双重领导体制也不能完全排除人为因素的干扰，因此监察领导体制大多实行中央首脑或中央政府直接领导的独立体系。我国纪检监察司法等监督体制目前大多实行双重体制，因此，仍存在权高于法、情大于法的问题。为使行政监督更加有效，行政监督体制应逐步向以垂直领导为主的体制过渡。同时要理顺各监督机构之间的关系，明确职责的主次关系，如1998年为打击走私而建立的缉私警察部队就明确了属公安、海关共同领导，但以海关为主的领导体制，保证了缉私部队的专业性和相对独立性。

此外，各级党的纪检部门、国家权力机关有关部门、政府监督部门和各级法律监督部门之间要密切配合，互相支持，才能有效地行使行政监督权，促进廉政建设。

2. **完善监督制度和法规**

完善监督制度和法规是监督主体行使监督权的前提条件，是实现监督工作制度化、法律化的关键。依法治国不仅要实现国家权力行使的法制化，而且要实现对行使国家权力进行监督的法制化。我国监督制度和法规不完善主要表现在：首先，缺乏一部较为完整、专业性强的监督法以及规范政府行为的行政程序法、行政道德法等。现有的廉政法规较为分散，法规很多，有几十个，但都是针对一两个具体问题分别制订的，如不准经商的，不准公费旅游的，不准吃请的，不准收受礼品的，不准买卖有价证券的，不准滥发钱物的，不准在企业、社会团体兼职的，不准乱收费乱摊派的，不准在招选拔干部中以权谋私的等，人们不仅难以记住、了解，而且法律地位也不高，法规内容规定也较为笼统，不具体、操作性不强，大多有空子可钻。这给行政监督带来较大的困难。其次，对行政监督的程序规定也不够完善。1997年颁布的《行政监察法》对行政监督的机构、人员、任务作了较为明确具体的规定，但对有些监督主体的行政监督工作的程序尚缺乏统一的法律规定。如宪法规定国家及地方各级权力机关行使监督权的主要形式是听取和审议政府工作报告，对政府工作提出质询，视察检查，审议提案，专题调查等，但对这些监督方式的进行及监督内容（如可以改变和撤销国务院及各级地方政府违反宪法的不适当的决定）；审议后对政府工作不满意或通不过，政府是否要承担工作的和法律的责任；政府的法规、决定、决议怎样报送人大审议；审议程序；生效制度等，都缺乏统一的法律规定。这些都影响着行政监督的质量和力度。

完善监督制度还包括完善舆论监督制度、公开举报制度、政务公开制度、信访制度、公民参与制度和其他民主监督制度。建立和完善这些制度是社会主义民主政治建设的内容，也是人民对政务实现有效监督的前提和主要形式。尤其是政务公开制度，现在全国已实行村务公开，应逐步地、积极地推行各级政府的政务公开制度。政务公开是民主化、法制化的基本要求，也是防止腐败的有效措施。韩国报纸在分析腐败根基时指出：如果国家公共权力能够在保证透明度的情况下公开被行使，在市场上确立公正的竞争秩序，那么腐败就会失去其存在的根基。政务公开是铲除腐败这个社会毒瘤的一个根本方法。国家机构应在公开化的环境中行使公共权力，正如瑞士国民所称的，公务员办事应像鱼缸中的鱼一样，让老百姓看得一清二楚。我国一些省市的部分政府机关已开始要求实行政务公开，如上海市在1996年11月召开了“上海市加强廉政勤政建设，推行政务公开”工作会议，明确要求上海市各级政府部门、司法机关、社会公益事业单位和行政村民委员会，凡是与公民、法人和其他组织办事有关的各项规章制度，只要不涉及国家机密，应当全部向社会公开。推行政务公开，把与群众利益密切相关的事项公布于众，可以消除“黑幕交易”、玩弄权力、以权谋私的消极腐败行为；同时还可以让群众充分了解政府工作部门的工作，并实行有效的监督。政务公开等制度的实行和完善，将有利于加强人民群众和政府之间的沟通，提高政治透明度，让人民群众了解政府的政务活动，包括政府政策的制定和执行，政府人员的政绩和行为，从而实现有效的监督，以防止政府行为的短期化、轻率决策、歪曲执行，以及政府工作人员以权谋私、官僚主义、特权现象等。

3. **加强纪检监察、执法队伍的建设**

加强纪检监察、执法队伍建设是实行有效行政监督的组织保证。我国目前监察队伍建设最突出的问题有三个，一是监察队伍人数严重不足，二是监察人员的素质不够高，三是监察人员自身监督机制缺乏。

我国主要的行政监督主体（执政党、国家权力机关、司法机关、行政监察机关），普遍存在着人员少、经费缺的情况，与繁重的监督任务不相适宜。我国各级人大及其常委会行使监督权，但全国人大常委会委员不过150人左右，地方人大常委会不过几十人，且常委会委员和各专业委员会委员大多不设专职，人大机构编制少，人民代表多为兼职，开会时间短，所以人大对政府的监督实在是力不从心。人民检察院、人民法院受理政府机关和工作人员违法案件，但各法院和各检察院也面临着审判力量不足、办案经费缺少等困难，不仅不能保证迅速有效办案，而且还造成司法机关为补充办案经费经商、乱收费等腐败问题。我国县级以上行政监察机构全部组建完成之后，全国将设有1万多个监察机构，约10万人的监察队伍。中国地域广阔、人口众多，10万人的监察队伍是很不够的，我国监察队伍应逐步扩大。我国国家机构人员构成中，一方面是行政机构庞大、臃肿、重叠，人浮于事，另一方面是监察人员严重不足，负荷太重。因此在行政机构改革调整中，加强监察机构和监察队伍的建设，扩大监察队伍是十分必要的。

监督队伍不仅人数少，而且政治素质和文化素质、业务素质也不够高，从而严重影响了行政监督工作的效率和行政监督队伍的纯洁性。监督工作是一项原则性、责任心极强的工作。监督就是检查行政机关及其人员执行法律、法规、制度、纪律、方针、政策的情况，发现问题予以纠正，对违法违纪人员追究法律、政纪、党纪的责任，提出和给予恰当的处理，违法者交司法部门审理。要达到这样的目的，必然要求监督人员素质好、水平高、思想作风正派、法制观念强、组织纪律性好，既要熟悉监督对象的业务活动，又要熟悉有关的法律、法规、制度、方针政策，这样才能通过检查，发现问题，及时纠正。同时还要面对监督过程中来自监督对象本身、监督对象的上级以及监督对象的家属、老关系等各个方面的阻挠、说情、护短、包庇、钻空子等，如果监督人员素质不高，很容易被腐蚀、拉拢、收买，使监督难以实施。为使监督顺利开展，提高监督人员素质是极为重要的。目前一些地方和单位执法不严，监督不力，其中一个重要原因就是执法者、监督者政治素质差、文化水平低、业务水平不高，影响了执法、监督的严明和公正。

提高监督人员素质，一方面要严格录用制度，实行公开竞争、经考试录用的制度，并对现有监督人员进行岗位培训，使其尽快熟悉业务以胜任本职工作。同时要健全监督机关内部制约机制，制定监督机关、监督人员自身监督的有关制度，使监督机关和监督人员也置于监督之下，造成人人监督、监督人人的局面，以防止监督机关和监督人员不依法监督或滥用监督权的事情发生。如果监督者自身不受任何监督，只监督别人，这种监督是不全面的，也是很危险的。我国当前对监督机关及其人员的监督、把关，主要体现在上级机关的指导、检查以及接受监督对象的申诉处理上。因此，要使监督有效、全面，保持监督队伍的纯洁，必须制定监督机关和监督人员内部制约、自身监督的制度和法规。从 1998 年开始，我国的司法机关进行了较大规模的整顿工作，将违法违纪分子清理出执法机关，同时人民法院、人民检察院都公布了举报电话，建立了举报中心，并颁布了要求依法办案、公开审判、违法审判造成错案的要追究责任等规定。但从长远的观点看，应该制定完整的法规，从而对监督主体的违法行为进行追究，纯洁执法队伍，提高行政监督力度。

4. **借鉴学习国外的先进经验，以权力制约权力**

西方一些资产阶级民主国家很早就依据分权、制衡原则建立起较为有效的行政监督机制，在行政监督方面积累了丰富的经验。许多经验对我国行政监督体制的完善具有借鉴作用。物质的力量只有靠物质的力量才能摧毁，约束权力必须使用更有效的权力，否则就难以达到约束的目的。监督，实质上就是居优势地位的权力对相对弱小或起码平行的权力主体之间的约束，没有与被监督对象起码平行的权力很难进行有效的监督。要加强行政监督，就必须提高监督主体的法律地位，赋予足够的权威。

思考题

1. 行政监督的概念及意义。
2. 行政监督的对象和范围。
3. 试述我国的行政监督体系。
4. 你对完善我国的行政监督体制有何认识？
5. 行政机关外部监督的主要形式有哪些？

案例 10：××县红头文件抗衡判决书

2003 年 6 月 23 日，经××县建设局审查批准，××县人民医院在《××日报》上发布招标公告，为门诊二、三号楼的土建工程进行公开招标，总造价 350 万元。根据招标公告公布的时间，从 6 月 25 日至 6 月 30 日，县医院在××县建设工程交易中心设点，接受投标单位的报名并发放招标文件。在 7 月 10 日 14 时 30 分递交投标文件截止时间之前，共有 43 个单位报名参加投标。7月10日下午，县医院在县监察局、公证处和建设局等单位相关领导以及工作人员的现场监督下，公开进行第一阶段即经济标部分的开标。经评委现场打分，××县第三建筑工程公司（下称“××三建”）等8家投标企业入围，在经济标部分胜出。7月21日，本次招投标活动进行第二轮开标（技术标评分）。最后，综合经济标和技术标的得分，××三建以92.3分的高分夺冠。在场的评委和监督人员均签名予以认可，××县公证处于当日对本次招标结果的合法性发出确认公证书，××县人民医院和××县建设工程招标投标办公室随即向××三建联合核发了《建设工程中标通知书》。

就在××三建与××县医院准备签订合同时，××县建设局于2003年8月11日向双方发出《通知》，以招标文件从发出之日到报名截止时不足20天为由，认定本次招标结果无效。××三建不服，将建设局起诉到法院。被告很“牛”，在法定的举证时间内拒不提交任何证据。××县人民法院在一审判决中认为，被告作为行政机关，负有举证的责任，不举证应当视为其所作出的《通知》没有事实和法律依据。国家部委联合制定的《工程建设项目施工招标投标办法》第73条第1款的规定：“招标人或招标代理机构有下列情形之一的，有关行政监督部门责令其限期改正，根据情节可处三万元以下的罚款；情节严重的，招标无效。”该条款列出10种情形，其中第四项为“依法必须招标的项目，自招标文件开始发出之日起至提交投标文件截止之日止，少于二十日的”。显然，只有情节严重的，才能宣布招标无效，否则，被告只能根据查明的事实以及违规情节的轻重做出相应的处理。因此法院认为，本次招标活动从2003年6月25日发出招标文件，到7月10日下午提交投标文件截止之日共16天，××县人民医院的招标活动确有不妥之处，但尚未达到情节严重的程度。而整个招投标过程是在被告及相关职能部门的现场监督和见证下完成的，招投标单位主观上没有故意违规，被告在《通知》中也未认定上述时间不足属于情节严重的情形，由此认定原告的中标结果无效不当。2003年9月11日，××县法院做出一审判决，撤销××县建设局的《通知》。

××县建设局没有提出上诉，却在2003年9月28日发出第二个红头文件，其中除了重复已经被法院第一次判决撤销的事实外，又以××三建故意隐瞒被有关部门处罚的“不良记录”为由，第二次撤销了××三建的中标结果。10天后，××三建再次将××县建设局告上法庭。××县法院的判决指出，××市建设局2003年7月16日对原告处分的《通报》本身不具有溯及力，且已经在书面释中表明，受处分的企业在此前报名参加的投标资格仍然有效，因此，××县建设局以此为由，认为原告在××县医院的招标中没有投标资格缺乏事实依据。法庭调查证实，被告在××市建设局7月16日做出《通报》的当日就已经收到该文件，对××三建所受到的处分一清二楚，5天后的7月21日第二阶段开标时，××县建设局主管招投标工作的副局长××就端坐在现场，但并未将这一情况告知评委。作为主管部门，既然早就知道此事，且对招投标活动履行全程监督职能，事后却说是原告故意隐瞒，令人费解。因为原告根本就无法隐瞒。××县法院的判决还认为，招标单位在招标文件的要约条款中，也没有要求投标人告知受处分的情况，××县建设局也未说明原告应向哪个部门及如何汇报曾受过处分的经历，原告已经完全按招标文件的要求填写了相关内容，不存在故意隐瞒事实的行为。

2003年12月4日，××县法院第二次做出一审判决：被告××县建设局撤销原告中标结果的《决定》违法。如同第一次判决一样，××县建设局对第二次判决也没有上诉。两次判决均先后生效。2003年12月30日，××县建设局将上述两个已经分别被生效判决撤销的《通知》和《决定》所依据的事实“捆绑”到一起，发出第三份红头文件，第三次认定县医院门诊楼工程招标结果无效。这种与司法机关直接叫板的做法，使得已经生效的行政判决形同废纸。在庭审阶段，原告搜集并向法庭提交了7份招投标个案材料，大都存在与××县医院的招标过程相似的招标文件从发出到截止不足20天的问题，这表明，类似情况在当地招投标活动中非常普遍。据某副局长说：“那些问题都是在市里发生的，不是在我们县，别人错了的我们不能错。”但是，与此类似的7起招投标个案中，就有位于××的天山水泥有限公司水泥熟料生产线的招标项目。这起标的达800万元的项目，从2003年6月30日发出招标文件，7月4日截止，7月15日开标，不足20天，且与××县人民医院的招标项目几乎同时进行，××县建设局却对此充耳不闻。××县建设局既不上诉，也不执行法院判决，而是以红头文件与法律对抗到底。而该副局长又说：“是否执行法院的判决，我们需要请示县纪委。”（本案例选自《南方周末》2004.2.14）

讨论：

（1）红头文件对抗法律判决反映出政府行政决策中的什么问题？你认为存在这些问题的根源是什么，应如何解决？

（2）结合本案例谈谈如何规范与监督政府的行政行为，促进决策的科学化？

第11章

财务行政管理

财务行政与行政管理是密不可分的，哪里有行政管理，哪里就有财务行政。任何政府为履行其政治统治和社会管理职能，都需要依靠国家权力，参与社会产品的分配和再分配，并通过财力的集中与分配，为行政管理提供物质保证。财务行政是以政府的国家政权为依托，对国家财政收支分配活动的管理。它包括与财政活动有关的管理体制、管理制度，以及各项具体的管理方法和程序。其研究的核心是预算，这包括预算的编制、审批、执行及监督等环节，目的是通过研究，了解政府在现实中怎样以及应该怎样参与社会产品的分配与再分配，通过财力的集中与分配，为行政管理提供物质保证。财务行政通常包括预算制度、决算制度、会计制度和审计制度。这四大制度既各自具备不同的结构和功能，又相互联系、相互影响，共同构成一个完整的体系，为国家行政管理的正常运行提供物质保障。

11.1 财务行政概述

11.1.1 财务行政的含义及特点

财务行政是指国家有关行政机关，依照法定的原则和制度对所有行政单位的各种资金运动进行合理的组织、调节、检查和监督，以正确处理资金运动所体现的特种经济关系，保证行政管理机构的正常运转，有效发挥国家的行政职能。财务行政的本质问题是政府财政收支的有效管理方法和程序，是政府宏观调控的重要手段，也是行政管理的物质基础，为政府实施其职能提供必要的物质保证。在我国，“财务行政”一词使用较晚，但早在奴隶社会和封建社会，就出现了相当于“财务行政”的若干术语，如“国用”、“国计”、“邦计”、“理财”、“行政”、“度支”等。其中“度支”一词尤为接近财务行政的含义，其内容大体包括预算、会计、决算和审计四大部分，分别担负着财务计划编制、财务计划执行、财务计划总结、财务计划监督等方面的职能。

财务行政对于行政单位自身的业务活动来说，具有特殊的运动规律，同其他财务管理相比较，具有以下一些特点：

1. **政策性**

财务行政不仅涉及国家方针政策的贯彻，而且直接涉及广大人民群众的切身经济利益。因此，必须根据不同时期的政治经济形势和任务，依据国家在各个时期的政策，不断调整财务行政的各项收支标准，改革财务行政的管理体制。财务行政的各个工作环节和程序，必须严格按照国家的方针、政策和法律办事。

2. **计划性**

我国的财务行政是按照各项事业的轻重缓急以及国家的需要和可能，根据国民经济和社会发展计划，通过预算，有计划地组织收入和安排支出，从而既保证社会经济的协调发展，又保证政府行政管理活动的正常进行。财务行政的计划性主要体现在：各行政管理机关的行政经费是按照预算计划拨领的；各行政管理机关的行政经费是按照预算计划使用的；行政管理机关的会计体系采用收付实现制。

3. **广泛性**

财务行政虽然只是行政管理的一个方面，但它几乎涉及国家政治、经济、文化、外交等各个方面，涉及行政管理的各个工作环节。国家行政管理机关遍及全国城乡，哪里有行政管理活动的存在，哪里就有财务行政。可见财务行政具有广泛性。

4. **多样性**

财务行政是政府对国家财政收支分配活动的组织、实施和监督管理活动的总称，所以可以将财务行政理解为国家行政机关为行使其职能，对行政经费进行合理的组织、调节、监督等管理活动。行政机关类型的多样性和复杂性决定了财务行政的多样性和复杂性，决定了不同层次、不同性质、不同类型的行政机关。这是一种预算计划指导下的资金运动过程的管理。财务行政的任务、目的、方法、程序以及财务管理形式是有差别的。各个行政单位必须根据自己的具体情况，制定符合本单位情况的具体管理方法。

5. **公共性**

我国是以生产资料公有制为基础的社会主义国家，国家既是全社会整体利益的代表者，又是全社会人民公共意志的执行者。因此，各级政府以及内部财务行政体现了社会的整体利益和人民的意志，反映了以人民民主专政国家为主体的取之于民、用之于民的社会主义分配关系。

11.1.2 我国财务行政的作用

财政是国家政权存在的主要前提之一，要强化政权必须强化财政。邓小平早就非常强调："财政工作是关系到全国人民的政治工作，是国家最大的政治工作之一。"恩格斯在总结巴黎公社失败的教训时，将其没有剥夺法兰西银行作为主要失误之一。列宁也特别强调财政的地位："巩固苏维埃财政是艰巨的任务之一，但它现在已经占据首要地位，这个任务不解决，无论在保卫苏维埃俄国的独立、使它免受国际资本的进攻方面，或者在我国经济和文化发展方面，都是不可能大踏步前进的。"市场经济运行中所产生的无效率以及不公平要求政府从多方面介入社会经济运行，西方经济学家将其概括为三个方面：资源配置、收入分配和稳定经济。政府的这些经济职能，可通过财政政策、货币政策或法令规章等项政策措施实行，其中财政手段，即通过政府本身的收支活动来纠正市场失灵，是相当重要、不可或缺的手段之一。因此，"资源配置"、"收入分配"和"稳定经济"往往也被概括为公共财政的三大职能。

具体而言，在我国社会主义初级阶段，财务行政的作用如下：

1. **促进社会主义公有制为主导的经济结构的形成和发展**

良好的财务行政能为人民民主专政的巩固及其职能的充分发挥提供物质条件，促进社会主义上层建筑的发展，完善社会主义生产关系，使社会主义的优越性得到充分发挥。

2. **促进"廉价政府"的构建，为发展社会主义市场经济提供宏观调控手段**

财务行政的分配职能要求政府实行正常职能所需费用成本，在与社会再生产规模相适应的前提下，要尽量降低，成为低成本、高效率的"廉价政府"，以便把尽可能多的财政开支用于建设性开支上。这一职能要求，是通过改善和加强行政管理费用的调控、监督实现的，因而对政府行政管理起着促进作用。

3. **促进行政机关工作人员遵守财经纪律、廉洁奉公**

行政费用开支的大小和相关费用的使用管理有关。通过财务行政的控制监督职能，对行政机关人员经费、公务费、设备购置费、修缮费、业务费、支出账目的审查，以及对各项财务规章制度和财经纪律的健全和执行情况的检查，促进行政机关工作人员严格遵守财经纪律，坚持发扬少花钱、多办事、办好事的作风，恪尽职守，廉洁奉公。

4. **促进行政机关精兵简政，合理地定编定员**

行政经费开支的大小首先和行政机构人员编制有关。我国近年来行政机构膨胀，是不符合行政组织优化原则的。通过压缩行政管理费，可促进政府机关按优化原则和效率原则精简机构，合理定编定员。

5. **促进行政机关合理使用资金，提高行政效率**

行政经费开支的大小还与其使用效益和工作效率有关。财务行政通过对行政事业单位的预算编制和事业计划的衔接，以及对计划和预算的执行情况和工作业绩实行监督检查，正确评价其资金使用效果，促进行政单位加强经济核算，在保证完成事业计划和机关行政任务前提下，努力节约非生产性支出，提高工作效率。

11.2 财务行政管理的体制

11.2.1 建立合理的国家财务行政管理体制应遵循的原则

我国的中央和地方各级政府都要履行其职能，与此相应，也要在它们之间明确划分各自的财政收支范围和财政管理权限。财务行政体制就是指国家管理财政的组织体系、制度和形式，也是指国家在各级政权之间，以及国家政权与企事业之间在财力分配上的权责制度。财政体制一般由财政主体、分配形式和比例、利益和责任的制约关系等要素构成。各级政府应有与行政权力相应的财权，以便从财力上保证各级政府实现其职能的需要。所以国家财务行政管理应遵循以下原则：

1. 统一领导、分级管理

这里的基本要求是根据我国的政治经济情况及党和国家的路线、方针、政策的要求，合理划分中央和地方的财政管理权限。毛泽东在《论十大关系》一文中曾强调："为了建设一个强大的社会主义国家，必须有中央的强有力的统一领导，必须有全国的统一计划和统一纪律，破坏这种必要的统一，是不允许的。同时，又必须充分发挥地方的积极性，各地都要有适合当地情况的特殊。"通常为了保证中央的统一领导，中央必须集中所有关系国家全局的管理权限。没有中央的经济权威，中央的政治权威是不巩固的。同时，为调动地方的积极性，也一定要给地方因地制宜的管理权限。总之，这一原则要求财政体制建设适应社会主义市场经济的发展，实现"宏观控制，微观搞活"的战略目标。

2. 与国家经济管理体制和政府层级相一致

财政体制的任何变革都会涉及财权和财力的分配，是国民经济管理体制的重要组成部分，因此，财政体制必然随着国民经济体制的变化而调整。同时，财政是政府实施其职能的基本手段，为使每级政府履行其职能都有相应的物质基础，就必须让财政的分级管理与政府组织层级设置保持一致。

3. 财权和事权相统一

事权是确定财权的根据，财权则是实现事权的物质保证。财权与事权依法有效地统一，是各级政府履行职能的前提。这种统一的实现，要求权与责的结合。在财政上，就是要尽量使各级政府的财政收入和支出挂钩，以调动其组织收入、履行职责的积极性。

11.2.2 实行以分税制为核心的财政体制

1. 分税制的含义

分税制是一种根据事权与财权相统一原则，在中央与地方各级政府之间划分税源，确定税收的权限、税制体系、税务机构和协调财政收支关系的财政体制。实行分税制，其重点是在明确中央政府和地方政府事权的基础上，分别确定其财政支出规模、税收权限和税制体系。分税制是处理中央与地方财政分配关系的较为规范的方式，在国际上也较为通行，其实质是通过确定事权和税种划分，形成中央政府和地方政府两个相对独立的收入体系，为各级财政提供稳定的收入来源。

分税制有两种形式，一种是彻底的分税制，通行于管理权限较分散的联邦制国家，如美国、意大利、澳大利亚、瑞士等国。这种分税制彻底划分中央和地方的税种和税源归属关系，不设共享税；彻底划分中央和地方的税收管理权限；分别设置中央与地方两套税务机构。另一种是不彻底的分税制，通行于管理权限较集中的国家，如英国、法国、日本、韩国等国。这种分税制在中央和地方之间对税种税源的归属不作彻底划分，在设立中央税和地方税的同时，还设立中央与地方共享税；中央政府拥有税收立法权，但地方政府拥有一定的税收管理权限和部分地方税立法权。

2. 实行分税制的必要性

（1）实行分税制有利于理顺和规范中央与地方的财力分配关系

实行分税制，可以确保中央与地方政府用各自的收入来源来满足其实施职能的需要；确保中央政府依法征税，自主决定财政分配的范围、数量和收入的用途；确保中央更好地利用财政政策调节宏观经济；确保中央的财政活动不受地方行为的制约。实行分税制，可以促使地方政府根据有关法律和自身利益，积极组织地方财政收入，为本地区社会公共事业和经济建设服务。总之，实行分税制可以明确中央和地方的利益和权力的边界，确立各级财政的独立核算，自求平衡，对于减少和消除中央和地方的利益摩擦和相互制约起着重要作用。

（2）实行分税制有利于强化中央政府的宏观管理职能

实行分税制可以扩大中央政府财政收入范围，增强中央政府的财力。分税制下，中央政府在政府间财力分配中所占份额可高达50%～60%。这就为中央政府有效地实施宏观管理职能提供了必需的物质条件，增强了中央的主导地位。同时，实行分税制，把关系国民经济全局、与国民经济发展有直接关系的税种划分为中央税或共享税，并由中央税务机构征管，这就使中央政府能更好地运用税收杠杆有效地干预和调控国民经济。

（3）实行分税制还有利于发挥地方政府宏观管理的作用

实行分税制，在界定地方政府的职责范围基础上确定其税收管理权限和税收收入，这就为地方政府实施其宏观管理职能提供了稳定的财力来源；同时，地方政府财政收入多少与地方经济建设发展密切相关，并决定着地方政府自身的努力程度，实行分税制有利于促使地方政府端正行为，把扩大财力的努力放在发展经济、提高效益上，为此有利于其更好地去实施宏观管理职能。

3. 实行分税制的基本内容

（1）划分中央政府和地方政府的事权和财政支出范围

政府事权是指政府从事各项事业管理的权限。根据事权确定政府的财政支出范围和收入来源，这是实行分税制的基础。政府财权要根据事权来确定，如果事权大于财权，政府就会因财力不足而无法实施其部分职能；如果事权小于财权，政府就会因为财力多余而积压部分资金，造成浪费。所以两者要协调。我国各级政府的事权大体这样划分：中央政府担负国家社会政治事务和宏观经济的管理，主要有三方面：一是处理涉及国与国之间的公共事务，如国防、外交、国际援助等；二是处理国内的社会公共事业，如国家的教育、科研、卫生、体育和社会福利保障等；三是调节地区间的经济结构和产业结构，干预资源配置活动。地方政府的事权范围主要也有三个方面：一是区域性社会公共事业，如科教文卫以及公共基础设施建设；二是区域性社会政治事务，如地方行政管理、法制建设、社会治安等；三是区域性社会经济事业，如协调本地区内经济的发展等。

(2) 划分中央政府和地方政府的收入来源

实行分税制，就是通过划分税种确保中央和地方都有比较稳定的收入来源。根据我国 1994 年 1 月 1 日实施的新税制，主要是作三部分划分：一是将维护国家权益、实施国家宏观管理所必需的税种划为中央税，作为中央政府财政收入来源。中央税包括：关税，海关代征消费税和增值税，消费税，中央企业所得税，地方银行和外资银行及非银行金融企业所得税，铁道部门、各银行总行、各保险总公司等集中缴纳的收入，中央企业上缴利润以及外贸企业出口退税等。二是将适合于地方政府发挥征管优势和宜于由地方掌握的税种，划作地方税，作为地方政府收入。地方税包括：营业税、地方企业所得税、地方企业上缴利润、个人所得税、城镇土地使用税、固定资产投资调节税、城市维护建设税、房产税、车船使用税、印花税、屠宰税、农牧业税、农业特产税、耕地占用税、契税、遗产和赠予税、土地增值税、国有土地有偿使用收入等。三是把随着经济增长相应增加的税种作为中央与地方共享税，在中央和地方之间实行分率征收。共享税包括：增值税、资源税、证券交易税。其中增值税中央分享 75%，地方分享 25%；资源税按不同的资源品种划分，大部分资源税作为地方收入，海洋石油资源税作为中央收入；证券交易税中央和地方各分享 50%。在划分税源同时，分别建立中央税收和地方税收两套税制。明确各级政府税收管理权限；分别设立中央和地方两套税务机构，分别征收管理中央税和地方税。

(3) 建立独立的分级预算

主要内容是在中央和地方之间进行彻底的预算管理权限的划分，预决算的分别独立编制和审议执行；在划定各级政府事权和财权基础上自收自支，自求平衡；强化预算法制化管理，将各级政府预算的编制、审批、变更、决算等全过程纳入法制轨道。

实行分税制的基本内容除了上述三个主要方面外，还有建立规范的转移支付制度，采用统一的客观标准和科学方法核定地方收支等内容。

11.3 财务行政管理的内容

财务行政管理是国家有关行政机关，依照法定的原则和制度，对所有行政单价的各种资金运动进行合理的组织、调节、检查和监督，其本质问题是政府财政收支的有效管理方法与程序，其内容大体包括预算、会计、决算和审计四大部分，分别担负着财务计划编制、财务计划执行、财务计划总结、财务计划监督等方面的职能。

11.3.1 财政预算

1. 预算的含义

我国台湾学者张金鉴认为，预算就是政府机关用金钱数字所表现出的行政计划，具体讲，就是一定时期内的公共财政收支计划，由行政机关编定，经立法机关通过，作为各机关执行的合法依据。美国学者威洛比提出，预算是一种政府文书，担负实际行政责任的人，在此文书中把其所属机关在过去一年内的工作情形和现在国库的财政状况及由此而预测将来的财政收入计划拟写出来，并提供拨款方法。我国学者兆光认为，预算是经一定程序核定的，国家机关及企事业单位对未来一定时期内资金收入和支出的精细的计划方案。马克思对此也有论述，他认为“预算只不过是国家本年度预期收入和支出的一览表，它是以上一年度的财政经验即平衡表为根据的。”

从这些定义可以看出，不论怎样界定预算，它不外乎包括以下几个方面：预算的性质是计划；预算的内容是收与支；预算的要求是收支二者平衡。所以编制执行预算要慎重，而且编制后要有审批，执行时要有监督。所以可以将财政预算定义为政府为实现其职能，通过法律形式确定的筹集和利用资金的计划。它是立法控制财政的手段和政府会计的基础，也是处理其他财政问题的依据，是财务行政的关键和中心内容。

2. **预算的性质**

首先，预算具有财政统制的性质。预算是国家会计的蓝本。国家在一定时期内，收入与支出的运用和限制，事先如果没有详细的依据，则全部国家经济的统制，将失去枢纽。预算上所表明的虽然是各项收支数字，但从数目多少可衡量各项收入的轻重关系，统制的内容由此得到表现。所以，预算是财政统制的依据。预算的统制作用体现在收入和支出两个方面，因为人民认识到，这二者均与自身利益和社会全体息息相关，不能对其不闻不问；同时，从收支总体上通盘筹划，安排收支，利于节约，避免浪费。正因为预算具备了财政统制上的性质，才使得一个国家可以灵活地应付国家在战时、经济恐慌等各种紧急事态下的需求；可以既瞻前，又顾后，使预算作为长期计划的一个片断，得以很好地实现可以协调各部门的预算，使其所取经费与所从事业的轻重相适宜，可以增进效益，以最小费用求得最大社会效益。

其次，预算具有法律上的特性。从预算的制定上看，预算必须交人民代表承认，由行政部门自行决定而未经立法程序的，只能称为行政部门自定预算，是非法定预算。从预算的效力看，法定预算，须经人民代表承认，且人民负有供应的义务，并从经费支出上享受便利。从预算的内容上看，预算由行政部门请求，经立法机关通过，行政部门负有遵照执行的责任。收入方面须遵照征收法规，以期收得预算规定数额。支出方面不得越出规定的范围。从其所受监督上看，行政部门必须把实施结果报告立法部门，如有不确实之处，立法部门将加以谴责或表示不信任。

再次，预算具有政治上的性质。从政治上考察，国家预算必须经过民意机构通过，才能生效。若不经过立法手续，而由行政部门自定预算，自由实施，随意变更，则不能称为法定预算。预算必须获得人民代表的同意，这体现了行政部门对大多数人民意志的尊重和服从。立法机关审查预算，不是仅计算数目，作表面审查，它实际上是进行政治审查，用政治眼光对预算给予批评、修正、否决或通过。在行政部门执行预算完毕后，立法机关还要作严密监察，即行使政治上的监察权。

最后，预算具有行政上的性质。从预算编制上考察，预算编制一般由行政机关主办，它们根据行政事项编制预算，并在规定预算数目中留有行政活动的余地。从预算执行上看，预算的规定虽然严格，但在执行时，免不了随时发生变动，这时，政府就不得不在预算数额范围内，在不影响到预算所预定的结果的前提下，根据行政权，斟酌利弊作些调整。这样，预算在立法机关决定的大范围内，便有了行政措施存在于其中。所以，预算无论在成立之前或之后，常有行政行为挟在其中，表现出鲜明的行政性。

3. 预算的作用

预算所具有的性质，决定了它在国家财政中发挥着不可缺少的作用。这些作用表现在以下几点：①有利于促进经济繁荣，维持正常的财政秩序。政府通过预算调节工商业，指导生产，扩展就业，繁荣社会经济。同时通过预算控制自己的行为，避免支出无度和不必要的浪费，保证财政计划的实现。②有利于增进政府收支上的工作效率。预算通过财政整理和对比，了解收支各方面的得失，依支出性质轻重缓急顺序确定支出的增减，收入方面可通过改良征收方法择取合理税源来左右收入的增减，从而提高收支效率。③有利于确认财务行政上的责任。因为国家财政与管理收入和支出人员的自身利益无利害关系，这容易引起疏忽和浪费，也容易引起不实，从而使国家蒙受不必要的损失。预算则可以作为考核管理收支人员是否尽到应负责任的考核尺度。④有利于人民财政公开，便于人民监督政府的服务。任何民主国家，其预算都应代表人民的意愿，但在代议制政府中，从个人或部分人立场出发而产生的偏私在所难免。预算能使全部财政内容公之于众，这既可让人民了解制订财政计划的苦心，减少不必要的非难，又可使管理收支人员把偏私收敛到可获得理解的最小程度，从而起到监督财政实施的作用。⑤有利于增进国家的财政信用。一般判断国家财政能力，都从决算的收支平衡与否着眼。国家财政都按预算执行，国家信用自然提高，即使预算不足，或因临时变故，支出增加，收支减少，不得不发行公债或借贷以资弥补，人民若了解财政情形，相信政府有按期偿还本息的能力，则国债容易募集。因此预算有增进国家财政信用的作用。

国家要确保上述作用的充分发挥，必须使政府的财务行政法律化和制度化，也就是说，要制定与财务行政各程序相应的一系列法律，使完备的财务行政制度所包含的预算编制、议定、执行和决算及其审计各个程序，能依据这些相应的法律规则运行，不同性质的机关也能在各自所辖范围内按既定程序工作，环环相接相扣，这样确保预算在财政上的作用得以充分发挥。

4. 国家财政预算组织形式

国家预算组织形式有两种含义，一是指预算的行政组织形式，即与国家行政区划、政府层级编制有关的预算级次，又称分级预算。二是指预算的技术组织形式，包括预算编制的方法、结构和格式等。

（1）国家预算的行政组织形式

各级政府年度预算。这是一种具有法律效力的政府预算法案，它规定各级政府的职能职权范围和收支规模，由同级国家权力机关审定。各级政府领导负责预算的执行，并承担预算执行的法律责任，向同级权力机关负责。这种预算包括中央预算和地方预算。中央预算反映全国性支出和中央政府行政经费支出，体现中央政府的职能和职权范围。在整个预算体制中，中央预算起主导作用。地方预算则按政府层级编制，分为省（自治区、直辖市）、市、县和乡（镇）各级预算。地方政府预算自收自支、自求平衡，只对同级权力机关负责，不受上级预算的制约。

各级总预算（或综合财政计划）。这是由各级政府财政部门汇总，反映全国财政收支总量及平衡关系的总预算。它为宏观经济控制提供依据，也是政府制定政策的主要依据，但不具有实际执行的意义。总预算包括地方总预算和国家总预算。地方总预算反映全省（自治区、直辖市）、全市、全县预算收支总额，由本级政府和所属下级单位的全部预算收支组成。如省（自治区、直辖市）的地方总预算，由省（自治区、直辖市）级预算和由省级财政部门汇总的各市总预算组成；市级总预算由市级预算和由市财政部门汇总的各县总预算组成。国家总预算则反映全国预算收支总规模，由中央政府预算和由中央财政部门汇总的全国各省、市、自治区的地方总预算组成。

(2) 国家预算的技术组织形式

目前世界各国预算的技术组织形式有规划预算、零基预算和单一预算等。

① 绩效预算。绩效预算又称成效预算、业绩预算，是指由政府部门在明确需要履行的职能和需要消耗的资源的基础上确定绩效目标，编制绩效预算，并用量化的指标来衡量其在实施过程中取得的业绩和完成工作的情况。1949 年由美国胡佛行政改革委员会提出，20 世纪 50 年代伴随着关注公共支出及其结果而出现的一个概念，其核心是通过制定公共支出的绩效目标，编制绩效预算，建立预算绩效评价体系，逐步实现对财政资金从注重资金投入向注重支出效果转变。做法是按政府各部门职能及施政计划，根据成本效益分析原理，通过分析以往政府财政成本效益，决定政府现在和未来的活动。其特点是重视对预算支出效益的考察，使预算可以反映支出所产生的预计效益。缺点是预算项目非常复杂，有些项目没有固定的衡量标准，难以计算。

② 计划预算。计划预算起源于美国，其具体做法是：规划国家的社会经济发展目标，确定部门目标；把部门计划分解成项目计划，为每个项目规定目标和指标；把项目计划分成几个工作计划，对每一个工作计划规定具体的工作量；根据所拟订的计划和具体的工作量编制预算。这种预算的优点是把社会经济发展目标与预算联系在一起。但它打破了预算的年度性，使预算年度的财政收入与项目预算支出的对比关系更加复杂。

③ 零基预算（Zero-base budgeting，ZBB）。零基预算是以零为基础编制计划和预算的方法。1952 年起源于美国，1979 年美国联邦政府开始全面采用这一方法编制预算。其编制过程是，确定预算所要达到的目的，按不同的预算目标制订几个不同预算方案，并进行成本效益分析，说明其成本、效益与风险的程度。再进一步根据对组织效益递减的顺序，把这些方案排列起来，由此确定对有限资源和资金的最佳分配，最后编制详细的行政预算。其优点是，可以对非优先项目进行删减，以利于控制支出和提高效益，但也需要较好的经济技术条件和管理制度。零基预算法与传统的调整预算法截然不同，有以下三个特点：一是预算的基础不同。整预算法的编制基础是前期结果，本期的预算额是根据前期的实绩调整确定的。零基预算的基础是零，本期的预算额是根据本期经济活动的重要性和可供分配的资金量确定的。二是预算编制分析的对象不同。调整预算法重点对新增加的业务活动进行成本效益分析，而对性质相同的业务活动不作分析研究，零基预算法则不同，它要对预算期内所有的经

济活动进行成本—效益分析。三是预算的着眼点不同。整预算法主要以金额高低为重点，着重从货币角度控制预算金额的增减。零基预算除重视金额高低外，主要的是从业务活动的必需性以及重要程度来分配有限的资金。

④ 单一预算。这是多数国家历史上使用过的预算组织形式。18 世纪首创于英国，世界上多数国家采用这种预算组织形式。20 世纪 30 年代后，欧洲一些经济发达国家曾先后改为复式预算形式，但自 80 年代始，又纷纷放弃复式预算。单一预算编制简单，目的单纯，将政府的各项财政收支全部汇编在一个预算平衡表内。平衡表由收入类科目、支出类科目和平衡三个部分组成，易于为立法机关在总收支方面控制和为社会公众所了解。新中国成立以来，我国一直采用这种形式。其缺点在于：预算资金的来源及使用方向划分不清，易于造成经济性开支与建设性开支相互挤占，加大消费与积累的矛盾；对各项支出的实际效益很难进行有效的监督，也不便于在预算安排上进行科学的划分和宏观决策管理等。

5. 实行符合我国国情的复式预算

我国从 1996 年起改革中央和地方单一的预算编制方式，实行全国统一的，也是符合我国国情的复式预算制度。

(1) 复式预算的含义和特点

复式预算是国家预算技术组织形式或编制方式的一种，它是把国家同一预算年度内的全部预算收入和支出按性质进行划分，分别汇编成两个或两个以上的收支对照表，以特定的预算来源保证特定的预算支出，使收支之间具有相对稳定对应关系的预算编制方式。复式预算与传统的单一预算相比，具有如下特点：

根据财政收支的不同性质分别编制预算。单一预算是把全部财政收支列入统一的表格，收入大于支出即为预算盈余；反之，则为预算赤字。而复式预算则把财政收支依其性质不同，分别编为两个或两个以上独立的预算。其经常性预算不允许出现赤字；其建设性预算的赤字由国债收入弥补。

能较明确地反映财政收支结构和活动效益。单一预算只能反映财政活动的总体情况，而反映不出各项收支间的对应平衡关系及财政活动效益。而复式预算按财政收支性质分别编制和平衡，对财政收支结构及其活动效益的反映较明确，便于分析和保持管理，有利于提高财政支出的效益。

编制较为复杂，需要较高的技术。在预算的实际编制过程中，单一预算由于结构简单，内容全面，编制时采用政府记账收支对照表方式，易于编制和审批。而复式预算则由于是按不同性质分别独立编制经常性预算和建设性预算，采用商业会计的资产负债表与损益计划书的核算方法。所以编制复杂，需要有较高的技术管理水平。

(2) 我国实行复式预算具有重要的意义

有利于政府更好地实施生产性的经济职能和非生产性的服务职能。实行复式预算，可以用经常性收入保证政府实施政治、文化教育和社会服务等非生产性职能的开支；同时用周转性收入保证政府实施经济职能的开支需要。这样，政府在实施两类职能时，就有了相应明确的财力保证。而不至于因财力划分不明确，相互挤占，影响政府实施其职能。

有利于提高预算支出效益。复式预算使收入的性质和支出的职能相对应，这样，预算收支职能化了。政府不同的职能要求有不同的预算收支平衡，就可以按政府的不同职能，分别控制预算收支平衡，以便于对各项支出的实际效益进行有效监督，提高各项预算支出的实际效益。

有利于强化对预算外资金的管理。随着我国改革的深入和社会主义市场经济体制的建立，国民经济管理部门和事业单位，通过各种形式组织的收入，除了一部分上交国家财政之外，还有相当一部分留作部门和单位自行支配和使用，这些资金长期游离于预算之外，脱离了财政监督，并有日益膨胀的趋势，这影响了资金使用效益。实行复式预算，把这些资金按不同性质纳入不同预算，采用不同方式管理，有助于国家宏观管理经济职能的实施。

有利于强化预算约束和民主政治建设。复式预算使收入的性质和支出的职能相对应，这就清楚地反映出政府活动的范围和方向，便于人民对政府预算的实施进行审查监督，这些都有利于政府决策的民主化、科学化及民主政治的建设。

(3) 我国预算编制应遵循的原则

以国民经济和社会发展计划为依据。国家预算是国民经济与社会发展计划的重要组成部分和货币表现。国家预算收入来源于并主要用于国民经济的发展。国民经济的发展规模和速度，决定了国家预算的规模和速度，国民经济与社会发展计划是编制国家预算的基础。所以，编制国家预算，应该首先考虑经济，特别是工农业生产的发展计划，然后根据它来制订财政计划，用财政计划保证经济计划的圆满执行。

编制预算应实现综合平衡，注意当年预算收支的平衡。在编制预算时要量入为出，做到收支平衡，略有结余，不打赤字预算，并且还要搞好预算、信贷、外汇和物资的综合平衡，以利于社会总需求与总供给的平衡。

正确处理积累和消费的关系。国家预算是调节积累和消费的主要杠杆。编制预算，就要处理好积累与消费的关系，按“一要吃饭，二要建设”的方针，安排好预算收入占国民收入的比例，安排好预算支出中基本建设支出同其他方面支出的比例关系。

(4) 我国复式预算的编制

编制复式预算，可在吸收国外实行复式预算的成功经验基础上，根据我国的实际情况，按政府实施不同职能的需要，把现行国家预算划分为经常性预算和建设性预算两部分。其中经常性预算为政府的政治、文化教育和社会服务等职能提供经费，属于全体社会成员的共同消费，这些消费任何社会的存在和发展都不能没有，所以要用经常性预算收入来保证。经常性预算收入是指国家以社会管理者身份取得的各项税收收入和其他收入。它包括除城市维护建设税和固定资产投资方向调节税以外的各项工商税收、关税、农牧业税、企业所得税，等等。经常性预算支出是指政府用于政权建设、行政管理、科学文化教育、卫生及保障人民生活等方面的支出。它包括各项事业费、行政管理费、国防费、公检法和武警部队支出、对外援助支出、抚恤和社会救济支出、非生产性基本建设支出、价格补贴支出、总预备费等。由于经常性预算支出是非生产性的，没有收益，因此，必须保持平衡，而且应有结余。

建设性预算为政府实施其经济职能提供经费，它是综合反映建设资金的来源与运用的预算。建设性预算收入主要有经常性预算转入的结余、固定资产投资方向调节税、城市维护建设税、耕地占用税、国家能源交通重点建设基金收入，等等。建设性预算支出主要用于营利性的经济建设支出，包括生产性基本建设支出、企业挖潜改造和新产品试制费支出、增拨企业流动资金、地质勘探费、支援农业生产支出、城市维护建设支出、支援经济不发达地区发展资金、国内外债务还本付息支出等。建设性预算收入如不足以抵补其支出，其差额即为赤字，可以通过举借内债和外债来弥补，但要保持合理的债务规模和结构。

目前，我国复式预算的编制尚处于起步阶段，还存在许多需要解决的问题和改进的方面，需要我们在实践中总结经验，不断充实和完善。

6. 我国预算的收支分类

税制结构即税收制度的经济含义，是指按一定税收原则所设计的税收体系，其核心是税种的配置、税源的选择及税率的设计。税制结构总是由具体的税种所组成。预算的执行，其对象是收入和支出。执行收入程序要依其不同来源分别办理；执行支出程序要依其不同用途入账，所以对预算的收支要作分类。

私有制国家的预算收入以税收为主，如美国的税收类收入有：个人所得税；社会保险税；企业所得税；消费税；关税；财产税。美国的非税收类收入有：外国政府偿还美国贷款的款项；剩余财产的出售；联邦法院向犯法者征收的罚款。公有制国家的预算收入属税收类别的有：工商税；关税；农业税；国有企业所得税；国有企业调节税。例如，我国的现行税种按课税对象可分为五类：所得税，主要包括个人所得税、企业所得税、外商投资企业和外国企业所得税等；商品税，主要包括增值税、消费税、营业税、关税等；财产税，主要包括房产税、契税、车船税、遗产税等；资源税，主要包括资源税和盐税；行为税，主要包括土地使用税、固定资产投资方向调节税及耕地占用税等。

非税收类别的收入有：国有企业上缴利润；国有企业计划亏损补贴；国家能源交通重点建设基金收入；专款收入；基本建设贷款归还收入；债务收入；预算调拨收入；其他收入。支出方面，公有制国家的预算支出，不但包括生产经济建设的内容，而且占的比重较大。如我国的预算支出分27大类，它们是：基本建设支出；企业挖潜改造资金；简易建筑费；地质勘探费；科技三项费用；流动资金支援农业生产支出；农林、水利、气象等部门的事业费；工业交通部门的事业费；商业部门事业费；城市维护费；城镇青年就业经费；文教卫生事业费；科学事业费；其他部门的事业费；抚恤和社会福利救济费；国防支出；武装警察经费；行政管理费；价格补贴支出；债务支出；对外援助支出；国家物质储备支出；其他支出；总预备费；专款支出；预算调拨支出。而私有制国家的预算支出，主要是行政费为主，如美国的预算支出分11类，它们依占总支出的比例排列，大致是：收入保险；防务；债息；保健；教育、培训、就业和服务；交通运输；退伍军人福利；自然资源和环境保护；对外事务；能源；其他。

11.3.2 预算会计制度

1. 预算会计制度的含义

所谓的预算会计制度，就是政府依财政收支的类别对其数目、性质、用途及关系等对预算的执行经过作完全而准确的记录、研究、分析的程序和方法。会计和簿记不同，它强调用科学方法，对政府的财政数字资料等作明确的分析、研究和比较，使国家各机关能以此作根据，有效而经济地完成任务。预算会计不是簿记，因为簿记指的是在执行预算收支时所作的一种技术记录。现代多数国家所实行的会计制度还没有达到理想的要求，只是完成其应负的任务，实际上只不过是一种簿记制度而已。在我国，会计按其核算、反映和监督的对象不同，可分为两大类：一类是企业会计，主要核算、反映和监督社会再生产过程中，生产和流通领域的经营资金运动；另一类是预算会计，是核算和监督社会再生产过程中，分配领域的预算资金运动。但预算会计和企业会计的基本理论和方法一般还是一致的。

2. 预算会计工作的主要内容

在执行收支过程中负责预算执行的登记，这项工作相当于记载簿记。

另行编制各项收支报告，以供所辖各机关财务负责人参考。这种报告除决算报告为一年度的总结算而具有特殊性质外，一般还有收支日报表、收支旬报表、收支月报表、收支季报表等，它们是用来反映现金的收支及存留情况的。

编造月份计算书，以供所属财政部门负责人考核和稽查。这种计算书比收支报告要复杂，除了有收支报告所列的现款收支情况外，还要列入预算案内有关数字和事项作比较，而且所列收支必须附有凭证单据。它和决算报告又不同，计算书仅是行政机关考核稽查的工具，决算报告是财政监督机关考核行政机关的法定手续，是行政机关对监督机关解除责任的正式报告。

3. 预算会计的作用

预算会计是政府财政管理工作的一个重要组成部分。它在预算管理中的主要作用是：

为预算编制提供数据，为预算执行提供保证。通过预算会计所反映出的预算执行情况，人们随时发现问题，采取措施，以保证实现预算收支。同时通过编制年度决算、总结预算执行情况，为领导部门制定下一年度的预算提供数据。

实行会计监督，协助政府提高预算管理水平。预算会计通过审查凭证账表、清查财产物资、监督预算收支活动遵守财经纪律；对财政收支的经过以敏捷的程序及科学的方法作正确和忠实的记载，及时反映预算的编制和执行中出现的问题，并进行分析总结经验，加以解决，从而协助政府提高预算管理水平。

作为考核过去工作效率及决定未来行政计划的事实根据。可以确定执行的责任，有利于结算和作交代。

了解财务实际情况，发挥财务及行政控制作用。凭借会计的收支记录及进程来了解财务实际情况，有利于促使政府保持预算平衡，可以防止经管收支的人员营私舞弊。

4. 预算会计的分级与核算方法

(1) 预算会计的分级

预算会计为执行预算服务，每一级政府预算都设置相应的预算会计。预算会计有两类：财政总预算会计和单位预算会计。财政总预算会计是中央和地方各级财政机关核算、监督各级总预算执行的会计，财政总会计的组成包括中央、省（自治区、直辖市）、市、县、乡（镇）等若干级。其任务是处理财政总会计的日常会计事项和账务；定期反映预算收支执行情况，妥善调度预算资金；协助国库做好工作；制定预算会计制度实施办法；组织和指导本地区的预算会计工作等。行政单位预算会计是中央和地方各级行政单位核算、监督单位预算执行过程的会计，又称单位预算会计。行政单位完成行政任务和社会事业所需经费主要由国家预算拨给。因此，有关经费的领拨，收支，货币资金的收付，材料的采购和领用，固定资产的购入、调入、调出和报废，往来款项的发生和结算等业务，都需要单位预算会计运用会计核算方法，进行科学的整理、记录和分析，以加强预算管理。根据国家机关编制和经费报领关系，单位预算会计又可分三级，即主管会计单位（直接向同级财政部门领报经费的单位）、二级会计单位（向主管会计单位领报经费，下面有所属会计单位的单位）和基层会计单位（向主管会计单位或二级会计单位领报经费，自己下面再无所属单位的单位）。所有各级会计单位相对独立，都需要编制独立的预算和实行独立的会计核算，在预算管理和资金使用上实行分级管理、层层负责。

(2) 预算会计核算方法

预算会计核算方法由以下几种方法组成：

① 会计科目。这是对预算会计核算的内容进行分类的方法，也是设置账户的依据。

② 记账方法。按科目设立账户后，需要按一定的记账方法在账户中记账。预算会计一般采用资金收付复式记账法，即以整个预算资金活动为记账主体，以收付作为记账符号来记录经济业务。

③ 计凭证。这是在行政单位和财政部门执行预算过程中，记载业务内容，明确工作责任的书面证明，也是预算会计工作中记账的重要依据。

④ 会计账簿。这是以会计凭证为依据，运用账户全面、系统、连续记录预算资金活动的簿籍。

⑤ 财产清查。这是通过对实物、现金的实地盘点，对银行存款、往来款项的查对，来确定各项财产物资、货币资金、往来款项的实际数额，并查明实际数字与账面数是否相符的一种方法。

⑥ 预算会计报表。这是根据日常核算资料，按统一、规定的格式、内容和编制方法，反映一定时期国家预算收支执行情况及其结果的书面报告。

预算会计核算方法是上述几种方法的综合运用。各种核算方法按一定的联系方式，组成财政部门会计和行政单位会计工作中的账务办理程序。

11.3.3 国家决算制度

国家决算反映了年度国家预算收支的最终结果，也是国家经济活动在财政上的集中反映，它包括中央级决算和地方总决算两部分，中央级决算由中央各主管部门的行政事业单位决算、企业财务决算、基本建设财务决算和金库年报、税收年报等汇总组成；地方总决算由各省（自治区、直辖市）总决算总汇组成；省（自治区、直辖市）总决算由省（自治区、直辖市）级决算及其所属市（自治州）、县总决算汇总组成；市（自治州）总决算由市（自治州）级决算及所属县总决算组成。县总决算由本级决算和乡（镇）总决算组成；乡（镇）级决算、县级决算、市（自治州）级决算、省（自治区、直辖市）级决算，则由同级主管部门汇总的行政事业单位决算、企业财务决算、基本建设财务决算等组成。

1. 国家决算的作用

决算以预算为财本，会计为根据，审计为归宿，在财务行政的链条上具有不可取消或替代的作用。这主要表现在三个方面：首先，决算是行政机关向立法机关表明责任的手段。行政机关是预算的执行人，对决定预算的立法机关负有政治责任。行政机关对这种责任是否经过忠实的努力而完成，对于财政上的既定计划和政策是否诚意的切实遵守，代表民意的立法机关对此有过问和考察的权力。决算报告就是行政机关在这些问题上对立法机关作正式答复的方法和手段。其次，决算是人民考核行政效率的工具，借此起到人民监督政府的作用。行政活动与经费支出有连带关系，从支出观测其活动，从活动衡量其支出，成效与支出是否相适应，经过这番对决算的详细考察，便可以确知行政机关行政效率的高低。同时人民在政府的支出中所获得的福利和他们所缴纳的租税负担是否相当，也可以决算报告作判断的依据。最后，决算是研究和修订国家财政政策的基础资料，也是系统整理和积累财政统计资料的主要来源。

2. 国家决算的编制

国家决算的编制政策性强，涉及面广，工作量大，时间紧，所以首先需要做好一系列准备工作，然后进入编制。编制的一般程序是从执行预算的基层单位开始，自下而上编制、审检和汇总。其内容主要包括编制单位决算报表数字和编写说明书两大方面。单位决算编制成后经机关首长审阅签字，正式报送上级单位。有关上级单位将所在单位决算连同本单位决算汇总逐级报送主管部门，汇总编成一个部门的汇总单位决算，然后由主管部门报送同级财政部门，作为财政部门汇总决算的依据。各级财政部门收到同级主管部门报送的汇总单位决算后，即进行审核登记，待各单位决算报齐后编制总决算。各市（自治州）、县财政部门编成总决算后逐级上报，汇编成各省（自治区、直辖市）总决算，最后由财政部将各省（自治区、直辖市）总决算汇总编成地方总决算，再连同中央级决算一并汇总编成国家决算在这一过程中，为了提高决算质量，必须层层负责，逐级审核，决算审核与决算汇编交叉进行。

编制决算报告的机关要依据决算报告的内容要求认真编制。一般而言，决算报告应包括决算说明书和决算报表两部分。决算说明书中一般要有这几个内容：①收入方面，结合年度预算安排和国民经济计划完成情况和分析超收或短收的原因，分析成本费用水平、资金积累水平、资金运用和改善经营管理等情况分析税收政策的贯彻执行情况和税源变化情况。②支出方面，结合年度预算安排，分析各项主要支出的结余或超支的主要原因，说明决算支出数字的编制基础及主要支出的效果和存在的主要问题。③结余方面，分析全年总预算收支结余的情况和原因以及决算收支平衡情况和存在的问题。④说明预算追加追减、科目流用以及动用预备费和动用上年结余安排支出等情况。⑤指出一年来贯彻执行各项财政方针、政策和规章制度的情况和问题，总结在组织收入、掌握支出、提高资金使用效果等方面的主要经验，提出加强预算管理和监督的意见。⑥总结决算编制工作的主要经验和存在的问题。

3. 决算报告编制程序和内容

决算的编制事先要有一系列的准备工作，这些工作归纳起来有三个方面：一是财政部颁发编制决算的规定，其中涉及编制决算的要求，审查决算的要求，编制和汇总决算的方法，当年决算中有关具体问题的处理办法，决算报送的期限及份数等。二是预算的各级执行部门进行年终清理，这主要包括核对年终预算收支数字，清理本年预算应收应支款项，清理往来款项，进行决算收支数字的对账工作，等等。三是财政部制定和颁发决算表格。在上述准备工作完毕后，就进入决算报告的编制程序。决算报告的编制一般分三级部门自下而上地依次进行编制。这三级部门的依次顺序构成决算报告编制的三个程序。第一步，单位决算的编制。各国家机关、企事业单位等基层预算单位都要在搞好年终清理的基础上，根据上级颁发的编制决算的规定和表格，正确、完整、及时地编制本机关本年度的收入支出决算，并经机关负责人审阅签字，分别送呈审计机关和上级单位，上级单位对所属机关的决算审查后，连同本单位决算汇总成单位决算报送主管部门和所在地方财政部门，从而完成第一级决算的编制。第二步，总决算的编制。中央各主管部门接到本部门在各地所属机关汇总的单位决算，地方财政部门接到本地区同级各类机关汇总的单位决算，它们分别审核和登记，并汇总本地区和本部门总会计账簿的有关数字，编成本地区和本部门的总决算，再分别经本地区政府和本部门负责人审查之后，分头报送中央财政部门，从而完成第二级决算的编制。第三步，国家决算的编制。中央财政部根据中央各主管部门和各地方财政部门报来的总决算及本身掌握的收支决算数，汇编成中央级总决算，其中一步是纵向反映各部门各层级的预算执行情况，一步是横向反映各地区不同性质机关的预算执行情况，它们共同构成国家决算，即第三级决算。

决算报表内容一般分三类：

决算收支表和资金活动情况表，如决算收支总表、决算收支明细表、支出预算结余结转下年使用数计算表、财政决算收支分级表、财政决算年终资金活动情况表，等等。

基本数字表类，这些主要是反映行政、事业单位的机构定员和开支定额执行情况的财务统计报表和这些单位预算执行结果的明细表。

其他附表类，这是上述各决算表格和说明书的必要补充资料，它们或者属决算各表的明细资料，或者报告一些与预算收支有关的财务收支情况。

4. **国家决算的审查批准**

国家决算由财政部编成后，报送国务院审查，经国务院全体会议通过后，提请全国人大审查和批准。然后，国务院即批复各省、自治区、直辖市的总决算，中央各主管部门的单位决算由地方财政部门报送同级人民政府讨论通过后，提请同级人民代表大会审查批准。

11.3.4 国家审计制度

1. **国家审计的含义**

审计作为一种经济监督活动是指就会计上各种原始凭证、登记、账簿和财政报告等，加以检查稽核，并给予合法证明。国家审计是指国家审计机关对政府机关的财政预决算活动和会计资料所进行的审计。在我国，政府的审计起源于西周的“宰夫”，秦汉时称“御史大夫”，三国蜀魏时始称“比部”并延续至隋唐。宋代第一次出现“审计司”和“审计院”的名称，其主要审计对象是宫廷收支及地方政府的财政收支，故称“官厅审计”。西方最早的政府审计机关是1807年拿破仑一世创立的法国审计法院。经过几百年的发展，其审计内容除一般真实性和合法性审计外，正向着重于经济和效率审计、项目效果审计发展，也称为绩效审计（又称“三E”审计）。审计按范围划分，可以分为中央预决算审计、地方预决算审计和审计三种，按内容可分为国家预算审计和国家决算审计两种。审计的目的，一方面是监督国家财政预算资金合理、有效地使用；另一方面是对财政决算情况做出客观的鉴定与公证，为财政管理提供改进措施，并揭露违法行为。

2. **国家审计的作用**

国家审计对财务行政活动有重要作用，在现代各国政府的财务行政运行过程中，具有重要职能。具体说，国家审计的作用是：

对财务行政起监督作用，并促进财政监督的实施。这也是审计基本的和首要的作用。通过审计，可以监督预算执行人员和机关实施责任的情况，从而给予解除或追究。审计这种监督的特殊性在于它具有持续性，很多国家规定，财务行政上的责任不因国会通过决算报告而彻底解除。我国宪法规定：“审计机关对国务院各部门和地方各级政府的财政收支，对国家的财政金融机构和企业事业组织的财务收支进行审计监督。”

对财务行政活动符合有关政策、制度规定起保证作用。通过政府审计，监督各地区、部门和单位对党和国家的方针政策的实施，审查财务行政活动的范围、方向是否正确，检查财政制度和财经纪律是否健全完善。

对财务行政活动的合理性与合法性起保证作用。通过政府审计，可以从稽核中证明预算执行人员和机关是否具有合法性和忠实性，揭发、纠正、制止和防止财务行政活动中的各种错误和弊端，这有利于保护国家财产，帮助政府建立信誉。

政府审计有助于提高财务行政的效益。它可以站在客观的立场，既肯定政府执行预算的成绩，又暴露其弊端，让人民知道国家财政实际情况，也使政府保持信心。通过政府审计，审查财务行政活动的效益大小，发现问题，改进管理，促进中央和地方各级政府及行政单位提高财政收支效益，促进各级政府高效率地实施行政管理职能。

审计工作必须由一个完全独立于其账目被检查的收入支出机关之外的机关来进行。这里特别强调审计机关的独立性，以保证审计人员和机关与收入支出人员和机关没有连带的负责关系，避免隐瞒、宽容或袒护，使审计的上述作用能充分地实现。所以，审计机关不适合设在财务执行机关。同时，审计工作需要了解实际情况，这使得审计机关也不适于设在立法机关，因为后者了解实际情况有限。因此，一般各国由国会在政府行政部门内设置独立于中央的财政部及执行预算的各收支机关的审计机关，以满足审计工作既独立又了解实际情况的要求。

3. 审计机关的职责与程序

(1) 审计职责

在各国现行制度中，审计机关审计决算的职责范围有所不同，但在法律上都有明确规定。概括起来，审计机关的具体职责范围如下。

① 审计预算问题。这主要包括审计支出费用是否违反预算；当预算丰盈时，是否有不急不用或过当的事业举办与物品购买；预算不用额产生的原因是否适当；预算科目的流用或更正是否得当；有无预算规定之外的支出及是否得当；有无预算外国库负担的合同及是否得当；实收数目与预算所列收入数目有无出入。

② 审计法规问题。主要包括审计收入支出有无混同之处，各年度所属有无紊乱；征收人员是否具有规定的资格和是否有越轨行为；收入的征收是否合乎法规；有关收入支出的合同是否具备法定条件；合同保证金是否合乎法规规定数；租赁国有财产是否依照法规按期收缴租金；经营建筑是否依法规或合同偿付代价；预付资金是否在法令范围内；因过失而误付的资金是否依法归还。

③ 审计经济问题。内容主要包括审计出租或出卖国有财产价格是否有低廉之处，经营建筑或购物价格是否有过高之处；各种支出是否奢侈、无用或过当；购进大量物品，如为不急不用，是否做了适当的管理和处置；支付各种补助金，其使用是否适当，国营事业的计划、实施方法及损益计算是否适当，并对国家有利。

④ 审计计算问题。主要审计账簿书据所记载数额是否正确；现金物品的存数是否和账簿书据上的计算数相符；各种收支计算方法是否有错。

⑤ 审计簿记整理上的问题：簿记格式是否适宜和合乎规定；簿记的繁简是否合适；簿记的保存是否适当。

目前我们在预算资金的使用和管理上，还存在许多浪费和漏洞，例如在单位预算决算管理中的发票管理和报销制度还不健全，给违法利用发票者以可乘之机。这就要求一方面要加强对作为行政机关财务收支和预算会计核算的法定凭证的发票的审查，尤其要注重财政收支效益的审计，以确保预算资金的正确拨付和按规定用途节约地使用，厉行节约。

(2) 审计程序

审计机关实施职责时，在各国的程序大抵相同。

首先，审计机关接收各机关编制的决算报备收齐后，依前面所列审计项目逐一给予审计。其次，在所有决算报告，审查完毕后，审计机关作出判断，提出处理意见。这种处理意见一般有三种：一是对于应上缴而还未执行的收入移送国库机关执行；二是对于应付罚金的事件依法移送该事件主管机关处罚；三是告诫未尽职责或效率过低的机关，并通知其上级机关负责人。最后，审计机关编制审计报告，把确定的处理意见写进报告。如果是地方审计机关，则把所编写的审计报告连同决算报告分别呈送上级审计机关和同级人民代表机关。如果是国家最高审计机关则把审计报告和决算报告转送立法机关，请求批准，以此解除预算执行机关的责任。

4. 国家审计的一般原则

为了维护政府审计的严肃性，保证审计工作的完成，政府审计机关及其工作人员，在进行审计监督时，应遵循如下基本原则：

政策法规性原则。在审计监督中要坚持四项基本原则，以党和国家的财经方针、政策及有关法令法规作为判断和评估审计对象的标准，以促进方针政策的实施，保证财经活动的正常秩序。

客观公正性原则。审计监督要从实际情况出发，以审计证据为依据，实事求是、客观公正地对审计对象进行审查、分析、判断、评价和提出审计报告，这样才能维护政府审计的严肃性和权威性，又有利于调动被审计单位的积极性。

效益性原则。政府审计必须以提高财政收支效益为根本出发点。通过审计监督来促进各级政府的财政活动的效益和效用，正确实施政府职能。

独立性原则。政府审计机关依法独立行使审计监督权。我国宪法规定：审计机关在国务院领导下，依照法律规定独立行使审计监督权，不受其他行政机关、社会团体和个人的干涉。我国《审计工作的暂行规定》又明确提出：审计人员依法行使职权，受法律保护，任何人不得打击报复。

5. 政府审计的基本方法

政府审计的基本方法主要是审计分析、审计检查、审计调整和审计报告四种方式。

(1) 审计分析

审计分析是指审计机构或人员运用系统方法对审计对象的具体资料和内容进行分类、分辨。它可以分为探测分析和判断分析两种。探测分析是在审计前和审计过程中探查错误、作弊项目的方法，主要用于审查被审单位经济活动和财政收支活动，以及核算资料等的错弊，以发现线索。判断分析是在审计结束时对查证事实做出判断的方法，主要用于验证审计数据的正确性，对审计结果做出评价和结论。审计分析具体运用的方法有比较分析法、比率分析法、结构分析法、指数分析法、趋势分析法、平衡分析法、因素分析法等。

(2) 审计检查

审计检查是审计机构和人员对被审单位进行凭证审查、数据核对及账目审核的一种方法。审计检查是审计过程中的主要环节，它具体包括顺查法、倒查法、抽查法和详查法四种方法。

(3) 审计调整

审计调整是审计机构和人员根据审计结果进行纠正错误的方法。其目的是通过调整，纠正错误，以正确反映被审单位的财政状况。审计调整必须在审计结束时，根据审计结果进行调整。

(4) 审计报告

审计报告是审计人员向审计部门或被审单位主管领导部门和被审单位，以书面文件形式报告审计结果，并提出意见和建议。审计报告应注意：其内容必须与审计目标一致；数字正确，真实可靠；结论必须慎重，符合实际；内容必须完整。

思考题

1. 简述财务行政的含义及其作用。
2. 如何理解以分税制为核心的财政体制?
3. 怎样认识预算的性质与作用?
4. 如何认识预算会计的含义与作用?
5. 如何认识国家决算的作用及其编制?
6. 试述国家审计的作用及其职责范围。

案例 11：一个镇政府的吃喝账

1994.6.15　××工业经济发展公司 170 元
1994.10.2　招待市中级法院来人 485 元
1994.10.4　接待法庭处理山庄事宜 138 元
1994.11.2　××镇来人 285 元
1994.11.8　县来人 198 元
1994.11.12　县组织部来人 190 元
1994.11.29　县宣传部来人 160 元
1994.12.19　县人事局来人 223 元
1994.12.20　县武装部来人 163 元
1995.1.25　老干局来人 139 元
1995.10.9　招待县协作办来人 169 元
1995.10.9　县协作办主任一行 220 元
1995.11.13　清查行动中全所工作人员及治安队加班费 810 元
……

这是××县××镇一家个体酒楼保存下来的尚未兑现的就餐发票，总共352张，时间从1994年至1998年初，总数约10万元（上表为部分账目）。债主是酒楼老板周××，欠债人是××镇政府及下属单位。票据除了个别是收据或白条外，其余全部是工商部门印发的正规餐饮发票，印有编号，每张发票都写着用餐原因、经手人姓名和用餐日期，有的还有领导签名。正面的金额是由周××填写的。发票是怎么吃出来的呢？

周××原是××镇农民，1986年洗脚上田，在镇里的公路边开了这个餐馆。初时来酒楼吃饭的多是过路客。渐渐地，不少企事业单位如银行、学校到此请客，后来，镇政府也登门请人吃饭。开始时，镇政府吃饭是吃一顿结一顿，后来次数多了，就跟其协商，吃了饭的人先在发票背后签上姓名和用餐原因，然后隔一段时间由周××凭发票到镇财务收钱，但发票必须有领导签字才有效。周××说有权签单的人有正副镇长、主抓纪检教育治安等的党委委员、办公室主任、林业站领导等。

周××收过一次钱，8万多元，是1992年到1994年的累计数，那次是因为他和镇委书记为拆违章建筑吵了架以后，周××一怒之下要镇里把欠他的钱全部还清。

周××说，打那以后，书记很少亲自带人来吃饭，除非要陪上面的人。他也不想再做政府的赊账生意。但有的人还是来，他也不好拒绝，他们依然签单，他也只好照旧把发票写好找镇长签名。

对用餐的原因分类，80%是招待上一级政府部门，还有媒体记者，其次为工作餐与会议餐，如计划生育办公室加班等，还有个别是招待前来考察投资环境的港商、本地客商以及邻近政府的工作交流。

现任石坝镇党政办公室主任说，那些饭是上届政府吃的。1998年××镇领导班子换届，新班子上任的第一件事就是止住在老百姓中影响极坏的吃喝风。在政府里开设了饭堂，用于招待到石坝镇办公事的人。现在镇政府每月的接待费基本保持在三四千元的幅度，是上一届班子的1/5，饭堂平均每天开两次餐。1999年，镇政府在财政极其困难的情况下拿出了100万元偿还上一届班子欠下的债务，并决定在2000年9月份之前把酒楼的欠款还清。无独有偶，××镇干部吃垮的饭店还不止这一家。在2000年5月3日《南方农村报》头版头条刊发题为《××镇干部吃垮一家饭店》的文章后，又有三家饭店老板向记者披露了当地干部公款吃喝的内幕。（本案例选自《南方周末》2000.6.2）

讨论：

（1）上述现象反映出当地政府存在的哪些问题？为何会产生这类问题？它会带来什么影响？

（2）根据所学理论，谈谈如何消除和防止此类现象的发生。

第12章 行政机关管理

机关管理是行政内部组织管理活动的重要组成部分，加强行政机关自身的管理，实现行政机关管理的现代化，旨在提高行政效率，保障行政管理系统的高效运行。

12.1 行政机关管理概述

12.1.1 行政机关管理的含义

行政机关有广义和狭义之分。广义的机关泛指政府为实现其职能而设置的各种组织，通常人们称之为行政机关，它包括专门业务部门、综合办事部门、直属单位和派出机构；狭义的机关主要是指各类行政组织为处理综合性事务而设置的综合办事机构和行政后勤事务管理机构。因此，广义的行政机关管理是指对行政机关各方面的管理，包括内部机构的设置、行政人员的配备、行政决策的制定及其组织实施、行政控制与监督等方面的内容。狭义的行政机关管理专指对行政机关内部具体事务的管理，主要涉及机关日常事务、规章制度、文秘工作、工作秩序、机关环境和后勤服务等内容。本章所探讨的是狭义的机关管理，它不直接涉及政府对外行政管理活动，也不是对本单位的机构设置、行政人员的配置和协调等方面的管理。行政机关管理包含三层含义：

行政机关管理的主体是行政系统内部的综合办事机构，而不是各级国家行政职能机关。其中，最为典型的就是各级人民政府内部的办公厅（室）。

行政机关管理的内容是政府内部各种事务，如文书档案管理、会议管理、后勤管理等，而不是直接参与对国家政治、经济、文化、国防的管理。

行政机关内部管理的目的是为各级人民政府实现其行政管理职能提供工作条件和后勤保障，而不是直接维护社会安定，促进社会生产发展，推进社会物质和精神文明。

12.1.2 行政机关管理的主要功能

机关是本单位行政组织系统的综合枢纽，它虽然不是直接地承担完成整个单位的工作职能，实现组织目标的任务，但它却处在指挥与控制的地位上，处在本单位各种工作的中枢位置上，具有如同发电机的功能。具体地讲，行政机关管理的主要功能体现在以下三个方面。

1. **参与政务**

在现代社会，政府面临的公共事务越来越多，行政首长的决策活动日益频繁。然而，靠少数几个行政首长去制订出大量而又科学的决策，显然是力不从心的。因此，作为各级政府的综合办事机构，要从纯粹的“办事型”向“办事＋参谋”的复合型转变，把被动服务变为主动服务。要围绕行政首长的活动，展开合理有效的服务。行政首长的主要活动是在研究、理解和掌握党和国家的路线、方针和政策的基础上，对本部门的工作做出相应的决策、指挥、协调以落实决策。政府的综合办事机构就要充当行政首长的参谋和助手，协助行政首长进行科学的决策和指挥决策的落实。

综合办公机构参与政务，主要表现为：在行政首长决策过程中，为行政首长提供各种信息资料，以供拟订和选择方案之用；在决策执行过程中，为行政领导集体收集和汇总各种反馈信息，并提出关于决策修改意见和建议；在决策实施落实完毕后，主动地做好工作总结，为行政首长更好地总结经验教训创造有利条件。

综合办事机构要发挥其参谋助手作用，并完成参与政务的任务，必须加强自身建设，重视调查研究和搞好综合性的参谋咨询，同时在工作中保持高度的自觉性和较强的原则性，并注意在所拥有的职权范围内履行职责。

2. **管理事务**

机关工作需要处理大量的、例行的日常事务，以及临时性的、突发性的种种事务。尽管这些事务繁杂琐碎，但责任重大。做好机关的日常事务管理工作，就是要根据行政领导的命令或授权，推动本单位各项工作的正常开展，协调有关各个方面的关系，把指示、命令、意见、通知等传达下去，将有关方面的执行情况、意见、要求等收集反映上来，整理并报告给行政领导和有关方面。为了保证机关工作得以正常而协调地运转，需要注意以下环节：①创造良好的工作环境与气氛。环境有物质环境和精神环境两方面，物质环境主要是指办公条件和设施保障，精神环境主要是指工作氛围。良好的工作环境是指物质环境与精神环境两者的结合。②要有严格的工作制度。机关的工作制度种类较多，内容也随单位而异，其中较为重要的有作息制度、考勤制度、各项工作制度、会议制度、财务制度、物资供应保障制度、审批制度、奖惩激励制度，等等。所有这些制度总的要求应当是，制度要有针对性，并切实可行；执行中要严肃、认真，根据情况变化及时修订、完善。③要有畅通的信息系统。机关管理工作，在某种意义上来说是一个行政信息的收集、加工、处理、传播、反馈的工作过程。因此，行政信息流通的渠道必须畅通。

3. **提供服务**

这里所讲的服务，不仅仅是体现在为机关行政领导服务，而且包括为本单位各项工作及各职能部门提供条件与服务。完成行政任务须有充分的后勤保证。提供办公处所、笔墨纸张、设备、工具，以至适当的工作环境、必要的生活条件等这些工作，一般均属办公厅

（室）与机关事务局（科）的工作范围，其工作状况将直接影响行政任务的完成。做好机关管理工作，提供优质服务，可免除各职能部门工作人员的后顾之忧，促进行政效率的提高。同时还要关心全体工作人员的生活福利，为他们排忧解难。除此之外，还要为基层单位服务。要实现以上的服务，关键要把握两点：一是要真正树立起为人民服务的思想，摒弃一切自傲、自卑的私心杂念，克服本位主义，处理好主人与“公仆”的关系；二是要大力提倡脚踏实地、勤勤恳恳、任劳任怨的工作态度。机关管理人员只有用卓有成效的服务，才能取得全体职工的信任、支持和尊重。

12.1.3 行政机关管理的特点

1. **服务性**

这是行政机关管理最基本的特点。各级行政组织内部设立的综合性办事机构，本质上就是服务性机构，其基本功能就是服务。这种服务是全方位和多功能的。就其服务的性质来说，它包括业务性服务、行政性服务和政策性服务。就服务的内容来说，它包括物质和设施的服务，信息和精神文化的服务。就服务的对象来说，它包括为本单位行政领导的决策和执行提供服务；为上级机关和基层工作提供服务；为机关全体工作人员的工作、生活提供服务；为各种社会单位、社会团体、人民群众与本单位的沟通提供服务等。服务数量的多少和服务质量的高低是衡量行政机关管理活动的一个最主要、最基本的标志。为此，行政机关管理工作必须树立全心全意为人民服务的观念。

2. **群众性**

行政机关管理群众性的特点表现在两个方面：一是行政机关管理活动与本级政府部门的全体成员都有密切联系，尤其是机关后勤管理工作和信访接待工作与各方面的联系更为广泛、更为密切。二是指行政机关管理活动必须依靠群众，发动群众，获取群众的支持。所以行政机关管理工作要树立群众观点。

3. **复杂性**

行政机关管理工作复杂性的特点，首先，表现在管理内容广泛。既涉及政务的处理，又涉及具体事务的处理；既涉及对人的管理，又涉及对财、物的管理等。其次，表现在行政机关管理工作弹性大、灵活性强。行政机关管理工作头绪繁多、随机性强。因此，搞好行政机关管理，必须要合理配置各种资源，科学处理各种相关因素，使机关日常工作程序合理化、科学化，以提高行政效率。

4. **时间性**

行政机关管理工作具有一定“枢纽”性质，起着上传下达、沟通桥梁的作用。为此，要求行政机关工作人员要有雷厉风行的作风，办事准确、及时、讲究时效。例如，紧急公文稍有拖延，就会贻误大事。对于有明确时间规定的工作事务，要严格按要求认真执行，以保证整个机关工作有条不紊地进行。

12.1.4 机关管理的原则

综合办事机构要实现参与政务、处理事务、提供服务这些职能，就必须了解机关工作的原则，从而进行科学的管理。机关管理活动主要应遵循以下原则。

1. 服务性原则

机关管理的根本任务就是服务。为领导者的决策和指挥服务，同时为基层服务，是机关行政管理的核心。机关综合办事机构能否实现对上对下的优质服务，关系到机关自身的形象和政府职能实现的程度，直接影响其他职能部门人员的精神面貌和工作态度。因此，遵循服务性的原则，是机关管理活动的方向，也是衡量机关管理活动质量的最主要、最基本的标志。

机关管理活动要体现服务性的原则，必须本着对上级、同级、下级组织和成员负责一致的精神，提供平等的服务；必须遵循规章制度，严格地依照国家的政策、法律和上级的法规制度，为政府提供及时、规范的服务；必须积极主动、及时地结合职能部门的中心活动进程，进行适时的服务，避免延误等现象发生。由此可见，在机关管理活动过程中，服务性的原则，是保证机关正常、高效地进行职能活动的最基本的原则。

2. 节约性原则

机关管理应遵循节约时间、节约物质、节约人力的原则，坚持做到厉行节约，反对铺张浪费，合理地支配和使用机关的财物，使有限的财力、物力和人力得到充分地利用。这是衡量机关管理廉洁、高效的基本标准。机关管理活动要体现节约原则，必须反对以权谋私等错误行为和思想作风，通过加强思想教育、增强机关工作人员的职业道德修养，通过加强机关规章制度的管理和监督，克服官僚主义。

3. 分工协作原则

机关管理的工作内容广泛，头绪繁多，情况多变，这就要求由许多具体工作机构来分别承担。虽然各项行政事务工作强调一定的专业化，但仍然需要各个专业机构密切配合，相互协调，搞好协作，从而使机关管理工作能够形成一个相互联系、相互制约的有机整体，以提高工作效率。

机关管理要遵循分工协作的原则，必须掌握机关综合部门工作的客观规律，研究各项管理工作的特点，从专业化的角度去认识了解，根据实际工作的需要，进行职能分工和对口管理；充分认识各机构的专业化管理不是孤立的，它们是相互联系的，只有协调一致，才能有效发挥各自的力量。

4. 效率原则

机关管理要遵循效率的原则，就是能够以最少的人力、物力、财力的投入或消耗，提供最快、最多、最好的服务，这是衡量机关管理活动的迅速、切实程度的真正尺度，也是对机关管理的根本要求。

机关工作要讲究效率就必须加强管理：首先要健全管理法规和工作制度，做到奖惩分明，以调动人员的积极性；其次必须提高行政人员的素质，更新人员的知识和观念，并转变行政作风；要从机构的合理化入手，真正进行机构体制、领导体制的改革；必须实现机关管理技术和工具的现代化，要充分运用现代电子信息和网络技术，提高办公自动化水平，进而提高机关工作的效率。

12.2 行政机关管理的内容

机关管理活动的涉及面广，头绪繁多，具体地归纳起来，主要包括：日常工作管理、行政信息管理、会议管理和机关后勤事务管理等方面。

12.2.1 日常工作管理

1. 文书管理

文书包括公务文书和私人文书两大类。国家行政机关的公文，归属公务文书。它是传达、贯彻党和国家的方针政策、发布法规、请示和答复问题、指导和商洽工作、报告情况、交流经验的一种重要工具。通过这种工具可以沟通上下，协调左右，联系内外，成为行政管理的信息流。公文在行政管理中具有如下重要作用：①法规性公文具有行政法规作用。它是根据法定的职权和程序拟制颁发的，受到国家权力的保护，可强制执行。②指示、意见、通报等形式的公文虽非直接法规，但具有较高的权威性，是法规的具体化，对下属单位起领导和指导作用。③公函、通知、介绍信等形式的公文具有联系和知照情况的作用。④请示报告、批复、通知、协议等形式的公文，具有依据和凭证作用。⑤宣传提纲、通报、总结等形式的公文，具有宣传教育作用。可见，文书管理是行政管理中的一项重要工作。

各级行政机关的职权不同，公文也有不同形态。目前我国行政机关的公文有 13 类 15 种。各种公文有一定的含义、用途、应用范围，其制发者、受文对象、传达方式也有差异。对这些公文的管理即行政机关文书工作。我国行政管理对文书工作提出了精简、及时、准确、保密、统一等基本要求。

行政机关的文书工作是一项复杂而细致的工作，它有自身的工作程序和特殊规律。文书的收受流程和处理方式都有一些基本点：公文的受理包括签收、拆封、登记、拟办、批办、分发、传阅、承办、催办、办复等 10 个紧密相连的环节。公文的制发应遵循拟稿、会签、核稿、送审、签发、编号、登记、印刷、发放、询办等程序和处理方式。公文的归档程序是：平时归卷、立卷、归档，把编列的所有案卷向档案馆（室）移交。在行政管理中，应克服拟写和处理公文方面普遍存在的公文旅行、公文成灾、拟写和处理不规范等问题，不断提高公文管理工作的效率和质量。

2. 档案管理

档案是行政机关及其行政工作人员在行政管理活动中形成并作为历史记录保存起来以备查考的文件材料，它是行政管理活动的历史记录。档案是按照一定规律保存起来的文件材料，办理完毕后的文书才能作为档案保存。档案还具有真凭实据的作用，而且作为第一手材料，对了解历史情况，总结经验教训，进行科学研究，都具有广泛的研究参考价值。因此，档案管理包括文书档案的管理与利用。档案的形式多种多样，文字档案是主要形式，它包括文件材料、电报、手稿、书信、会议记录等一切书面形式，还有技术图纸、画片、照片、唱片、影片、录像带、录音磁带、光盘等形象化的记录形式。档案工作有很强的政治性，也有鲜明的服务性和科学性特点。档案管理即按一定原则去指导各文书部门或业务部门的归档工作。

3. **印章管理**

即对行政机关的公章和机关领导人私章的管理。行政机关的公章代表该机关的正式署名，具有法定权威作用。私章是机关领导人的签名章，代表领导人的身份，文件盖上私章，就表明得到领导人的许可并担负责任。因此，印章管理需要有专门部门和专人保管，遵循保密要求，建立印章使用制度。具体工作主要包括印章的刻制、颁发、保管、使用、销毁和上缴等。印章一般由上级机关刻制、颁发，机关、单位内部机构的印章由所在机关单位统一刻制。因机构变动而改用印章，或因印章损坏而换用新章，应向有关单位说明情况，以免影响工作。废止的旧印章应按有关规定缴回上级领导机关或销毁。

4. **信访工作**

信访工作就是认真对待人民群众的来信来访。信访是社会公众直接与有关部门和领导的主动沟通，是政府倾听群众呼声、了解民意和公众动态的一条重要渠道，是社会主义国家的重要标志之一。因此，做好信访工作对维护人民当家作主的权利、保护信访人的合法权益，发扬社会主义民主、密切政府同群众的关系、处理违法乱纪行为、树立政府形象具有十分重要的作用。建立和完善信访工作制度，是行政机关管理的一个重要内容。信访工作应该做到：及时拆封，热情接待；详细阅读，认真听记；妥善处理，及时反馈。切实做到件件有着落，事事有结果。各级国家行政机关都应当认真贯彻落实信访条例的精神，坚持属地管理、分级负责，谁主管、谁负责，依法、及时、就地解决问题与疏导教育相结合的原则。

5. **接待工作**

即指日常工作中对上、下级或平级，以及外单位来本单位联系工作的接待。做好接待工作，可以及时正确地处理接待中对方提出的问题，密切双方间的联系与合作，提高整个行政系统的工作效率；可以与上下左右各方面增进相互了解，搞好团结，有利于本单位开展工作；可以获得更多信息，了解更多情况，提高本单位工作的应变能力。接待工作是一项琐碎细致的工作，要求接待人员要热情、诚恳、一视同仁、严肃认真处理对方提出的问题，实事求是地向对方介绍情况和经验。同时，反对铺张浪费，借工作之名搞私人交易。

6. **保密工作**

包括各种密级的文件、资料的管理。行政机关保密范围，一般包括文电保密、会议保密、印信保密、通信保密、各类情况保密、高层领导活动保密等内容。各级行政办公室是国家核心机密高度集中的机构，因此，办公室工作人员应严格保守党和国家机密，在这方面，主要抓好两条：一是建立和健全保密制度，加强对机密文件、图纸、资料、照片、档案、信函的管理工作，以保证在日常工作中确保机密的安全。二是坚持原则，保证知密不失密。处理文件时，要严格履行登记、签收手续，绝密文件须有专人负责保管。

7. 检查总结工作

检查总结工作是整个机关日常工作管理中承上启下的一个环节。它既是前一工作的终结，又是制订新的工作计划的依据。通过检查总结，肯定成绩，找到不足，获得经验，改进工作。

12.2.2 行政信息管理

机关管理的任务之一就是参与政务，为行政首长做好参谋和助手，要做好这项工作，行政信息管理是十分重要的。

信息是决策的基础，领导者在制定决策和执行决策的过程中，需要掌握及时、完整、准确、适用的信息。决策过程就是一个不断地获取信息、处理信息和利用信息的过程。随着社会的发展和进步，决策对于信息的依赖性愈来愈强，对信息的要求愈来愈高。除了行政领导者亲自通过调研等方式直接收集部分信息外，大量的信息管理工作便成为机关管理的主要工作内容。

行政信息是反映行政管理活动和行政对象的特征及其发展变化情况的消息、情报、数据、资料等总称。行政信息在现代国家行政管理工作中具有基础性的地位和极其重要的作用。首先，信息是行政决策的基础。行政决策过程实际上就是一个信息输入、转换、输出的处理过程。优化的决策目标、优化的决策方案选择、优化的决策实验验证，无不依赖于信息。行政信息越多、越准确、越及时，行政决策思维的广度和深度就越大。其次，行政信息是沟通各行政部门的桥梁。行政管理的各个层次、各个部门的相互沟通，要借助信息这一纽带，使上级政府的政策、法令、任务和要求在下行信息沟通中传送到下级政府，下级政府在执行过程中产生的新信息通过上行信息沟通逐级传送到上级政府，各级行政部门在执行过程中通过横向平行信息沟通协调一致地完成任务。最后，行政信息是提高行政效率的一个决定性因素。在行政管理过程中，行政部门能准确、全面、有效地收集加工、使用信息，就能使行政机构高速、灵活地运转，提高行政效率。因此，行政信息的管理应遵循准确、及时、完整、适用、经济的原则，对行政信息进行科学处理，达到科学化、制度化、系统化。行政信息管理包括以下几方面内容。

1. 收集原始行政信息

原始信息的收集是事关决策正确与否的基础工作。领导决策首先要求有足够丰富的原始信息资源，同时对信息的质量要有要求，这在很大程度上取决于原始信息的完整和真实。收集行政信息工作主要包括三个步骤：制订信息收集的计划，确定收集信息的内容、方式和方法；具体地收集信息，并对收集的信息进行初步整理；将收集的信息资料提供给信息加工者或加工部门。

2. **加工处理行政信息**

收集行政信息的目的是为了利用信息，而要有效地利用信息，就需要对所收集的信息进行加工处理。行政信息的加工处理就是把收集来的信息按照一定的程序和方法，进行分类、分析、判断、比较、综合、统计、编制，使之成为一份真实的、准确的信息资料，以便传递、储存和利用。行政机关的信息管理人员，必须具备一定的能力、知识素质，使行政信息的加工处理更加科学化、准确化，从而使行政领导者的决策建立在及时、充足、真实、适用的信息基础上，保证决策的科学性。

3. **传递可利用的行政信息**

机关管理部门要根据行政决策需求的前后次序和轻重缓急，把行政信息及时地传递给行政领导者。对行政信息的传递，要求行政人员做到及时、准确、真实，传递的方式可以多种多样，随着现代通信技术的进步，更先进的传递方式将不断地运用。这就要求机关管理人员学会并熟练掌握新的信息传递方式、技术和业务，从而保证信息传递的时效性。

4. **储存加工备用的行政信息**

经过加工处理过的行政信息，一部分提供给行政决策使用，一部分暂时不用的可作为备用的行政信息加以储存，以便日后使用。对信息的储备，一般要经过分类、编目、制卡、建档等加工程序，借助于计算机手段，使行政信息的储存管理达到系统化、规范化和制度化。行政信息储存的作用在于，充分发挥信息资料的“可再用性”和信息的“参谋咨询性”和信息的“历史档案性”。

12.2.3 会议管理

会议是现代社会进行各种活动的一种重要沟通方式，是人们为了达到一定的目的，把一定数量的有关人员召集起来，共同商讨、研究问题、统一认识、决议方案的一种社会活动方式，也是一种工作方法。在现代社会，会议是国家行政机关实施行政管理的重要手段。会议具有极为重要的作用，表现在：集思广益，提高领导管理水平；贯彻群众路线，让人民群众参与国家和社会事务管理，增强人民群众的主人翁意识和责任感；沟通信息，协调关系等。会议管理是机关管理中的一项重要内容。

1. **会议的类型**

行政机关经常运用的会议类型有：例行工作会议，也称例会或办公会议，这一类型的会议主要用于领导成员之间交流各自分管工作的情况，研究上级指示，讨论重大问题等；专题性会议，是由一定范围的领导人员及有关部门的人员参加的集中讨论某一方面问题的会议；联席性会议，是为了开展某项较大规模活动，需要几个有关部门一起共同协商和通力协作而召开的一种会议；布置或总结工作会议；经验交流会或现场会；各种形式的座谈会；电话会议；表彰先进会、重大纪念活动或代表大会等群众性大型会议。

2. **会议管理的原则**

会议管理的核心问题，是提高会议的效率，重视会议质量。因此，会议管理首先是要注意会议的内容与会议所占时间的比率，重视时间的价值；其次是要注意控制“会海”问题。会议管理应遵循以下原则。

精简节约原则。可开可不开的会议坚决不开，开小会、短会能解决问题就不开大会、长会。要建立会议审批制度，严格控制会议规模、形式、时间、开支。

讲求质量原则。必要的会议要认真做好会议的组织安排。会前要对文件、材料、服务等进行充分准备和细致安排；会中要做好检查，核对参加会议的人员，做好会议的记录及会议情况的收集汇报工作；会后要做好汇总工作，形成会议纪要，会议文件要编目、存档，要安排好会议人员离会事宜及善后工作。

发扬民主原则。讨论议题应经与会者充分发表意见，凡属重大问题，都要经过民主讨论，做出决定。

适时、适度、适地原则。会议召开时间要合适，要注意避免影响工作。一次会议时间不要过长。尽量避免到游览胜地开会。现场办公会议是精简会议的一项重要措施。

应用现代办公手段，也是精简会议、提高会议效率的一条新途径。

3. 会议管理应注意的问题

会议管理的基本环节包括会前准备、会议期间服务和会后工作三方面，其中的每一项工作都要围绕着提高会议效率，有效地实现行政目标来进行。会议管理主要把握好四个环节。

第一，确定召开会议的必要性。一般来说，只有当交流的信息比较集中或涉及人数比较复杂，需多方会商，或者是有重要影响的信息需要同时向多个单位、部门或人员发布时，召开会议才有现实需要。

第二，确定会议的召开形式。在一般情况下，我国行政机关经常召开会议的形式包括：政府常务会议、政府全体会议、专题性会议、联席性会议、各种座谈会、现场会、电话会等。其中有的会议有固定出席者，有固定的会期，甚至有固定的议题和固定的会议形式，称常设性会议；有的则没有固定的出席者，也没有固定会期，会议内容和形式根据需要而定，称临时性会议。加强会议管理，就是要根据信息交流的不同内容和性质，选择适宜的会议形式，实现行政管理的目的。例如召开现场办公会议，将会议地点由机关会议室搬到特定的实践场所，对于解决实际问题，教育有关人员，密切干群关系，克服官僚主义作风都富有实效。

第三，提高会议效率和质量。开会的效率或会议的质量是会议管理的核心问题。提高会议效率和质量的措施有：①明确会议的目标和主题。会议目标就是会议要达到的目的和效果。会议目标应该是具体而实在的，而不应是泛泛的、空洞的。明确了会议目标，还要确定会议主题（议题），即实现会议目标的核心问题，议题是为目标服务的，是会议准备工作的指针。②做好必要的准备工作。充分的准备，是会议能得以顺利进行，并取得良好效果的保证。一般会议的准备工作包括：会议的时间和地点安排、出席的人员落实与接送、会场布置、会议程序的确定和会议简报的编发等。③严格控制会议经费。政府及各部门的会议的经费使用均须进行计划，并列入年预算。各部门、各单位召开会议，均须从自己包干的会议费中列支，不得以任何理由将经费开支转嫁给基层，或摊派给企业部门。各行政机关对本单位与会人员的经费开支也要严格按照有关财经制度执行。④积极引导会议的顺利进行。会议主办单位和会议主持者要对会议的进程实施引导、控制，以免会议时间过长或偏离主题。⑤应用现代办公手段。随着科学技术的进步，大量的文字传媒和高速有效的电子传媒，以及各种现代化的办公设施，在传递信息、组织群众、布置工作方面，有时比召开会议更迅速、有效。因此，有时召开电视电话会议应成为一种优先的选择，这既节约财力，又实现远程办公。

第四，做好会议服务工作。机关工作人员的会议服务工作可分为三个主要的环节：会前、会中和会后。会前要准备好与会议内容有关的文件和资料，包括收集、印制、整理和分发。同时做好各种服务性筹备工作，包括布置会场、安排食宿、组织活动等。会中的服务工作主要包括：检查、核对参加会议的人数，并根据会议的性质和重要程度，组织催询和签到；做好会议记录和会议情况收集工作等。会后机关工作人员则主要负责如下工作：收回文件，汇总意见，按时上报；整理会议记录，形成会议纪要；做好会后善后工作等。

12.2.4 机关后勤事务管理

机关后勤事务管理又称总务管理，是指对本单位的日常生活事务和物资的管理，为政府职能部门提供保障性的工作和生活条件。

机关后勤管理的内容十分丰富，从横向看，机关后勤管理包括对经费、车辆、房屋、设备、服务设施的利用管理；从纵向看，它包括经费的预算、收支、结算、审核、监督、审计、基建、分配、维修，设备的购置安装、运转、检修、保养、更新，物品的采购、分配、使用、回收、处理、保管，等等。归纳起来主要有以下几个大的方面。

(1) 物资管理

即对行政机关实现行政职能所需物材的购置、配备、使用、保管和维修等工作的管理，在机关后勤管理中占有重要地位。对物材的管理，应该从以下方面着手：建立必要的、合理的后勤管理规章制度；充分发挥物资材料的各种效益；建立科学的后勤管理体制。

(2) 经费管理

行政机关经费的管理是指对本行政机关行政经费的领拨、开支的计划、分配、控制和监督等活动。它对行政管理和国家行政机关建设起着重要的物质保障作用。行政单位所需经费由国家预算供给。从国家预算拨款和国家规定的其他途径所取得的资金即行政单位的资金收入。行政机关必须按照国家财务行政中规定的会计、审计等制度，管好国家预算拨款，为本单位的事业和工作服务。机关经费管理通常包括预算管理（单位预算编制、执行和调整）、财务管理（支出管理、收入管理、定员定额管理、费用开支标准）、财务活动分析、财务监督等方面的内容。机关行政经费管理的原则包括：精打细算，厉行节约，把钱用到最需要的地方；量入为出，留有余地；保障供给，搞好服务；按计划、制度、规定等管理。为此，行政机关要合理地、节约地支配行政经费，尤其是控制会议经费、差旅费、购置费及其他办公经费，勤俭办事。

（3）房产管理

即指对行政机关的办公用房、附属用房、宿舍用房及其所占用土地的管理。加强房产管理，为机关创造良好的工作和生活环境，是保证机关工作正常开展的物质条件。房产管理主要包括房屋的建设、分配、使用和维修。房屋的建设是机关房产管理的首要环节。房屋的分配分为办公用房和机关工作人员生活用房分配。在房产管理中，房舍的维修是一项经常性的工作。

（4）生活服务管理

在机关后勤管理工作中，对机关工作人员生活服务工作的管理，称为生活服务管理。如食堂、招待所、浴池、车辆等方面的管理，均属生活管理。生活服务管理工作直接关系到广大行政机关工作人员的切身利益，机关生活服务能否为机关工作人员解除后顾之忧，使他们集中精力工作，直接关系到公务人员工作的积极性和行政机关的效率。因此，搞好机关生活服务管理十分重要。

（5）机关环境管理

主要是指机关办公场所的建设和管理。其任务是为行政公务人员创造舒适优美的工作环境。从办公地点看，要考虑到有一个适宜的自然环境，交通便利，与有关单位联系方便；在办公环境方面，要把维护环境卫生同绿化、美化、环境保护、庭院管理结合起来。环境管理要制度化、经常化，办公室内要考虑到光线、色彩、通风、温度、噪声、安全等因素。

12.3 电子政务、办公自动化与机关管理现代化

12.3.1 电子政务的概述

1. 电子政务的概念

所谓电子政务是通过信息和通信技术，政府机构应用网络技术提供集成的管理和服务，借助 Internet 实现组织结构和工作流程的优化和重组，超越时间、空间和部门分离的限制，全方位地向社会提供优质、规范、透明和符合国际水准的管理和服务。政府机构面对知识经济为标志的信息化革命浪潮，自发地产生变革对政务模式的需求。电子政务这一概念正是在此背景下，由世界各地政府的首脑和部门的高级官员们提出和推动的。1993 年，美国前总统克林顿和副总统戈尔首倡“电子政务”，当时具有两层含义：一是加速政府对国民需求的回应，让美国国民可以快捷、方便地了解政府。并能“一站式”满足公民向政府申请贷款、竞标合同、网上纳税等服务；二是重塑美国的政府系统，使之更富效率，运作成本更低，并“彻底扫除美国政府的官僚作风”。

十多年来，世界电子政务不断深入发展。各国电子政务建设在基础设施、管理体系、法律法规、人力资源、资金投入、电子政务公共服务等方面都有明显的进步。从主要国家和地区发展来看，美国、加拿大、芬兰等发达国家仍然引领世界电子政务发展，而一些发展中国

家以发达国家为榜样，政府强力推进电子政务建设，也取得了显著的成就。

中国电子政务工程正式启动于1993年。继美国提出信息高速公路计划之后，世界各地掀起信息高速公路建设的热潮，中国迅速做出了反应。1993年底，中国正式启动了国民经济信息化的起步工程——“三金工程”。所谓“三金工程”，即金桥工程、金关工程和金卡工程。“三金工程”的目标，是建设中国的“信息准高速国道”。至2002年进入到全面发展时期，因此，2003年出版的中国电子政务蓝皮书的主题被定为“中国的电子政务”。

2. **电子政务的特征与目的**

电子政务具有以下特征：第一，政务是核心。政府的两大职能是管理和服务，电子政务只是提高效率的手段；第二，电子政务是对政府组织结构和流程的优化和重组，而不是简单的流程电子化；第三，电子政务提供跨越空间、时间和部门限制的沟通和协作渠道，用于提高政府的管理水平和服务水平；第四，电子政务必须规范、透明，符合国际标准，它要求政府必须转变职能，符合WTO规范，如政府网站必须支持多语种文字等。

可以看出，电子政务首先是观念的转变，是认识上的提高，这也是建设电子政务的关键因素。资金投入和技术选择都必须围绕这一中心。

电子政务的建设其目的：①适应形势需要，转变行政职能，使行政管理从“管理主导型”向“服务主导型”转变，适应社会主义市场经济的发展需要。②提高行政效率，精简政府机构。配合转变职能，通过政府信息化水平的提高，可以裁减冗员，节约成本。③推进政务公开，强化廉政建设。电子政务建设有利于提高政务公开程度，增加政府透明度，从而促进廉政。④加强行业管理和规范。电子政务建设有利于加强行业监管，从而稳定社会、经济、生活和生产秩序。⑤有助于科学决策，提高执政水平。⑥有助于进行政策宣传和民众教育，提高国民整体素质。

3. **电子政务的意义**

电子政务的建设可以促进政府提高管理和服务的水平，主要表现在：①电子政务是国民经济和社会信息化的“牛鼻子”。由于政府是信息资源的最大拥有者和应用者，因此电子政务也就成为国民经济和社会信息化的中心环节，发展电子政务可有力地推进国民经济和社会信息化的进程。②电子政务是转变政府职能的“助推器”。政府工作千头万绪，但最根本的有两项，一是推行政令，二是为社会公众服务。但是，长期以来，我们过多地偏重第一项职能，而忽视了第二项职能，使服务变成了口号。发展电子政务，可有效地增强政府的公仆意识，更好地为纳税人服务。③电子政务是传递政令的“千里马”。长期以来，政府政令的传递速度慢，现实情况和问题往往需要较长的时间才能反馈回来，应变能力较差。电子政务可通过网络传递，提高政令推行的时效性，提高工作效率。④电子政务是反腐倡廉的“好帮手”。电子政务可对行使权力的过程进行监督，提高透明度，杜绝暗箱操作，防止以权谋私，促进政务公开和廉政建设。⑤电子政务是政府与群众之间的“连心桥”。电子政务可使政府及时地了解到社情民意，集中群众智慧，促进决策的民主化和科学化，同时也有利于改进工作作风，密切与群众的联系。⑥电子政务是节约行政开支的“好管家”。传统的政府管理，大多采用开会研究、逐级下达、层层上报的工作方式，耗费大量的行政经费，电子政务可通过虚拟办公、电子邮件交换和远程连线会议等方式，克服文山会海和公文旅行等现象，节约人力、财力。⑦电子政务是政府信息资源的聚集库和开发中心。电子政务系统积累了大量的信息资源，经过筛选、分类、整理和归纳，可转换成为政府工作的参考依据。经过整合的信息，有助于资源共享，便于社会和企业利用，增强政府的指导和服务功能，发挥信息资源的社会效益和经济效益。

12.3.2 电子政务与办公自动化

所谓办公自动化（Office Automation，简称 OA），是指借助技术手段，将人的部分业务转交给各种设备来处理，并由这些设备和办公人员共同完成办公业务。办公自动化系统的构成主要包括三个不同的层次：①事务型自动化系统。只限于单机或小型局域网上的文字处理、电子表格处理、文件登录、办公日程管理等辅助工具的应用，其功能在于办公室工作的自动化，直接面对的是办公人员，以提高办公效率，改进工作质量。②信息管理型自动化系统。这是整体性办公系统与综合性数据库紧密结合的一体化办公信息处理系统，包括由大型电子终端机和光缆组成的局部信息网、综合办公系统、办公室服务站、文字处理中心；大中小型电视会议系统、图像传真会议室、电传、内线电话号码检索、电子归档与检查，以及大楼管理等系统。③决策支持型自动化系统。它建立于信息管理自动化系统基础上，使用由综合数据库提供的信息，针对所需要做出决策的课题，构造或选用决策数字模型，结合相关的内部和外部条件，由计算机执行决策程序，做出相应的决策。

电子政务应用与办公自动化系统既紧密相关，又在应用侧重点、用户群体及采用的技术等方面都有所差异。不能把电子政务和办公自动化系统混淆起来，办公自动化系统是电子政务的初级阶段，电子政务是办公自动化系统的必然趋势。二者的主要不同点是：①应用定位不同。电子政务侧重于政府部门内部以及跨部门、系统和地区的应用，而办公自动化系统的应用重点一般是在部门内部，并且主要集中于办公人员的个人层面。②应用主体不同。办公自动化几乎广泛应用于所有的党政机关和企事业单位，而电子政务则主要应用于各级政府部门和其他公共管理部门。③系统用户不同。办公自动化系统的用户多为办公人员，而电子政务由于一般是互动式进行的，所以，其系统用户的范围很广，不仅包括政府部门的工作人员，还有相关的企业事业单位工作人员，特别是社会公众等。

虽然电子政务和办公自动化系统存在一定的差异，但是它们之间仍然有着十分密切的关系。电子政务是一个综合的信息系统。它能够有效地处理机关内部的流程、协作、信息利用和交流，即首先实现机关内部办公自动化，并在此基础上将服务的对象从政府机关内部扩展到其他机关、团体、企业和社会公众。由于电子政务实现了打破部门界限的联网办公和互动式作业，因此可以把电子政务看作是办公自动化系统在范围和功能上的对外延伸，是面向全社会的政府办公自动化。电子政务是由政府办公自动化发展而来的，进一步推行办公自动化，是建设电子政务的前提和基础。只有打好坚实的办公自动化基础，才能够在其之上建成成熟完善的电子政务系统。政府的办公自动化系统作为电子政务的前提和基础，其成功应用与否将影响业务系统的应用和整个电子政务建设的成败。

12.3.3 电子政务与机关管理现代化

机关管理的现代化是指在机关管理中注入现代管理理念，使用现代科学的管理方法和先进技术手段，使机关管理适应现代行政管理的要求，达到较高的管理水平和工作质量。机关管理现代化的内容是多方面的，而且随着时间的推移和社会的进步，它的内容还不断地变化和丰富。机关管理的现代化主要体现在管理观念现代化、机关工作规范化、管理技术现代化等。

管理技术手段现代化即通过现代科学技术在管理中的有效运用，从而提高管理工作的效能。每个时代，行政技术手段的发展都是由当时的社会生产力决定的，它与社会生产力的发展相适应，并且随着社会生产力的发展而发展。现代社会机关管理工作量越来越大，要求越来越高，先进的技术手段逐渐地被引用到机关管理当中。当代先进技术中，电子信息技术和网络技术无疑具有一定的代表性。机关管理技术手段的现代化，突出体现在这些现代化技术手段的应用上。

从本质上来说，行政管理的过程就是信息的生产、收集、储藏、分配、传递和利用的过程。书写文件、报告、产生信息；调查研究、看资料、学文件、反馈是在收集信息；分发文件、发通知、布置工作是在分配和传递信息；整理文件资料、分类归档是在储藏信息；思考、选择、决策是在利用、整理和制造信息。管理机关无时无刻不是在和信息打交道，因此建立和健全现代化信息系统，使信息传输网络化，是机关管理科学化、现代化的重要内容。

现代管理技术的运用，不仅使机关管理省力省时，而且能正确和迅速地处理与传递信息，加强储存和保密工作，达到成本低、效率高的目的。这一系列现代先进的电子信息技术和网络技术等运用于机关管理的过程，实质上就是电子政务的建设和推行过程。政府综合办事机构的电子政务建设水平，在一定程度上体现机关管理在技术层面上的现代化水平。

思考题

1. 机关管理的主体是什么？机关管理具有哪些特点？
2. 机关管理主要包括哪些内容？应实现怎样的功能？
3. 电子政务与办公自动化之间有何关系？机关管理部门在推行电子政务建设方面应发挥哪些作用？
4. 机关管理现代化的标志是什么？电子政务建设对于机关管理现代化有何意义？

案例12：官员找“替身”开会成官场独特现象

会议是规划决策、传达文件、布置任务、沟通协调、宣传动员的工作手段，在管理中具有不可替代的作用。但不知从何时起，领导干部找“替身”开会成为官场一种独特的现象，甚至一些地方出现专门替领导开会的“会虫”。近期，重庆市奉节县21名领导因找“替身”开会作电视检讨，一时间成为了舆论关注的焦点话题。

领导干部找“替身”开会的现象是否普遍？领导干部找“替身”开会的主要原因是什么？领导干部找“替身”开会对工作是否有影响？应该如何解决领导干部找“替身”开会的问题？等等，围绕这些问题，近日，《人民论坛》杂志社联合人民网推出了“怎么看领导干部找替身开会”的专题调查，共有3 077人参与投票，其中参与调查的各级干部为1 278人。此外，《人民论坛》记者还随机调查了300余位社会人士，并约请了相关专家进行了分析点评。

69.15%的受调查者认为“领导干部找‘替身’开会的现象比较普遍”，超过半数的受调查者对这种现象表示“同情”或“谅解”。

本次问卷调查结果显示，69.15%的受调查者表示，领导干部找“替身”开会的现象“比较普遍”，16.65%的受调查者认为领导干部找“替身”开会“只是个别现象”。“在你的实际工作过程中，你有没有替领导干部参加过会议？”问卷调查结果显示，超过三成的受调查干部认为“家常便饭，经常参加”；表示“偶尔为之”的占受调查者的49.92%，近五成；表示“从来没有过”的不足两成。

“你认为领导干部找‘替身’开会的主要原因是什么？”问卷调查结果显示，排在前三位的分别是，“估计会议不重要，可有可无”（39.9%）“有些领导干部组织纪律观念不强，作风较为散漫”（34.87%）“会议与实际工作任务相冲突”（32.56%）。

同时，针对干部群体的调查结果显示，“有些会议纯粹是浪费时间”、“会议时间相互冲突”排在了干部认为领导找“替身”开会的最为重要的原因，分别排在了第一位和第二位。

本次问卷调查结果显示，对领导干部找“替身”参加会议等活动现象，39.39%的受调查者表示“谅解，有些会议可参加可不参加”，18.3%的受调查者表示“同情，领导干部的事情很多，分身乏术”。也就是说，57.69%的受调查者对领导干部找“替身”的现象表示“同情”或“谅解”。

领导干部找“替身”开会，本来是一种弄虚作假的行为，为什么却得到了相当一部分受调查者的谅解？网友们纷纷留言道：“会议太多了，用‘替身’是不得已！应该作检讨的是会议召集人。”“这些会非要‘一把手’参加不可吗？多年来，我们的会议多如牛毛，‘一把手’开会都开不过来了！就是去了，有几个又会认真听呢？”“辩证地看，很大程度是对无聊的文山会海的一种无奈的抵抗”。“现在一些地方不论开什么会，都要主要领导参加，似乎才能显示会议的重要和领导的重视，会议所安排布置的工作似乎才能落到实处。这就是部分领导的开会观念。基层单位领导干部若不找人替身，可能会在奔会中累死。”

86.67%的受调查干部认为，目前地方会议真正能够起到实际作用的不足六成；“减少不必要的会议”是受调查者认为解决“替身”现象的首要举措。

“如果以十成为满分值，在参加的会议当中，你认为真正有必要，起到了实际作用的会议大致占几成?”问卷调查结果显示，35.38%的受调查者选择“两成”，27.06%的受调查者选择“四成”，24.23%的受调查者选择“六成”，选择“十成”的仅有占受调查者的6.38%。也就是说，86.67%的受调查干部认为目前地方会议真正能够起到实际作用的不足六成。

“据你的了解，你认为目前地方政府或部门会风如何?”问卷调查结果显示，82.97%的受调查者认为目前地方政府或部门的会风较差，受调查者反映“常常缺席、找‘替身’、打瞌睡的较多”、“务虚、拖沓冗长又不解决实际问题的会议较多”。

“现在的会议就像懒婆娘的裹脚布——又臭又长。”“有些会议比较重要，当然需要单位主要负责人参会，但是有些会议只是陪会，也通知单位主要负责人必须参会。这其实反映了一些领导机关和领导干部的官僚主义作风。”有受访者表示。

专家认为，问题不在“替身”，而应从根本上精简会议，彻底改变会海现象。近日，沈阳市政府办公厅下发了《关于改进机关会风文风规定的通知》，以限定开会、发言时间的方式整治政府机关“文山会海”现象；从会议数量、会议规模、会议形式、会议时间、讲话数量等各个方面进行了限制。这可以说是一个很好的尝试。

“你认为应该如何解决领导干部找‘替身’开会的问题?”问卷调查结果显示，65.03%的受调查者认为“尽量减少不必要的会议”，37.7%的受调查者认为“会议的内容要精简，有的放矢”，23.56%的受调查者认为“对找‘替身’开会的现象加大管理力度，对相关人员要进行惩罚”，18%的受调查者认为“加大运用电视电话等创新会议形式”。由此可见，表示应减少会议或精简会议内容的占到受调查者的88.59%。

如何治理“逃会”、“睡会”等情况，65.4%的受调查者认可对找“替身”开会的领导干部进行一定的惩罚。

“你认为领导干部找‘替身’开会对工作是否有影响?”问卷调查结果显示，46.56%的受调查者认为“有影响，规定‘一把手’参加的会议自有其道理”，24.34%的受调查者认为“很难说，要看具体情况而定”，29.1%的受调查者认为“没有影响，只要将会议的主要精神传达到了就可以”。

“对领导干部因找‘替身’参加会议，而受到作电视检讨等处罚的现象，你怎么看?”65.4%的受调查者认为“有必要，可以起到一定的正面效益，使这种现象减少”，26.73%的受调查者认为“没有必要，有些小题大做”。对此做法舆论反映可谓贬褒不一。（摘自：2008年11月26日 人民网—人民论坛）

讨论：

(1) 会议的功能是什么？为什么会出现领导干部找“替身”开会的现象？

(2) 上述关于地方会风调查情况，对于行政机关加强会议管理有什么样的启示？

(3) 对于提高会议质量，改进地方会风，你有何建议？

第13章 行政法制

13.1 行政法制概述

13.1.1 行政法制的含义

1. **法制的含义**

法制的含义有静态和动态之分，静态意义上的法制是法律制度的简称，是指国家颁布实行的法律法规以及围绕这些法律法规建立起来的各项具体制度的总称，是指统治阶级按照本阶级的意志，由国家政权机关建立起来并用国家机器推行的、用以维护其阶级统治的法律制度。法制是随着国家的产生而产生，随着国家的发展而发展，性质不同的国家，其法律制度的性质、表现形式和内容也就不同。从人类社会发展史来看，任何国家都有法制，但法制在其实施的过程中却产生了两种截然不同的结果，即人治与法治。动态意义上的法制是指管理国家事务的制度化、法律化，表现为制定法律、执行法律、遵守法律以及对法律实施的监督，即“有法可依、有法必依、执法必严、违法必究”。

2. **法治的含义**

人治，是一种以人为主体的社会控制形式。它强调统治者个人的意志高于一切，以统治者个人的意志代替统治阶级的整体意志，统治者个人的意志可以凌驾于法律之上，统治者个人的权力和言论不仅可以成为立法的依据，而且还能左右法律的遵守和实施。在人治的条件下，统治者个人的素质和人格魅力就显得尤为重要。

法治，是相对于人治而言的，是一种以法律为主体的社会控制方式。它强调法律的地位是至高无上的，它要求包括统治者在内的所有人都必须遵守和服从法律，不允许任何人超越法律之上，任何行为都必须受法律的约束。而法律是统治阶级意志的集中表现，因此，服从法律与服从统治阶级的整体意志是一致的。由此可见，法制是法治的前提和基础，法治是法制的实施；法制的主要目的在于解决有法可依，法治的主要目的在于解决有法必依，执法必严，违法必究。

中国人对于“法治”概念的认识时间并不长。1999 年 5 月 15 日召开的第九届全国人民代表大会第二次会议通过的《中华人民共和国宪法修正案》，第一次将“依法治国，建设社会主义法治国家”载入了国家的根本大法。从此，中国开始了社会主义法治建设的新纪元。

什么是法治？在亚里士多德那里，法治具有两重意义：已成立的法律获得普遍的遵从，而大家所遵从的法律又应该是良好的法律。可见，“普遍服从良法”是亚里士多德法治概念的基本含义。自此以后，法治的内涵就一直是许多思想家和法学家争论的重点之一。《牛津法律大辞典》对“法治”一词的解释是：“一个无比重要的，但未被定义，也不能随便就能定义的概念，它意指所有的权威机构，立法、行政、司法及其他机构都要服从于某些原则，这些原则一般被看作是表达了法律的各种特征，如正义的基本原则、道德原则、公平和合理诉讼程序的观念，它含有对个人至高无上的价值观念和尊严的尊重。在任何法律制度中，法治的内容是：对立法权的限制；反对滥用行政权力的保护措施；获得法律的忠告、帮助和保护的大量的和平等的机会；对个人和团体各种权利和自由的正当保护；以及在法律面前人人平等。……它不是强调政府要维护和执行法律及秩序，而是说政府本身要服从法律制度，而不能不顾法律或重新制定适应本身利益的法律。”1959 年国际法学家会议通过的《德里宣言》集中了各国法学家对“法治”的解释，提出了“法治”的三条原则：立法机关的职能在于创设和维护得以使每个人保持“人类尊严”的各种条件；法治原则不仅要对制止行政权的滥用提供法律保障，而且要使政府能有效地维护法律秩序；借以保证人们具有充分的社会和经济生活条件；司法独立和律师自由是实施法治原则必不可少的条件。

法治的实质，就是由体现自由、平等和正义等价值的法律来控制国家公共权力（包括立法权、行政权和司法权）的行使，国家公共权力居于法律支配之下，并以保障公民权利、推动社会进步为其最终目的。显然，法治解决的是公共权力与私人权利之间的关系问题，通过控制国家公共权力以保护公民私人权利不受侵害。因此，对于国家公共权力的控制，始终是贯彻法治的主线，这使得法治能够成为“治者与被治者之间的一道屏障”，既保障整个社会的稳定有序状态，也保障个人合法权利不受不当行为的侵犯。

法制与法治既有联系又有区别。一方面，法制所表达的主要是一个中立的概念，仅仅表明特定社会中存在独立于其他各种制度的法律制度，有时甚至是一整套较为完整的法律制度。但是，这种法律并非一定是行为主体服从的最高权威，恰恰相反，法律很可能只是某个权威所运用的一种工具、一个控制国家和社会的手段。因此，历史上任何类型的国家都可能有其相应的法制。而法治强调的是以正义之法治理国家和社会，崇尚法律的至上权威，它所关注的焦点在于运用法律有效制约和合理运用公共权力。显然，只有在实行民主和宪政的近现代国家中，才存在法治。另一方面，法制与法治又具有紧密联系。尽管加强法制并不一定意味着实行法治，但是要实现法治却一定要加强法制，法制是法治的前提和条件，没有法制就没有法治。如果说法治是一种国家治理的价值标准，那么，法制就是实现这种价值的工具。没有健全的法制，就不可能有真正的法治。反过来，法制也得益于法治。只有实行法治，法律才能得到前所未有的尊重，法律的地位才得以稳固，否则，法制的地位就会很可悲，就会沦为权力和个人意志的工具而被任意践踏。

3. 行政法治

所谓行政法治，简言之就是政府行为受到正义之法的约束。它表现为政府行政存在和运行的一种特定状态，在这种状态下，法律不仅是政府行政权力的来源，还是其运行的界限和评判标准；政府行政权力受到法律的严格控制和支配，其主要目的在于确保行政权力的正确行使，进而保护相对人的合法权益。

对于行政法治的内涵，我们可以从以下三方面加以理解。

首先，行政权力来源于法律。"对公权力，法无明文规定（授权）的，不得行之"。行政权力也是如此。如前所述，行政权力是行政机关在管理国家和社会公共事务过程中享有的一种合法资格和相应的强制力量。没有行政权力直接或间接的运用，政府职能的履行将是不可想象的。但是，行政机关并不能自行设定行政权力（即行政职权），不得超越其原有范围。换言之，没有法律规定，行政机关不得为自己设定法定权力以外的权力。需要注意的是，这里的法律有着自己的范围。在我国，它主要限定在全国人大及其常委会制定的宪法和法律、有权地方人大制定的地方性法规、国务院根据宪法制定的行政法规这几种形式上。对于国务院各部门制定的行政规章和有权地方政府制定的地方性规章，如果符合宪法、法律和法规，行政机关可以将之作为自身行为的依据，但它们并不能成为行政权力的来源。

其次，行政机关必须严格按照法律规定的原则、权限和程序行使行政权力。法律为行政机关确定了行政权力行使的范围和界限，行政机关不得逾越这些范围和界限。行政机关在行使职权时，不仅要有法律依据，而且还要遵循法定的程序进行。法定程序有着独立的价值，同样可以制约行政权力的行使。违反法定程序的行政行为一般是无效的。此外，由于社会事务的多样性、复杂性和变动性等因素，法律的规定无法穷尽一切可能。针对这种局限性，法律有时仅仅规定行政行为的条件、幅度和种类等，而由行政机关根据实际情况决定如何适用法律，这也就是行政权力行使中的自由裁量权问题。但是，尽管如此，行政机关在行使法律赋予的自由裁量权时，仍然不能违背法律的精神而恣意妄为。在行政法治条件下，行政自由裁量权的行使也有"一定之规"，即必须符合法律的精神和法律的目的。

最后，行政机关对其违法行为应当承担相应的法律责任。行政法治状态下的政府行政应当是责任行政，这也是实现行政法治的保障和标志。随着现代行政权力的扩张化和复杂化，它与相对人的权益关系也更加密切，相对人的权益因行政权力的行使而蒙受侵害的可能性也日益增大。因此，法律要求行政机关必须对自己的行政行为承担责任，不允许行政机关只实施行政行为，而对自己的行为不负责任。如果相对人的合法权益因行政机关的违法行为而受到侵害，特定机关（主要是司法机关）可以依申请为其提供必要的救济，并依法追究违法行政机关和行政人员的相应责任。对行政机关和行政人员违法责任的追究可以通过以下途径进行：一是权力机关可以通过法律程序弹劾、罢免实施违法行为的行政人员，撤销行政机关的错误决定；二是司法机关通过行政诉讼，确定行政机关的法律责任；三是行政机关经过内部的行政复议，对其违法行为予以纠正，并使有关责任人员承担一定的法律责任。

4. **行政法制**

行政法制，是指国家行政机关为实现政府职能按照法定程序而制定的行政管理法规和制度的总和。行政法制是国家法制的重要组成部分，是为维护和巩固社会经济基础服务的。

行政法制是围绕着行政管理法规的制定、行政管理法规的执行和对行政管理法规在执行过程中所发生的纠纷进行裁决等三个方面而展开的，因此，行政法制的基本内容包括：行政立法、行政执法和行政司法等。

行政立法是行政机关根据国家立法机关的授权，在其职权范围内制定行政管理法规的行为。行政立法是行政法制的基础性部分，它通过立法的形式把统治阶级的意志上升为国家行政机关的法律规范，为行政管理活动提供法律依据和手段。

行政执法是行政机关及其行政人员按照法定程序，执行和实施国家法律法规的行为。行政执法是行政法制的主体性部分，它通过执法的形式使国家的法律法规在行政管理活动中得以贯彻，并转化为人民群众的实际行动。

行政司法是行政机关以第三人的身份，对在行政执法过程中出现的行政纠纷进行处理的活动。行政司法是行政法制的辅助性部分，它通过对在行政执法过程中出现的行政纠纷进行处理，来对行政执法活动进行监督，以保证行政管理活动的公正性。

13.1.2　行政法制的基本要求

行政法制的基本要求与我国社会主义法制的基本要求是一致的，这就是：有法可依，有法必依，执法必严，违法必究。

1. **有法可依**

要求加强行政立法工作，建立起有中国特色的社会主义行政管理法规体系，使行政管理的每一个行为都以法律法规为依据，为行政管理法制化的实现奠定坚实的法律基础。行政管理有法可依是实现和加强社会主义行政管理法制的前提和基础。为了保证依法行政的原则得到真正的贯彻执行，我们已重视行政立法工作，建立了相对完备的具有中国特色的社会主义法律体系，以适应社会主义市场经济的客观要求。例如，我国已陆续建立和完善了国务院和地方人民政府组织法，国家公务员管理条例，行政处罚法，国家赔偿法，行政复议法，行政监察法及行政管理的法律、法规。

2. **有法必依**

要求行政机关和行政人员的行政行为必须依据法律法规，任何人都不得违反法律法规，任何行政行为都不得超越法律法规所允许的范围。行政管理有法必依是实现社会主义行政制度法制化，实现依法行政的核心。法律是人们行为的准绳，起着规范人们行为的作用。制定了法，若不切实加以实施，再完备的法律也只是一纸空文，因此，行政管理活动必须依法行政，做到有法必依。行政管理要做到有法必依，首先要求国家行政机关公职人员，特别是行政领导干部要正确处理权与法的关系。决不允许任何人把人民通过法律赋予他的、用以维护人民利益的职权当作特权，凌驾于法律之上。这就是说，一切国家机关，特别是执法机关及其工作人员，在工作中必须严格依法办事，遵循和执行法律，不允许以权代法、以言代法或徇私枉法。其次要求所有政党、组织、社会团体和全体公民也必须在法律规定的范围内活动，不得有超越法律的行为。

3. **执法必严**

要求行政机关和行政人员在行政执法过程中，必须严格按照法律法规所规定的内容和程序办事，自觉地维护法律法规的尊严，决不允许以情代法、以权压法、徇私枉法、贪赃枉法。行政管理执法必严是实现行政管理法制化，做到依法行政的关键。这就要求国家行政机关及其工作人员必须严格执行法律，严格按照法律的规定办事，坚决维护法律的权威和尊严。为了做到执法必严，必须提高行政执法人员的政治和业务素质。政治素质是指作为行政执法人员，必须具备对人民高度负责，刚直不阿，敢于排除各种干扰，同违法行为进行斗争，甚至不惜以身殉法的崇高品德。业务素质是指行政执法人员必须具有法律专门知识和有关的专业知识，能够熟练掌握和运用有关的行政管理法律、法规和规章。因此，培养一支政治素质高，业务上过硬的行政执法队伍，是加强社会主义行政管理法制的一个至关重要的问题。

4. **违法必究**

在行政管理过程中，对违反法律法规的组织、团体、单位、法人和公民，无论其背景如何、职务高低，都要坚决地依法追究法律责任，决不允许任何组织和个人享有法律法规以外的特权。行政管理违法必究是实现行政管理法制化，做到依法行政的保障。“违法必究”是指一切国家机关、组织、公职人员或公民如果违反了法律，都应毫不例外地按照法律规定，承担相应的法律责任，受到法律制裁。要做到“违法必究”，必须保证行政执法人员的执法行为不仅合法，而且要合理，即合乎法理，防止冤、假、错案的发生；同时提高行政执法人员的执法水平，对违法犯罪行为及时发现，及时查处；要做到“违法必究”，还必须反对各种特权，实现法律面前人人平等。

有法可依、有法必依、执法必严、违法必究四个方面的要求是相互联系、相互依存、不可分割的。其中，有法可依是有法必依、执法必严、违法必究的基础；有法必依、执法必严、违法必究是使行政管理法规得以严肃、准确、全面贯彻执行的保障。有法可依是前提，有法必依是核心，执法必严是关键，违法必究是保障。

13.1.3 行政法制建设的意义

1. **加强行政法制建设是依法行政的需要**

党的十五大向全党提出了“依法治国，建设社会主义法治国家”的战略目标，为了实现这一目标，还提出了“一切政府机关都必须依法行政，切实保障公民权利，实行执法责任制和评议考核制”的具体要求。实践证明，依法行政是依法治国的关键。依法治国的主体是广大的人民群众，依法治国的客体主要是国家机关，依法治国的精髓是作为依法治国主体的广大人民群众，依照宪法和法律规定授予并制约国家的权力，以实现以法治权。而在国家机关中，行政机关依据人民赋予的权力，担负着大量的管理国家政治、经济、文化和社会发展的任务，行政机关行政权力的行使又是与老百姓的利益息息相关的，因此，行政机关在国家行政管理的过程中能否依法行使行政权就显得十分重要。加强行政法制建设正是保证依法行政的有效措施，通过行政立法、行政执法、行政司法等行为，使行政权的行使始终处于法律约束之下。

2. 加强行政法制建设是社会主义市场经济发展的需要

社会主义市场经济本质上是一种法制经济，它客观上要求通过行政立法、行政执法、行政司法等途径，建立良好的市场秩序，规范市场行为，保证市场经营活动的顺利进行。可以这样认为，社会主义市场经济越发展，对政府行政法制建设的要求就越高；政府行政法制建设越加强，就越能促进社会主义市场经济的发展。

3. 加强行政法制建设是行政机关克服官僚主义、提高行政效率的需要

行政机关要克服官僚主义，提高行政效率，起码要具备四个条件：行政管理法规体系要完善；行政管理的措施要落实；行政机关要有科学的活动规则、程序和方法；行政组织机构运转协调。而上述条件的创造只有通过加强行政法制建设才能实现。首先，加强行政法制建设，能够强化行政管理法律制度的建设，既为行政管理提供了工具和手段，又对行政机关和行政人员的行政行为严加约束，促使行政机关和行政人员依法办事，廉洁高效。其次，加强行政法制建设，通过行政立法把行政权力转化为法律权力，在增强行政管理措施的权威性的同时，有利于行政执法活动将行政措施落到实处。再次，加强行政法制建设，能够以法规或制度的形式来对行政机关的活动原则、活动程序和方法等做出全面而科学的规范，使行政人员明确自己应该干什么，不应该干什么以及怎样干，既调动了行政人员的积极性和创造性，又促使他们严格地自我约束，从整体上保证行政管理协调有序，运转灵活，充满生机地向前发展。

13.2 行政立法

13.2.1 行政立法的含义和特点

1. 行政立法的含义

关于行政立法的概念，学术界存在着不同的理解。归纳起来，主要有两种观点之争。一种是从立法的内容和实质的角度来界定行政立法，认为凡是国家机关制定的有关行政管理方面规范性文件的行为，统称为行政立法。另一种观点则是从立法活动的主体角度来界定行政立法，即凡是国家行政机关依照法律规定的权限和程序制定有关行政管理方面的规范性文件的活动，才是行政立法。它的主体是特定的国家行政机关。这里我们采用的是后一种观点，包括四个含义。

① 国家行政机关是行政立法的主体。其他非国家行政机关，诸如国家权力机关、国家司法机关和其他社会组织均不能成为我国行政立法的主体。

② 行政立法是国家行政机关的抽象行政行为，即国家行政机关制定具有普遍约束力的行为规则。这些规则不是针对某个具体的人或事项，而是针对所有的人和所有的事项的。前者称为具体行政行为。

③ 行政立法是国家行政机关在法定权限内的行为。所谓法定权限包含两层意思：一是行政立法必须根据宪法、法律或有权机关的授权。国家行政机关不在宪法、法律赋予的权限范围内、非经授权而进行的立法，是非法行为。二是在自己的职权范围内。每个行政机关都有自己的职权范围，行政立法作为行政行为的一种，必须在自己的职权范围内进行，否则越权无效。

④ 行政立法是国家行政机关按法定的行政立法程序所为的行为。行政机关必须严格按法定程序立法，违反行政立法程序而制定的行政法规和规章是不具有法律效力的。

2. 行政立法的性质

我国的行政立法属于从属性立法。所谓从属性立法是指在法律体系中，行政立法居于权力机关所制定的法律之下的地位，即从属于宪法、法律，不得与宪法、法律相抵触。这种从属性的原因在于国家行政机关的性质。我国的国家行政机关是国家权力机关的执行机关，行政机关的所有活动都必须从属于权力机关的意志，其中包括行政立法活动。

行政立法的从属性表现在两个方面：一是行政立法的权限必须根据宪法和法律的有关规定，不得与宪法和法律相抵触；二是行政立法的结果，即国家行政机关制定的规范性文件受宪法、法律和有权机关的监督，一旦与宪法、法律的要求相抵触，将被审查和撤销。行政立法的从属性保证了国家法律体系的内在统一和和谐。

3. 行政立法的特点

行政立法的从属性决定了行政立法有双重性特点——既具有立法性又具有行政性。

(1) 行政立法的立法性

行政立法的立法性主要体现在：第一，行政立法是有权的国家行政机关以国家的名义制定规范性文件的行为；第二，行政立法制定的行为规范属于法的范畴，对行政管理主体、客体都具有规范性、强制性等法的特征；第三，行政立法必须遵循相应的立法程序。

虽然行政立法具有立法性，但行政立法不同于权力机关的立法。这两者的区别主要表现在：①立法主体不同。行政立法的主体是享有一定立法权的国家行政机关；而权力机关的立法主体则是一定级别的国家权力机关。②立法范围不同。行政机关的立法范围通常是有关国家政治、经济、文化事务中的具体管理问题；而权力机关的立法范围通常则是有关国家政治、经济、文化生活中的基本制度和重大问题。③立法的效力不同。国家权力机关的立法效力高于行政机关的立法。④立法程序不同。权力机关的立法遵循严格的立法程序；而行政机关的立法遵循行政立法程序，行政立法程序较之权力机关的立法程序来说，简便、灵活。

行政立法是一种准立法行为。行政立法是一种以国家的名义创制法律规范的行为；行政立法所创制的法律规范具有约束力，要求在其管辖范围内的人们必须普遍遵守；行政立法所创制的法律规范，由国家的强制力保证其实施；行政立法必须按立法程序进行。当然，行政立法与立法机关的立法有着本质上的区别，行政立法在我国是从属性立法，不仅行政立法机关从属于国家的立法机关，而且行政立法所创制的法律规范也从属于国家的法律，不得与国家的法律相抵触。因此，它只是一种准立法行为。

(2) 行政立法的行政性

行政立法的行政性主要体现在：第一，行政立法的主体是国家行政机关；第二，行政立法所调整的对象是行政管理事务及与行政管理事务有关的事务；第三，行政立法的目的是执行权力机关制定的法律，实现行政管理职能。

行政立法具有行政性，但行政立法行为又不同于行政执法行为和行政司法行为。这两者的区别主要表现为抽象行政行为和具体行政行为的区别。①行政主体不同。行政立法的主体是特定的有权的国家行政机关，而具体行政行为的主体相对要宽泛。一般地说，几乎所有的国家行政机关都具有实施一定具体行政行为的权力。②法定程序不同。行政立法行为遵循的是一定行政立法程序，而具体行政行为则遵循的是一般的行政程序，较之与具体行政行为，行政立法程序更规范、严格。时间效力不同。行政立法行为比具体行政行为具有更大的时间效力。行政立法行为的效力具有延续性，对同一类型的人和事可多次反复使用。而具体行政行为的时间效力通常都是一次性的。③针对的对象不同。行政立法的对象具有普遍性，而其他具体的行政行为所针对的对象则具有特定性。④救济途径不同。行政立法行为既不可复议，也不可行政诉讼。而因具体行政行为引起的行政纠纷，既可复议，也可诉讼。

行政立法是一种行政行为。行政行为是行政机关行使行政权力实施的能产生法律效果的行为，行政立法行为是符合行政行为这一定义的。行政立法是行政机关做出的行为；行政立法是行使行政权力的行为；行政立法能使行政相对人的权利和义务发生变更，因此是能够产生法律效果的行为。可见，行政立法行为是行政行为，是抽象行政行为。

4. 行政立法与权力机关立法的区别

①立法主体不同，行政立法主体是特定的国家行政机关，而权力机关立法的立法主体是全国人民代表大会及其常务委员会以及特定的地方人民代表大会及其常务委员会。②立法的调整对象不同，行政立法的调整对象是国家在行政管理过程中所涉及的较为具体的行政事务，而权力机关立法的调整对象是国家政治、经济、文化生活中的重大事项。③立法的效力等级不同，行政立法的效力等级较低。

13.2.2 行政管理法规的含义、内容和类型

1. 行政管理法规的含义

行政管理法规是国家行政机关在行政管理过程中，为实现宪法和国家法律，执行国家权力机关的决定、决议，完成国家任务，在职权范围内依法制定和发布的规范性文件的总称。行政

管理法规包括行政法规和行政规章两个方面，因此，行政立法行为实际上就是制定行政管理法规的行为。行政管理法规是行政法的重要组成部分，是国家基本法律和地方性法规的法源。

（1）行政法规

《中华人民共和国宪法》第八十九条第一款规定，国务院有权“根据宪法和法律，规定行政措施，制定行政法规，发布决定和命令”。可见，行政法规是国务院为实施宪法和法律，在其职权范围内制定的有关政治、经济、教育、科技、文化、外事等内容的广泛性法律文件的总称。国务院是行政法规的唯一制定主体，行政法规的效力低于宪法和法律，高于地方性法规和行政规章。

（2）行政规章

《中华人民共和国宪法》第九十条第二款规定：“各部、委员会根据法律和国务院的行政法规、决定、命令，在本部门的权限内，发布命令、指示和规章。”《中华人民共和国地方各级人民代表大会和地方各级人民政府组织法》第五十一条第一款规定：“省、自治区、直辖市以及省、自治区的人民政府所在地的市和经国务院批准的较大的市的人民政府，还可以根据法律和国务院的行政法规，制定规章。”可见，行政规章根据其不同的制定主体，分为部门规章和地方规章。部门规章的制定主体是国务院各部、委员会；地方规章的制定主体是省、自治区、直辖市以及省、自治区的人民政府所在地的市和经国务院批准的较大的市的人民政府。行政规章的效力低于宪法、法律和行政法规，地方规章的效力还低于同级人民代表大会及其常务委员会制定的地方性法规。

2. 行政管理法规的内容

行政管理法规规范的内容，是行政管理活动中涉及的人和事。包括管理者和被管理者各自的权利和义务；行政机关的组织设置；行政人员的使用和调配；还有行政机关和行政人员的职责权限、活动原则、管理制度和工作程序等。行政管理法规调整的对象，是行政管理活动中发生的各种法律关系，包括行政机关与其他国家机关的关系；行政机关与社会团体、群众组织、企事业单位之间的关系；行政机关与公民之间的关系；行政机关之间的关系；等等。

3. 行政管理法规的类型

行政管理法规从不同的角度来划分，可分为不同的类型。如从立法主体来划分，可分为中央行政管理法规和地方行政管理法规；从立法的权限来划分，可分为依职权制定的行政管理法规和授权以及特别授权制定的行政管理法规。

首先，根据国家行政机关行政立法权力来源的不同，我国行政立法的形式有三种：职权立法、授权立法和特别授权立法。①职权立法是指行政立法主体依照宪法和有关组织法规定的职权，就职权管辖范围内的事项进行的立法。我国宪法规定，国务院可以“根据宪法和法律，规定行政措施，制定行政法规，发布决定和命令”。国务院各部委可以“根据法律和国务院的行政法规、决议、命令，在本部门的权限内，发布命令、指示和规章”。《中华人民共和国地方各级人民代表大会和地方各级人民政府组织法》规定：省、自治区、直辖市的人民政府以及省、自治区的人民政府所在地的市和经国务院批准的较大的市的人民政府，还可以根据法律和国务院的行政法规，制定规章。根据上述规定进行的立法活动就是职权立法。②授权立法又叫委任立法。它是根据宪法和组织法以外的其他法律的授权所进行的立法活动。我国许多法律明确授权国家行政机关制定某一方面的行政法律规范。例如，根据《中华人民共和国标准化法》第二十五条的规定，国家标准化法的实施条例由国务院制定，据此，国务院制定了《中华人民共和国标准化法实施条例》。国务院的这种立法就属于一般授权立法。③特别授权立法是指国家最高权力机关将本应由它制定某一方面法律的立法权，特别授予国家行政机关行使的立法。在我国目前的立法体制下，可特别授权立法的主体包括国务院和经济特区政府（深圳、汕头、珠海和厦门）。与职权立法和一般授权立法不同，特别授权立法的立法权限不是来源于某项法律的规定，而是通过国家最高权力机关做出专门“规定”形式授权。因此，特别授权立法较之前两种形式的立法来说数量不多，往往适用于国家最高权力机关因某个立法事项的经验不足或社会关系尚未定性、制定法律的条件尚不成熟的情况。因此，特别授权立法是具有典型的“实验性”立法的性质。

从行政管理法规的内容、目的来划分，可分为执行性行政管理法规、补充性行政管理法规和自主性行政管理法规。①执行性行政管理法规是国家行政机关为执行国家法律、上级行政机关的行政法规和同级权力机关的地方性法规而制定、发布的法律规范性文件。执行性行政管理法规通常以“实施细则”、“实施办法”等形式出现，执行性行政管理法规是以执行国家法律、行政法规和地方性法规为目的的，因此，它必须尊重和符合国家法律、行政法规和地方性法规的原意，不能创设任何新的内容。如为了执行《中华人民共和国商标法》，国务院批准颁发了《中华人民共和国商标法实施细则》。②补充性行政管理法规是国家行政机关根据法律授权，为更好地执行国家法律、上级行政机关的行政法规和同级权力机关的地方性法规，所做出的补充性法律规范性文件。补充性行政管理法规通常以“补充规定”、“补充通知”、“补充规则”等形式出现。补充性行政管理法规的制定目的是：对需执行的法律法规因无法事先预见的情况或不宜详细规定的具体事项加以切合实际的补充。③自主性行政管理法规是国家行政机关在法律授权范围内，独立自主地制定法律规范性文件。自主性行政管理法规的制定目的是：以国家法律、上级行政机关的行政法规和同级权力机关的地方性法规为依据，根据本部门或本单位的实际情况，及时地、独立自主地制定有关的法律规范性文件，解决和处理本部门或本单位的各种事项和问题。

13.2.3 行政管理法规的特征

行政管理法规与国家其他法律法规一样具有规范性、强制性等特征，除此之外，它还有自身的特征。

1. 法律关系的特殊性

主要是指行政机关在行政法律关系中的地位、作用特殊。其主要内容包括：行政法律关系的主体有一方总是行政机关，即没有行政机关的参与，不能形成行政法律关系；行政法律关系主体双方地位不平等，其中行政机关的意志具有单方面的强制性和效力；行政法律关系具有不对等性，即行政机关无须事先征得行政法律主体另一方同意就可发布行政管理法规并强制性要求对方执行；行政机关对行政纠纷的解决有行政司法权，通过行政程序加以解决。

2. **制定与实施的统一性**

其所强调的是行政机关集立法者和执法者职能于一身，即行政管理法规由国家行政机关制定，同时又由国家行政机关负责实施。这种统一，是因为行政是对国家意志的执行，行政管理法规是为执行国家法律而制定的，所以制定行政管理法规的行为本身又可看作是一种执行行为。

3. **所含内容的丰富性**

这是与行政管理的特点相联系的，行政管理涉及面广而且对象复杂，规范这些对象的行政管理法规必然是内容丰富、种类齐全的。因此，行政管理法规所涉及的问题包含了国家生活和社会生活的各个方面。同时从数量上看，在行政法中80%以上是行政管理法规，在同期颁布的国家各种法律中，行政管理法规也占了很大比例。

4. **体系内部的变动性**

这是由行政管理的对象所决定的，行政管理的对象是社会各种利益关系，这些关系不断发生变化，旧的关系瓦解了，新的关系又产生了，这就决定了规范这些关系的行政管理法规必然是不断有旧的法规废止、新的法规产生。也就是说，行政管理法规作为行政管理活动的规范和管理国家、社会的工具，随着国家各项事业的发展和行政管理的发展而不断变动。

13.2.4 行政管理法规的制定

1. **行政管理法规的成立要件**

行政管理法规的成立要件是指能使行政管理法规成立并发生效力的必要条件。行政管理法规的制定，首先必须具备这些条件，这些条件包括实质要件和形式要件。

实质要件。行政管理法规的实质要件有三个方面：制定行政管理法规的机关必须是依法组织并由法律或权力机关授权的行政机关，除此之外的国家机关、社会团体、群众组织、企事业单位都无权制定行政管理法规。有权制定行政管理法规的机关只能在自己的权限范围内制定行政管理法规，超越权限范围制定的行政管理法规被视为无效。所制定的行政管理法规必须符合宪法、国家法律和上级机关的行政法规规定。行政管理法规的内容不能与宪法、国家法律和上级机关的行政法规规定相抵触，否则视为无效。

形式要件。行政管理法规的形式要件也有三个方面：行政管理法规必须用书面表示，必须注明发布机关；行政管理法规必须写明发布日期和生效日期；行政管理法规必须以法定形式发布。除少数需保证的专业性行政管理法规外，其他都必须在法定的报刊上正式公布。

2. **行政管理法规的制定原则**

制定行政管理法规，必须遵循一定的原则。

立法有据原则。制定行政管理法规一定要有法律依据。也就是说，国务院制定的行政管理法规，必须以宪法和国家的基本法律为立法依据。行政规章的制定必须以国家基本法律和国务院的行政法规以及同级人民代表大会及其常务委员会制定发布的地方性法规为立法依据，而不能直接以宪法的有关规定为依据。行政管理法规中应明确写明本法规的法律依据。

效力分配原则。制定行政管理法规，必须根据制定机关层次的高低、职权的大小和范围来确定行政管理法规的效力等级。其效力等级为：行政法规高于行政规章，上级行政机关制定的行政规章高于下级行政机关制定的行政规章。如广东省人民政府制定的行政规章高于广州市人民政府制定的行政规章。

程序合法原则。行政管理法规的制定与发布都必须按照法定的程序进行。同时，各级有行政立法权的行政机关在制定行政管理法规后，必须报请上级行政机关审核，有些还要报请同级国家权力机关审核。需要表决通过的行政管理法规，必须要符合法定的出席人数，符合法定的通过人数。行政管理法规要签署发布时，必须呈报上级行政机关批准和备案，有的还要呈报同级权力机关批准和备案。

民主立法原则。制定行政管理法规，必须坚持民主集中制，广泛地征求人民群众的意见，约请专家论证。某些重要法规的制定还要将草案公布，组织人民群众广泛讨论，或者以草案形式公布试行，在试行过程中做好调查研究，注意收集反馈意见，并对意见进行分析、整理、综合，为行政管理法规的正式出台提供客观依据，力图使行政管理法规反映行政管理活动的规律。

3. **行政管理法规的制定程序**

长期以来，我国往往比较重视实体法，而忽视了程序法，因此，对行政管理法规的制定程序一直没有专门的法律规定。从我国目前的有关法律规定来看，行政管理法规的制定程序归纳起来，主要有以下几个方面：

提议和决定。由有关国家机关、行政机关、社会组织等就有关问题提出制定行政管理法规的建议，经政府法制部门在经过充分调查研究、分析论证的基础上，提出制定行政管理法规的意见，报行政首长决定。

起草和修订。设立行政管理法规的起草机构，按照行政管理法规制定的原则起草行政管理法规。所起草的行政管理法规的内容应包括制定的目的、适用的范围、主管部门、具体规范、奖惩办法、施行日期等。行政管理法规的起草，一般由相应的主管部门或从事该项工作的政府部门进行，如果其内容涉及几个主管部门的，则由政府法制部门或主要的主管部门会同相关的部门共同组成起草小组，必要时，可吸收有关的专家或社会团体代表参与起草工作。行政管理法规形成以后，要广泛征求各方面的意见，以确保行政管理法规能真正体现人民的意志和根本利益，能符合客观实际，并在听取和综合各方面意见的基础上，完成行政管理法规的修订工作。

审定和通过。行政管理法规草案定稿以后，由起草部门报送有关政府法制部门审查。在送审时应附送草案的说明、各方面对草案主要问题的不同意见和其他有关材料。政府法制部门应就草案内容的合法性、逻辑性、明确性、技术性、程序性等问题进行审查，然后向领导机关提出审查报告，由领导机关召开常委会议或常务会议讨论并表决通过。

公布与实施。行政管理法规审定通过后，由制定机关首长签署发布令。国务院发布的行政法规，应统一刊登在《中华人民共和国国务院公报》上；省级人民政府发布的行政规章，在本级的机关报或政报上公布。行政管理法规一旦公布，就应立即组织力量实施。

13.2.5 行政立法体制

行政立法体制是指一个国家行政立法主体的设置及其权限的划分，是一个国家立法体制的组成部分。它包含两层意思，一是确定哪些国家行政机关具有行政立法权；二是规定这些拥有立法权的国家行政机关各自的立法权限范围。

1. 行政立法主体

根据我国宪法和组织法的有关规定，我国拥有立法权的行政立法主体包括：国务院、国务院组成部门、地方人民政府（省级人民政府、省级人民政府所在地的市的人民政府、国务院特批的较大的市的人民政府）、经济特区人民政府、特别行政区政府等。

国务院立法。国务院是我国最高的行政立法主体。它既有职权立法的权力，也有授权立法和特别授权立法的权力。国务院的行政立法统称为行政法规，其具体名称为："条例"、"规定"、"办法"等。国务院行政立法的具体方式有三个，国务院制定发布的行政法规；国务院批准发布的行政法规；国务院办公厅发布的行政法规。

国务院组成部门立法。这是指国务院所属各职能部门及直属机构根据法律和行政法规在其业务主管的职权范围内制定规范性文件的活动。《中华人民共和国立法法》第七十一条规定："国务院各部、委员会、中国人民银行、审计署和具有行政管理职能的直属机构，可以根据法律和国务院的行政法规、决定、命令，在本部门的权限范围内，制定规章。"国务院组成部门的立法统称为部门规章或中央行政规章。其具体名称多采用："决定"、"命令"、"指示"等。国务院各组成部门享有职权立法和一般授权立法的权力。

地方人民政府立法。根据我国现行的法律规定，有权制定地方行政规章的地方人民政府仅限于省、自治区、直辖市人民政府，省、自治区人民政府所在地的市的人民政府，国务院特批的较大的市的人民政府和经济特区人民政府。有立法权的地方人民政府的立法叫地方行政规章。地方行政规章有两类：一是以政府的名义发布的规范性文件，二是地方人民政府转发其职能部门的规范性文件。有立法权的地方人民政府享有职权立法和一般授权立法的权力。

特别行政区政府立法。我国在"一国两制"的基本国策下，力求实现国家的统一和主权的完整。香港和澳门先后回归祖国后，在香港和澳门分别设立香港特别行政区和澳门特别行政区。特别行政区享有高度自治权，其中包括高度的制定规范性文件的权力。特别行政区的行政、立法不得与特别行政区的基本法相抵触，其效力不受中国内地法律、法规的约束。

2. 行政立法权限的划分

(1) 中央权力机关和中央行政机关之间的立法权限划分

1982年宪法第八十九条就列举了国务院的立法权限，宪法第八十九条的规定被许多学者认为是我国最高行政机关的职权立法。早在立法法起草过程中就有就全国人大与国务院的立法权限展开充分的讨论，讨论中对于全国人大的立法事项与国务院的立法事项分别提出了一些建议。全国人大的立法权限有：刑事、民事、国家机构组织等方面的事项；诉讼制度和司法制度方面的事项；普遍确定公民的权利和义务以及公民基本权利的保护和基本义务履行方面的事项；基本的行政管理体制和制度方面的事项；基本的经济制度和管理体制方面的事项；国防、外交的基本制度方面的事项；宪法明确规定应当由法律规定的事项；全国人大及其常委会认为应当立法的事项。

关于国务院制定行政法规的权限：保证法律实施的事项；确定所属各部门任务和职责方面的事项；行政管理体制和制度中某一方面的具体规定以及操作运转方面的事项；经济管理体制和制度中某一方面的具体规定以及操作运转方面的事项；制定法律的时机和条件尚不成熟，而经济与行政工作又迫切需要予以规定的事项；全国人大及其常委会的授权事项。

2000年颁行的《立法法》对我国立法权的界限作出了更为明确的规定。《立法法》第八条专条列举了包括国家主权、刑罚制度、公民基本权利等属全国人大的立法权限的事项，而在第五十六条比较抽象地规定了国务院的立法权限：（一）为执行法律的规定需要制定行政法规的事项；（二）宪法第八十九条规定的国务院行政管理职权的事项。《立法法》第五十六条同时还规定，国务院可以根据授权制定属于全国人大的立法事项。从《立法法》的规定来看，除了法律保留给全国人大的专有立法权之外的其他事项都自主可以制定行政法规，即使是法律保留内的事项，除犯罪和刑罚、对公民政治权利的剥夺和限制人身自由的强制措施和处罚、司法制度之外，也可以通过授权而获得立法权。因而，我国最高行政机关的立法权限是非常之广的。

(2) 各级行政机关之间行政立法权限的划分

根据我国宪法的规定，各级行政机关之间具体划分权限如下：

国务院的行政立法权限。国务院的行政立法权限主要包括：在《中华人民共和国宪法》第八十九条规定的范围内，为领导和管理国家各项行政工作而制定和发布的行政法规；根据全国人大和全国人大常委会的特别授权，就应由法律来规定而尚未立法的事项先行制定行政法规；在宪法和法律规定的范围内批准行政法规。

国务院各部门的行政立法权限。根据宪法、法律和行政法规的规定，国务院各部门的行政立法权限包括：在本部门的权限内发布命令、指示和规章；根据法律、法规的授权而制定行政规章；涉及多部门权限的，必须由相关部门共同发布。

地方人民政府的行政立法权限。地方人民政府的行政立法权限，总体包括：有关地方政治、经济、文化、教育、卫生等方面的行政管理问题；依委任职权制定行政法规实施细则或办法；确定相应地区一定领域内个人和组织一般行为规则或管理标准；依照国务院授权，就应由行政法规规定而条件不成熟尚未规定的事项，先行制定行政规章。其中，省级人民政府可以根据地方组织法和相关法律规定，制定地方性行政规章或是根据单项法律、法规的规定，结合本地区的实际情况，进行行政立法；省、自治区人民政府所在地的市的人民政府，可以根据法律、行政法规和本省、自治区的地方性法规，在其权限范围内制定行政规章。

特别行政区的行政立法权限。特别行政区的行政立法权由特别行政区行政长官和特别行政区政府共同行使，主要包括制定行政政策、发布行政命令；制定行政法规并颁布执行。

13.3 行政执法

13.3.1 行政执法的特点和类型

1. 行政执法的特点

行政执法作为行政机关及其行政人员按照法定程序，执行和实施国家法律法规的行为，它从法制行政的角度来看与行政执行的含义是一致的。行政执法在行政法制中具有十分重要的意义。列宁曾经说过，法律重要的不在于写在纸上，而在于由谁来执行。没有行政执行，行政管理法规只能是一纸空文；行政执行不规范，再好的行政管理法规也难以达到应有的目的。行政执法的特点主要有以下几个方面。

(1) 行政执法主体的特定性和广泛性

行政执法的主体是特定的，只有行政机关或经法律、法规授权的其他社会组织才能成为行政执法主体，除此之外的任何国家机关、社会组织和个人都无行政执法权。与行政立法相比，行政执法的主体是广泛的，这一广泛性也是由行政管理活动的广泛性所决定。从纵向来看，上至国务院，下至乡（镇）人民政府及其人员都能成为行政执法主体；从横向来看，工商、税务、公安、海关、交通、民政、金融、农业等部门及其行政人员都是行政执法主体。

(2) 行政执法内容的法定性

行政执法是一种依法行使行政权的活动，因此，必须严格和忠实地执行法律法规，按法律法规办事，所有的行政执法行为，无论在内容上还是在程序上都必须以法律法规为依据。凡是没有法律依据的行政执法行为都属违法行政执法行为或无效行政执法行为。

(3) 行政执法行为的主动性

行政执法行为是一种主动行为，而不是一种被动行为。行政执法行为的主动性表现为：它是一种行使行政权力，履行行政职责的行为，因此，它不需要行政行为相对人的请求或者其他意思表示，便可主动采取行动。

(4) 行政执法行为的单方意志性

行政执法行为除少量的是属于双方或多方行为外，绝大多数都属于单方行为，也就是说，行政机关及其行政人员在进行行政执法活动时无须事先征求行政相对人的意见，更无须得到行政相对人的同意，行政机关及其行政人员可单方面采取行动。

2. 行政执法的类型

从不同的角度来划分，行政执法可分为不同的类型。

从执法主体的权限来划分，可分为综合行政执法与专业行政执法。综合行政执法是指各级人民政府所进行的执法活动，其执法的权限比较广泛，涉及行政管理的各个方面。专业行政执法是指执法权限单一的政府各职能部门所进行的执法活动，其执法权限仅局限于本职能范围之内，如工商、税务、公安、海关、交通、民政、金融、农业等部门的执法活动都属于专业行政执法。

从行政执法的内容来划分，可分为权利性行政执法与义务性行政执法。权利性行政执法是指执法主体赋予或剥夺行政相对人权利的活动，如颁发或吊销某行政相对人的营业执照等。义务性行政执法是指行政执法主体课以或免除行政相对人义务的活动，如征收或免除某行政相对人的税务等。

13.3.2 行政执法的主要手段

行政执法的手段是多种多样的，包括行政指导、行政处罚、行政强制执行、行政检查、行政许可、行政奖励、行政合同等。这里着重介绍行政指导、行政处罚、行政强制执行 3 种主要的行政执法手段。

1. **行政指导**

行政指导是指行政机关及其行政人员，为履行行政职能，实现行政目标向行政相对人所做出的具有意向性的建议和引导的行为。

行政指导是一种比较常见的执法手段，它是以宣传、推广某项政策；对某项经验予以肯定；发布指导性的计划、建议性的指示；向有关行政相对人发出劝告、予以告诫等形式出现的，行政指导与其他行政执法手段相比，它不具有法律的约束力和国家的强制力，行政相对人对于行政机关的行政指导具有接受或不接受的权利。行政指导在行政执法中具有调动相对人的积极性，强化政府的服务意识等作用。行政执法的目的，在于使全体公民、法人和一切社会组织能自觉地遵守行政法律法规，行政指导正是通过尊重相对人的意见，保障相对人的自主权等方式，通过希望、提倡、建议、引导、指导、鼓励、推广、参观、示范、宣传、劝告、告诫等做法，使行政法律法规转化为行政相对人的自觉行动。同时，政府通过行政指导，能主动地为社会组织和公民提供咨询和指导，使他们在政府的正确引导下更好地发展经济和各项事业，这正是政府服务职能的重要体现。

行政指导的最大特点就在于其灵活多样性，能够适应瞬息万变的现代社会，补充已有法律的不足。但行政指导是以行政权力为背景的，一旦不受任何法律约束，将会如脱缰的野马，恣意横行。因此，对行政指导行为需要作出适度的法律规范，保证行政自由裁量权能够合法、合理、公正、有效地行使。不能要求所有的行政指导都必须有行政行为法的依据，但要求必须有行政组织法上的依据，即必须在组织法所规定的权限范围内行事，凡超越组织法规定的权限范围所为的行政指导，即无效的行政指导。

2. **行政处罚**

行政处罚是具有行政处罚权的国家行政机关，依照法律、法规以及规章对公民、法人或者其他组织违反行政管理秩序，但尚不够追究刑事责任的违法行为采取的制裁性措施。这一含义包括：实施行政处罚的主体是特定的行政机关。也就是说，只有具有行政处罚权的国家行政机关才能成为行政处罚的主体，其余的行政机关无权实施行政处罚。被处罚的行为是法律、法规、规章明确规定的违反行政管理秩序，并明确规定给予何种行政处罚的行为。法规、规章设定的行政处罚必须是在行政处罚法规定的权限内设定的，超越法定权限设定的行政处罚是无效的。被处罚的行为尚不构成犯罪，属行政制裁。

行政处罚的种类有六种。①警告。警告是指具有行政处罚权的国家行政机关对违法行为人进行的谴责以示警戒的处罚措施。警告作为一种正式的行政处罚形式，必须由处罚机关做出书面的处罚决定，不能与在日常行政管理中所出现的口头警告混为一谈，两者的性质是完全不同的。前者具有行政处罚性质，后者具有批评教育性质。②罚款。罚款是指具有行政处罚权的国家行政机关强制违法相对人承担金钱的给付义务，在一定权限内缴纳一定数额钱款的处罚形式。③没收。没收是指具有行政处罚权的国家行政机关将违法相对人的违法所得收归国家所有的处罚形式。没收包括没收违法所得和没收非法财物两个方面。违法所得是指行为人通过非法手段获得的财产，如销售盗版光盘或非法出版物所得的收入。非法财物是指违禁品以及违法行为工具和物品等，如盗版光盘、非法出版物以及制造、印刷盗版光盘、非法出版物的机器、工具等。④责令停产停业。责令停产停业是指具有行政处罚权的国家行政机关强制命令违法相对人暂时或永久地停止生产经营的处罚形式。⑤暂扣或者吊销许可证、暂扣或者吊销执照。暂扣或者吊销许可证、暂扣或者吊销执照是指具有行政处罚权的国家行政机关暂扣或者吊销行政相对人的许可证、执照的处罚形式。由于许可证和执照是相对人从事某种活动的凭证和资格证明，暂扣或者吊销许可证、暂扣或者吊销执照就意味着对相对人从事某种活动权利的限制或剥夺。⑥行政拘留。行政拘留是指具有行政拘留权的国家行政机关依法对违法相对人实行人身拘留，在短期内限制其人身自由的处罚形式。行政拘留是最为严厉的行政处罚形式，因此，只能由法律设定，一般只能由公安机关执行。

3. 行政强制执行

行政强制执行是指公民、法人或其他组织不履行行政机关依法作出的行政处理决定中所规定的义务，有关国家机关依法强制其履行义务或达到与履行义务相同状态的行为。这一含义包括以下四方面的意思：①行政强制执行是以公民、法人或其他组织不履行行政机关依法所作的行政处理决定中所规定的义务为前提的。②行政强制执行的目的在于强迫公民、法人或其他组织履行行政机关依法所作的行政处理决定中所规定的义务。③行政强制执行的依据是行政处理决定。④行政强制执行的主体是法定的国家机关。从我国的情况来看，行政强制执行的主体既可以是行政机关，也可以是司法机关，即申请人民法院实施强制执行。

行政强制执行主要分为三类，即间接强制、直接强制和强制征收。①间接强制。间接强制是指行政机关以间接的方式强制法定义务人履行义务的强制行为，它具体可分为代执行和执行罚。代执行，又叫代履行，是指义务人不履行法律、法规等规定的或者行政行为所确定的可代替作为义务，由行政强制执行机关或第三人代为履行，并向义务人征收必要费用的行政强制执行方法。代履行必须同时具备四个要件：存在相对人逾期不履行行政法上义务的事实，且此种不履行因故意或过失引起；该行政法上的义务是他人可以代为履行的作为义务；代履行的义务必须是代履行后能达到与相对人亲自履行义务同一目的的义务；由义务人承担必要的费用，如拆除违章建筑等。执行罚是指当法定义务人不履行义务，而该义务又不能由他人代为履行时，行政机关采取课以财产上新的给付义务的措施，如罚款、缴税款滞纳金等，促使法定义务人尽快履行义务。对于同一法定义务人不履行义务的行为，可反复多次实行执行罚的措施，直至法定义务人履行义务为止。②直接强制。直接强制是指行政执法机关在采取间接强制措施不能达到目的，或在极为紧迫的情况下，对法定义务人的人身或财产直接加以实力强制，迫使其履行义务的措施。直接强制是一种实力较强的强制方式，因此其运用在不违背现行立法规定之外，还必须坚持一定的合理度。直接强制主要包括对人身的强制、对行为的强制和对财物的强制。对人身的强制：如根据兵役法规定，对不履行兵役义务的相对人可实行人身强制，强制其履行兵役义务。对行为的强制：如根据专利法的规定，对无正当理由不将所申请的专利转为生产的可实行行为强制，强制许可生产。对财物的强制：根据税法对逾期不缴纳税款的单位和个人，可直接从银行强制划拨。③强制征收。强制征收是指负有金钱给付义务的法定义务人不履行义务，而对行政机关处以行政处罚又拒绝缴纳时，行政执法机关可以采取查封或扣押财产、拍卖其财产等办法强制征收。

行政强制执行中的自由裁量权。行政自由裁量权是指国家行政机关在法律、法规规定的原则和范围内有选择余地的处置权力，即法律、法规通过概括性的授权，使行政机关可就职权范围内的事项自由判断作出适当处理的权力。它是行政部门及其工作人员在法律明示授权或消极默许的范围内，给予行政管理目的自由衡量、自主选择而作出一定的具体行为的权力，是当今行政管理中一种不可或缺的权力。国家公共事务纷繁复杂，具体情况千变万化，立法不可能预见复杂的社会事务，所以，法律（作广义的理解）在许多条款中只能作一些原则性、概括性的规定，这一方面赋予了行政执法机关一定的自由裁量权，又便于在法律规定的范围和幅度内根据具体情况行使行政管理职责，实现管理目标。但从行政自由裁量权自身的“自由”属性来看，存在着职权滥用的条件。其原因在于，行政自由裁量权的合理运作缺乏约束机制；行政自由裁量权合理性问题得不到有效的司法救济；现行行政法规范对行政自由裁量权合理性的判断，缺乏明晰的标准。因此，现代国家既需要行政自由裁量权，又必须从立法、行政、司法三方面对行政自由裁量权进行控制。①对行政自由裁量权的立法监督。行政自由裁量，在性质上属于政策判断。第一，从立法上尽可能将行政自由裁量的范围予以缩小，逐渐增加羁束裁量的适用范围；第二，从立法上尽可能为行政自由裁量设定明确的标准；第三，从立法上完善行政执法程序，使行政自由裁量有序可循，避免人为操作的随意性，通过公开程序，引入公众参与机制，从而减少行政自由裁量权的滥用；第四，从立法上完善行政诉讼制度，扩大受案范围，创设方便任何人对行政自由裁量权的违法提起诉讼的机制；第五，对全部立法加以完善，使其简明扼要、标准明确，以促进权利救济和法治主义的贯彻。②对行政自由裁量权的行政监督。对行政自由裁量权的行政监督，必须基于内部的管理制度和救济制度来实现。“无救济便无权利”，对行政自由裁量权的行政监督可以表现为多种形式。因此，建立健全行使行政自由裁量权的程序规则和制度，是关键的环节，可以从完善告知听证制度、建立情况公开制度、采用严格的行政责任追究制度、建立职能分离制度、完善行政复议制度等方面入手。③对行政自由裁量权的司法监督。我国《行政诉讼法》第五十四条为行政自由裁量权的司法监督提供了法律依据。虽然审查的范围仅限于“滥用职权”和“显失公正”，但已包括了对实体性问题的审查和对程序性问题的审查两种情形。司法实践中，这两者又是极具弹性的概念，缺乏具体明确的条件和操作标准，加之司法机关受行政区划的制约，因而对行政机关的具体裁量行为的监督能力不能有效地发挥。造成监督层面过窄（仅限于提起诉讼），审查力度过小（大多只是程序上的审查），所有这些有待于我国在现行立法中进行有益地改进，以形成一整套有力的司法监督机制。

13.4 行政司法

13.4.1 行政司法的含义

行政司法是指行政机关依据法律法规授权，以裁判者的身份依照司法程序，对与行政管理事项密切相关的特定的争议和纠纷进行处理或裁决的行政行为。这一含义包括四个方面的意思：①行政司法的主体是行政机关，但不是所有的行政机关都能成为行政司法主体，只有法律法规明确授权的行政机关才能成为行政司法主体。②行政司法主体是以裁判者的身份出现的，而不是以当事人或当事人的上级机关的身份来处理争议或纠纷案件。因此，行政司法是具有裁判性质的行政行为。③行政司法依照司法程序进行。由于行政司法是具有裁判性质的行政行为，所以，它不适用于行政程序，而适用于司法程序。当然，它比普通的司法程序更灵活、更简便，正是在这个意义上说，行政司法是一种准司法行为。④行政司法的适用对象是与行政管理事项密切相关的特定的争议和纠纷。也就是说，并非一切争议和纠纷都由行政司法来处理，只有那些不服行政机关的具体行为所引起的行政争议，与行政管理活动有密切联系的民事纠纷，才属于行政司法的适用对象。

13.4.2 行政司法的原则

1. **实事求是原则**

在行政司法过程中，由于行政司法的主体是行政机关，而行政司法对象中往往有一方也是行政机关，因此，这要求行政司法的主体必须始终坚持实事求是的原则，坚持以法律为准绳，以事实为根据，做到事实清楚，定性准确，绝不能偏袒行政机关，更不能以权压人。

2. **司法公正原则**

无论是对行政争议的处理，还是对民事纠纷的裁决，都是国家行政权力的运用，都必须严格遵守公正的原则。凡是与纷争案件有利害关系和可能影响纷争公正处理的有关人员，必须依法回避。始终坚持秉公办事，坚持在法律面前人人平等，任何徇私舞弊行为都须制止。

3. **程序简便原则**

行政司法行为是一种行政行为，必须遵循提高行政效能和行政效率的宗旨。在程序合法的前提下，应进一步简化手续，力戒繁琐，使行政司法案件能得到及时而又公正的解决。

13.4.3 行政司法的类型

在我国，根据已有法律法规规定，行政司法的种类主要是行政裁决和行政复议两大类。

1. **行政裁决**

行政裁决是指国家行政机关依据法律的授权，按照司法程序，主持解决平等主体之间发生的与行政管理事项密切相关的特定的民事纠纷。这一含义包括：①行政裁决的主体是经法律授权的国家行政机关。国家司法机关、社会团体或民间组织为解决民事纠纷所做出的司法裁决，不是行政裁决。②行政裁决的对象是与行政管理事项密切相关的特定的民事纠纷。如政府的环境保护部门对环境污染的侵权人与被侵权人之间的纠纷所做出的裁决；政府的交通管理部门对交通肇事者与被侵害人之间的纠纷所做出的裁决等。③行政裁决程序适用于法定的准司法程序。④行政裁决行为具有法律的权威性。行政裁决是行政机关运用行政权力，以自己单方面的意志而进行的行为。行政裁决在进行裁决时不仅不受纠纷当事人双方意志的支配，而且行政裁决一旦做出，无论纠纷当事人双方是否同意或接受，都不影响行政裁决的成立和效力，都要求纠纷当事人双方必须服从。

从我国目前的情况来看，经法律法规规定的行政裁决的范围比较广，包括森林行政管理、土地行政管理、资源行政管理、医疗卫生行政管理、交通运输行政管理、工商行政管理和知识产权行政管理等领域。但从其性质来看，行政裁决的范围主要可以归纳为三类：①权属纠纷。权属纠纷是指平等主体之间因财产所有权或使用权的归属所发生的纠纷。权属纠纷主要涉及土地、渔业、草原、矿产、滩涂、水、智力成果等方面，对权属纠纷进行行政裁决的目的是使所有权或使用权的归属得以确认。②损害赔偿纠纷。损害赔偿纠纷是指平等主体之间因一方侵害了另一方的合法权益而引起的赔偿纠纷。能够产生损害赔偿纠纷案件的范围比较广，包括食品卫生、药品管理、医疗卫生、产品质量、自然资源保护、环境保护、交通运输、知识产权和物价管理等方面。如因食用了卫生不达标的奶粉而导致婴儿健康受损的损害赔偿纠纷；因医疗事故而导致病人毁容的损害赔偿纠纷；因啤酒瓶的产品质量差引起爆炸而导致伤人的损害赔偿纠纷等。损害赔偿纠纷在现实生活中时有发生，对损害赔偿纠纷案件进行裁决的目的在于使受害者的一方及时地得到必要的赔偿或补偿。③侵权纠纷。侵权纠纷是指平等主体之间因侵权行为发生的纠纷。侵权纠纷一般是与确认权属和确权后的损害赔偿联系在一起的，但也有区别。产生权属纠纷的主要对象是财产所有权或使用权的归属；损害赔偿纠纷的对象则是是否损害和损害的程度，根据损害程度应给予多少赔偿；而侵权纠纷的对象集中在权益是否受到了侵犯。对侵权纠纷案件进行裁决的目的在于制止侵权行为，确实保障当事人的合法权益。

为了更好地实施行政裁决，我国还设立了专门行政裁判机构。专门行政裁判制度是指根据法律法规的规定，在行政机关内部设立专门行使行政司法裁判职能的机构和裁决特定争议案件的制度。我国目前的专门行政裁判制度主要有：商标裁判制度、专利裁判制度等。商标裁判制度是指工商行政管理部门设立的专门裁判机构依法裁判与商标有关的行政争议和民事纠纷的专门行政裁判制度；专利裁判制度是指专利局设立的专门裁判机构依法裁判与专利有关的行政争议和民事纠纷的专门行政裁判制度。

2. **行政复议**

行政复议是指公民、法人或者其他组织认为行政机关的具体行政行为侵犯其合法权益，依法向上一级行政机关或其他法定行政复议机关提出申请，由受理申请的行政复议机关对引起争议的原具体行政行为进行审查并做出裁决的一种具体行政行为。行政复议是一种行政司法活动，是解决行政纠纷的途径之一，它是对遭到侵害的行政管理对象的一种补救措施。

行政复议是一种特殊的行政行为，它具有如下的基本特点：①行政复议主体的特定性。行政复议是由法定的行政主体进行的。根据我国《行政复议法》的规定，法定的行政复议机关一般是做出具体行政行为的行政主体的上一级行政机关或法律授权的组织。而且行政管理相对人提出行政复议申请后，应当由哪一级行政复议机关来行使行政复议管辖权，我国《行政复议法》也做了明确的规定。不是所有的行政机关都能成为行政复议的主体，行政复议的主体一般是对做出原具体行政行为的行政机关有监督权的上一级行政主管部门或人民政府，以及其他法定行政机关。②行政复议行为的应申请性。行政复议是应申请的行政行为。应申请的行政行为是以相对人的申请为前提条件行使行政权力而做出的行政行为。在我国，行政复议采用了类似普通司法程序中的“不告不理”原则，即没有行政管理对象的申请，就没有行政复议活动的产生。行政复议是依法申请行为。请求行政复议的只能是与某一具体行政行为有利害关系的行政相对人，同时，必须由该行政相对人主动提出申请，行政复议机关受理后才能进行。也就是说，行政复议与行政机关依职权主动实施的行为不同的是，行政复议坚持“不告不理”的原则，行政相对人不申请，行政复议机关便无行为。③行政复议的标的主要是具体行政行为。具体行政行为是指行政主体针对特定对象，就特定的事项做出的处理决定。行政复议的对象是引起争议的具体行政行为。当有关行政机关对行政相对人做出具体行政行为，而行政相对人对行政机关的具体行政行为不服，认为该行政行为侵犯其合法权益时，可以请求行政复议。行政复议是对具体行政行为的合法性和合理性的审查。就是说一切接受行政管理的公民、法人或其他社会组织，原则上只能针对行政主体做出的具体行政行为提出复议申请。行政管理相对人对行政机关做出的具有普遍约束力的规范性文件不服，只能在对具体行政行为提起行政争议申请时一并提出，而不能单独对抽象行政行为提起行政复议。④行政复议结果的非终局性。行政复议是国家行政机关的一种内部监督方式，它按照特定的行政复议程序进行。行政复议程序相对于司法程序来说，它遵循简便、易行、以书面审理为主的原则。因此，行政复议一般不能成为解决行政争议的最终手段，对行政复议结果不服，仍然可以通过司法程序来解决。行政复议是一种行政司法行为。这主要表现在具有行政复议管辖权的行政机关是以第三者的身份，来对双方当事人的争议进行裁决的活动。同时，行政复议依准司法程序进行。行政复议一般不具有终局性的效力，如果当事人不服行政复议的决定，仍然可依法向人民法院提起行政诉讼。在内容方面，行政复议与行政诉讼不同的是，行政复议对原具体行政行为进行全面的审查，既审查其合法性，也审查其合理性，而行政诉讼一般只审查其合法性。

行政复议的范围主要包括：对拘留、罚款、吊销许可证和执照、责令停产停业、没收财物等行政处罚不服的；对限制人身自由或者对财产的查封、扣押、冻结等行政强制措施不服的；认为行政机关侵犯法律、法规规定的经营自主权的；认为符合法定条件申请行政机关颁发许可证和执照，行政机关拒绝颁发或者不予答复的；申请行政机关履行保护人身权、财产权的法定职责，行政机关拒绝履行或者不予答复的；认为行政机关没有依法发给抚恤金的；认为行政机关违法要求履行义务的；认为行政机关侵犯其他人身权、财产权的；法律、法规规定可以申请行政复议的其他具体行政行为。

行政复议必须遵循以下程序：①申请复议。要求行政复议的当事人，应在具体行政行为做出后的法定时间内，向有管辖权的行政机关提出书面申请，复议申请书应符合法定的条件。②受理申请。行政复议机关在收到复议申请书之日的法定时间内，对符合法定要求的必须受理，并将受理情况通知申请人，对经审查不予受理的，应明确告知当事人不予受理的理由；对行政复议申请书内容不完整的，应及时通知当事人限期进行补充。过期不补的视为未申请。③行政复议审理。行政复议机关在受理申请后，在法定的时间内将复议申请副本发送被申请人，被申请人在收到复议申请书副本后的法定时间内向行政复议机关提交有关材料或者证据，并提出申辩。复议机关根据事实对原行政行为的合法性与合理性进行审查。④行政复议裁决。行政复议机关根据审查的结果做出复议裁决。对适用法律法规正确，事实清楚，符合法定权限和程序的具体行政行为，做出维持原决定的裁决；对在程序上有不足的具体行政行为，应责令被申请人补足程序；对被申请人不履行法律、法规规定职责的行为，应责令其在一定期限内履行；对具有事实不清，使用法律法规不当或错误，违反法定程序，损害申请人合法权益，越权或滥用职权等现象之一的具体行政行为，即做出撤销、变更原决定的裁决，责令被申请人重新做出新的合法合理的具体行政行为。对具体行政行为侵犯了申请人的合法权益，并造成损害而申请人要求赔偿的，应责令被申请人依法予以赔偿。

思考题

1. 行政法制的基本要求是什么？
2. 行政管理法规的基本特征是什么？
3. 加强行政法制建设的意义是什么？

案例 13：某县造纸厂的行政复议申请

山东省某县一造纸厂未经批准擅自在淮河流域的一河流管理范围内设置排污口，向河流内排污，受到某县环保局的查处。国务院颁布的《淮河流域水污染防治暂行条例》规定："县级人民政府环境保护行政主管部门或者该行政主管部门决定的罚款额，以不超过 1 万元为限；超过 1 万元的，应当报上一级环境保护行政主管部门或者该行政主管部门批准"。县环保局责令造纸厂纠正违法行为，并经报其上一级环境保护行政主管部门批准，对该造纸厂处以 4 万元的罚款。造纸厂以罚款过重为由，申请行政复议。在行政复议期间，被申请人将原来的 4 万元罚款改为 3 万元，对此，造纸厂表示同意其撤回申请。事后造纸厂又认为 3 万元的罚款还是过重，又以此事由再次向复议机关申请复议。

讨论：

(1) 本案谁为行政复议机关？

(2) 造纸厂再次向复议机关申请复议，复议机关是否受理？

第14章

行政效率

行政效率一般是指国家行政机关及其行政人员从事行政管理活动的产出同所消耗的人力、物力、财力等要素之间的比率关系，是国家行政机关和行政人员行政管理活动效果的重要衡量标准。提高行政效率是行政管理者所追求的重要目标，也是行政管理学研究的主要内容之一。研究行政效率在理论上、实践上和行政管理学学科发展上都具有重要的意义。

14.1 行政效率概述

14.1.1 行政效率的含义

效率最初是电学和机械学中所使用的概念，指的是产出的能量或功与投入和消耗的能量的比值或比率。后来，这一概念被引入到社会活动中，泛指社会活动所取得的结果和所消耗的劳动量的比率，人们用它来考察社会活动的有效程度。

管理学对效率的研究虽然已有近百年的历史，但在这一领域的研究依然“充满了矛盾和困境”。迄今为止，人们对效率的含义还没有形成一致的看法。我国学术界多数倾向于对行政效率做广义的解释：行政效率不仅体现在时效、速度、理想的产出投入比率上，“更重要的是体现在社会效益上”，是“数量和质量的统一，价值和功效的统一”。西方学者则倾向于对效率做狭义的解释：效率只是广义的绩效（performance）或生产率（productivity）的一个组成部分。在管理学家哈罗德·孔茨等人看来，生产率这一概念反映了个人和组织绩效的多个层面，包括效益和效率。“效益指的是目标的实现程度，而效率则是用最少的资源达到既定的目标”。我国台湾也有学者指出：绩效与生产率的概念相同，乃是效率和效能的综合评量。“效率指产出与投入之间的比较情况，着重数量层面；效能则指目标达成的程度，着重品质层面”。

效率概念的界定需要兼顾理论上的科学性和实践需要。从理论上看，行政管理活动的直接产出与最终社会效果之间的关系是十分复杂的。首先，最终社会效果较其直接产出而言具有明显的时间上的滞后性。其次，部门内部管理机构如人事、保卫、后勤服务等并不直接面向社会，其行政活动的产出很难与社会效果直接联系起来，即这些机构的产出只能间接地影响到社会效果。最后，单个机构的产出具有局部性，是各个行政“细胞”的功效的展示，社会效果则具有整体性，是一个行政系统的功效的综合反映。产出和效益之间的这些差别，需要在效率界定时给予充分考虑。从实践上看，行政效率的狭义界定要有利于管理操作。由于行政活动的最终社会效果与其直接产出相比具有滞后性、间接性和整体性，效率和效益测定必然存在理论框架、运用范围、分析模型、应用技术与方法上的差别。把效率和效益在概念上区别开来，也就承认了这些差别，有利于在操作中因事制宜，灵活运用。如果把行政效率界定为“包括了社会效益”，且“主要体现在社会效益之上”的一个综合概念，那就混淆了上述差别，客观上要求把效率和效益的测定合二为一，一步到位。在目前的技术水平下，这显然不切实际。鉴于上述，本章的讨论将以狭义的行政效率为基础。

“效率”涉及投入与产出的关系，指行政管理活动的产出同所消耗的人力、物力、财力等要素之间的比率。高效率可以表现为获得既定量的产出时投入最少，也可以表现为投入既定时产出最大。“效益”涉及产出与效果之间的关系，指政府部门产出达到所期望的效果或影响的程度，其中包括公民或顾客的满意度。

行政管理学所研究的行政效率，其范围要比自然科学中关于能量的比值复杂得多。它是指行政组织和行政人员开展行政管理活动所得到的劳动效果、社会效益同所消耗的人力、物力、财力、时间的比率关系，即行政总产出与行政总投入的比率。行政总投入包括人力、物力、财力和时间等方面的综合消耗，行政总产出则包括完成行政任务的数量和质量，有形的或无形的、直接的或间接的综合效果。

准确把握行政效率的内涵，必须把握以下几点。

第一，行政效率离不开定量分析。行政效率的高低有一定的数量比例，可以做定量分析对比。这种量的比例主要体现在两个方面：一方面，是体现在行政管理的时间效率上，即行政主体能否以最短的时间完成行政目标，各个环节是否能对出现的问题尽快发现和解决，这就反映了行政效率的高低；另一方面，行政效率又体现在费用和成果数量上。行政管理活动需要有一定的花费，要力求以最少的人力、物力和财力的消耗，取得最大的劳动成果。同样可行的行动方案，在费用支出上有数量上的不同，应当选择支出最少、取得管理效果最大的方案，这就体现了行政管理的高效率。从行政管理的时效和费用成果的对比与定量分析来衡量行政效率的高低，其实质是注重行政管理活动的经济效益，追求较高的经济效益，是行政管理活动遵循经济规律、适应经济发展的必然要求。

第二，行政效率总是指有益的效率，即是指行政管理活动在符合预定的行政目标并给社会带来有益成果的前提下的效率。行政管理与企业管理不同，它是行政机关对国家事务和社会公共事务的管理活动，要为经济和社会发展提供服务。评价行政效率，必须注意普遍的社会效果，要看社会性因素和精神性因素，不能简单也以人力、物力、财力的数量分析来予以评价，这是行政管理活动具有的政治性和社会性特征的必然反映。如果消耗的时间、人力、物力、财力尽管很少，但给社会公众提供的是一种劣质服务，就不能算是行政效率高。如果行政活动偏离了原定的行政目标，并给社会带来了不利影响，那么其速度越快结果就越糟。因此，行政效率应是数量和质量、效率和效果的统一。

第三，行政效率具有相对性。在物理学和工程学中，效率概念的基础是能量守恒定律。能量的输出绝不可能超过能量的输入，一切追求效率的努力，都可归结为尽可能地使输出等于输入，这种效率概念即所谓绝对效率。但在行政管理活动中，产出和投入很少能用可比单位来衡量，即使衡量标准可比，也没有以什么守恒定律来限制产出不超过投入。所以，行政效率很难也没有必要普遍化为绝对的百分比。测定行政效率一般只要求在几个备选方案或几项同类行政管理活动之间，比较效率的相对高低。因此，行政管理学所处理的总是相对效率问题。

14.1.2 行政效率的类型

行政效率可以根据不同的标准划分为不同的类型。

1. **微观效率和宏观效率**

按照经济学家查尔斯·沃尔夫（Charles Wolf）的观点，微观效率“用私人、市场导向的公司或政府机构提供相同单位的产品或服务所需要的相对成本进行解释”，宏观效率“用不同国家中市场和政府（非市场）的相对规模所真正引起的经济增长率来进行解释”。把沃尔夫经济效率的观点略加改造，我们可以划分出两种不同的行政效率：“微观行政效率”可以用特定公共组织提供相同单位的产品和服务所需要的相对成本来解释，亦即具体行政单位管理和服务活动的产出和投入的比率。“宏观行政效率”可以用不同国家中不同制度安排所引起的总体发展速度来解释。其中的制度安排包括政府与市场、政府与第三部门的相对规模和相互关系，政府与社会的关系及其政府结构和不同政府部门的职能分工等，总体发展速度既包括经济增长率，又包括文化、教育、社会道德水平等方面的社会发展速度。

宏观效率主要是指整个国家或全社会或全局范围内的行政效率；微观效率主要指局部的、基层的或单个行政组织的行政效率。微观行政效率和宏观行政效率是相互统一的，无论评价和追求哪一种行政活动的效率时，既要看其微观行政效率，又要看其宏观行政效率。同时，在二者的统一体中，微观行政效率必须服从宏观行政效率，追求微观行政效率必须是在不损害整个社会宏观行政效率的前提下努力实现其高效率。

2. **技术效率与配置效率**

从投入/产出的角度看，一个行政组织的效率未达100%，它就具有无效率特征。导致无效率有不同的原因，由此产生不同类型的效率。导致无效率的一个重要原因是投入的资源未得到充分利用，因而在投入为定值时，产出未达到最大可产出值。这种无效率称为技术无效率。换言之，“技术效率”关注的是各项投入是否得到充分有效的利用。导致无效率的第二个原因是多种投入要素未调整到最佳比例，由此引起的无效率称为配置无效率。配置无效率亦称为价格无效率，因为在确定最佳投入比例时，每一单项投入的价格是一个重要的考虑因素。“配置效率”关注的是各项投入是否达到最佳组合或最佳比例。

提高技术效率的方法是充分利用资源提高产出，而提高配置效率主要靠调整投入要素之间的比例，如调整特定单位领导职数和办事员职数之间的比例，或者调整人力资源和其他资源如计算机之间的比例。虽然侧重点有所不同，但只有当技术效率和配置效率都达到较高的程度时，才可以说某个单位的工作具有高效率。

3. **静态效率和动态效率**

从所涉及的时间段来看，行政效率可以分为静态效率和动态效率。“静态效率”关注的是，在特定时段能否有效利用资源进行管理和提供服务，也就是特定时段内投入和产出的比率。“动态效率”关注的是不同时间段效率的变化情况，即投入产出比在不同时间段的变动率。

4. **组织效率和个人效率**

行政效率既在各个行政人员身上体现出来，又同时在特定的行政单位体现出来。因此，从效率测定所涉及的对象上看，可以把效率分为个人效率和组织效率。“个人效率”指特定行政人员在履行职责过程中所体现的时效、办事速度等，其影响因素包括工作热情、办事能力、人际关系能力等。“组织效率”指特定行政单位从事行政管理活动和提供公共服务的时效、办事速度、投入产出比等。组织效率所涵盖的内容比个人效率要广泛得多，决定组织效率高低的不仅是组织成员的工作热情、办事能力、人际关系能力等，而且包括组织之间的职能划分、组织内部的责任分工、组织结构、领导水平、工作程序等一系列因素。

在行政管理实践中，个别或少数行政人员的高效率并不一定带来整个行政组织的高效率，而低效率的行政组织并不意味着每个行政人员都是低效率者。如果行政系统的内部结构合理，不同功能的部门和不同素质的行政人员优化组合，取长补短，产生合力叠加，则能创造出大于各个体效率简单机械之和的组织效率；否则，则会出现相互排斥和内耗，造成合力递减，组织效率则较各个体效率简单机械之和低。因此，在行政管理活动中，既要重视个体效率的提高，又要重视行政系统内部结构的合理配置，提高整个行政活动的组织效率。

5. **计划效率和实际效率**

计划效率是行政活动实际开展之前预先估计或规定的行政效率；实际效率则是行政活动结束以后实际产生的行政效率。将行政效率划分为计划效率和实际效率的意义在于：在测定行政效率时，将实际效率同计划效率进行对比，从而准确掌握计划效率即行政目标任务的实现情况，进而科学公正地考察行政组织的整个行政管理水平。

14.1.3 行政效率在行政管理中的地位

1. **行政效率是衡量整个行政管理活动的重要标准**

行政效率本身不是行政管理活动的环节和手段，但它是衡量行政管理活动客观效果的重要标准，效率高低是行政管理中各种要素组合是否科学的综合反映。通过行政效率可以检验行政管理活动的主体，即国家行政机关和公务员队伍是否人员适量、素质优良、分工合理、关系协调；可以检验行政体制，即行政组织的设置、结构、权责划分与运行是否科学、完善；也可以检验行政管理活动的程序，即决策、咨询、执行、信息处理、监督等各个环节是否健全，功能是否正常实现；还可以检验行政管理的技术和方法是否科学先进和是否得到合理运用。

2. **行政效率高有助于建立政府与社会之间的良性关系**

行政学先驱伍德罗·威尔逊曾说过："与君主制一样，在共和制的条件下，信任政府官员的唯一根据是效率。"行政效率的高低直接影响到政府和公务人员在公众中的形象。良好的政府形象无疑会提高政府公共部门的权威，减少行政管理活动中的阻力，降低公共政策的执行成本，推动经济发展和社会进步。这反过来会进一步提高政府形象，最终形成政府与公民、国家与社会之间的良性互动关系。

3. **行政效率高低关系到我国的现代化进程**

鉴于政府在当代社会中的重要地位，行政效率的高低确实关系到一个国家的经济、社会发展和现代化进程。列宁曾经指出：行政机关的工作效率是关系到社会主义事业成败的大问题。"如果正在实现社会主义的劳动群众不能使自己的机构像大机器工业所应该做的那样进行工作，那么也就谈不上实现社会主义了"。邓小平同志赞赏"时间就是金钱，效率就是生命"的口号，指出只有"领导层有活力，克服了官僚主义，提高了效率，调动了基层和人民的积极性，四个现代化才真正有希望"。

4. **行政效率是行政管理学研究的主题**

行政效率是行政管理的起点，也是落脚点。行政组织管理国家和社会公共事务，普遍追求高效率。行政管理活动的开展，必须首先确定行政目标。尽管行政目标的性质、大小各有差别，但都内含行政效率因素，都有消耗、质和量以及时间上的要求，达到这些要求，也就是实现了行政目标。因此，行政效率是行政管理活动一开始就提出的要求，也是行政管理活动的最终目的。管理学家杰克·邓肯（Jack Duncan）指出："如果说人们把一个词与管理联系得最为紧密的话，那么这个词就是效率。事实上，科学管理运动……可以称为效率管理。……正是人们对效率的渴望导致了近代管理思想的诞生"。上述评论用到行政管理学中同样合适不过，行政学的创始人伍德罗·威尔逊明确提出，"行政学研究的目标在于……尽可能高的效率"。

14.2　行政效率的影响因素和提高行政效率的途径

14.2.1　影响行政效率的主要因素

1. **行政环境因素**

行政环境是指作用于行政系统的各种要素的总和。行政环境的外延非常广泛，凡是与行政系统有某种直接或间接联系的因素，都可以被纳入行政环境的范畴。地形地貌、山川河流、气候、自然资源、人口、民族关系、阶级状况、历史传统、文化教育、科学技术、社会制度、政治制度、经济制度乃至生活方式、价值观念、道德风尚等都对行政效率有影响。

就政治环境而言，国家的政治安定、政治生活的民主化、法制化，是行政活动正常进行的基本条件，也是实现高效率行政管理的大前提；从经济方面来看，国家经济发展状况是提高行政效率的物质基础，行政管理体系是否适应经济发展的要求，极大地影响着行政活动的效率；党风、政风、社会风气及公民整体效率意识是影响行政效率的社会心理条件；地理环境形态及与此相关的交通、邮政、电信等事业的发展情况也是影响行政效率的重要因素。

2. **行政组织因素**

在行政组织中，发挥整体力量对提高行政效率是至关重要的。行政组织结构因素对行政效率的影响有三种情况：一是组织结构层次的划分是否明确；二是机构设置是否合理；三是人员的年龄、知识、能力结构是否优化。如果这三方面的结构失调，就会造成职责不清、机构臃肿、功能失调、争权夺利、推诿责任等现象。

3. **行政人员因素**

行政人员是行政管理活动的主体，任何行政管理都要通过行政人员的活动来实现。因此，人员因素对行政效率有直接影响。人员因素可分为三个方面：

第一，行政领导者素质。行政领导者在行政活动中居于主导地位，其政治思想、道德品质、决策能力、指挥能力、用人能力等对行政效率有重大影响关系。

第二，一般行政工作人员素质。一般行政工作人员是大量行政业务工作的完成者，其政治思想、工作态度、效率观念、业务知识和技能等方面的素质直接影响着行政效率的高低。

第三，人事管理工作质量。有了高素质的行政人员，还必须有科学有效的人事管理。合理使用行政人员，发挥其专长，调动其工作积极性，才能人尽其才，提高行政效率。

4. **科学技术因素**

在现代化的行政管理中，能否有效地运用现代科学技术直接关系到行政管理的效率高低。首先，运用科学的管理技术可大幅度提高管理效率，如运用科学的决策技术方法，可提高决策水平，更加迅速、准确地选出最佳方案；其次，运用以电子计算机为中心的信息处理技术和现代办公技术装备，逐步实现办公自动化，对提高管理效率起到技术保障作用。

14.2.2 行政效率不高的表现

现代行政机关本应是高效率的，但在一些地方政府机关的行政效率并不高，主要表现为：

(1) 推诿扯皮，相互掣肘

在机关中有些问题议而不决、决而不行；有些是人与人之间、部门与部门之间的责权界限不清晰，互相又缺少良好的沟通协调，工作时不是相互支持、配合，而是互相掣肘，互相推诿。一些行政机关工作人员在工作中处理问题是打“太极拳”和“乒乓球”的高手——推来推去。

(2) 手续繁琐，拖拉延误

在有些机关办事时，往往要经过层层请示、报告，一道批文要盖上很多公章，加上一些机关工作人员时间观念差，权力欲望强，明明可以及时办理的，偏要拖延，似乎只有拖延才能显示手中权力的分量。

(3) 文山会海，人浮于事

有些机关习惯于通过文件、会议等方式进行工作。大批工作人员忙于会议、文件，陷入“文山会海”之中。而真正亟待解决的实际问题却被压下，无人过问。副职、虚职太多，许多人无事干，许多事无人干，决策速度和指挥的灵敏程度也大大降低。

(4) 乱指挥，怕担当

有些机关干部高高在上，不深入基层，不了解实际情况，要么缺乏决策魄力，优柔寡断；要么瞎指挥，鲁莽决策，遇事不敢承担责任。群众对那种“六拍干部”深恶痛绝，即决策时拍脑袋、执行时拍胸脯、失败了拍屁股、对领导拍马屁、对群众拍桌子、遇问题拍巴掌(别人同意我鼓掌，无主见)。

14.2.3 提高行政效率的途径

1. **正确的决策是保证行政效率的基础**

行政决策决定着行政管理的方向。如果行政决策主观愿望与客观现实相脱节，或者决策能力差，政策失误多，就会带来损失。特别是错误决策层次越高，危害性越大，损失也越大。如果把握不住行政决策这一行政管理的重要前提和关键环节，用质量差的甚至错误的行政决策，必然带来低效率、无效率或负效率。要保证决策的正确，就必须做到行政决策的民主化和科学化。

2. **行政执行的准确、简捷是保证效率的先决条件**

准确是首要要求。行政领导者和行政人员必须吃透上级精神，了解和分析决策及具体任务，准确地把握工作要求，然后执行。如果对决策一知半解，甚至误解敷衍了事地执行，必然偏离决策，不仅落实不了政策，而且还会劳民伤财，造成巨大的浪费。

简捷是行政执行的第二个要求。行政执行的简捷，要求简化行政程序，尽可能地缩短工作流程，以便达到精简、节约、反对官僚主义和提高行政效率的目的。从信息论观点去分析，行政执行程序实质上是一个信息流通过程。信息流通的环节越多，信息停滞的时间越长，信息的衰减和失真就越严重，行政管理效率就越低下。

3. **及时纠正偏差是补救效率的必要措施**

行政执行是一项复杂的活动，由于执行人员的素质等各方面的原因，行政执行过程出现失误、漏洞甚至错误都是难免的，需要及时加以补救。如果对出现的偏差视而不见，就可能偏离预定目标，降低效率。因此，当目标实施和预期目标之间出现偏差时，及时纠偏是补救效率的必要措施。

4. **推进机构改革，建立合理的行政管理体制**

行政组织机构的合理化，是提高行政效率的基本保证。推进机构改革，需要进行以下几方面的工作：①合理地划分权限。受传统计划经济体制的影响，我国长期以来行政权力高度集中，政府越权管理，包揽一切，使许多部门管了许多不该管，也管不好的事。同时真正管事的部门由于没有相应的权力，无法管理它本来能够管的事，影响了行政效率。要转变政府职能，妥善处理好中央与地方、上级与下级的关系，改变权力过于集中的现象。该下面办的事应该把决定权交给下面，使得权责一致，界限分明。在加强宏观调控的同时，充分发挥地方和基层行政组织的积极性。②科学设置机构与职位。机构庞杂、人浮于事的行政组织严重地制约着行政效率，要在深化行政体制改革中，实现国家机构组织、编制、工作程序的法定化，严格控制机构膨胀，裁减冗员。要注重政府机构的合理性，只有机构设置科学合理，职能明确，行政效率才能提高。

5. **提高领导者的素质和领导艺术**

任何行政单位，如果没有素质较高的领导者，就没有高质量的行政决策和高效能的行政组织，不可能有高效率的行政管理活动。实践证明，要搞好一个单位仅靠一个高水平的领导者不行，但要搞垮一个单位一个领导人足够。领导者的素质关系到一个单位的命运。提高领导素质，首先必须建立和健全科学的干部选拔任用制度，把思想好、能力强的人选拔到领导岗位上。对素质差、不称职的领导者，要及时撤换，改变过去实际存在的干部能上不能下的现象。担任领导工作的人要不断加强自身修养，提高政治觉悟和领导艺术。领导者要有现代化的管理观念，通晓现代行政管理的规律，善于判断形势，分析情况，做出正确决策；要善于协调与处理人与人或单位与单位之间的关系；要善于知人用人，调动下属的工作积极性；要善于以身作则，惜时守时，讲究效率，影响和带动整个机关提高效率。

6. **加强行政管理队伍的“入口”和正常性的教育培训工作**

改革国家机关工作人员的录用制度，以公开考试、择优录用的办法吸收社会上的优秀人才。对机关工作人员，要加强思想政治教育和职业道德教育，树立为人民服务的思想和忠于职守的道德准则。加强行政工作人员业务知识和专门技能的训练，提高行政人员的职业素质。合理使用人才，把具有不同能力结构的人放在与之适合的岗位上，做到人尽其才，扬长避短。

7. **逐步实现管理技术和工具的现代化**

管理技术和工具是提高行政效率的物质技术保证。在现代社会，科学技术突飞猛进地发展，经济运转过程的节奏加快、信息量激增，行政管理单靠经验和传统的文书、通信技术已越来越不适应形势发展的要求，而必须运用现代科学技术来加强行政管理，运用电子计算机信息系统、电子传真设备等来处理公文、传递和储存信息，实现办公自动化，提高行政工作的速度和质量。

14.3 行政效率的测量

14.3.1 衡量行政效率的指标

建立科学合理的测量行政效率的指标体系，是有效测量行政效率的一个重要前提。一般来说，衡量行政效率高低的指标主要有：质量指标、数量指标、费用指标和时效指标。

1. **质量指标**

所谓衡量行政效率的质量标准，就是指行政工作的质量标准。包括行政决策质量、中间管理层的工作质量、具体执行层的工作质量等。决策的质量标准主要有两个方面：方向标准，即行政决策是否符合国家意志和人民要求；优化标准，即是否选择了最优的行动方案。中间管理层工作质量的主要标准有：对上级命令执行的程度，对所属部门工作的指挥是否正确、有效、灵活，能否及时有效地处理突发事件等。不同岗位的执行层有不同的标准，一般的标准有：服务态度、执行工作质量标准情况、工作成果是否符合计划要求、服务对象的满意程度等。

2. **数量指标**

所谓衡量行政效率的数量指标是指在一定条件下所完成的行政工作量即行政产出。当行政投入一定时，行政效率的高低主要取决于行政产出的多少。具体也包括决策层、中间管理层和执行层的工作量。决策工作中可进行量化的要素有：一定时期做了决策的数量，各项决策涉及范围的大小，为各项决策提出的备选方案的数量、处理的信息量等。考虑到决策工作是一种创造性的劳动，各项决策的风险程度和困难程度不同，而且许多工作成果是无形的。所以，评估决策工作时，数字的指标难以全面准确地反映实际完成的工作量，因而是参考性的。不同的执行部门也有不同的量化指标，一般指标有：所管理的下属单位数量、地理范围、人口数量、所处理的信息量、处理突发事件的数量等。执行层的指标更多，不同部门的差异更大。

3. **费用指标**

衡量行政效率的费用指标是指完成一定的行政工作量所消耗的人、财、物的总和。这个指标所反映的内容实际上是行政投入。行政投入之所以可以用行政费用这一综合指标予以反映，其原因在于行政过程中人力、财力、物力的消耗都表现了行政费用的消耗。人力的消耗表现为工资的支付；财力本身就是行政费用的内容之一；物力的消耗表现为购买行政物资费用的支出。我们在衡量行政效率时有必要测量行政过程中所消耗的行政费用。

4. **时效指标**

时间是行政效率的重要要素。所谓衡量行政效率的时效指标，是完成一定行政工作量所需要的时间数量。评价行政效率必须有时效标准。这可以分为两类：一是强调速度标准；二是强调时限的标准。行政效率最终可以用时间效率来表示，从时间效率看，以最短的时间完成行政目标和行政决策所规定的行政任务，则为行政效率高；反之，则为行政效率低。在实践中要根据需要和条件，为每项行政工作设定速度标准和时限标准，并要不断完善。

14.3.2 效率测量方法

1. **效率测定的传统方法**

人类测定组织效率的努力由来已久，但由于多种因素和条件的限制，效率测定的方法和技术还不够成熟和科学。这些早期做法就是效率测定的传统方法。第一是效率评价的经验方法，其最显著的特点是主观印象式判断，缺乏客观性和科学性，因而严格说来还称不上是对效率的测定。

第二是资源投入进度监测法（Delivery of Resources）。虽然学术界对效率有科学的界定，但实践中长期占主导地位的效率测定方法却是投入进度监测，即根据资源投入是否按照财务规定和确定的时间表进行来评价组织的工作。资源投入进度监测法也称预算监测。实际上投入进度并不能反映效率的高低。

第三是特定法（Ad Hoc Methods），指用某些特别的方法，如用某个学校中教师与学生人数之比、某个机构中各个部门的人员数目之比等来测定某一方面的效率。当学生与教师人数之比过高或过低时，一所学校的效率就会降低。特定法是非正式方法。其特点是较少考虑各个机构在工作过程中各种因素之间的相互关系，亦不考虑可能出现的统计噪声。

2. **工作荷载分析法**（Workload Analysis）

工作荷载分析法实际上是一种比较方法，即通过不同单位在工作荷载和结果方面的横向比较来确定各个单位的效率水平。这种效率测定方法的运用需要满足两个条件：一是所涉及的单位从事同样或十分相近的工作；二是工作性质属于量的处理工作，容易进行量化衡量。

3. **要素分析法**（Factor Analysis）

要素分析即投入要素与结果要素转换率的分析。它包括单要素分析和多要素综合分析两种类型。

单要素效率分析用公式可以表示为：SFPax＝A/X。其中 SFP 为单要素生产率；A 代表产出；X 代表投入。单要素可以是物质要素（这时的效率即物质投入向物质产出的转换率或两者的比率），也可以是货币要素（这时的效率为投入资源的价值向产出品的价值的转换率）。此外，单要素分析还可以用增值率来计算，即工作人员的人均增值额。增值率可以用货币来计算，也可以用其他尺度来衡量。多要素综合分析即对上述各种投入要素和产出要素的综合分析。

4. **产出评估法**（Output Evaluation）

产出评估实质上是对行政管理和公共服务活动效果的评价过程。比如说，以减少交通事故为目标的新的交通管制措施实施一段时间以后，交通事故是否真正减少了？以减少入室盗窃案为主要目标的新的治安措施实施以后，入室盗窃案件是否真正减少了？影响交通事故和盗窃案件无疑有很多因素，管理的改善和加强只是其中之一。所以，评估者需要排除其他因素，确立管理活动的净效益。这是社会项目评估研究的主要内容。可以看出，这里讲的产出评估实际上是效益的评估。但如果把效益大小与投入进行比较分析，就涉及效率问题。

5. **回归模型法**

此种方法属于参数法，因为它是采用特定的函数形式来匹配已有的数据。标准的回归模型是在已有数据的基础上构造的平均曲线或平均曲面。可以通过如下几个方法来得到投入产出的极限关系并测定样本的效率。

① 若模型是确定型模型，则整个剩余项被认为是等于无效率的数值。对生产函数而言，

其回归线可以向上移动（成本函数的回归线可以向下移动），得到所有样本相应的剩余数。这样，新得到的剩余数的绝对值即是无效率的测量。由此可计算出样本的平均无效率值，也可计算出每个样本的效率值和无效率值。

② 假设生产函数或成本函数是统计模型当然更为合理。此时的问题是如何区分统计噪声和无效率。该方法适用于来自样本的横切面数据，即数据是在同一时刻一次性采集的。

③ 当来自样本的数据是批数据（即数据是在不同时期多次采集的）时，统计模型可以相应修改。在足够长的时间内，对每个样本每个时刻的误差组合项求平均值，可计算第 i 个样本的无效率值和效率。

6. **数据包络分析法**

数据包络分析法即 DEA 法，是一种将观测值以前沿面方式加以包络的衡量方式。它采用数学规划模式，以极大值和极小值来得到所谓的效率前沿面或极限曲线，用所有效率良好的受评估单位组成效率前沿，其他效率较差的被评估单位便落在该前沿之内，通过相互比较来确定相关单位的效率水平。数据包络分析法属于效率测定中的非参数法，其特点是无须用特定的函数形式来表达投入与产出的相互关系。

采用不同的测定方法，结果会有较大差异。从中可以得出几点结论：第一，虽然上述种种方法都可用于同一部门的效率测定，但由于工作性质不同，对某一部门而言，可能存在一种最佳的测定方法，需要在实践中探讨不同部门效率测定所适用的特定方法。第二，当使用几种方法对同一部门的效率进行测量时，对测定结果出现的差异要进行认真分析，必要时要对少数样本进行微观层次上的分析研究，以确定这些差异出现的具体原因。这不仅能使这一部门效率测定的结果更为准确、客观，而且有助于找出适合这一部门效率测定的最佳方法。第三，每一种方法都存在内在缺陷，操作上的疏忽会使这些缺陷更为突出并导致大的误差。

随着现代信息技术的飞速发展，效率测定方法和技术将不断得到完善。依靠更先进的效率分析模型，不仅动态效率的测定会得到加强，而且宏观效率测定和效率水平的预测将成为可能。

14.4 当代行政效率研究的特点与发展趋势

从 20 世纪 70 年代末期开始，行政改革浪潮席卷全世界。打破官僚制，构建适应后工业社会和信息时代的政府管理新模式，使得当代行政改革具有划时代的意义。财政困难是行政改革的重要动力，提高经济和效率水平相应成为改革的重要目标。实践对高效率的迫切要求为行政效率研究的深入提供了机遇和动力，行政效率研究呈现出一些新的发展趋势。

14.4.1 行政效率研究中“公共性”的彰显

管理学对效率的研究在效率研究的领域中长期居于领先地位。但是，管理学是以企业为主要研究对象的，其效率研究必然更多地体现企业的特点，适应企业的需求，而行政效率的研究应该充分体现研究对象的特性，适应公共目标、公共责任、公共环境和公共组织的基本特征。凸显公共性是当代行政效率研究的一个明显趋势，它表现为对管理学效率研究模式的求异，即不断从管理学效率研究中吸收营养，又在一定程度上摆脱了对管理学效率模式的过度依赖，力图体现出行政效率研究的特点，适应公共部门的特性和需求。行政效率研究的公共性主要体现在以下方面。

效率在公共部门如何定位。公共部门与企业不同，对公共部门来说，效率并不是追求的唯一目标，在许多情况下甚至不是首要目标。所以，在不同的职能领域、特定的公共政策、具体的管理环节等方面，依据什么样的标准，效率应置于什么样的地位，就成为当代行政效率研究的重要课题。

效率在公共部门的特殊体现方式。企业以盈利为目标，投入产出数据是效率测定的基础。公共部门的特点在于：目标多元性和目标弹性；许多产出难以量化；投入和产出之间缺乏直接的联系；成本信息不够透明等。所以，公共部门效率的体现方式与私营部门有所不同。探讨公共部门效率的具体体现方式，设计适应各个公共部门效率测定的具体指标体系，是当代行政效率研究的一个热点。

公共部门低效率的特殊成因。企业和公共部门都存在低效率现象，但导致低效率的原因不尽相同。与企业相比，公共部门面临不同的环境，受到不同的约束，具有不同的组织特征。根据公共部门的特点，探讨公共部门低效率的特殊成因，以便提出针对性的改进措施，是当代行政效率研究的努力方向。

公共部门提高效率的特殊机制。公共部门由于受到公共财政规则、统一的公务员工资制度和公众舆论等方面的约束，它不能像企业一样，用物质激励机制来推进效率的不断提高。当代改革中的结果预算制、绩效工资制、社会服务承诺制、绩效评估制、模拟市场竞争制等，无疑是在面临特殊约束条件下，公共部门探讨提高效率的特殊机制的努力。

14.4.2 对综合研究模式的超越

在现代社会，行政效率的传统研究模式有一定的局限性，表现在以下几个方面。

基本研究定式逐渐失去其实践意义。传统的行政效率研究围绕行政管理活动的各个方面探讨提高行政效率的途径。其基本定式是：在阐释行政效率的定义、类型和研究意义的基础上，集中论述影响行政效率的因素和提高效率的途径。这些途径又不外乎良好的组织、有效的领导、科学的决策、高素质的公务员队伍、科学的分工和工作程序等。这些道理已成为基本常识，当人们再去集中精力论证这些常识时，必然会忽视实践更需要的东西。

只关注定性描述已经难以解决实践中遇到的很多问题。综合研究也可以使用量化分析工具，采用定性与定量相结合的研究方法。传统行政效率研究往往满足于对效率及其影响因素的一般定性描述，忽视定量的深入分析。实践中还有许多问题需要进一步回答：在影响效率的诸多因素中各个因素的相对重要性如何？组织结构合理性、领导有效性、决策科学性等的具体评价标准是什么？等等。

过分注重一般性而缺少针对性。传统行政效率的研究习惯于提出一般原则和途径，但由于公共组织中存在职能多样化和目标多样化，这些一般的原则和途径往往缺乏针对性。不同的行政部门在工作性质、目标、动作环境和组织特征等方面存在巨大差别，影响其效率的因素和效率的体现方式上必然有着巨大差别。因此，针对具体部门的个性研究更具有现实意义。

从重点和角度的选择上看，研究者不再热衷于围绕行政管理活动的各个方面探讨提高行政效率的途径，目的也不再是提出普遍的和笼统的原则，而是集中在行政效率的具体方面进行深入的研究。比如，不同公共部门效率的不同体现方式和评价标准，行政效率测定的技术和方法等，研究目的是针对不同部门设计不同的效率评价指标，诊断低效率的具体成因，提出具有针对性的改进措施。这样既体现了以效率为主题，又增强了效率研究的可操作性和实用性。

14.4.3　效率和质量的地位转换

传统效率研究中存在“效率优位”现象，随着行政改革的深入，当代的关注焦点逐渐转向了效益和“顾客满意”，质量被提到首要地位。其表现如下：

质量概念的泛化，即质量成为核心概念。传统的效率优先可以表述为“效率优先，兼顾其他”。这反映在概念界定上就是效率概念的泛化——效率被视为核心概念。现在人们更关注质量，因此，质量优先时代伴随的是质量概念的泛化。英国内阁办公室的文件曾对质量做了这样的界定：质量就是“通过调动所有人员的潜力，以最低的成本满足确认的顾客需求”。在这里，质量包含了效率，质量成为核心概念，效率作为兼顾因素被融入质量之中。

绩效测定中质量指标所占的比重持续增加。公共组织绩效评估是当代行政学的热门领域，绩效指标则是绩效评估的基本元素。绩效指标可以分为经济指标、效率指标、质量指标等。从西方国家绩效评估的实践来看，20 世纪 80 年代经济和效率指标占据主要地位，90 年代以来，质量指标无论在绝对数量上还是在相对比重上都在大幅度增长。这可以说是质量与效率地位转换在实践中的例证。

此起彼伏的质量运动，如“公民宪章”（通过社会承诺方式提高服务质量）、竞争求质量、全面质量管理、政府质量奖等。可以说，理论上效率概念作为行政绩效的一个组成部分仍将存在下去，但在西方行政管理实践中，效率运动已被质量运动所取代。

思考题

1. 简述行政效率的概念、基本类型。
2. 对行政效率作狭义解释是否意味着效率测定可以完全不考虑效益和社会后果？
3. 技术效率、配置效率的含义及其相互关系。
4. 试论组织效率测定的特点和意义。

5. 简述当代行政效率研究的特点及其发展趋势。
6. 我国行政效率研究的主要成就和目前存在的问题是什么？
7. 简述效率测定的传统方法及其局限性。
8. 简述效率测定的主要方法。

案例14：三个和尚水吃不完——创新提高效率

我们有一句老话，叫“一个和尚挑水吃，两个和尚抬水吃，三个和尚没水吃”。后来还拍了动画片，叫《三个和尚》。九龙不治水，三个和尚没水吃，说明人多反而不如人少。如今，这个观点过时了。现在的观点是“一个和尚没水吃，三个和尚水多得吃不完”。

有三个庙，这三个庙离河边都比较远。怎么解决吃水问题呢？第一个庙，和尚挑水路比较长，一天挑了一缸就累了，不干了。于是三个和尚商量，咱们接力赛吧，每人挑一段。第一个和尚从河边挑到半路，停下来休息。第二个和尚继续挑，又转给第三个和尚，挑到缸里灌上去，空桶回来再接着挑。这样一搞接力赛，就从早到晚不停地挑，大家都不累，水很快就挑满了。这是协作的办法，可以叫“机制创新”。第二个庙，老和尚把三个和尚徒弟叫来，说我们立下了新的庙规，引进了竞争机制。三个和尚都去挑水，谁水挑得多，晚上吃饭加一道菜；谁水挑得少，吃白饭，没菜。三个和尚拼命去挑，一会儿水就满了。这个办法叫“管理创新”。第三个庙，三个小和尚商量，天天挑水太累，咱们想办法。山上有竹子，把竹子砍下来连在一起，竹子中心是空的，然后买一个辘轳。第一个和尚把一桶水摇上去，第二个和尚专管倒水，第三个和尚在地上休息。三个人轮流换班，一会儿水就灌满了。这叫“技术创新”。你看，三个和尚要喝水，要协作，要引进新的机制，要采取办法，搞机制创新、管理创新、技术创新。办法在变，观念也在转变。一定要发挥协作精神，政府部门之间要协作，政府与其他社会组织之间也要协作，这样才能提高效率。

通过三种创新，能够使挑水的效率提高了。

讨论：为什么进行创新以后，能够发生从“三个和尚没水吃”到“三个和尚水吃不完”？我们从上述故事中受到哪些启发？

第15章 政府绩效管理

政府绩效管理是现代公共管理的前沿课题，也是世界各国公认的难题之一。绩效管理不同于单纯的绩效评估，也不是传统意义上的单一的业绩考核。作为一种新的管理理念和方法，组织绩效管理贯穿于组织管理的全过程。它对于推动组织实施战略计划、实现组织既定目标、促进组织持续发展、保持组织持续沟通等起到至关重要的作用。在当今西方各国的行政改革过程中，绩效管理作为先进企业的成功经验得到政府的普遍吸收和借鉴，并已演变成当今西方各国实施政府再造、实施政府变革、落实政府责任以及改进和评价政府管理的一个行之有效的工具。

15.1 政府绩效管理概述

绩效管理不同于绩效评估，绩效评估只是绩效管理的一部分。在很大程度上，绩效管理是传统绩效评估的演进和延展。

15.1.1 政府绩效的含义

政府绩效，西方国家又称“公共生产力”、“国家生产力”、“公共组织绩效”、“政府业绩”、“政府作为”等，它是指政府在社会管理中的业绩、效果、效益及其管理工作的效率和效能，是政府在行使其功能、实施其意志的过程中体现出的管理能力。简单地说，政府绩效是指政府在积极履行公共管理职能和承担公共责任的过程中所做的有效输出。运用“绩效”概念衡量政府活动的效果，所指的不单纯是一个政绩层面的概念，还包括着政府成本、政府效率、政治稳定、社会进步、发展预期等含义在内。绩效有个人绩效和组织绩效之分，政府绩效是组织绩效，它主要包括3个方面。

（1）经济绩效

经济绩效表现在经济持续发展上，国民经济不仅仅在量上扩张，而且在结构合理的前提下有质的提升，良好的经济绩效还包括经济可持续发展程度较高、政府能供应推进经济与社会协调发展的宏观经济政策。

(2) 社会绩效

社会绩效是经济发展基础上的社会全面进步。社会全面进步内涵丰富，包括人们的生活水平和生活质量的普遍改善和提高，社会公共产品供应及时到位，社会治安状况良好，人们安居乐业，社会和谐有序，社会群体、民族之间和谐协调，没有明显的对抗和尖锐的冲突。

(3) 政治绩效

在市场经济条件下，政治绩效最经常的表现为制度安排和制度创新。市场经济的规则或社会秩序的供应是一种政府制度安排，这是政府核心能力之一。政府制度安排的能力越强，政治绩效就越容易体现。

15.1.2 政府绩效管理的含义

绩效管理就是以个体员工为目标，旨在指导并增进个体绩效以提高组织绩效的干预活动。政府绩效管理可以定义为政府在积极履行公共责任的过程中，在讲求内部管理与外部效应、数量与质量、经济因素与伦理政治因素、刚性规范与柔性机制相统一的基础上，获得公共产出的最大化。

西方国家对绩效管理进行过许多研究。在20世纪80年代后期和90年代，针对绩效管理的含义出现了许多不同的观点。人们对绩效管理主要持以下三种观点：第一种观点认为，绩效管理是管理组织绩效的系统；第二种观点认为，绩效管理是管理雇员绩效的系统；第三种观点认为，绩效管理是综合管理组织和雇员绩效的系统。美国“国家绩效管理小组”对绩效管理的定义是第一种观点的典型代表，该管理小组认为绩效管理是“利用绩效信息协助设定同意的绩效目标，进行资源配置与优先顺序的安排，以告知管理者维持或者改变既定目标计划，并且报告成功符合目标的管理过程”。这种观点将绩效理解为组织绩效，强调通过对组织流程等方面的调整实施组织的战略目标。在这里，雇员虽然受到组织流程等变革的影响，但并不是重要的考虑对象。第二种观点将绩效理解为单纯的雇员绩效，强调以雇员为核心的绩效管理概念。但是，一些持这些观点的人并不否认对雇员的绩效进行管理必须在组织目标的框架内进行。他们只是在阐述其以雇员为核心的绩效管理观点时假设组织的目标已经确定，并在向所涉及人员传达之后得到了他们的认同。第三种观点与第二种观点的不同在于前者更加强调组织的绩效，同时指出，绩效管理的中心目标是挖掘员工的潜力，提高他们的绩效。并通过将员工的个人目标与组织战略结合在一起来提高组织的绩效，这一点也有别于第一种观点。

绩效管理可以说是政府部门改革的重要策略。在政府进行创建高绩效政府的改革实践中，政府绩效管理代表着组织的全方位的管理工作。因此，可以认为，政府绩效管理是作为一个系统整合过程出现的，它使政府部门人力资源的管理行为和组织目标的实现相互配合。

15.1.3 政府绩效管理的特点

从发展阶段上看，政府绩效管理有如下三个特征：

(1) 从关注行政效率到关注政府绩效

效率和绩效之间是既有联系又有区别的概念。效率是传统行政管理研究的精髓，被认为是行政管理的起点和归宿。在上一章已经提到：效率讲求投入与产出之比，关注时间、任务、程序、规则等管理要素，要求尽可能减少投入，节约成本。而政府绩效管理把绩效作为管理的核心，重视管理的价值取向和社会效应，关注管理过程的环境因素和心理因素。政府绩效管理认为，重视绩效能够激发管理者的使命感和责任感，能够促进测评的公正性和客观性，能够获得更多的社会支持。

(2) 从传统行政管理到现代公共管理

传统行政管理涉及两方面的内容，一是政府对社会的管理，二是政府对自身的管理。要求政府是承担社会公共事务单一的服务主体，政府既是公共产品的组织者，又是生产者。而绩效管理则认为，政府当然是社会公共产品的组织者，但不一定都是直接生产者。社会公共事务的承担者，可以是政府，也可以是社会中介组织、非营利组织，甚至是营利组织。

(3) 从体制改革到职能优化

传统的行政机构改革、领导体制改革等都属于体制性的范畴。政府绩效管理则以政府应该管什么和怎么管为中心，致力于寻求一个新的治理模式，寻求一种新的管理机制，将原来已经管了，但不该管的事情交还给各类社会组织，使政府能够更好地配置资源，集中精力抓好宏观调控、市场监管和公共服务工作。

15.1.4 政府绩效管理的作用

从绩效管理在公共部门实践领域所做的大量开拓性工作来看，绩效管理可以作为改善政府管理的一种有效工具，其对政府绩效的评估和衡量作用也显示出它与其他管理工具有所不同的特殊之处。

1. **作为政府再造的有效工具**

在当今经济全球化、信息化的浪潮中，西方各国政府已难以维持传统的官僚制模式。政府所面临的各种内外压力，使得对公共部门实施再造工程已经成为一种必然的趋势。在政府再造过程中所注入的各种新管理主义因素，如分权化改革、责任机制、顾客导向、结果为本等，都可以通过绩效管理的框架来加以体现，并通过绩效标准的检验来加以判断和衡量。从这一点来说，绩效管理是一种整合多种管理理念和工具的系统框架。事实上，当今西方各国的行政改革方案中，都把绩效管理作为推动改革取得成功的有效工具。休斯指出："如果中央政府想要维持对政策执行的控制，而同时又对日常责任实施监督，那么，绩效指标就成为一个基本工具；必须集中了解有关绩效的主要方面，以便能够进行分权活动。"因此，在当前的政府改革过程中，绩效管理必然成为"管理主义方案中一个特别重要的组成部分"。

2. 作为改善公共管理的有用工具

“卓越”和“高绩效”是当今各类组织努力追求的目标，在公共管理领域，有人提出高绩效组织的共同特征，为公共组织追求“卓越”和“高绩效”提供了有益的行动指南和衡量标准，为那些准备进行彻底改变的传统公共部门提供了前进的方向和未来的前景。不仅如此，他们还为公共部门的管理者们能够达到这一未来目标，设计好了一条有效的途径。有人还从人的技能、决策系统、人力资源制度、组织构造、价值观和文化等多个维度，比较了传统组织与高绩效公共组织之间的差别，从而有利于公共机构的领导人着手开始自己的工作。

3. 作为衡量和评价的重要工具

随着政府成本意识的强化和公民监督意识的加强，政府绩效评估活动开始蓬勃兴起。然而，现实中的政府绩效评估活动的发展远非令人满意。单纯将绩效活动视为一种管理过程中的评估活动，在工作中常常遭致人们的非议和抵制。绩效评估作为一种管理控制工具，在实际应用上确实面临着许多困境，工具本身也存在着种种缺陷。评估活动的形式主义、指标的片面性、结果的武断性，以及评估过程中评估方式与被评估者之间的对立和冲突等，经常导致“政府绩效评估设计无能”。这也是当前公共管理实践中，由更加系统和广泛的绩效管理取代单纯绩效评估的重要理由。绩效管理在一定程度上可以视为对绩效评估的一种反映。绩效管理比绩效评估的范围更加广泛，体现一种“整合管理的组织框架”，并由这一框架决定计划、组织、监督和检查等相互联系的内在管理过程。

当然，绩效评估仍然是绩效管理系统中非常重要和关键的内容。在实践中，绩效评估被看作是绩效管理过程中内在的、不可或缺的一个重要组成部分。

15.2 政府绩效评估

政府绩效评估是政府绩效管理的重要内容，公共部门绩效评估涉及政治学、经济学、管理学和系统工程等诸多学科。

15.2.1 政府绩效评估的定义

什么是政府绩效？有人认为，绩效表示成绩、成效。成绩指工作或学习的收获，强调对工作或学习结果的主观评估，成效指功效或效果，强调工作或学习所造成的客观后果及影响，绩效则是对两者的综合。绩效有个人绩效和组织绩效之分。

关于政府绩效评估的定义国内外学者和政府组织从不同的角度给出了很多种不同的定义。下面仅列举几种：

谢尔登·西尔弗和马蒂·卢斯特认为，“绩效评估是个适用于为评价政府活动、增强为进展和结果负责的一切有系统的努力的术语”。

詹姆斯·威尔逊认为，政府绩效评估意味着这样一种制度设计：在该制度框架下以取得的结果而不是以投入要素作为判断政府公共部门的标准。

奥斯本与盖布勒认为，政府绩效评估就是改变照章办事的政府组织，谋求有使命感的政府；就是改变以过程为导向的控制机制，谋求以结果为导向的控制机制。

在国内，中国行政管理学会课题组认为：政府绩效评估是以提高政府公共管理和公共服务能力而采取的以公共责任和顾客至上为理念的政府改革策略，是持续改进和提高政府部门绩效的新的管理理念和方法，是当今许多国家实施政府再造、落实政府责任、改进政府管理、提高政府效能、改善政府形象的一个行之有效的工具。政府绩效评估具有计划辅助、预测判断、监控支持、激励约束和资源优化等多项功能，通过评估绩效，改进激励机制、竞争机制、监督机制、责任机制，属于政府运行机制优化的范畴。从系统组织整合理论角度看，这种运行机制的优化可以在一定程度上弥补一些管理体制方面的缺陷。

蔡立辉教授认为：政府绩效评估就是根据管理的效率、能力、服务质量、公共责任和社会公众满意程度等方面的判断，对政府公共部门管理过程中投入、产出、中期成果和最终成果所反映的绩效进行评定和划分等级。政府绩效评估以绩效为本，谋求现代信息技术在政府公共部门之间、政府公共部门与社会公众之间进行沟通与交流的广泛运用，谋求顾客通过公共责任机制对政府公共部门的直接控制，谋求政府管理对立法机构负责和对顾客负责的统一；它以服务质量和社会公众需求的满足为第一评价标准，蕴涵了公共责任和顾客至上的管理理念；它以加强与改善公共责任机制，使政府在管理公共事务、传递公共服务和改善生活质量等方面具有竞争力为评估目的。

范柏乃先生认为：所谓政府绩效评估，是根据统一评估指标和标准，按照一定的程序，通过定量定性对比分析，对某评估对象（政府或政府部门）一定时期内的业绩做出客观、公正和准确的综合评判的过程。

上述各位学者从不同的研究视角对政府绩效下了定义，我们倾向于中国行政管理学会课题组的观点。

15.2.2 政府绩效评估与官员政绩评价的区别与联系

政绩是指各级领导班子和领导干部正确行使人民赋予的权力，在其任期内履行职责所取得的扣除成本以后“纯”的成绩。政绩也有领导干部的个人政绩、领导班子的集体政绩和一届政府的组织政绩。

政绩与绩效有明显区别：政绩是指掌握公共权力的人或组织在履行公共责任时取得的成绩，主要是对掌握到公共权力的人而言的；而绩效则不一定是掌握公共权力的人才有的，任何人和任何组织在从事某项工作时，都存在着工作绩效的问题。

也有学者认为，政绩就是政府绩效。我们不这么认为。因为政绩不仅有政府的，也有官员个人的。而政府的绩效与官员个人的绩效是有区别的。根据人们在使用上的习惯，结合个人的见解，作者认为，在讲到对官员个人的考核评价时用“政绩评价”一词，对涉及地方政府的考核评价时采用大多数学者所习惯使用的“政府绩效评估”比较合适。

无论在行政管理的理论研究还是在实际工作中，领导干部的政绩评价和政府的绩效评估都是两个关注度非常高的课题，因此，在这里有必要对这两个问题进行一下简单的讨论。

吴江教授认为：政绩相对于绩效来说，更加强调了领导干部对社会和人民群众的政治责任和执政能力，而不仅仅是领导机关内部的管理效率与行政责任。西方国家注重对政府绩效的考评，给组织机构评定等级标准和褒奖；我国则更强调对领导干部的政绩考评，给领导干部作出评价和奖惩。

中国行政管理学会课题组认为：政府绩效还可分为组织绩效和个人绩效，组织绩效包括一级政府的整体绩效、政府职能部门绩效和单位团队绩效。所以，广义的政府绩效评估包括对集体和对个人的评价，从这个意义上说，政府绩效评估应该包含对领导干部的政绩评价。

在对政府部门进行绩效考核评估时，经常要用到各类宏观统计数据，而对领导干部个人的政绩评价时则不同。

实际上，个人总是从属于集体的一分子，领导干部是所在单位的负责人，他的行为与其所在的集体和组织的行为是分不开的。对领导干部的政绩评价虽然是对“个人”的评价，但是也能部分地反映领导干部所在“部门”（即政府）的绩效情况，对领导干部个人的政绩评价应该与政府绩效评估结合起来，在政府绩效评估的基础上再进行领导干部个人的政绩评价。从这个意义上说，对领导干部个人的政绩评价离不开对所在单位的绩效评估。

但是政府绩效评估与领导干部的政绩评价无论在方式、方法上还是在指标选择上还是有明显的区别的，这一点必须明白。政府绩效评估的一些方法和指标有的可以用于领导干部的政绩评价，有的不适用。在政府绩效评估和领导干部政绩评价时，既要考核评价集体政绩，看集体领导行为对个人取得政绩所创造的条件和产生的影响，又要考核评价个人政绩，看个人在集体领导行为中的作用。

15.2.3 政府绩效评估与绩效管理的区别与联系

绩效评估的作用之一就是向管理者提供有关组织和个人绩效情况的真实信息，据此作出相关的决策。绩效评估与绩效管理的联系表现为绩效评估成为以实现组织目标为目的的绩效管理过程的一个重要环节。除了单纯的评估目的外，这些组织通过绩效管理系统帮助下属管理他们的绩效，提高他们的工作能力，开发他们的潜能，从而实现组织的目标。

尽管政府绩效评估与绩效管理之间存在着十分紧密的联系，但我们却不能把政府绩效评估等同于绩效管理。绩效管理绝不仅仅是绩效评估，两者存在着区别。

如果可以将绩效评估的目标表述为让人们用正确的方式做事，那么我们可以将绩效管理的目标表述为让人们用正确的方式去做正确的事。绩效评估与绩效管理的主要区别在于：

第一，绩效管理是一个完整的管理过程，绩效评估只是管理过程中的局部环节和手段。成功的政府绩效评估不仅取决于评估本身，而且在很大程度上取决于与绩效评估相关联的整个政府绩效管理过程。绩效管理过程一般包括三个最基本的功能活动：绩效评估、绩效衡量和绩效追踪。它伴随着管理活动的全过程，绩效评估只出现在特定的时期；绩效管理不仅强调绩效的结果，而且注重达成绩效目标的过程。

第二，绩效管理侧重于信息沟通和过程控制，绩效评估侧重于对考评结果的单项判断。绩效管理的特点是管理者与被管理者通过双向沟通与交流，鼓励工作人员积极参与绩效反馈过程，促进双方对绩效的认同并加以改进，因此绩效管理的效果取决于管理者与下属的双向沟通：有效的沟通对消除下属与管理者之间的隔阂，消除工作执行者的防卫心理、抵触情绪，对考评成果的反馈，塑造政府人员的正确行为导向等方面都具有积极作用。绩效评估只是绩效管理这个工具箱里的一件工具，绩效管理不能离开绩效评估，同时绩效评估也应该与绩效管理的其他方面密切联系。我们必须将绩效评估纳入绩效管理制度中，才能对绩效进行有效地监控和管理，从而有效改进绩效管理，实现绩效管理的目标。

15.2.4 政府绩效评估的意义

政府绩效评估作为政府再造的重要内容和根本性措施在政府公共管理实践中的广泛运用，对提高政府管理效率、提高服务质量和管理能力等具有重要的理论和实践意义。

1. 绩效评估有利于提高政府部门的绩效

绩效评估作为一种技术，能有效地提高政府绩效的动力。首先，绩效评估有助于实现和落实政府的责任。当前我国政府改革中提出的确立政府决策与责任追究制正在于此，这些都要求对政府部门的绩效做出评价。其次，绩效评估有助于提高公共服务的质量和效率。政府最重要的职能和任务是为社会公众提供高质量的公共服务。这就要求打破原有的政府对公共事务管理与公共服务供给的垄断，采用合同出租等多种形式，把原先由政府垄断的部分职能市场化，由各市场主体通过竞争来提供。或者通过合同与政府采购等形式，以竞争招标方式交由社会承担。为解决政府管理低效率问题提供了有效途径，从而有利于提高公共服务的质量和效率。再次，绩效评估有利于改进政府部门和社会公众间的关系。随着政府角色和职能的重新定位，以顾客为中心的管理理念决定了政府行使公共权力主要是为了实现公共利益和主动为社会公众谋福利，这可以增强公众对政府的信任，增强政府部门的号召力和社会公众的凝聚力。

2. 绩效评估有利于提高政府的信誉和形象

绩效评估过程中的透明性和信息的公开性，把政府在各方面的表现情况做一全面而科学的描述并公之于众，这有利于公众了解、监督和参与政府工作。一方面，绩效评估可用来证明政府开支的合理性，可向公众展示政府业绩和政府部门为提高绩效所做的努力，使政府的合法性和合理性得到强化；另一方面，政府行为难免有缺陷和不足，绩效评估向公众公开政府所面临的困难和难题，有助于克服公众对政府的偏见，建立和巩固对政府的信任。在此基础上，具有影响力的绩效评估报告，为政策制订者、政府部门及其全体员工改进工作提供指南，也为公众选择不同的政府部门及其所提供的服务提供了参考依据，使得政府由“暗箱操作”转变为“阳光行政”。

3. 绩效评估有利于政府进行有效的管理

在实践中，绩效评估在政府管理中具有下列意义：首先，绩效评估是一种诱因机制。政府部门的诱因机制最重要的是将绩效与奖惩相联系，绩效评估让政府部门的激励约束机制有了依据，建立在绩效评估基础上的奖惩，可强化政府部门的激励机制；其次，绩效评估有利于有效配置资源。在政府的绩效评估中考虑了政府运作和管理的成本及效益，这可减少政府部门的浪费；最后，绩效评估是诊断政府部门运行状况是否正常的有力措施。绩效评估作为管理决策的基础，能为组织提供有关政府活动进度、物质损耗、工作协调等方面的信息，以适时调整偏差。

15.2.5 政府绩效评估的主体

评估主体，主要解决“由谁评估”的问题，至于由哪方面的人参与评估，要视评估的目的、使用的标准和具体的被评估对象情况而定。如果仅从组织的内外两方面来分析的话，绩效评估主体可分为内部评估主体和外部评估主体。如果要评估公共部门中雇员对组织的价值、测量其对组织的贡献，有6种可供选择的主体：上级或直接主管、同事、下级、自我评估、考评委员会、组织外的利益相关者（如接受该部门服务的顾客等），选择哪一种也要以评估的目的、使用的标准和具体被评价的人员情况等因素而定。

如果评估是为了检验评估对象是否负责任，根据令人满意的服务，就应由外部评估主体如专门的评估机构、大众传媒、公民等来进行，其特点是较为客观；如果评估的主要目的是为了让评估对象自我检查、纠错，用于改正发展提高、更快地使用评估信息并能从中学习，就应由组织内部评估主体进行。经常进行内部评估能让组织更好地了解政策的实施、项目的运作、服务提供的优劣，避免由于无知而出错，也能使组织更了解其雇员的状态和绩效，做出相应举措。特别在大规模的项目、服务运作过程中需要持续监控时，尤其有必要进行内部评估。

每个评估主体都会站在自己独特的立场上，以各自不同的角度、不同的指标衡量同一评估对象的绩效，得出各自的评估结果，再经由评估机构综合处理后得出最终的评估结论。这样，既保证了评估过程的公正性，也在最大限度上保证了评估结果的全面性和客观性。

15.2.6 政府绩效评估的指标

绩效评估中最重要的是建立评估的指标体系。一般来说，有效的绩效评估指标，必须遵循几个原则：

一是客观全面的原则。绩效指标的制定要周密、合理、客观，要能涵盖政府的重要绩效。过去，我们衡量政府部门的绩效时，常以经济效益和社会效益作为标尺，但在实际应用中，经济效益这个标尺常常缺乏相对精确合理的刻度和客观全面的经济核算。如谈到政府绩效时习惯于追求一系列经济指标，片面强调国民生产总值及其增长率，社会效益往往含糊不清，绩效评估也就失去了价值。

二是一致性的原则。要真实地反映政府的绩效，在制定绩效指标时，政府各部门、上下级之间在指标的数量、范围和权重方面必须协调一致，充分沟通。

三是定量指标与定性指标相结合的原则。绩效具有多维性，因此，绩效评估的指标应既有定量的、硬性的指标，又有定性的、软性的指标。所谓“硬”指标是指可量化的指标，其中以经济审计为主要内容和评估的主要途径；“软”指标是指难以具体化的公众满意度，其中以社会评价为主要内容，评估的主要途径应是中介组织进行的社会调查。

制定评估标准主要有四个方面：

一是政府业绩指标。包括政府为社会经济活动提供服务的数量和质量、政府管理目标的实现情况、制订水平与实施效果、政府管理的效益、政府管理的社会效果等。政府管理目标的实现情况，包括是否充分就业、物价是否稳定、经济是否持续增长、收支是否平衡、资源配置是否合理等；政策制定水平与实施效果，包括财政政策、货币政策、产业政策等；政府管理效益，包括税收总额占 GDP 的比重、政府支出占税收总额的比重、政府支出增长率与经济增长率速度之比。

二是政府行政效率指标。包括决策效率、管理效率、执行效率指标。这几个方面的指标构成了行政效率的完整体系。可以说，这几方面的指标达到了标准，整个行政管理体系就达到了最大的效率。

三是政府工作效能指标。包括社会效能和政府机关效能，社会效能属于宏观的决策范畴，即决策目标和手段是否正确以及实现目标能力的强弱等。政府机关效能属于微观的内部运行机制范畴，即制度是否完善、是否依法行政、是否政务公开、是否办事高效、是否优质服务等。

四是政府行为成本指标。包括政府人力、物力与财力占用，即政府部门职员人数、官民比例、支出总额、固定资产总额；政府支配资源程度，即政府支出占 GDP 的比重、政府部门固定资产占全社会固定资产的比重、政府工作人员占总就业比重、政府支出结构等。

政府的绩效评估指标除了可分为通用指标和业绩指标外，按照评估主体与评估对象位置关系可分为内部指标和外部指标；按照评估指标反映绩效的过程与结果区别可分为数量指标与质量指标；按照评估指标与评估结果的正负相关性可分为肯定性指标与否定性指标；按照评估系统对政府产出与投入不同角度的衡量可以分为支出指标与回报指标；按照政府投入的性质可分为行政成本指标与业务成本指标；按照评估指标的通用性程度可分为个体指标与团体指标；等等。

15.3 官员的政绩评价

政府的绩效包括政府的组织绩效和官员的个人绩效，对官员个人的政绩评价是政府绩效评估的组成部分。

15.3.1 政绩评价的作用

1. 准确地鉴别政绩的质量

通过科学的方法对政府官员个人特别是领导干部的政绩进行评价，可以准确鉴别政绩的质量。政绩质量可从以下几个方面来评判：其一是政绩的“实”与“虚”，即通过政绩评价，能够很好地辨别政绩的真与假。有的地方 GDP 上去了，人民的生活水平却下来了，有的政绩从局部来看确实成效明显，从整体上看危害不小；有的从现在来看是政绩，却损害了长远利益，不利于可持续发展等。这就要求我们从事物的发展轨迹及群体与个体、全局与局部、原因与结果的联系中，对政绩进行深入分析，准确鉴别政绩真与假，实与虚，合理确定政绩归属。其二是政绩的“显”与“潜”。就是评价政绩既要看当前看得见摸得着的成绩，又要看社会的进步和发展的可持续性。其三是政绩的“成本”与“收益”。每一项政绩的取得，必然要付出一定的施政成本，如物质资源成本、人力资源成本、时间成本甚至政治成本等。政绩应是施政成效扣除施政成本所取得的成绩。

2. **作为干部任职评价和能否晋升的重要依据**

科学地评价领导干部的政绩，能充分体现从实绩看德才、凭德才用干部的选人用人导向，在实践中最直接的有如下作用：其一是判断干部是否称职。在政绩评价中，要了解被考核的干部的岗位职责是什么？通过将他的政绩与其岗位职责相比较，评价他的本职工作有没有做好？工作目标有没有实现？是否具有履行现任职务的能力和水平？其二是判断干部能否晋升。在政绩评价中不仅要评价干部职责履行情况，还要评价干部的政德、能力、工作态度等综合素质内容。而这些内容又是评价一个干部是否适合上一级某个岗位的工作即评价干部能否晋升的重要因素。

3. **对官员的工作有导向和激励作用**

政绩评价是否科学、客观、公正，对干部的工作有着重要的激励作用。政绩评价的标准体现了用人的导向，用人导向是一根指挥棒，有什么样的用人导向，提拔什么样的干部，就会出现什么样的干部。正确的用人导向会引导干部树立正确的政绩观。唐太宗对魏征说过：“为官择人，不可造次。用一君子，则君子毕至；用一小人，则小人竞进矣。”政绩评价在很大程度上影响用人导向。

15.3.2 政绩评价的内容：“一条主线，两根辅线，四个维度”

政绩评价指标和政绩评价内容是有区别的，评价内容是指政绩评价是评价什么？评价指标是通过什么来评价政绩？评价指标是为评价内容服务的工具。内容一般是宏观的，指标一般是微观的。我们认为，对领导干部政绩评价内容的设计，可以由“一条主线，两根辅线，四个维度”来表达。

所谓“一条主线”，就是以干部的岗位职责和工作目标为“主线”，这是反映领导干部为什么创造政绩的本质问题，以及在什么范围内创造政绩的界限问题，所有的评价内容安排和指标设计应该围绕这条主线展开。

将干部任期内的工作目标作为政绩评价内容的主线，抓住了评价工作的实质。在评价过程中始终抓住工作目标不放松，第一可以防止被评价的干部在创造政绩的时候轻易更改目标，挑选那些“显眼”的、容易“露脸”的政绩，而将那些有利于社会长远利益、有利于群众根本利益但却不易被上级领导看见的基础性的工作放在一边；第二可以防止被评价的干部特别是主要领导干部在创造政绩的过程中轻率地决策，造成决策失误；第三可以防止他们在制定目标时说大话，而在实际工作中找种种借口不按目标实施。

所谓“两根辅线”，是从两个方面考核评价干部的政绩：第一方面是考核干部是否按照其岗位职责和工作目标，将该做的事做好，将该“大”的指标“大”起来；第二方面是考核干部是否按照岗位职责和工作目标要求，不做不该做的事，将该“小”的指标“小”下去。这“两根辅线”不仅可以作为考核评价干部政绩的内容，还可以作为规范、制约、监督干部创造政绩行为的依据。比如，政府的领导人要将当地的就业率、群众满意度等指标“大”起来，将城乡群众的钱包“鼓”起来，将刑事案件发案率、适龄儿童失学率等指标“小”下去，这才是政绩。

所谓“四个维度”，就是从领导干部自身的努力程度、群众的满意程度、目标的可行程度、政绩的可信程度等四个方面来设计考核评价领导干部政绩的内容。

（1）自身的努力程度

自身的努力程度反映了干部履行职责的主观意愿和客观行动，是干部政绩考评的基础内容。第一，考察干部政绩要分清楚这种政绩是因为干部内在素质加上个人努力取得的，还是客观条件的良性影响使得干部不需要经过特别努力也能取得；第二，由于各地发展的基础和自然环境不一样，基层干部的主观努力往往与取得的政绩不成正比。我们不能单纯以“数字论英雄”；第三，领导干部接任的起点和基础不同，在创业过程中付出的辛劳程度和最终绩效肯定有差异；第四，要分清楚被考核干部在所有政绩中所占份额，干部个人的作用在其中应占多大比例，要视其在成就各项事业的群体中所处的地位和发挥的作用而定，不能吃政绩考评的“大锅饭”。

（2）群众的满意程度

群众的满意程度反映了干部是不是真正为群众谋利益，干部的政绩到底如何，不能单由上级组织和上级领导说了算，还必须看群众的公认程度，要看这些政绩是否经得起群众检验、实践检验和历史检验。

（3）工作目标的可行程度

工作目标的可行程度是反映一名干部的管理水平和决策水平的重要标准，体现了一名干部的业务素质。有些领导干部在制定工作目标时，不顾本地本部门的具体情况，不从实际出发，因地制宜地制定符合本地具体情况的工作目标，而是好大喜功，一味地追求个人的所谓突出政绩，提一些不切实际的高指标。这类干部喜欢“拍脑袋决策”。因此，对各级领导干部在任期内的工作目标的可行程度进行考核，对培养干部扎实、务实、踏实的工作作风有着非常重要的意义。

（4）政绩的可信程度

政绩的可信程度是考核一名干部综合素质的重要指标。你在任期内做出的政绩是否经得起检验？是否有水分？统计方法是否科学？数据是否准确？要挤干工作成绩中的水分，防止统计数字中的弄虚作假，避免“数字出干部，干部出数字”的现象发生。

为了测定政绩的“含金量”，在评价干部政绩时，要通过公开评议、个别访谈、问卷调查等方式，最大范围地组织知情群众公开评价领导干部的工作，建立领导干部政绩监督举报制度，落实人民群众对领导干部政绩的监督权，充分了解群众对领导干部政绩的认可程度。在依靠群众、扩大民主的同时，充分发挥相关职能部门的作用。

15.4 政府绩效评估的发展趋势

英国政府绩效评估始于1979年的“雷纳评审”，这一工作是对政府部门工作特定的调查、研究、审视和评价活动，评审的重点是政府机构的经济和效率水平。后来，政府机构内部的评审又发展到有社会参与的评估，评估内容侧重公共服务和质量，评估结果公开并直接向公民和服务对象负责。

美国自1978年的卡特政府以来，历任总统都很关注政府部门的绩效管理问题，政府绩效评估甚至成为克林顿政府行政改革的主导思想。布什政府于2003年开始推行部门绩效“报告卡”制度，围绕组织绩效的主要方面，设立绩效基准和等级评估标准。

15.4.1 发达国家公共组织绩效评估的新特点和发展趋势

在英国、美国的带动示范下，公共组织绩效评估在其他国家得到广泛应用。从发达国家实践情况看，当代公共组织绩效评估体现出了一些新的特点和发展趋势。

1. **绩效评估的制度化**

绩效评估成为对政府机构的法定要求。美国、荷兰、日本等国家都制定了相关法律。英国和澳大利亚等国家主要以管理规范的形式，使组织绩效评估成为重大改革方案的组成部分，凭借最高行政首长的政治支持和主管部门的预算配置权来推进组织绩效评估。为了有效实施法律和制度，多数国家还确定了独立机构，负责对绩效评估工作进行指导、督促和协调，并有选择地独立对一些部门的绩效进行评估。

2. **绩效评估的规范化**

政府部门的职责和工作性质千差万别，为了进行科学的绩效评估，必须提炼出基本规范。国外大多用“四个E”作为总要求来建立公共组织绩效评估规范和标准体系，即经济(Economic)、效率（Efficiency)、效益（Effectiveness)、公正（Equity)。在此基础上，各国制定了相对比较具体的评估指标体系。如美国总统管理和预算办公室提出的行政部门的“通用衡量标准”，制定了相关绩效基准和等级评估标准。英国财政部发布了《中央政府产出与绩效评估技术指南》，绩效评估内容、方法、程序正在逐步规范。

3. **绩效评估中的公民导向**

绩效评估是一种推动公共部门承担责任的有效机制，因此，坚持公民导向成为政府绩效评估实践中的重要发展趋势。政府绩效评估强调以人为本，以公民为中心，以满意为尺度。公民是政府所进行的公共管理和公共服务的最终承接者，对政府绩效最有发言权，公民参与原则是绩效评估的基本原则。具体做法有：在绩效指标设计上体现外向特征和多样化的满意度调查，民间组织对政府部门进行独立评价和审视等。

15.4.2 我国地方政府开展绩效评估的发展趋势

在新的形势下，随着党中央提出科学发展观和正确政绩观，各地政府和部门不断改进并积极探索绩效评估的新方法，形成了各具特色的评估模式。大体可以概括为以下几种方式：

1. **与目标管理责任制相结合的绩效评估**

目标管理是我国开展最广泛的绩效管理方式。绩效评估在我国部分地方政府早期实践中是与目标管理结合在一起的，特点是将组织目标分解并落实到各个工作岗位，目标完成情况考核也相应针对各个工作岗位进行评估，在提高政府效能、改善公共管理与服务方面发挥了重要作用。随着行政管理体制改革的深入，绩效评估作为目标责任制的一个环节，开始应用到政府部门，并逐步取代了原来的目标管理。

2. **以改善政府及行业服务质量，提高公民满意度为目的的政府绩效评估**

全国许多地方开展了如民主评议行业作风、司法和行政执法部门评议、社会服务承诺制、“万人评政府”活动等，这些都是以提高行业服务质量和水平为目的的绩效评估活动，由社会对政府部门进行评估，结果向社会公布。这些工作往往先在少数地方开展，然后被更多的地方模仿和采用，很多地方在实践中逐步完善并形成制度。

3. **专业职能部门开展的政府绩效评估**

如审计部门进行的管理审计、效益审计，人事部门在国家公务员考核中加入的量化评估内容，组织部门对领导班子的考核中引入的绩效考核等，这一类绩效评估的重点是促进专业领域中组织和个人绩效的提高。政府业务主管部门对所属组织绩效管理设定评价指标体系，如卫生部为医院设立的绩效评估体系，教育部门为普通中小学全面实施素质教育建立的评价体系，财政部等部委联合推出的企业绩效评价体系，科技部制定的高新区评价指标体系等，也可以归入此类。

4. **以效能监察为主要内容的绩效评估**

效能监察主要是针对国家行政机关和公务员行政管理工作的效率、效果、工作规范情况进行监察，实际上是国家纪检监察部门依照法律、法规和有关规章对政府部门绩效进行的评估活动。福建省、吉林省、重庆市等在全省（市）行政机关开展了行政效能监察工作。北京市海淀区，江苏省苏州市、扬州市，山东省枣庄市，河南省安阳市等地都颁发了开展效能监察的文件和工作细则。全国最早开展效能监察的福建省，已经由省效能办牵头于2004年开始对福建省23个政府部门和9个设区市政府的绩效进行评估。有的地方在科技、金融、商业、邮电、卫生等系统开展了效能监察。

5. **与政务督察相结合的绩效评估**

山东省青岛市围绕经济、政治、文化和社会四个方面的建设，将督查工作与政府绩效管理有机结合，构建了绩效导向的督查推进体系。该模式运用督查体系及平衡计分卡，确立政府各个部门的组织使命、核心价值观、远景目标及战略选择，以绩效指标的形式将城市发展战略量化分解落实到各个区市和相关的职能部门，并从顾客服务、内部流程、效率效益和学习成长四个维度测量、监控，改善党委和政府的绩效。

6. **由“第三方”专业评估机构开展的政府绩效评估**

如甘肃省政府委托兰州大学中国地方政府绩效评价中心对所辖市（州）政府和所属部门进行的绩效评估，被媒体称为“兰州试验”，备受政府、学术界和社会的关注。北京市有的区（县）政府委托国内著名咨询机构——零点研究咨询集团开展的政务环境绩效评估，也属于这一类。

7. **引入通用模型进行的绩效评估**

国家行政学院在研究欧盟成员国使用的多种绩效评估模型的基础上，结合我国国情，构建了中国通用绩效评估框架（CAF）。CAF 模型包括了促进和结果两大要素，共 9 大标准，其中领导力、人力资源管理、战略与规划、伙伴关系和资源、流程与变革管理属于促进要素；员工结果、顾客/公民结果、社会结果和关键绩效结果属于结果要素。CAF 模型在哈尔滨铁路检察院和厦门市思明区人民政府进行试点，初步取得效果。还有不少政府部门，运用企业和国外政府绩效管理理论和方法，如平衡计分卡、关键绩效指标法、全面质量管理、标杆管理，摸索出各具特色的绩效评估模式。

思考题

1. 什么是绩效？
2. 什么是绩效管理？
3. 什么是绩效评估？
4. 政府的绩效评估与官员的政绩评价有什么区别和联系？

案例 15：杭州市机关“满意单位不满意单位”评选

与国内其他一些地方政府机关一样，长期以来，杭州市机关一直存在着“门难进、脸难看、话难听、事难办”的现象，严重影响了政府部门在群众中的形象，也严重影响了杭州市的投资环境。为了彻底整治“四难”顽症，真正树立立党为公、执政为民的理念，切实转变机关作风、提高机关效能，从 2000 年开始，杭州市委、市政府决定，运用评选满意单位不满意单位这个载体，对机关作风问题进行综合整治。

从 2000 年 10 月开始，杭州市机关首次“满意不满意”单位评选活动在市级 54 个单位全面展开。评选的主要内容是各单位的全局观念、服务宗旨、服务质量、办事效率、勤政廉洁、工作业绩等6个方面。杭州市专门成立了满意不满意评选活动领导小组办公室负责全面工作。活动的评价者包括六大层面，一是市委组织部组织445名市党代会代表；二是市人大办公厅组织469名市人大代表；三是市政协办公厅组织427名市政协委员；四是由市政府办公厅组织100家省部属企业和市属城建、旅游、商贸企业，100家市、区工业企业，100家个体私营企业，100家外商独资企业，100家外地来杭投资企业进行评选；五是随机抽取4 000个杭州市民开展评选；六是组织市直机关互评。据统计，共发出选票5 969张，回收5 787张，回收率达到96.96%。共征集到各方面意见10 700多条，约18万字，梳理后为2 650条。最后，选票委托浙江财经学院进行统计计算处理，270万数据无一差错。

2001年度的评选和第一次相比，活动的各方面都有了新的变化，整个评价系统更趋完善。这次共有85个单位参与评选（其中有79个评选单位，6个评议单位），产生9个平均满意率最高的单位和3个平均不满意率较高的单位。参加投票评选的共有9个层面、8 919个单位和个人，其中市党代表347人，人大代表381人，政协委员354人，老领导和专家学者132人，省直机关101个单位，市直单位领导班子成员467人，区县四套领导班子成员337人，各类企业代表500人，市民代表6 300人。发出选票8 919张，回收8 848张，回收率为99.2%，评选中征收到意见和建议有6 242条。统计与数据处理仍然委托浙江财经学院进行，继续采用2000年的统计方法，同时为提高统计的准确性和速度，这次采用了读卡机与电脑联网统计，有效防止了人工差错。其他相关部分仍和2000年一致。

2002年度的评选活动与2001年相比，对部分投票层面进行了调整，增加社区、乡镇、街道层面，参评人数大幅度增加，更面向基层，面向市民，特别是市民所占的权重增加明显，从10%提高到20%，真正体现群众评议、群众满意。同时考虑到前两次评议存在的同一个单位“高满意率与高不满意率并存”的现象，此次评选采取单指标赋分值的方法。

2003年度的评选活动较前3次又有了较大的改进。经评选办公室与浙江大学课题组的大量调研和深入论证，在投票层面上，取消了市直机关的互评，增加了区、县（市）的部委办这一层面；在统计和计算方法上采用了差别权重，根据参评单位的分类，分别设置各投票层面权重，对各投票层面采用随机抽样统计，根据参加评选单位的分类，设置不同的评选系数，其中，社会服务相对较多的政府部门为1.05，社会服务相对较少的政府部门为1，人大、政协机关、党群及其他部门为1，同时结合职能目标考核、“96666”投诉电话、“12345”市长公开电话考核得分，合并计算综合得分；在满意单位和不满意单位产生方法上，所有单位一条线排列，设置达标线（综合得分72分），低于达标线并处于末位的单位为“不满意单位”。

这4次活动收到了良好的社会效益，各机关的作风建设明显加强，服务质量和办事效率大大提高，投资软环境明显改善，机关行政人员的精神面貌焕然一新。总的说来，实际成效主要有：增强了各部门的目标意识、服务意识和责任感；提高了行政人员的服务质量和办事效率；强化了机关内部管理，加大了管理过程的透明度，完善了管理制度；促进了机关的廉政建设，加强了监督力度，进一步开放了公众参与渠道，提高了政府部门的政治合法性和公共信誉；提高了工作人员的素质和激励水平，推动了各项工作任务的顺利完成。

讨论：通过阅读这一案例，你认为杭州市开展的这一活动有什么现实意义？评价方法和指标设计合理吗？评价主体的选择是否合适？

第16章 行政改革与发展

行政改革是当代各国普遍关注的问题，也是行政学研究的重大课题。研究行政改革，探讨行政发展的基本趋势，对于建立适应社会主义市场经济需要的新型的行政体制，促进我国行政管理的科学化和现代化具有重要意义。

16.1 行政改革概述

16.1.1 行政改革的含义

行政改革是行政主体适应社会政治、经济、文化环境的变迁而进行的自我调整、变革的过程。狭义的行政改革仅指政府机构改革；广义的行政改革则是指国家行政机关为适应内外环境的变化，对行政管理的诸方面因素进行的调整和变革。它包括行政责权的划分、行政职能、行政组织、人事制度、领导制度、行政方式和行政运行机制等方面的改革。由于国情不同，同一国家在不同发展阶段的具体情况也往往有别。因此不同国家不同时期的行政改革的具体内容、具体方式是各有不同的。

就改革的基本方式看，行政改革有“突变式”和“渐进式”两种类型。“突变式”改革是指在较短的时期内，对整个行政体制进行大幅度的调整和变革。这种方式能迅速推进改革，改变旧的体制，但阻力和风险较大。“渐进式”改革则指用较长时间对行政体制的各方面进行逐步的、阶段性的调整和变革。这种方式较为稳妥，进程相对缓慢。两种方式各有利弊和各自的适用性，在行政改革中应根据实际情况权衡利弊、作出抉择。

当代中国行政改革是一项极为复杂的系统工程。其中，行政体制与行政制度是一个范畴中的两个紧密相连的问题。“体者，结构、系统；制者，规定、法律”。行政体制就是经由宪法和法律规定的、具有基本社会公信力和权威性的国家行政组织形态。行政制度则是以一定的政治思想、法律思想和管理思想的原则为前提的、同样经由宪法和法律规定的体制内各权力主体的关系形态或关系模式。由于公共行政管理纯属国家性质，因此，行政改革所涉及的权力主体均是国家各级、各地的公共行政权力主体，各项制度改革则相应具有完全国家法权性质。但若与国家政治制度相联系，行政改革不可避免地要与其他国家公共权力主体发生关系；若与公共行政管理对象相联系，行政改革则不可避免地要与体制外非公共权力主体发生关系。

从广义政府的意义上说，行政体制涉及与国家公共行政管理相关联的诸方面的法权主体与其相互关系，并以这些法权主体相互关系的改变或调整为体制改革的核心内容。在我国，由宪政制度和政党制度所决定，这些法权主体包括国家最高权力机关人民代表大会及其与狭义的政府地位相若的人民法院、人民检察院等国家机关，包括执政党，也包括政治协商会议等准国家机关。在这样一个体制中，狭义的政府只是权力、行为和责任主体之一，在某些情况下，狭义的政府甚至可能不是主要的权力、行为和责任主体。比如，在政府作为或不作为的问题上，同级执政党的决议可能是决定性的，但从纯粹国家现象上分析，人民代表大会才是决定性的。人民代表大会对法案的立案、搁置、修正、终止、通过、否决，另有法院和检察院提起诉讼和作出判决的种类、标准、时效、程序、执行等，都有可能对狭义政府的作为或不作为发生直接的、可能是决定性的影响。即使在三权分立和多党制的国家里，上述情况也是时有发生的。与此相联系，广义行政改革实际上包括了一切与国家公共行政权力的归属及其行使相联系的改革。就我国的情况而言，广义行政改革在范畴上接近广义的政府改革，在实施操作方法上，则要求政治、经济、文化及其他社会体制改革几乎同时联动并以其他体制改革的顺利发展为自身顺利发展的充分条件，其难度是可想而知的。

从狭义政府的意义上说，狭义行政改革特指以狭义政府即国家行政机关为中心的国家公共行政系统的改革。从某种意义上说，狭义行政改革等同于狭义政府管理体制改革。在这一体制中，国家行政机关是主要的或者说是唯一的权力、行为和责任主体；相应地，这一改革的主要范畴大多只限于各级国家行政机关自身的改革，而不以外部控制条件的同步改变为前提。从现阶段我国社会经济发展的主要矛盾来看，我国的行政改革宜取其狭义，即以国家各级行政机关为中心的国家行政改革。因而，我国行政改革的主要任务，是要通过对国家行政组织即各级政府的法定地位、行政权限、管理职能、行为方式、工作制度以及与之相适应的机构设置、人员编制、工作流程、财政预算、行政责任等方面的基本原则的再认识、再设计、再组合、再规定，重构政府行政管理体制，通过重新定位，使政府行政管理体制能够适应社会主义初级发展阶段的需要，适应建立和发展社会主义市场经济体制的需要，适应丰富和完善具有中国特色的社会主义制度理论与实践的需要，并成为其中的主导力量，进而有效地推动我国社会经济的发展，同时使政府成为维护社会公正的权威之一。

16.1.2 行政改革的必然性

1. 行政改革符合时代发展的客观要求

世界要和平，国家要稳定，人类要进步，已经成为当代世界的主旋律，和平与发展是当今世界的两大主题。随着和平力量的增长，促进世界向着和平方向发展成为许多国家政府的一项重要职能。同时，随着世界经济向着国际化、集团化发展，政府的综合协调和宏观调控功能势必要求大大增强。

同时，建立与完善中国特色社会主义行政管理体制，并使之适应我国国情，是由社会主义初级阶段的基本矛盾所决定的。我国正处于社会主义的初级阶段，这一阶段是一个很长的历史过程。在这一历史阶段，社会主义制度还不完善，社会主义市场经济体制还不成熟，社会主义民主法制还不够健全，我国的基本国情仍然是人口多、底子薄、地区发展不平衡，生产力发展水平还远远落后于发达国家。因此，社会的主要矛盾是人民日益增长的物质文化需要同落后的社会生产力之间的矛盾，这就决定了社会主义的根本任务是发展社会生产力，必须把经济建设作为全党全国工作的中心。在社会主义初级阶段，围绕发展社会生产力这个根本任务，必须把改革作为推进中国特色社会主义建设的动力。改革是在坚持社会主义基本制度的前提下，自觉调整生产关系和上层建筑的各个方面和环节，来适应初级阶段生产力发展水平和实现现代化的历史要求。改革是全面的改革，也是配套进行的改革，不仅要深化经济体制改革，解决经济结构、生产方式和可持续发展的问题；还要深化政治体制改革和行政管理体制改革，为经济体制改革提供保障。行政管理的改革是政治体制改革的重要内容和组成部分，深化行政管理改革就是在党的领导下，发展人民民主，健全国家法制，转变政府职能，创新政府管理，建立中国特色社会主义行政管理体制。为此，政府必须对传统的行政职能和行政管理方式进行调整和变革，以适应国际形势发展的需要。

2. **行政改革有利于促进社会经济的发展和民主政治的建设**

在当代国际政治经济环境中，竞争日益激烈，无论是发达国家，还是发展中国家，都面临着发展经济、加强民主政治建设的中心任务。谁能赢得经济的高速发展，谁就能赢得下个世纪。通过行政改革，建立适应经济发展的行政法规制度、监督制度、廉政制度、民主制度等，增强政府管理活动的公开性和民主性，扩大人民群众参政议政的渠道，促进政府与社会公众之间的相互沟通和理解，从而能更好地调节上层建筑和经济基础、生产关系和生产力之间的矛盾，因此，当代各国政府纷纷进行行政改革，通过管理制度、管理政策、管理机制和管理方式的调整，以促进经济和社会的发展。

从 1982 年政府机构改革到 2008 年“大部制”改革，我们已经进行了多次行政管理改革。这是社会主义制度的自我完善与发展，因而具有与社会主义制度相适应的特点；这种改革也是不断适应社会主义市场经济体制的需要而进行的政府改革，因而具有与市场经济的发展与完善相适应的特点；这种改革还是对传统行政体制的革命，而摆脱传统行政体制是一个长期的过程，因而，我国的行政管理改革具有不断深化的渐进性特点；这种改革也是与经济体制改革、政治体制改革相配套进行的改革，因而具有整体配套、协调推进的特点；我国行政管理体制改革既有中央的统一部署，又强调地方政府的因地制宜，因而具有自上而下与自下而上相结合的互动性特点；我国的行政管理改革又是在复杂的国际国内环境中进行的，因而具有复杂性的特点；另外，我国行政管理改革以马克思主义为根本指导思想，同时又坚持与时俱进、开拓创新，因而又具有中国特色与创新性特点。由此我们可以看到，我国的行政管理改革经历了一个从不自觉到自觉、从量变到质变、从局部到全局的历史进程，改革的最终目标是建立中国特色社会主义行政管理体制。

3. 行政改革是实现行政管理科学化和现代化的需要

行政管理的科学化和现代化是当代行政管理研究的出发点和落脚点，也是各国政府行政管理活动的基本目标。为了实现行政管理的科学化和现代化，需要行政职权的合理划分，政府职能的科学配置，组织机构的精干高效，人事制度、领导制度的不断完善，行政法规、行政制度的建立健全，行政管理方式、方法等诸方面的不断改进和完善。而这一切都需要通过行政改革才可能得以实现。不进行行政改革，旧的行政弊端无法克服和消除，新的行政体制不可能形成和运作。因此，行政改革是促进和实现行政管理科学化和现代化的基本途径和重要手段。

在社会主义条件下搞市场经济，是前无古人的事情，世界上没有先例。从根本上说，中国建立社会主义市场经济体制，必须坚持从中国的实际出发，在实践中不断探索，走出一条自己的路。经过多年的改革，我国社会主义市场经济体制正逐步走向完善与成熟，我们建立社会主义市场经济体制，就是要实现国家宏观调控与市场机制的有机统一、相互促进，把政府管理有形的手与市场机制无形的手紧密结合起来，充分发挥市场在资源配置中的基础性作用。当前，进一步完善与健全社会主义市场经济体制，迫切要求深化行政管理改革，努力转变政府职能和推进政府管理创新，把我国社会主义制度的优越性充分发挥出来，为经济建设和社会全面进步提供强大动力，为全面建设小康社会提供组织和制度保障。也就是说，完善的社会主义市场经济需要以完善的中国特色社会主义行政管理体制为支撑和保证。

16.1.3 我国政府机构改革的历史沿革与主要内容

新中国成立以来，随着国家形势的变化，我国国家行政组织先后进行过多次改革。从整体上看，这些变革基本上是围绕着调整中央与地方的关系，调整国民经济结构，调整社会管理重点而进行的，其最基本的表现形式则是调整机构和精简人员，以及后来的转变政府职能。这些变革从历史发展序列或过程上反映了对社会主义国家行政管理的不断再认识。应当说，这些变革在不同程度上都对完善我国的行政管理体制产生过积极的影响，在不同程度上起到了加快国家经济建设速度、稳定社会生活的作用，积累了一些有益的经验。但是，这次变革并未完全取得预期的效果，而在某些方面则强化了管理体制上的某些弊端，因而影响了国家公共行政管理职能的充分、有效地发挥，并出现和形成了精简——膨胀——再精简——再膨胀的恶性循环现象。因此，总结历史的经验教训，探索未来的发展模式，对于提高我国社会主义初级阶段政府行政管理的效能，深化改革开放，进而推进社会主义事业，是十分必要的。

1. 新中国成立初期的政府机构的改革（1949年10月至1978年12月）

(1) 1954年政府机构改革

新中国成立初期，经当时代行人民代表大会职能的中国人民政治协商会议的广泛讨论制定了《中央人民政府组织法》，成立了称谓为政务院的中央人民政府，下设政治法律、财政经济、文化教育、人民监察4个综合性委员会及其所属部、委、院、署、行、厅共35个，同时在中央政府以下，省、直辖市以上设立了华北、东北、西北、华东、中南、西南六大区域性地方人民政府。1952年，中央人民政府改革国家行政管理体制，将各大行政区人民政府或军政委员会一律改为行政委员会，作为中央人民政府领导与监督地方政府的机关，撤销了其一级地方一级政府的职能。同时，为了加强中央人民政府的统筹能力，增设了国家计划委员会，调整了部分政务院的工作部门。到1953年底，政务院工作部门增加到42个。

1954年，首届全国人民代表大会召开，制定了我国第一部社会主义宪法，并在此基础上对政务院进行了较大的调整：改政务院为国务院，撤销了4个综合性委员会；设立了分别协助总理处理政务的8个办公室；对部委进行了较大调整，设立了24个主管部门。调整后的国务院一共设置了64个工作机关。与此同时，各级地方政府比照中央政府对口设置了厅、局，形成了自上而下的以中央为主的、与计划经济相一致的部门管理体制。这是中央政府第一次较大的行政改革。这次改革奠定了我国行政管理体制的基本模式。

(2) 1958—1959年政府机构改革

随着1955—1956年城乡经济建设事业的发展，中央政府为了加强对整个经济建设工作的指导，推动国民经济建设各部门有计划、按比例地均衡发展，对国务院所属的财经部门的机构进行调整：撤销了地方工业部和第二机械工业部；撤销重工业部和燃料工业部，增设了冶金工业、化学工业、建筑材料工业、煤炭工业、电力工业、石油工业、森林工业和第二机械工业（原子能）等8个部门；增设了经济、技术两个综合性职能的部门；增设物资、测绘、专家和出国工人管理等4个直属机构。调整的结果是按行业、产品设计的经济管理方式。部门分工愈来愈细，机构愈来愈多。到1956年底，国务院有部委机构48个，直属机构24个，办公机构8个和1个秘书厅，总数达到81个，形成了新中国成立以来中央政府行政机构设置的第一个高峰。国务院行政部门的大量增加，不仅使国务院本身机构臃肿，妨碍了行政效能的发挥和提高，而且强化了部门管理体制，加重了中央集权，影响了地方的积极性。

1958年，中央开始对管理体制进行改革，在尽快地建立各省、市、自治区独立完整的工业体系的指导思想，把一部分计划、基建项目审批、财务、税务、劳动管理、商业、金融和教育管理等权力下放给地方政府管辖，将中央直属的大部分即8 100余个企业、事业单位下放给地方管理，同时对国务院行政部门进行了精简调整：裁并了11个部门；组建一个统一的商业部；高等教育部并入教育部；撤销司法部、监察部、国务院法制局，同时将国务院专家局、国家计量局和国务院人事局并入国家科学技术委员会和内务部；撤销国务院原有8个办公室，设立国务院政法、文教、财贸、农林、工业交通和外事6个办公室，协助总理分别掌管国务院所属各部门的工作；成立农业机械部；将对外联络局收设为对外文化联络委员会。

到1959年底，国务院所属部门设部、委39个，直属机构14个，办公室6个和1个秘书厅，机构总数减少到60个，小于1954年的规模，形成了第二次较大的国家行政改革。这次改革是新中国成立后关于国家行政管理体制分权的第一次尝试。

(3) 1965年的政府机构改革

三年困难之后，从1961年开始，中央开始对国民经济实行“调节、巩固、充实、提高”的八字方针，认为对有限的资源实行统一领导和集中管理是恢复国民经济的唯一出路。因此，在总体指导方针上中央重新强调集中管理，将1958年已下放的单位先后陆续收回中央管理。与此相适应，中央政府开始恢复和增设机构：先后分设了管理国防工业的第三、四、五、六、七机械工业部和国务院国防工业办公室；恢复和增设了物资管理、建筑材料工业、第二轻工业、高等教育部和对外经济联络委员会；恢复和增设了中国民用航空总局等9个直属机构；撤销了国务院总理办公室。到1965年底，中央各部门直属企业、事业单位由1959年的2 400余个，增加到10 500余个。国务院部委机构49个，直属机构22个，办公室7个和1个秘书厅，机构总数达到97个，形成了中央政府机构设置的第二次高峰。

在此期间，中央还提出了用经济方法管理经济的某些思想和设想，并进行了某些探索。实践证明，在当时的情况下这样做是正确和有效的。但这一切不久就被“文化大革命”否定了。

(4)“文化大革命”时期政府机构设置

十年动乱期间，国务院受到严重破坏，到1970年，国务院工作部门只剩下32个、行政管理工作几乎瘫痪。这是一种由外力发动的、极不正常的“变革”。到1975年底，在周恩来、邓小平同志主持下，国务院设部委机构29个，直属机构19个，办公机构4个，共52个工作部门。但其行政管理职能仍受到极大限制。

2. 改革开放以来中国的行政改革

1978年12月召开的中国共产党十一届三中全会，标志着我国进入了改革开放的新时期。30年来，我国的行政改革经历了由单项改革到综合改革，由局部探索到全面推进，由改革旧体制到建立新体制的发展过程。此过程大体分为四个阶段：

第一阶段（1978年12月至1987年10月）。这是在传统的计划经济体制下进行行政改革的探索阶段。这一阶段，我国的改革首先在农村全面展开，并逐步转向城市。在城市，进行了以增强企业活动为中心、以打破条块分割为目的、扩大中心城市的经济管理权限的改革。与此相适应，行政体制进行了改革，改变了农村政社合一的“人民公社”体制，实行政权与生产经营权的分离。同时，政府机构进行了改革和精简，较大幅度地撤并了经济管理部门，加强了综合、调节、监督、法制部门，并结合机构改革推行干部年轻化，规定领导职数，废除了实际存在的领导职务终身制，建立了干部离退休制度。据统计，经过改革，国务院各部委、直属机构从100个减为61个；省、自治区政府工作部门从50～60个减为30～40个，县政府部门从40多个减为25个左右。在人员编制方面，国务院各部门从原来的5万多人减为3万多人；省、自治区、直辖市党政机关人员从18万人减为12万多人：市县机关工作人员比原来约减20%。领导班子平均年龄也有所下降，部级平均年龄由64岁降到60岁，局级平均年龄由58岁降到54岁。这一阶段的改革为经济体制的全面改革铺平了道路，为此后的行政改革积累了经验，奠定了基础。但由于这次改革是在经济体制改革尚未全面展开的情况下进行的，因而未能从根本上解决机构林立、职能重叠、人浮于事、效率低下的弊端。

第二阶段（1987年11月至1992年9月）。与第一阶段的改革相比较，这次改革明确提出以转变政府的职能为关键，要求按照政企分开的原则，把直接管理企业的职能转移出去，把直接管钱、管物的职能放下去，把决策、咨询、调节、监督和信息等职能加强起来，使政府对企业由直接管理为主逐步转向间接管理为主。同时，对国务院机构进行了改革，强化综合部门、经济调节部门、监督部门和社会保障部门，适当弱化专业管理部门。经过这一阶段的改革，国务院部委由原有的45个减为41个，人员编制比原来减少9 700多人。此外，进一步改革人事制度，在各级政府机关建立国家公务员制度，实行依法管理和公开监督；人才市场作为新生事物开始自下而上地涌现；地方政府机构的改革也取得了一定的进展。这一阶段的改革为社会主义市场经济体制的确立创造了条件。当然，这场改革毕竟是按照有计划的商品经济模式要求进行的，因而改革难免带有一定的局限性，政府职能的转变未能达到预期的结果。

第三阶段（1992年10月至1997年8月）。这是探索建立与市场经济体制相配套的行政体制的新阶段。1992年10月召开的党的十四大明确提出，经济体制改革的目标是建立社会主义市场经济体制，要下决心进行行政管理体制和机构的改革。按照党的十四大的要求，这一阶段的行政改革以适应社会主义市场经济发展的要求为宗旨，改革的重点在于转变职能，理顺关系，精兵简政，改革的根本途径是实现政企分开。同时，以推行国家公务员制度为重点，全面推进机关、事业、企业人事制度的改革，并适应建立现代企业制度的需要，探索国有资产的管理体制。这一阶段的改革由侧重于下放权力转向制度创新，由改革旧体制转向建立新体制。当然，由于历史条件的制约和宏观环境的限制，政府行政体制存在的诸多问题仍未得到根本性的解决，机构设置与社会主义市场经济发展的矛盾仍十分突出，因而改革必须继续向广度和深度全面推进。

第四阶段（1997年9月党的十五大召开以来）。这是历次改革中力度较大、机构变化和人员调整较大的一次。根据党的十五大精神，这次改革的目标是：建立办事高效、运转协调、行为规范的行政管理体制，完善国家公务员制度，建设高素质专业化行政管理干部队伍，逐步建立适应社会主义市场经济体制的有中国特色的行政管理体制。改革的基本原则是：

按照发展社会主义市场经济的要求，转变政府职能，实现政企分开。要把政府职能切实转变到宏观调控、社会管理和公共服务方面来，把生产经营的权力真正交给企业。

按照精简、统一、效能的原则，调整政府组织机构，实行精兵简政。加强宏观经济调控部门，调整和减少专业经济部门，适当调整社会服务部门，加强执法监管部门，发展社会中介组织。

按照权责一致的原则，调整政府部门的职责权限。明确划分部门之间的职能分工。克服多头管理、政出多门的弊端。

按照依法治国、依法行政的要求，加强行政体系的法律建设。

按照上述目标要求，这一阶段改革的主要内容是：

精简政府机构，首先是精简国务院组成部门。党的十五大之后，中央组织专门力量研究制定了《国务院机构改革方案》，1998 年 3 月召开的九届全国人大审议批准了该方案，按照《国务院机构改革方案》的要求，国务院原 40 个部门已减少为 29 个，机关干部编制总数也将减少一半。国务院各部门定职能、定机构、定编制的“三定”方案在 1998 年底以前实施完成，地方各级政府机构的改革也紧接着进行。

调整政府与市场、政府与社会、政府与企业的关系。把市场能够做的事情交给市场，政府责任的重点放在宏观调控、制定产业政策、规范市场、基础建设和提供公共服务方面，大力发展一批社会中介组织，由中介组织来提供社会服务；规范政府与国有企业的关系，政府按照投入企业资本享有所有者的权益，向企业派出稽查特派员，监督企业生产运营和盈亏状况，并负责企业主要领导干部的考核、任免，但不干预企业的生产经营。企业则依法自主经营、自负盈亏、照章纳税，对国有资本负有保值增值的责任。这将从根本上解决传统的以行政隶属关系和层层划分指标为特征的计划经济体制问题，从而在真正意义上完成政企分开的历史任务。

调整中央和地方关系，合理划分中央与地方的管理权限，明确各自的人事权、财权和决策权。

进一步完善国家公务员制度。1993 年的改革，要求在机构改革的基础上推行国家公务员制度。这次改革又向前迈进了一步，明确把完善国家公务员制度，建设高素质的专业化行政管理干部队伍作为机构改革目标的重要组成部分；同时认真做好人员分流工作，通过“带职分流，定向培训，加强企业，优化结构”，全面提高公务员队伍和基层工作人员的素质。

加强行政体系的法律建设。在机构改革的基础上修改《国务院组织法》和《地方各级人民代表大会和地方各级人民政府组织法》，使中央和地方各级政府都能在机构、职能、编制、工作程序上有法可依。此外，修订和制定政府部门组织法，在法律上明确规定各部门的机构、职能、编制和工作程序，使各级政府和政府部门的管理纳入法制化轨道，从法律上保证改革的成果。

3. 新时期的“大部制”改革

党的十七大在部署未来的行政管理体制改革中特别指出，要“加大机构整合力度，探索实行职能有机统一的大部门体制”，这是一种有别于以往改革的新思路，为行政管理体制改革指明了方向。所谓大部门体制，或叫“大部制”，就是在政府的部门设置中，将那些职能相近、业务范围趋同的事项相对集中，由一个部门统一管理，最大限度地避免政府职能交叉、政出多门、多头管理，从而提高行政效率，降低行政成本。十七大报告提出“大部制”改革的思路，是对我国行政管理体制改革在新的历史条件下适应市场经济发展的一个新举措。胡锦涛总书记在党的十七大报告中强调，要加快行政管理体制改革，建设服务型政府。要抓紧制订行政管理体制改革总体方案，减少政府对微观经济运行的干预；加大机构整合力度，探索实行职能有机统一的大部门体制，健全部门间的协调配合机制。在全党的大会报告中正式谈到“大部门体制”，为今后中国加快行政体制改革定下了基调，也明确了行政机构改革的基本方向。所谓大部门体制也称为“大部制”，是指政府各级部门在机构设置上，加大横向覆盖的范围，将类似的职能尽量集中在一个大的部门中，部门的管理主要是从宏观上管理，制定战略和大的政策。简单而言，就是“宽部门，少机构”。

无论是从政府和市场的关系，还是从与国际接轨来看，中国的行政机构都应该向“大部制”转变。

首先，中国的政府机构在数量上过多。目前，除国务院办公厅外，国务院共有组成部门28个，特设机构1个、直属机构18个、办事机构4个、部委管理的国家局10个、直属事业单位14个，另外还有100多个议事协调机构，数量多、类型多，分工过细。不少部门职能相近或相似，既造成部门之间的职责交叉、推诿扯皮，又导致职能分散、政出多门，削弱了政府的决策职能，也不利于集中统一管理。综观市场经济发达国家的政府机构，其设置的惯例均是实行“大部制”，美国总统内阁为13个部门，日本内阁设1府12省厅，德国为15个部门，英国为18个部门。

其次，过多的政府部门在职能和行政效率上很低。与多数发达国家相比，除了前面提到的数量过多之外，中国的政府机构设置有很多不合理之处。比如，在与农业相关领域，中国设有农业部、水利部、林业总局等，而在美国，这些职能都属于农业部；在交通运输领域，中国有铁道部、交通部再加上民航总局，而美国则只有一个运输部；在能源领域，中国的煤炭、电力、核能、石油等各自独立，其实，一个大能源部就能涵盖上述各个领域。可以看到，美国是大农业、大运输、大能源的概念，中国则是小农业、小运输、小能源的概念。在笔者看来，根据中国的需要，最有必要存在的部级机构是：外交部、国防部、商务部、财政部、劳动和社会保障部、能源部、央行和海关等，其他现有部委的一些职能，在“大部制”之下，都可以归并到上述部门中。实行“大部制”管理，可以大大减少政府部门之间职能的交叉重叠，改“九龙治水”为“一龙管水”，这对提高行政效率，降低行政成本具有重要意义。

中国需要越来越多地从战略和宏观层面去处理国际国内事务。目前国内现有的政府部门设置与未来形势要求还有很大距离，政府机构结构设置得太细，对权力和资源的把持又很集中，有很多职能交叉、重叠的现象。实际管理时，说是搞宏观管理，结果总是搞成了微观管理，干预了企业和市场的微观活动。由于现在部委数量过多、职能过细，这必然导致很多部委争夺财政资源。任何改革都是既得利益的调整。虽然从国家整体上看是一种效率改革，但从部门利益来看往往就成了“革命”。实行大部制尤其如此，这将比1998年时国务院推动的政府机构改革的冲击和影响更大——因为“大部制”改革直插体制内的深层次问题，涉及诸多部门利益，乃至公务员队伍的稳定等问题。比如，被精简掉的部委，其庞大的公务员队伍如何安置、部委合并之后谁上谁下，这都是一些极为现实的问题。因此，在中国推行“大部制”的迫切性虽强，但也不能一蹴而就。

大部制的建立应该坚持一个原则：宏观管理上要集中，强调体现国家战略；在产业运行上则可以分散，强调市场化。所谓集中，必然涉及从现有部门手中“收权”，以建立能源部为例，将涉及国家发改委、国资委、国土资源部、水利部、电监委，以及中石油、中石化、中海油、神华集团、国家电网等国有能源巨头。虽然在现有的利益格局下进行改革和利益重组极为困难，但中国实行以“大部制”为核心的行政改革，已经是大势所趋、时不我待了。

4. 中国行政改革的经验

行政改革是一项复杂巨大的系统工程，涉及社会生活的方方面面。为了保证行政改革的顺利进行，我国在推进行政改革中必须总结经验，这些基本做法包括：

立足中国国情，坚持因地制宜，区别对待。一个国家的行政体制是由本国的政治、经济、文化、历史等因素决定的。只有从国情出发，才能保证行政改革取得成功。中国人口众多，幅员辽阔，大陆人口12亿多，占世界人口的22%左右；中国是发展中国家，人均国民收入还比较低，仍处于社会主义初级阶段；中国实行的是以公有制为主体的社会主义经济制度，政府承担着对公有制财产的保值增值责任等，这决定了我国政府的职能比西方国家要广泛、要复杂得多，决定了我国的行政改革必须从国情出发。否则，再好的改革设想，也是空中楼阁没有实用价值。此外，还要看到，中国的经济发展有很大的不平衡性，其发展水平由沿海到内陆到西部呈梯次状态，且每个地区、每个县市之间的发展水平也有很大的差异。这种客观上存在的差异性要求在把握行政改革总目标和实行改革时，必须注意照顾各地的特殊情况，使具体政策有一定的灵活性。因此，中国在推进行政改革的进程中，必须十分注重从各地实际出发，不搞“一刀切”，允许各地在遵循改革的总原则和总方针的前提下，在改革的具体步骤和方法方面因地制宜。中央政府则根据各地情况的不同实行分类指导，使改革更符合各地实际。

坚持以经济建设为中心、与经济体制改革相配套。政府行政体制作为社会的上层建筑，既反作用于经济体制，又受到社会主义经济的发展水平和经济体制的制约，它一定要服从和服务于社会经济的发展以及经济体制改革的需要。因此，中国的行政改革始终坚持以经济建设为中心，围绕经济建设事业进行，无论是机构的精简，还是人员的调整，都服从发展经济运行的需要。同时，把转变政府职能，促进政企分开，使企业拥有真正的自主权摆在突出位置，并随着经济体制改革的进程而不断深化。实践证明，这是中国行政改革取得成功的一条重要经验。

正确处理改革、发展和稳定的辩证关系。我国正处于向市场经济转变的变革时期，没有社会的稳定是不可能发展经济和促进改革的。而经济的持续和快速发展是社会稳定的基础。改革又是经济发展的基本动力。因此，发展是目的，改革是动力，稳定则是推进改革和发展的基本前提。30年来，我国政府在推进行政改革过程中，十分注意从整体上把握这三者之间的辩证关系，使之相互协调、相互促进。特别是在机构精简、人员分流等涉及人们切身利益的敏感问题上，始终注意采取积极稳妥的方针，既坚定不移地推进改革，又妥善安置富余人员，在保持政府工作连续性和社会稳定的前提下，使改革达到预期目的。

既吸取我国传统的行政精华又广泛吸收和借鉴国外发达国家的行政改革经验。中国是一个具有悠久历史的文明古国，几千年的行政历史为当今中国的行政改革提供了丰富的养料。对外开放是中国的一项既定国策，也是促进改革，加快改革的成功之路。世界各国在长期的行政管理实践中积累了许多经验，这是人类的共同财富，尤其是西方发达国家政府在发展市场经济中创立的某些经验，很值得我们学习借鉴。因此，我们在行政改革中既坚持对外开放，注意吸收和借鉴当今世界各国行政改革的成功经验和做法，学习发达国家科学管理的方式方法，也十分注意弘扬中国传统文化的精华，古为今用，促进具有中国特色的行政体制的建立和完善。

坚持分步实施、逐步到位的渐进改革方式。改革是对各种利益和权力的重大调整，必然会引起权益格局和社会关系的重大变化，也必然会遇到许多矛盾和问题，这就决定了中国的行政改革具有相当的复杂性、艰巨性和长期性，不可能一蹴而就、一步到位，而必须采取渐进的方式。因此，我国在推进行政改革的过程中，采取从点到面，从局部到整体，从表层到深层分步实施的做法，自上而下地逐步推行，使改革取得了明显的效果。

16.2 西方行政改革的主要特点与改革趋势

16.2.1 当代西方国家行政改革的主要特点

1. 追求政府管理的效益

英国作为老牌的资本主义国家，其在世界上的领先地位在第二次世界大战以后已逐步为其他国家所取代，国内经济的发展也面临许多的困难。在这种情况下，迫使英国政府非常注重提高政府的管理效能和服务质量，每次的行政改革都特别强调用尽可能少的投入来换取尽可能多的产出，少花钱多办事。1968 年的《富尔顿报告》虽然涉及政府职能的调整和公务员制度的改革，但其宗旨是便于采用企业管理的经济核算办法，引入“输出预算法”和应用新式管理会计学。所以，虽然机构增加了，服务质量提高了，但政府的财政压力却减轻了。1979 年的“效率评审计划”直接为政府节省了 20 亿英镑的支出。1991 年的“市民宪章”运动并未对政府体制做实质性的改变，但它力图克服公共服务行业中服务态度不好和服务质量不高等群众意见比较大的问题，对提高公共服务质量作了种种规定，得到了群众的拥护。1992 年的“市场检验”运动则是将政府的部分公共服务项目推向市场，进行公开招标，引入竞争机制，打破了原来由政府一家包办的垄断格局，其目的也是提高政府公共服务部门的服务质量，并且充分利用社会的财力、物力来办公共服务项目。

日本政府从 1980 年开始，以“亲切、廉洁、效能”为宗旨，以窗口服务为中心，开展完善行政服务的活动。1988年又推行“高质量的行政服务运动”，要求与国民有接触的公共服务要做到明白易懂、方便群众、办事迅速、服务周到、保证安全，为人们提供所需的各种行政服务。为此，各省厅及特殊法人都设置了服务窗口。从1990年开始，日本又把每年的5月定为“高质量行政服务推进月”，集中实施改善行政服务的总检查。美国、法国等国政府也都奉行“顾客至上”的原则，采取各种措施提高服务质量。

2. 组建精干、高效的改革队伍，重视发挥参谋咨询机构的作用

美国克林顿政府入主白宫不久，便于1993年3月成立了“政府运行评议委员会”，该委员会由200多名高级官员和资深专家组成，负责对联邦政府的行政运作及工作效率进行考察分析，做出评估，提出改革建议。“政府运行评议委员会”提出“重塑政府”的改革方案后，克林顿又通过总统令等方式，要求各行政部门都成立一个由部门首长牵头的“重塑政府”小组，研拟本部门的具体改革方案，并在有关部门进行试点改革。英国政府的主要行政改革措施都是由内阁办公厅属下的“效率小组”、“下一步行动小组”和“市民宪章小组”来组织实施的。这几个机构各有25名工作人员，机构不大但很精干，工作人员的素质很高，效率也较高。这些小组直接对首相的顾问负责，有关报告可以直接送至最高层。这些精干的机构在推动英国的行政改革中发挥了重要的作用。日本的行政改革也有其健全的组织保证体系。总务厅既是日本政府行政改革的规划、推进部门，又是对各省厅的行政改革进行综合协调的机构，具有统一推进行政、综合协调各省厅机构设置、人事管理，开展行政监察等功能。总务厅的行政管理局具体主管行政改革和定员管理，并负责与各省厅官房的联系与协商，各省厅的官房主管省厅内的综合协调、行政改革和定员管理。这样从总务厅到各省厅官房，形成了具体推进、实施行政改革计划和统一管理机构编制的组织保证体系，从而有力地保证了行政改革的顺利实施。

此外，各国政府在行政改革过程中普通重视参谋咨询机构的作用，注意倾听参谋咨询机构提出的改革建议和改革方案。这些参谋咨询机构有的隶属于行政首脑或行政部门；有的则是民间组织，具有相对的独立性。它们承担政府交给的咨询任务，为政府行政改革出谋献策，对促进政府行政管理的科学化发挥了重要的作用。

3. 坚持有计划、渐进式的行政改革，使行政改革稳步发展

日本政府从1968年至今，已经实施了8次削减定员的计划。每次都是由总务厅经过详细的调查研究并与各省厅充分协商，制定出削减定员计划，大藏省据此进行调整预算后，提交内阁会议审定，最后发布“定员令”，由各省厅组织实施。由于日本每次的削减定员计划都有统一规划和逐年计划，采取持之以恒、细水长流的渐进方式，因而可以较好地避免由于一次性地、大幅度地减少机构及编制而引起的震动，既防止了因减而复增带来的种种弊端，又能做到人员编制的“负增长”，达到了压缩人员编制、调整人员结构的目的。英国政府为了不断地适应国际、国内政治和经济形势变化的需要，解决国内经济发展面临的困难，也一直把行政改革作为主要的战略目标。无论是哪一届新政府上台，都不约而同地对政府行政改革给予高度的重视，长期不懈地进行改革。法国自1982年实施权力下放以来已有15年的历史，目前仍在继续推进。他们认为，这一改革还需要有一个相当长的时间才能完成。美国调整改革联邦与州关系的方式也是比较温和的，如正在进行的还权于州的“新联邦主义”，从20世纪60年代末尼克松总统上台算起，已有30多年的时间。

4. **建立健全法律法规体系，坚持依法改革**

日本的行政改革之所以能够长期坚持，稳步发展，关键在于建立健全了一整套的法律规范。无论是进行行政改革，还是机构编制管理，都有法可依。例如，日本每次行政改革或者提出重大改革措施，都要由内阁向国会提出法案，国会通过后成为法律，然后公布实施。在机构编制管理方面也有配套的法律法规，如中央政府的机构设置由《国家行政组织法》规定，内阁的组成由《内阁法》规定，地方政府的机构设置由《地方自治法》规定，《国家行政组织定员法》规定公务员总额上限，各省厅政令规定各自的人员编制上限，等等。无论是中央政府还是地方政府，其机构编制只能在机构编制上限内进行调整，如果超过法律范围就必须提请国会或者地方议会对有关法律规范进行修改，这样就从法律的角度避免了因领导人意志或者其他原因造成的随意性。英国政府在行政改革中也一直强调要有法律依据，实行“先立法后改革”的做法。例如，地方政府因工作需要，考虑增加机构和扩大人员编制，必须由中央主管部门审核后，报议会决定。而议会不管最后是否通过，都要有一个相应的法律文件予以确认。再如，行政改革的每个步骤、措施，也都要有议会通过的相应的法律作依据才能具体实施。美国的行政改革也都是依法进行的。美国宪法明确规定，总统和政府行政机构的权力是宪法和法律授予的，其一切改革活动必须以法律为依据，未经授权不得擅自采取任何行动。例如，总统提出要进行医疗保健制度改革，但是首先要使自己的改革计划在国会审议通过，使之成为法律并获得相应的授权，否则是不能采取任何实际行动的。联邦政府各行政机构的设立以及其经费预算、职责任务、管辖范围、人员定额等，也都必须经国会审议批准，有明确的法律依据。即使有些事情在国会未审议批准前会影响某些政府行政机构的正常运转，但也只能采取一些临时措施应急。此外，美国宪法明确规定了联邦政府与州政府的事权划分，联邦政府主要行使国家的立法、外交、军事和财政等方面的权力，凡是应由州政府行使的权力，联邦政府不得干预。当联邦政府与州政府发生纠纷时，由最高法院依照宪法和法律裁决，联邦政府无权以行政命令的方式强制州政府做什么或不做什么。

16.2.2 当代西方国家行政改革的基本趋势

第二次世界大战以后，随着社会的发展和国家干预的加强，各国政府的行政职能和管理范围不断扩大，行政机构和人员编制日益增加。政府机构的剧增导致了机构臃肿、人浮于事、公共开支重不堪负、行政效率低下等弊端。为了摆脱政府的困境，促进经济的高速发展，自20世纪70年代中期以来，西方各国政府都积极地推进行政改革。

1. **缩小行政管理范围，强化政府宏观调控和综合协调功能**

为减轻政府负担，缩小政府行政管理范围，当代西方各国行政改革的一个基本趋势就是分散、转移政府的专业管理职能，普遍采取如下改革措施。

（1）国有企业私营化

国有企业私营化即非国有化。将部分国有企业或资产卖给私人经营。英国自1979年撒切尔夫人上台后便积极推行私营化运动，至1994年止，已有46%的国有企业私营化，其中包括电信、煤气、电力、供水、钢铁、铁路等部门。自其执政以来，英国国有企业由占国民生产总值的10%下降到目前的不到1%，近100万原国有企业的职工转为私有企业的职工。法国在第二次世界大战后，为恢复战争造成的严重破坏，曾由国家出面直接兴办和管理较多的企业，计划指令性较多。但随着经济的恢复和发展，法国已将一些国有企业逐步改为国家控股、参股或转为私营企业。特别是1986年以后，法国政府通过法律决定，推行大规模的民营化计划。美国的国有企业所占比重在西方国家中虽为最小，但推行国有资产私有化也不遗余力，从1980年里根入主白宫开始，美国就向私人垄断企业出售国有资产，当时提出出售的首家对象是联邦铁路货运公司。80年代中期以后，出售国有资产的规模有所扩大，涉及电力、运输等诸多领域。从1988年到1992年，联邦政府出售联邦资产和削减补助金共达250多亿美元。国有企业在法国国民经济中有着举足轻重的地位，但也存在着自身活力缺乏、过分依赖国家、长期高额亏损、竞争力衰退等诸多问题。对此，以希拉克总理为首的右翼政府在1986年上台即提出了力度很大的国有企业民营化政策，直至今日依然不改初衷。此外，日本、新西兰等国也都有力度不等的非国有化举措。日本、德国也在一定程度上实行民营化。

（2）公共事务管理民营化

政府将公共服务事务或部分政府职能委托给民间团体或私人管理。日本政府将清洁卫生、维修公用设施、修建学校等公共事务委托给地方自治体、民间团体或个人管理，除社会福利设施外，其他公共事务的委托管理面高达80%左右。美国、英国政府也将公共服务事业承包给私营企业，据统汁，美国大约有35%的地方政府让私营公司负责收集城市垃圾，42%的地方政府使用私人企业经营公共汽车系统。

（3）政府业务合同化

政府把政府主管的部分业务工作推向市场，由政府与企业签订合同，以保证其业务目标的实现。法国政府从20世纪60年代末首先在政府和企业间实行合同制。政府与企业通过谈判签订合同，明确规定双方的义务，企业按合同规定履行义务，政府则据此对其进行监督并支付酬金。这种形式自70年代以来在西方各国普遍推行，业务内容由过去的后勤事务扩大到环境保护、公用设施维护、消防和救护服务、选民登记、犯人的监护管理、公共项目的论证与规划、公共组织的绩效评估等。在政府业务合同化的改革中，英国的“下一步行动”（The Next Steps）方案和新西兰的公司化改革尤为激进。两者的共同点是把部内分的中下层组织转变为具有独立性质的单位，实行经理负责制，经理被赋予机构、编制、人事管理和财务等方面的自主权。这一改革实现了上下级关系由直接隶属到合同关系的转变，上级对下级的控制由着眼于工作过程到着眼于工作结果的转变，体现了决策与执行分离的趋势。

(4) 放松管制

20 世纪 80 年代以来，西方国家着力放松对工商业的管制，主要是放松对工商业在市场进入、退出和定价上的管制。如 1981 年以来美国政府陆续放松了对航空、铁路、卡车、公共汽车、能源、电信、银行的管制，企业进出的自由度空前提高，市场定价代替了政府定价。一时间，“市场和竞争就是最好的管制”成为颇为时髦的口号。

西方各国政府在缩小其管理范围的同时，也十分注意加强政府的宏观调控和综合协调功能。各国政府普通重视计划手段与经济手段、法律手段的综合运用，一方面通过制订指导性的经济计划，对国民经济的发展前景做出预测，对经济的长处和短处做出分析，向经济和社会组织提供政府的经济政策和市场发展前景的综合信息，制订保持市场正常运行的规则。另一方面，通过预算调控、货币金融调控、物价调控等经济手段以及法律手段对市场进行调控，以保证市场的正常运行和竞争的公正性和合法性。此外，各国政府普遍加强了宏观调控和综合协调部门，建立和完善综合协调的机制。如美国的总统府，英国的内阁委员会、财政部，法国的总统府、经济计划厅，德国的联邦总理府计划司、联邦经济部，日本的总理府、总务厅等，都是承担宏观调控和综合协调的重要部门。

2. **调整中央与地方关系，扩大地方政府的权力**

中央与地方关系是当代行政改革的重要内容之一。20 世纪 70 年代以来，这方面的改革呈分权和集权两种趋势，但以地方分权为主流。美国罗斯福总统当政的时候，为了摆脱当时经济危机的阴影，提出了“合作联邦主义”的口号，大大地加强了联邦政府的权力，至 60 年代中央集权发展到顶峰，弊端也日益显见。因此，从 70 年代以来，美国政府对中央与地方的关系进行了调整。特别是自里根上台以后，里根政府提出了“还政于州”的口号，给州政府更多的自主权。克林顿政府也积极推行放权的原则，将联邦政府的社会职能逐步转移给州和地方政府。从 1993 年开始，美国政府即着手进行以缓和规制为取向的政府内部管理三大体制改革（公务员体制、预算体制、购买体制）。1993 年 9 月，美国总统克林顿签署行政令，要求取消联邦政府内部规制的 1/2，并撤减管理层次，压平组织的层级结构，直接授权一线。人事总署 1 万余页的人事管理手册也被废除了，给用人单位以更多的自主权，而把自己的职能定位在维护人事工作的公正公平并为用人单位提供咨询和服务上。这一系列措施使得非民选的行政官僚大大增加了权变决策的机会。日本制定了关于改革国家与地方关系的方针和推进地方分权的基本法，实施地方分权的特例制度，使地方政府在地方建设等方面具有了更大的自主权和主动性。希腊 1982 年至 1988 年的改革也是以大规模转移中央政府职能，给省以更大的自主权为特征的。而其权力下放的重点是重大投资权，这在很大程度上强化了地方政府的职能，强化了地方政府管理本地区社会经济发展的手段。法国更是把权力下放和权力分散作为行政改革的突破口。1992 年又颁布了关于地方议员行使职权的条件以及地方行政运作方式的法律文件，从而形成了法国关于权力下放和权力分散的基本格局。

当然，在当代西方各国的分权与放权的改革中，要注意到各国政府都坚持财权集中、事权分散的原则，既保证国家整体利益得以维护，又充分调动地方政府的积极性。同时，都不同程度上强化了中央政府对地方政府的严格有效的监督，加强中央的宏观调控。

3. 精简机构，改革传统科层组织制度

随着社会的发展和国家干预的加强，科层组织制度产生了机构庞大、效率低下和行为形式化等弊端。因为传统的科层组织制度是以政府垄断为基础，以严密的分工、明确的权责制度、健全的层级节制体系和规章制度为特征的。因此，改革传统的科层组织制度，建立精干、合理、高效的政府机构成了当今各国政府改革的重要目标。澳大利亚政府1983年末颁布了《澳大利亚公共机构改革方案》，确立了机构改革的总体目标。1987年，在合理划分职能的基础上对政府部门进行了调整合并，把28个部精简为18个部。日本政府于1984年对《国家行政组织法》进行了修改，此后，撤销了54个设在地方的中央分局，并对12个省厅的内部机构进行了大幅度的调整合并。美国克林顿政府从1993年以来，更是积极推行压缩政府规模、裁减联邦雇员及放松管制的改革，将政府部门的一些机构或建制转移出政府，如人事总署就将拥有700多人的调查队变为私人企业。其他各国政府也在不同程度上进行机构的合并和调整，在组织结构上压平层级制，减少中间管理层次，简化内部规章制度，实行参与管理、参与决策。对解决非经常性问题则多用临时机构如特别委员会、项目小组等。

4. 加强公务员的编制管理，注重公务员制度的改革和完善

在西方各国的公务员制度改革中，普遍采取了紧缩编制、精简冗员的做法。自1993年以来，美国克林顿政府一直在推行业绩考评、裁减联邦雇员的做法。到目前为止，联邦政府已通过各种形式实现了裁员28万的预期目标。日本政府在加强公务员的定员管理，削弱公务员人数方面的做法也很值得借鉴。从1968年至今，日本政府已进行了8次削减定员的计划，每次约2～5年，每年大约按1%的目标实施。在十几年来的8次定员削减计划中，日本国家公务员共削减了267 412人，同时根据社会发展的需要又增加了227 291人，增减相抵，实际削减40 121人。日本政府在人事管理方面的“渐减”计划及其采取的“多退少补”原则，使日本的公务员队伍逐步得到精简，实现了世界各国中少见的行政编制的“负增长”。

英国1968年的《富尔顿报告》反映了西方各国公务员制度改革的基本趋势。这个报告详细分析了传统文官制度的弊端，指出公务员缺少专业知识，缺少有效的通才管理者，晋升制度不合理等，并建议打破原有的职位分类方法，建立统一的文官队伍的等级，强调文官队伍知识结构和业务能力的专业化以及增加文官队伍的流动性等。《富尔顿报告》的许多主张都被英国政府采纳了，如成立文官部统一管理文官，取消过多的文官职责，成立文官学院以加强对文官业务能力的培训，改革文官选拔方法，更多地录用企事业单位和地方政府中有经验、有专长的人员等。《富尔顿报告》对其他各国公务员制度的改革产生了深远的影响。

5. 简化行政工作程序，改革政府规制

西方各国政府在简化行政程序方面普遍采取以下做法：缩小审批事项的管理范围；下放审批权限；废除失效的、过时的条例；合并重复的审批程序和审批制度；简化申报程序和审批手续等。

例如，澳大利亚政府于1985年采取措施废除了所有过时无用的条例，规定了新条例的时效，并明确了各不同行政层级的条例审批权限。1987年1月又做出了新规定，要求所有有关企业管理的条例在提交部长会议之前。必须经政府企业管理条例检查小组对其可行性和实效性进行全面审议，使之简单易行。丹麦政府于1983年推出了公共行政现代化计划，其中重要内容之一也是简化行政条例和行政程序，取消失效和过时的条例，改革条例的审批方法。

6. **引入企业的管理办法，改进行政管理的方式方法**

当代西方各国政府管理方式方法改革的一个基本趋势，把市场导向的思想应用到公共系统，建立一个以公众或市场为导向的企业家政府。它将像企业家那样去了解顾客，了解市场，追求效率，把资源从生产率和产出较低的地方转于产出较高的地方，不断尝试着用新的形式创造最大限度的生产率和效率。英国每一届政府研讨行政改革的班子，都聘请私人企业的管理专家参加改革的领导班子，并在改革过程中引入现代企业管理的经验。1968年《富尔顿报告》提出的行政改革思想，直接吸取了大型企业管理的经验；1979年的“效率评审计划”，则几乎是现代化大企业所普遍采用的效率评审技术在政府中的翻版；1988年推行的“下一步行动”，也借鉴了企业管理的先进经验。英国保守党政府为了体现政府行政的顾客取向和市场导向，于1991年颁发了“公民宪章”白皮书，明确规定，提供公共物品和服务的公共部门必须接受市场检验，唯有赢得竞争并提供优质服务的单位才能生存和发展。

20世纪90年代以来，美国政府受企业界“重塑管理”运动的影响，也进行了“重塑政府”，改革行政程序和行政方法的试验。美国从1993年开始大规模的“重塑政府”运动，其中一条重要原则就是把顾客放在首位，强调对顾客负责。为此，它们采取如下措施：公共服务提供小规模化。打破传统划片服务的方法，从而给公民提供用脚“投票”即自由选择服务机构的机会；在公共服务机构之间引进市场竞争机制，期望“顾客主权”能形成对公共机构的压力；推行公民参与管理并借用“市场检验”方法，定期广泛征求公民对公共服务的满意程度。至1994年底，美国俄勒冈州政府已经成功地重塑了“恳请建议”的程序。纽约市政府也开始了司法系统的重塑工作。它利用信息技术建立了自动化的案卷，运用地方性的网络系统追踪缓刑犯等，每年节省了330万美元的监督费用。其他州也采取了重塑改革的措施，改革选民登记、选举和计票程序等。

当然，西方各国的行政改革始终是在维护资本主义政府体制的前提下进行的，但不少成功的经验可为我们提供借鉴。资本主义国家行政改革的现实也表明不少改革方案在实施过程中同样遇到了重重的阻力。

16.3 中国行政改革的未来发展

行政改革已成为一股强大的世界性潮流，也是当代行政管理研究的重大课题，作为政府对环境的一种主动适应过程，行政改革是以保持和提高政府的有效性与能力为根本目标，以功能调整、结构重组、行为变革为基本内容的。但由于国情的差异，所处历史阶段的不同，世界各国行政改革所面临的困难、具体目标、改革的内容等也各不相同。

16.3.1 建立和完善中国特色社会主义行政管理体制的难点

什么是中国特色社会主义行政管理体制？中国特色社会主义行政管理体制是适应社会主义市场经济要求的，行使公共权力、管理公共事务、提供公共产品与公共服务、满足社会公共需求的政府管理制度与组织体系。它的基本内容包括公共管理职能、公共权力有效运行的制度和机制、结构优化的公共组织体系、公共财政体制、公共治理结构、公共效能管理等。具体来说，就是通过深化行政管理体制改革，转变职能，理顺关系，优化结构，提高效能，形成权责一致、分工合理、决策科学、执行顺畅、监督有力的行政管理体制。这种行政管理体制也就是中国特色社会主义公共行政体制。

政府改革都直接涉及公共行政权力关系的调整或改变，不可能回避公共利益关系的调整或改变。中国的行政改革广泛涉及复杂的权力关系、利益关系以及其他众多的变数，因此，改革的难度和改革的预期可想而知。概括起来我国政府改革面临的困难问题主要有：

1. 政府更新观念与调整利益的问题

一切行政改革的最大的难点莫过于行政观念的转变与更新，这也是一切行政改革的前提。在这里，行政观念的基本问题在于公共行政的应然性质，其中包括关于公共行政的理念、理论、思想、方法、技术等诸多的观念范畴。例如，政府应该承担哪些责任不应该承担哪些责任？政府有哪些权力没有哪些权力？政府应该通过什么程序、什么方式实施公共行政管理而不应该违背什么程序、使用什么手段实施公共行政管理？与此相联系，转变行政观念的主要问题就是从我国的国情出发，同时借鉴世界各国成功的公共行政管理经验，前瞻性地逐步建立起具有中国特色的、较为先进和系统的行政思想和行政理论。具体说来，就是根据我国社会发展进步的客观诉求，不断校正和确定政府在广泛的经济生活、政治生活、社会生活、文化生活中的角色定位和角色规范的问题。从我国现实的情况来看，进一步明确区分公法与私法意义上的政府的权利和义务，从私法的意义上树立官民平等的行政观念，进而克服“政府中心论”和“官本位”以及“自为行政”的观念，成为政府行政改革的主要难点之一。

此外，改革是利益结构的重新调整。这种变动和调整必然会遇到既得利益者的反对。这里的既得利益者主要指以下三种情况：一是传统体制下取得利益的政府官员，他们为了维护既得的利益，往往反对改革，或者是带着“放权后的失落感”消极工作，对一些应该管但不易管好的事撒手不管，导致管理的真空；二是在经济转轨过程中取得利益的那部分人，为了继续利用价值、汇率等“双轨制”发财，他们往往支持前期的改革，反对后期的改革，甚至阻碍改革的深入，因为改革的深化会破坏他们的寻租环境；三是政府部门之间利益矛盾的存在，也会阻碍经济的发展和政府的改革。如某些垄断部门，利用其自身指挥经济的行政权力，保护其垄断地位，禁止或限制竞争者的进入。又如有的地方政府部门为了各自的局部利益，经济建设上重复建设、重复引进，行政级别上相互竞争，互不服气，不择手段争取“升格”等。

2. **转变政府职能、实行政企分开的问题**

由于我国在较长的一个历史时期内实行计划经济体制，以至于生成了这样一种较为普遍的社会观念，即政府应当并且能够对一切负责。在国民的观念形态上，政府承担着过分广泛而沉重的道义责任、经济责任和社会责任。在现今完善市场经济体制的历史过程中，这种观念仍然没有得到根本的改变，以至于政府似乎必须为几乎所有失去工作的人提供新的工作机会，提供医疗保障，提供退休金，提供住房等。可见行政改革的关键就是要转变政府职能，实现真正的政企分开。这意味着政府角色的根本转变和市场主体结构的位移，是利益的调整或某种权力的失落。因而在有些地方、有些部门的职能转变、政企分开中往往出现了口转心不转或形转实不转、明转暗不转的情况。有的机构只是更名为实业总公司或集团公司，摇身一变而成为经济实体，但其职能未变、人马依旧。许多“翻牌公司”的出现便是政府职能扭曲的结果。

3. **在复杂的改革环境下，使改革配套、平衡的问题**

行政改革是一项巨大复杂的系统工程，它本身包含着政府职能的转变、机构的精简以及人事制度、工资制度、社会保障制度、管理方式和方法等方面的配套改革，外部又受到政治、经济、文化环境的影响和制约，必须与政治、经济、文化环境保持动态的平衡。我国以往的改革中，政治体制的改革，法制的建设以及人事制度、工资制度、社会保障制度等方面的配套改革明显滞后，致使机构改革成了“孤军深入”的态势，结果即使精简了机构，也因政治原因及人员安排等方面发生的障碍，导致改革回潮、难奏其效。同时，条条块块之间的改革很不同步，条与条之间上下断层，块与块之间左右分切，条与块之间条块分割，结果造成“上改下不改”、“左动右不动”、“你转他不转”的格局，妨碍了改革的深化。我国未来的行政机构改革又需要与“五大改革”同期启动。政府机构改革与“五大改革”即粮食流通体制改革、投资融资体制改革、住房制度改革、医疗制度改革、财政税收制度改革，其中无一不是积累多年、困难重重的问题，无一不是涉及广泛权力和利益关系的复杂问题。这么多艰难、复杂的问题同期启动，无疑对政府的认识、统筹、计划、执行、督导、监控等能力及其有效性提出了尖锐的挑战。

4. **解决因改革而产生的人员分流问题**

精兵简政、人员分流是历次改革的难点，也是以往改革成效不大、成果难以巩固的重要原因。人员分流不妥、安置不当，不仅会挫伤大批政府工作人员的积极性，给改革造成阻力，而且会形成下一轮的机构膨胀，甚至导致社会的动荡不安。如在1998年政府机构改革关于精简人员提出的目标是，在今后3年内将“机关干部的编制基数减少一半”。这意味着，我国各级党政机关现行的约800万机关工作人员将有约400万要离开机关。一般而言，不同的社会失业和就业群体存在着联动关系。目前，即使不计农村剩余劳动力、不计隐形失业，我国的失业率已达7%。如果再考虑到行政事业单位的改革精简，不难理解，因改革而精简机关人员的难度无疑是极高的。虽说部门数量并非衡量政府管理优劣的唯一依据，但机构职能重叠引发的政府管理问题是现实中不争的事实。举例来讲：中国是民航总局管空运，交通部管水路公路，铁道部管铁路，而美国的运输部则统管海陆空运输；美国农业部的职能大体涵盖中国的农业部、水利部、国家林业局等多个部门；而一个美联储，则涵盖中国的银监会、证监会、保监会以及央行的功能，这些均体现了“大运输”、“大农业”和“大金融”的概念。部门设置一方面要考虑专业事务由专业部门管理，同时要考虑关联业务由大部门集中管理，以避免部门间相互扯皮。根据这一原则，应形成大部门体制的普遍化。例如，实行包括农林牧副渔和农田水利综合管理的“大农业”模式；整合民航、公路、铁路、航运以及管道运输形成“大交通”模式；整合社会救助、保险、优抚、福利等的“大社保”模式等。这将意味着国家进一步地精简政府机构，使人员分流问题更为严峻。据此，可以认为，人员分流是政府改革的主要难点之一。

5. **行政法制建设问题**

行政改革必须遵循法律规定和纳入严格的法定程序，行政改革的成果也必须有法律予以确认和保障。否则难免时过境迁，故态复萌。长期以来。我国的行政法制建设一直是一个薄弱环节，有法不依、按长官意志办事的现象相当普遍。因此，如何采取得力措施，切实加强行政法制建设，也是行政改革中有待解决的又一难题。

6. **正确处理集权与分权的关系问题**

现代市场经济是建立在一定规则基础上的自由竞争的经济。它要求承认和保护“自主经营、自负盈亏、自我发展、自我约束”的独立的经济法人主体，要求承认和保护合法市场主体的正当的市场行为，要求承认和保护以利益为导向的社会价值标准和个人的劳动所得，要求承认和保护公平竞争、等价交换、商业信用等基本的市场原则，要求承认和确立第三者权威仲裁的法律制度，并要求政府依据这些原则制定和执行公共政策。

从国家实现现代化的经验来看，后发展的国家在现代化起步的时候，由于不存在政府与市场分离的社会性结构，因此，从一开始就面临着一种权威与市场、权威与制度两难的抉择。换言之，单一制后发展中国家至少在现代化进程的初期，政府的公共权力存在着一种集权与分权的悖论：一方面，政府需要足够的权力推动市场经济的完善和发展，推动自上而下的政府系统的改革，进而推动国家的以经济发展为基础的整体进步；另一方面，政府又必须为实现前一个目标而充分调动各方面的积极性，并为此向企业、社会、公民分权。这意味着，政府需要根据国家发展的进程，准确地判断集权与分权的利弊，及时地调整集权与分权的尺度，同时满足集权与分权的双重需要。这又是一个改革难点。

16.3.2 建立与完善中国特色社会主义行政管理体制的任务和重点

1. **建立与完善中国特色社会主义行政管理体制的任务**

党的十六大以来，我国行政管理改革迈出重要步伐，各级政府的经济调节、市场监管职能逐步完善，社会管理职能得到强化，公共服务职能不断加强，行政监督机制进一步健全，依法行政能力和水平不断提高。但是，面对经济社会不断发展的新形势，现行的行政管理体制仍然存在一些不适应和亟待解决的问题。这些问题主要是：政府职能转变还不到位，政府直接干预微观经济活动的现象依然存在，国有资产监管有待进一步加强，市场监管体制还不够完善，社会管理体系不健全，公共服务职能仍然比较薄弱；政府机构设置不尽合理，部门职责交叉、政出多门、权责脱节、监督不力的问题还比较突出；中央和地方关系有待进一步理顺，有令不行、有禁不止和执行不力的问题没有得到很好解决；依法行政观念不强，有法不依、多头执法、执法扰民现象比较普遍；等等。这些问题，直接影响了政府全面履行职能，如不切实加以解决，必将影响社会主义现代化建设进程。深化行政管理改革，就是要进一步消除制约经济社会发展的体制性障碍，建立与完善中国特色社会主义行政管理体制。

深化行政管理体制改革，建立中国特色社会主义行政管理体制的基本任务是：大力推进体制创新、机制创新、制度创新和管理创新，通过政府职能转变，形成完善的政府公共管理职能体系，建设服务型政府；以规范公共权力运行为核心，建设法治政府与责任政府；以优化政府组织结构为中心，建设精干、统一、高效的公共组织体系；以财政支出公共化为中心，完善公共财政体制；转变政府管理方式，推进公共治理的进程；推行政府绩效管理，切实提高政府公共效能。

2. 建立与完善中国特色社会主义行政管理体制的重点

（1）政府转变职能，注重社会管理，提供公共服务

转变政府职能既是建立与完善中国特色社会主义行政管理体制的关键与核心，也是深化行政管理体制改革的突破口。从一定意义上说，中国特色社会主义行政管理体制能不能建立与完善的重要标志，取决于政府职能转变能不能到位。因此，应该坚持以科学发展观为统领，按照转变职能、权责一致、强化服务、改进管理、提高效能的要求，科学设置、全面正确地履行政府经济调节、市场监管、社会管理和公共服务职能，特别要更加注重履行社会管理和公共服务职能。

第一，准确定位，科学配置职能，切实做到“四个分开”。推进政企分开、政资分开、政事分开、政府与市场中介组织分开，是转变政府职能的核心问题，因为只有做到“四个分开”，才能充分发挥市场在资源配置中的基础性作用。各级政府应该树立责任政府和有限政府的观念，继续深化行政审批制度改革，认真贯彻行政许可法，进一步规范政府权力，按照权责一致的原则，合理划分职责范围，明晰和规范部门之间、岗位之间、上下级之间的权责。也就是说，政府不应该代替市场主体和包办企业行为，要管应该管和能够管好的事情，不管不该管和管不了、管不好的事情；凡是应该由企业管的事情，要交给企业去自主决策；凡是应该由社会管的事情，要充分发挥社会组织的作用；凡是应该由市场管的事情，要让市场去解决。

第二，完善政府经济调节职能，继续加强和改善宏观调控，健全宏观调控体系和机制。当前，我国经济发展正处在一个重要关口，处于工业化、城镇化加快发展和传统农业社会向现代工业社会加速转变的重要时期，城乡之间、地区之间、产业之间的关系正在发生重大变化，这既为经济发展提供了机遇，也对就业、人口、资源、环境和经济安全等提出了挑战。为了实现经济的又好又快发展，防止经济增长出现大幅波动，要切实履行宏观调控的职能，

增强宏观调控的科学性、预见性和有效性，各级政府必须认真贯彻中央的宏观调控政策。要把促进经济增长，增加就业，稳定物价，保持国际收支平衡作为宏观调控的主要目标；把正确处理改革发展稳定的关系，促进国民经济又好又快发展，作为宏观调控的基本主题，努力把实现经济总量基本平衡与促进经济增长方式转变和产业结构优化结合起来，把控制需求膨胀与增加有效供给结合起来。特别要进一步完善国家计划和财政政策、货币政策等相互配合的宏观调控体系，减少对微观经济的直接干预，严格规范政府的投资行为，充分发挥经济杠杆的调节作用。要健全宏观调控的体制和机制，恰当把握宏观调控的力度、时机和重点，更多地运用经济和法律的手段，实行间接调控为主，辅之以必要的行政手段。

第三，按照完善市场经济体制的要求，改进市场监管职能，健全市场监管体系。针对当前市场分割、市场体系不健全、市场主体行为不规范、市场秩序混乱的状况，加强和改进市场监管职能，就要在更大程度上发挥市场在资源配置中的基础性作用，打破部门分割、行业垄断、地区封锁，健全统一、开放、竞争、有序的现代市场体系。这就要按照完善市场经济体制的要求，深化市场监管体制改革，健全市场监管体系。要制定促进公平竞争的市场规则，建立市场准入和退出机制，规范市场执法，切实解决多头执法、执法扰民、执法争利的问题；要健全市场监管的法律制度和社会信用体系，整顿和规范市场秩序，严厉打击各种扰乱市场秩序的违法行为，特别要加强对涉及人民群众生命财产安全领域的监管，维护消费者的合法权益；要努力培育和规范各类市场中介组织和专业服务组织，推动和引导社会力量参与市场监管。

第四，按照构建和谐社会的要求，强化社会管理职能，完善社会政策，创新社会管理体制和机制。要建立健全党委领导、政府负责、社会协同、公众参与的社会管理格局；坚持党委领导是根本，政府负责是前提，社会协同是依托，公众参与是基础。要健全社会利益协调机制、社会矛盾纠纷调处机制、诉求表达机制、权益保障机制；坚持把维护群众利益和改善人民生活作为正确处理改革发展稳定关系的出发点；坚持依法办事，综合运用法律、经济、政策、行政等手段和教育、协商、疏导等方法，预防和化解社会矛盾。要完善社会政策，健全社会保障体系，包括处理好效率与公平的关系，建立科学合理的收入分配调节机制，实行积极的就业政策、反贫困政策，切实维护社会公平；不断完善应急管理体制、机制，提高应急管理的能力，确保公共安全。要充分调动各方面的积极性，加强社区和基层组织建设，强化服务功能，加强社会治安综合治理，努力创造稳定、文明、和谐、向上的良好社会环境。

第五，继续加强公共服务职能，采取得力措施满足人民群众基本的公共需求。要按照建设人民满意的服务型政府的要求，增强人民政府为人民的宗旨意识，完善政府公共服务职能。要以发展社会事业和解决民生问题为重点，优化公共资源配置，增加财政投入，建立健全公平公正、惠及全民、水平适度、可持续发展的公共服务体系，推进基本公共服务均等化；着力促进教育、卫生、文化等各项社会事业健康发展，注重向农村、基层、欠发达地区倾斜；实施积极的就业政策，完善就业服务体系；加快完善社会保障体系，保障群众的基本生活，健全社会救助体系。要不断提高政府公共服务的总量和质量，使公共服务与经济增长协调发展，力争在不太长的时间内，使我国公共教育支出、公共医疗卫生支出、社会保障支出占 GDP 的比重，达到中等收入国家的水平。要建立适应我国国情的公共服务模式，建立有效的公共产品与公共服务供给机制。

(2) 优化政府组织结构，提供政府管理的组织保证

建立与完善中国特色社会主义行政管理体制，必须优化政府组织结构，这既是深化行政管理体制改革的重点，也是组织保证。因此，进一步推进政府机构改革的目标，是按照精简、统一、效能的原则和决策权、执行权、监督权既相互制约又相互协调的要求，优化政府组织结构，加大机构整合力度，建立适应社会主义市场经济体制要求的精干、高效、实施政务综合管理、中央集权与地方自主相结合的公共管理组织体系。

第一，围绕转变政府职能推进机构改革，使政府职能转变到位。要按照权责一致的原则，进一步理顺部门职责关系，明确界定部门职能分工；根据责任赋予相应的权力，克服职能交叉、权责脱节和决策、执行、监督相脱离的弊端。要按照政企分开的原则，进一步推进政企分开，理顺政府与企业的职能关系，理顺国有资产产权关系。要按照减少和规范行政审批的要求，深化投资体制改革，减少行政审批。要按照发挥中央和地方两个积极性的原则，依法规范中央和地方政府的职能和权限，正确处理中央垂直管理部门和地方政府的关系。

第二，精简政府机构，推进政府事务综合管理。相对于发达市场经济国家而言，我国各级政府机构设置仍然偏多。随着政府服务综合化的趋势，政府间的管理与政府部门间的管理成为政府管理中的一个重要问题，政府必须实现全方位的管理，加强跨机构与跨部门间的管理。因此，要积极探索实行职能有机统一的大部门体制，健全部门之间协调配合机制，综合设置政府部门，实行“大行业”、“大产业”管理模式，实行职能穷尽与综合管理的原则，设立综合的经济管理机构，设立综合性的“大社会”、“大文化”、“大交通”管理机构。

第三，实行决策与执行职能分开，改革行政执法体制。要合理调整政府部门内部的决策职能和执行职能，推行决策职能和执行职能既相互协调又适度分开，实行政府部门内部决策职能核心化，同时建立各种专司执行的执行局。在保证行政首长对执行机构的适度控制的前提下，对执行机构实行严格的合同管理、绩效管理、法制管理与综合管理。要按照综合行政执法的要求，改革行政执法队伍，推行综合执法。在城市管理、文化市场管理等领域，探索建立相对独立、集中统一的行政执法机构，改变多重、多头执法状况。

第四，分类推进事业单位改革，设立独立行政机构与事业法人，打破行政垄断，完善公共管理服务体系。事业单位改革的方向是建立一个能够与社会主义市场经济体制相适应、满足公共服务需要、科学合理、精简高效的现代事业组织体系。事业单位改革总的要求是按照政事分开、事企分开和管办分离的原则，对现有事业单位分三类进行改革，切实改变行政权力事业化、事业权力利益化的倾向。主要承担行政职能的，逐步转为行政机构或将行政职能划归行政机构；主要从事生产经营活动的，逐步转为企业；主要从事公益服务的，强化公益属性，整合资源，完善法人治理结构，加强政府监管。同时要进行配套改革，包括加强法律法规建设，加快财政体制改革，劳动就业和社会保障制度以及人事制度的改革。

第五，规范和发挥社会组织作用，完善行政咨询机构，建立健全决策咨询体制。按照发挥行业自律机制作用和完善社会自我管理的要求，规范和发展行业协会、咨询组织、鉴证机构等社会中介组织和专业服务组织。要改革当前行政管理体制中存在的议事、协调机构过多、不规范的问题，设立综合性议事协调机构，健全议事制度，建立健全行政决策咨询体制。可在行业组织和政府机关中设置若干岗位，实行聘任合同制，定期聘任专家学者任职。应进一步发展各部门、各行业的咨询机构，形成咨询网络，重点发展城市管理、金融证券、交通运输、高新技术、工商物价、房地产等行业以及战略规划性咨询组织。

第六，加快编制立法进程，加快推进机构编制管理的法制化进程。要尽快制定颁布机构编制法规，建立健全机构编制管理与财政预算、组织人事管理的配合制约机制，同时加强对机构编制执行情况的监督检查，编制执法情况应列入任期审计内容，实行编制责任离任交接制度。

(3) 坚持依法行政，构建法治政府

要坚持党的领导、人民当家做主和依法治国的统一，认真落实《全面推进依法行政实施纲要》的各项任务，按照合法行政、合理行政、程序正当、高效便民、诚实守信、权责统一的要求，加快建设法治政府。要进一步规范政府立法行为，加强政府立法。要把改革发展中的重大决策与政府立法紧密结合起来，特别要加强社会管理和公共服务方面的政府立法。要进一步加强制度建设。要建立健全规章、规范性文件定期清理制度，完善法规、规章和规范性文件备案审查制度，努力提高制度建设质量。要进一步严格行政执法，强化行政执法责任制，建立健全权责明确、行为规范、监督高效、保障有力的行政执法体制，完善行政执法程序。要进一步完善行政复议、行政赔偿和补偿等制度，规范行政复议程序，提高行政复议效能，建立健全行政复议的激励机制、保障机制和责任追究机制。要加强对法律法规实施情况的评价，建立科学的依法行政考核指标体系，着力提高公务员依法行政的能力。

(4) 加强制度建设，健全运行机制

首先，要建立健全决策、执行、监督既相互协调又相互制约的运行机制。决策是政府管理的基本活动之一，是做好政府工作的重要前提。因此，行政决策必须坚持民主与集中的统一，坚持原则性、系统性、预见性和创造性的统一。这就要明确和界定科学民主决策机制的基本内容，依法规定各类行政决策主体的决策权限，严格规范行政决策程序，健全行政决策责任制度，优化行政决策信息系统，努力实现决策的科学化、民主化、法制化。健全行政决策制度，当前特别要健全重大决策的调查研究制度、重大事项的集体决策制度、重大决策事项的听证和公示制度、专家咨询和评估制度、决策的责任制和责任追究制度。同时，要正确处理决策、执行、监督的关系，使其既相互协调、密切配合，又要职责分明、相互制约；公共服务和行政执法的执行职能，原则上应该从决策部门分离出来，由专门的执行机构承担。

其次，推行政府绩效管理与评估制度。一是按照落实科学发展观的要求，明确绩效管理的指导思想、基本原则和总体目标以及绩效评估的主体、内容、方法与程序。二是建立科学合理的绩效评估指标体系和评估机制，要把贯彻落实党的路线方针政策和国家法律法规的情况、实现经济社会发展目标情况、可持续发展状况、公共服务水平、社会和谐稳定以及控制行政成本、勤政廉政等情况作为评估的主要内容。三是坚持把群众公认作为绩效评估的根本原则，努力提高绩效评估的公正性、准确性和有效性。四是逐步建立绩效预算制度和绩效审计制度。

再次，健全政府责任体系，推行以行政首长为重点的行政问责制。推行行政问责制，要坚持权责统一、依法有序、民主公开、客观公正、有错必究的原则；要规定行政问责的主体、客体、方式和内容，明确有关人员的政治责任、行政责任和法律责任，规范行政问责的程序；要建立严格的行政责任追究制度，对决策失误和行政不作为、乱作为造成严重后果的必须严肃查处；要建立健全行政问责机制，把行政问责与行政监察、审计监督、绩效评估有机结合起来。

另外，要完善行政监督机制，加强行政权力监督，规范行政许可行为。要创造条件，让人民群众更有效地监督政府；要强化政府层级监督，形成行政系统内部监督、专门机构监督、新闻舆论监督、人民群众监督相结合的监督体系。

(5) 创新管理方式，提高政府效能

提高行政效能、创新政府管理和服务方式是深化行政管理体制改革的重要环节和必要手段，体现在政府管理和服务的运行机制、工作流程、技术方法、管理理念等多个方面。当前和今后一个时期，要重点抓好三个方面的工作：

一是继续深化行政审批制度改革。要按照“巩固成果、防止反弹、突出重点、明确任务、措施配套、深入推进”的要求，深入贯彻实施行政许可法，全面清理行政许可项目的法定依据和实施主体，对不符合行政许可法规定的许可项目要坚决取消，对应该修改法定依据的要抓紧修改。对依法设定的许可项目，要简化和规范许可程序。同时，要加快配套制度的建设，建立严格的内外部监督制度，切实加强对行政许可权的监督和制约。

二是大力推行政务公开。要进一步扩大政务公开的范围，规范公开的内容和形式，使政务公开真正成为各级行政机关施政的一项基本制度；要强化政务公开监督机制，构建多主体、多渠道、多层次的监督网络；要把政务公开与实施行政许可法、财政体制改革、投资体制改革、人事制度改革、招投标制度改革和扩大基层民主结合起来，整体推进，形成综合效应。同时，还要充分发挥政务信息对经济活动和社会事务的引导和服务作用。

三是加强电子政务建设。实施电子政务是政府管理创新的重要步骤和目标，它为政府职能转变和建设服务型政府提供了技术支持和信息化平台。因此，要进一步发挥电子政务在提高政府管理效率上的作用，加强信息资源共享，促进政府内部流程再造和重组，推动电子政务和政府绩效评估相结合。要加强电子政务在提高政府社会管理方面的应用，进一步优化社会管理的业务结构，提高应急管理的信息化水平，推动民主参与，提高社会管理水平。要进一步促进电子政务在提高政府公共服务水平中的作用，促进公共服务手段和形式的整合，建立和完善电子政务公共服务的制度和公共服务绩效评价机制。

思考题

1. 简述行政改革的含义。
2. 试述当代中国行政改革的必然性。
3. 我国行政体制改革的难点和重点任务是什么？
4. 如何认识当代中国行政改革的关键内容？

案例16：湖北襄樊市国家税务系统改革纪实

1997年5月至8月，湖北襄樊市国家税务系统出现了前所未有的活跃气氛，因为他们进行了一次触及每个人命运的深刻的人事制度改革。

5月14日，序幕从城区国税分局局长竞争上岗开始。在不少领导以增设机构、安排“官”位作为“领导艺术”的情况下，国税局却从税制改革的实际情况出发，大刀阔斧地“减肥”。城区原有的9个分局减为7个，现又要将7个分局撤并为5个，5个分局长的位子公开竞争上岗。竞争规则与条件十分明确且尽人皆知，有竞争资格的竞争者需通过群众民主评议、综合知识考试、公开演讲、党组通过四关。民主评议不过关的取消资格，考试不及格、演讲分数不过半的取消资格，群众通过、分数过半者按分数高低依次上岗。

在竞争刚开始的时候，不少人抱着看热闹的态度，然而这次实实在在地动了真格。竞争结束，省国税局派来的工作组当天晚上写好了给省局的请示报告，第二天就公开宣布了竞争结果，5个当选局长即时就任。

在不少人从分局长竞争上岗动真格的惊讶中还没回过神来时，竞争已经轮到了他们自己的头上。5个副处级的分局长座次敲定后，紧接着就是正科级、副科级位子的竞争，直至普通办事人员，无故不参加竞争的，视为下岗，这叫全员竞争上岗。经过竞争，有60人脱颖而出，被新提拔到科级领导岗位上；原有的227个科级干部除64人调整到非领导岗位外，还有50人在竞争中落马。普通办事人员则分为主办、协办、见习三种，职责、收入各不相同，每种职务又各分三级，全部竞争上岗。本着宁缺毋滥的原则，竞争不上者则待岗培训，培训后仍不能上岗者另谋职业。

众所周知，改革最艰难之处在于人事。改革必然导致利益的调整，而对既得利益的触动则势必导致阻力的产生。对既得利益触动最大的就在于“位置”的调整，税务系统更是如此。税务系统作为待遇好、有实权的“好单位”，其中很多人都有背景，“官”满为患是常见现象，触动“官”位的改革比抓农村计划生育还难。襄樊市国税系统的人事制度改革虽然是一次剧烈的变动，但运行得却相当平稳而顺利。局党组成员与局领导不仅在改革告一段落后如释重负，改革过程中也轻松自如地指挥调度。全局大多数人对改革表示满意。

襄樊市国税局的干部总结出这样的经验：改革最难的在于人事，人事最难的在于领导，领导最难的在于第一把手。50 多岁的黄某当了局长之后，从年龄上看，他是该站“最后一班岗”的时候了，一般说来，升迁无望，就该为自己找条后路，平稳过渡算了，得罪人的事是不会去干的。然而黄某非同一般，他想的是：既然是最后一班岗，可以无所顾忌地痛快干一场了。

提起这次改革，黄某感慨良多，他说这是逼出来的。1996 年底，湖北省国税局作为税制改革精品试点单位，刚任局长不久的黄某担忧的不是税制改革任务能否完成，而是干部队伍。干部之中，后台比局长硬的占 70%，前几年有的初中文化的也当税务干部，有关系有门路大小都得给个官照顾照顾，过几年还得提拔提拔，到黄某任局长时，已经没什么位子可以用于照顾了。但是，黄某上任不久，其得罪不起的人仍然频频打电话写字条要求照顾这个那个，如果这些人都照顾了，襄樊国税系统再增设三套班子也安排不了。如果人事不动，正常的工作都难以进行。

在省国税局的部署和支持下，襄樊市国税系统进行了这次成功的人事制度改革。基层单位由 141 个调整为 66 个，为税制改革打下了坚实的基础。其成功的实践至少给人以下几点启示：其一，人事制度改革不是人为地要改，而是非改不行，不改就不能适应市场经济发展的需要。其二，改革只要本着公平、公开、公正的原则进行，阻力是可以克服的。其三，严守规则不允许有例外是改革成功的重要因素。

襄樊市国税系统的改革方案也许有不尽完美之处，其结果也未必尽善尽美，作为一种尝试，值得探讨甚至改进之处一定不少。但无论如何，其改革使整体干部队伍有了活跃的动力，有了竞争与激励机制，却是大家公认的。襄樊市国税系统的人事制度改革为全局工作创造了良好的条件，两个主要的税种——增值税和消费税收入都有不俗表现。1997 年 7 月，两税比上年同期增长 21.19%，增幅居全省第二位；其中增值税增长 34.42%，居全省之首。更为值得重视的是，依法治税的意识和力度大大增强，队伍活力大大提高，工作更加积极，廉政意识也有提高。湖北省国税局局长刘楚汉总结说：过去一潭死水的地方，现在活了；过去没有精神的地方，现在精神抖擞；过去甘于落后的干部，现在坐不住了；过去吊儿郎当的干部，现在生怕上不了岗。

讨论：

(1) 为什么黄某说“这次改革是逼出来的”？这次改革的艰难之处在哪里？

(2) 这次改革的成功经验是什么？对我们有何启示？

参考文献

[1] 马克思，恩格斯. 马克思恩格斯全集：第1卷. 北京：人民出版社，1961.
[2] 马克思，恩格斯，列宁，斯大林. 论巴黎公社. 北京：人民出版社，1961.
[3] 马克思，恩格斯，列宁，斯大林. 论政治和政治制度：上卷. 北京：群众出版社，1984.
[4] 马克思，恩格斯，列宁，斯大林. 论政治和政治制度：下卷. 北京：群众出版社，1984.
[5] 马克思，恩格斯. 马克思恩格斯选集：第3卷. 北京：人民出版社，1995.
[6] 马克思，恩格斯. 马克思恩格斯全集：第23卷. 北京：人民出版社，1972.
[7] 列宁. 列宁全集：第34卷. 北京：人民出版社，1985.
[8] 毛泽东. 毛泽东选集：第2卷. 北京：人民出版社，1991.
[9] 毛泽东. 毛泽东选集：第5卷. 北京：人民出版社，1977.
[10] 周恩来. 关于发展国民经济的第二个五年计划的建设的报告. 北京：人民出版社，1956.
[11] 邓小平. 邓小平文选：第3卷. 北京：人民出版社，1993.
[12] 陈云. 陈云同志文稿选编（1956—1962）. 北京：人民出版社，1981.
[13] PAUL H A. Policy and administration. University of Alabama Press，1949.
[14] 孟德斯鸠. 论法的精神：上册. 张雁深，译. 北京：商务印书馆，1961.
[15] JEFFREY P F. Power in Organizations. Boston：Pitman Publishing Inc. 1981.
[16] 韦伯. 经济与社会. 林荣远，译. 北京：商务印书馆，1998.
[17] 斯密. 国民财富的性质和原因的研究. 郭大力，译. 北京：商务印书馆，1994.
[18] 布坎南. 自由、市场和国家：80年代的政治经济学. 平新乔，译. 上海：上海三联书店，1989.
[19] 安德森. 公共决策. 唐亮，译. 北京：华夏出版社，1990.
[20] 亨廷顿，纳尔逊. 难以抉择. 汪晓星，译. 北京：华夏出版社，1988.
[21] 汉密尔顿. 联邦党人文集. 程逢强，译. 北京：商务印书馆，1982.
[22] 法约尔. 工业管理与一般管理：中译本. 北京：中国社会科学出版社，1982.
[23] 米歇尔. 科层现象. 刘汉全，译. 上海：上海人民出版社，2002.
[24] 罗尔斯. 正义论. 何怀宏，译. 北京：中国社会科学出版社，1988.
[25] 曼昆. 经济学原理. 梁小民，译. 北京：北京大学出版社，1999.
[26] 约翰逊. 政府到底干什么. 昆明：云南教育出版社，1990.
[27] 弗里德曼. 自由选择：个人申明. 北京：商务印书馆，1998.

[28] 奥斯本，盖布勒．改革政府：企业家精神如何改革着公营部门．上海市政协编译组，译．上海：上海译文出版社，1998.
[29] 哈贝马斯．公共领域的结构转型．曹卫东，译．上海：学林出版社，1999.
[30] 密尔．代议制政府．汪煊，译．北京：商务印书馆，1997.
[31] 戴伊．谁掌管美国．北京：世界知识出版社，1985.
[32] 韦伯．马克斯·韦伯文选．天津：天津大学出版社，1969.
[33] 普拉诺．政治学分析辞典．北京：中国社会科学出版社，1986.
[34] 斯蒂格利茨．政府为什么干预经济．郑秉文，译．北京：中国物资出版社，1998.
[35] 阿克顿．自由与权力．侯健，译．北京：商务印书馆，2001.
[36] 亚里士多德．政治学．吴寿彭，译．北京：商务印书馆，1996.
[37] 洛克．政府论．北京：商务印书馆，1982.
[38] 卢梭．社会契约论：政治权利的原理．何兆武，译．北京：商务印书馆，1994.
[39] 格沃斯．伦理学要义．北京：中国社会科学出版社，1988.
[40] 霍布斯．利维坦．北京：商务印书馆，1985.
[41] 萨拜因．政治学说史：下册．北京：商务印书馆，1986.
[42] 希尔斯曼．美国是如何治理的．曹大鹏，译．北京：商务印书馆，1986.
[43] HOROLD K，heinz weihrich. management. 9th ed. New York：McGraw-Hill lnc.，1988.
[44] DUNCAN. Great ideas in management：lessons from the founders and foundations of managerial practice，Oxford：Jossey-Bass Publishers，1990.
[45] 沃尔夫．市场或政府：权衡两种不完善的选择．谢旭，译．北京：中国发展出版社，1994.
[46] 格雷戈里，斯图尔特．比较经济体制学．上海：上海三联书店，1988.
[47] 宾厄姆．美国地方政府的管理：实践中的公共行政．九计洲，译．北京：北京大学出版社，1997.
[48] 休斯．公共管理导论：2版．彭和平，译．北京：中国人民大学出版社，2001.
[49] 奥斯本，盖布勒．改革政府：企业精神如何改革着公营部门．周敦仁，译．上海：上海译文出版社，1996.
[50] 耶金，斯坦尼斯罗．制高点：重建现代世界的政府与市场之争．段宏，译．北京：外文出版社，2000.
[51] 戴 R H．混沌经济学．傅琳，译．上海：上海译文出版社，1996.
[52] 德罗尔．逆境中的政策制定．王满传，译．上海：上海远东出版社，1996.
[53] 尼格罗．公共行政学简明教程．郭晓来，译．北京：中共中央党校出版社，1997.
[54] 西蒙．管理决策新科学．李柱流，译．北京：中国社会科学出版社，1982.
[55] 罗宾斯．组织行为学．孙建敏，译．北京：中国人民大学出版社，1997.

［56］ 中国大百科全书总编辑委员会《政治学》编辑委员会. 中国大百科全书·政治学卷. 北京：中国大百科全书出版社，1992.

［57］ 王伟. 政府公共权力效益问题研究. 北京：人民出版社，2005.

［58］ 罗豪才. 行政法学. 北京：北京大学出版社，2001.

［59］ 曾昭宁. 公平与效率. 北京：石油大学出版社，1994.

［60］ 傅殷才，颜鹏飞. 自由经营还是国家干预：西方两大经济思潮概论. 北京：经济科学出版社，1995.

［61］ 夏书章. 行政管理学. 北京：高等教育出版社，2008.

［62］ 夏书章. 行政效率研究. 广州：中山大学出版社，1996.

［63］ 王惠岩. 行政管理学. 长春：吉林大学出版社，1996.

［64］ 魏永忠. 现代行政管理. 北京：中国人民公安大学出版社，2005.

［65］ 孙荣，徐红. 行政学原理. 上海：复旦大学出版社，2001.

［66］ 江超庸，黄丽华. 行政管理案例教程. 广州：中山大学出版社，2006.

［67］ 崔守航，翟明清. 行政管理学. 郑州：黄河水利出版社，2005.

［68］ 张国庆. 公共行政学. 北京：北京大学出版社，2006.

［69］ 张国庆. 行政管理学概论. 北京：北京大学出版社，2000.

［70］ 张永桃. 行政管理学. 北京：高等教育出版社，2003.

［71］ 丁涛. 行政管理学. 合肥：合肥工业大学出版社，2007.

［72］ 曲福田，盛邦跃. 行政管理学. 南京：南京大学出版社，2003.

［73］ 宋光周. 行政管理学. 上海：东华大学出版社，2007.

［74］ 郭小聪. 行政管理学. 北京：中国人民大学出版社，2005.

［75］ 蔡小慎. 公共行政管理学. 大连：大连理工大学出版社，1995.

［76］ 李世英. 行政管理学新编. 北京：中国人民公安大学出版社，2003.

［77］ 毛寿龙，李梅，陈幽泓. 西方政府治道变革. 北京：中国人民大学出版社，1998.

［78］ 国家行政学院国际合作交流部. 西方国家行政改革述评. 北京：国家行政学院出版社，1998.

［79］ 郭济. 中国公共行政学. 北京：中国人民大学出版社，2003.

［80］ 黄达强，刘怡昌. 行政学. 北京：中国人民大学出版社，1988.

［81］ 吴定. 行政学：第2卷. 台北：台湾空中大学，1994.

［82］ 张成福，党秀云. 公共管理学. 北京：中国人民大学出版社，2001.

［83］ 孟庆国，樊博. 电子政务理论与实践. 北京：清华大学出版社，2006.

［84］ 刘旭涛. 政府绩效管理：制度、战略与方法. 北京：机械工业出版社，2003.

［85］ 卓越. 政府绩效管理导论. 北京：清华大学出版社，2006.

［86］ 范柏乃. 政府绩效评估理论与实践. 北京：人民出版社，2005.

［87］ 彭国甫. 地方政府绩效评估研究. 长沙：湖南人民出版社，2005.

[88] 庄国波. 领导干部政绩评价的理论与实践. 北京：中国经济出版社，2007.

[89] JONG S J. Public administration：design and problem solving. New York：Macmillan，1986.

[90] MICHAEL M H. Action theory for public administration. New York：Longman，1981.

[91] KU T. The implications of small public services to national economic development，burns（ed.），asian civil service system；barrow.

[92] BARROW. Measuring the performance of local education authorities：a frontier approach. Economics of Education Review，1991，10（1）.

[93] 周志忍. 公共性与行政效率研究. 中国行政管理，2000（4）.

[94] 周志忍. 公共部门质量管理：新世纪的新趋势. 国家行政学院学报，2000（2）.

[95] 徐鸿武. 我国进一步转变政府职能的主要任务. 中国行政管理，2002（6）.

[96] 臧乃康. 政府绩效的复合概念与评估机制. 南通师范学院学报：哲学社会科学版，2000（3）.

[97] 中国行政管理学会课题组. 政府部门绩效评估研究报告. 中国行政管理，2006（5）.

[98] 蔡立辉. 政府绩效评估的理念与方法分析. 中国人民大学学报，2002（5）.

[99] 吴江. 领导干部绩效考评体系的设计思想. 城市管理，2005（3）.

[100] 白景明. 如何构建政府绩效评价体系. 财政论丛，2005（3）.